金融发展与创新译丛　朱民 主编

梁晶工作室
LIANGJING PUBLISHING HOUSE

Measuring Market Risk (Second Edition)

市场风险测度

（第二版）

[英] 凯文·多德 Kevin Dowd /著

李　雪/译

中国财政经济出版社

图书在版编目（CIP）数据

市场风险测度/(英）多德（Dowd, K.）著；李雪译．—2版．—北京：中国财政经济出版社，2011.6

（金融发展与创新译丛）

书名原文：Measuring Market Risk

ISBN 978-7-5095-2783-2

Ⅰ.①市… Ⅱ.①多… ②李… Ⅲ.①金融市场-风险分析 Ⅳ.①F830.9

中国版本图书馆CIP数据核字（2011）第033239号

译者：李　雪

责任编辑：付克华　　　　责任校对：胡永立

封面设计：王莉芬

中国财政经济出版社出版

URL：http：//www.cfeph.cn

E-mail：cfeph@cfeph.cn

社址：北京市海淀区阜成路甲28号　邮政编码：100142

发行处电话：88190406　财经书店电话：64033436

北京财经印刷厂印刷　各地新华书店经销

787×1092毫米　16开　29.75印张　315 000字

2011年6月第1版　2011年6月北京第1次印刷

定价：68.00元

ISBN 978-7-5095-2783-2/F·2365

图字：01-2009-0975

（图书出现印装问题，本社负责调换）

本社质量投诉电话：010-88190744

我们需要学习

（总序）

2007年春的一个周末，杨柳初绿，微风徐徐，我们假怀柔一角讨论中国银行业的未来发展。其时，中国的主要国有银行已经经过了三年的股份制改革：先是国家动用外汇储备为中国银行、中国建设银行和工商银行注资；接着三家银行进行了大规模的财务重整，核销不良贷款，清理资产负债表；再是法律尽职调查，建立了由股东大会、监事会、董事会和管理层的公司治理机制框架，并先后转制为股份制公司；其后又建立风险管理体制，引入战略投资者，并先后于2006年在上海和香港成功上市。当我们坐在怀柔的垂柳之下时，中国三家大型商业银行的主要财务数据都达到了国际银行业的同业一般水平：资本充足率达到了巴塞尔协议8%的要求，不良贷款率降至3%—5%，而不良贷款的财务拨备达到了60%—70%的覆盖率，资本回报率也初步达到了12%—15%的水平，三家银行的市值更是名列世界前10名之列。毫无疑义，中国银行业的改革取得了初步成功。

中国银行业下一步的改革和发展战略在何方？我们都认为实施精细化管理，全面提升核心竞争力是下一步的主要任务和挑战。大家也讨论了一些具体领域，例如：全面风险管理，特别是对市场风险和流动性风险的管理、内控和法律合规、深化公司治理机制和加强透明度、建设服务和审慎的企业文化、增加产品创新能力，提高服务水平、全球化经营和全能化发展的业务模式和管理、资产证券化发展、衍生金融产品的发展和变化、全面的企业金融和个人金融业务的需求和模式，等等。

当课题变得具体的时候，我们都意识到需要进一步学习，学习国际银行业在银行监管、资产负债管理、资本管理、银行创新和产品管理、品牌管理、全面风险管理、衍生产品管理等诸多方面比较成熟的理论和专业技术。由此，从多个层面和领域引入介绍国际金融业理论和实践经验优秀图书的设想油然而生。是夜，皓月当空，我们在斑斑树影下穿行、讨论、争议，设想渐渐清晰，月光下一个小小的愿望初步形成。

此时，大西洋彼岸的次债危机已经初露端倪，接着在2008年秋形成一场席卷全球百年不遇的全球金融危机。一个又一个昔日的金融王国轰然倒塌，一个又一个往昔的金融巨头退出历史舞台，一个又一个以往成功的金融模式受到批判，一个又一个金融市场的根本性机制受到质疑。比有形危机影响更为深刻的是传统的金融理念受到挑战。金融业向何处去？这场金融危机不仅是百年来最严重的一次危机，也改变着未来世界经济金融的模式、格局和体系。全球格局正在发生着巨大变化，金融发展模式、金融监管架构以及国际金融体系等正在被重新定义。

我们骄傲我国的金融体系经受了危机的考验，并在中国政府迅速有力的刺激政策下得到新的发展。我们更关注中国的金融业下一步应该如何发展？这次金融危机更明确了实施精细化管理，全面提升我国银行业核心竞争力的紧迫性。面对历史和现实，总结经验和教训，中国要探索走出自己的道路，研究未来中国银行业的制度建设，提出我国未来银行业的改革和发展战略，这是中国经济金融发展的重要任务，也是中国金融业对人类共同建设更美好未来的责任。

此时，我们更需要学习。以开放的态度，以更高的视野，以更宽广的胸怀，更重的责任感，向危机学习，向历史和经验学习，向痛苦的教训学习，向成功的经验学习，向挑战学习。金融危机之后，人们总会对危机进行反思，由此对经济金融问题的认识也会更加深刻，这次也概莫能外。用海纳百川的态度，反思的辩证法学习国际金融业的经验正是这场危机给我们的启示之一。我们需要学习和借鉴国际银行业经过历史沉淀后形成的一切有价值的理论和方法，更需要在学习过程中结合中国国情慎思和明辨，才能使这些人类文明的成果为我所用，才能尽量避免重蹈覆辙。危机还在继续，而危机后的世界已经开始重构。金融世界正在经历又一次巨变，世界在变化中，中国的金融业更是在加速的变革中，我们所处的这个快速发展和变化的大时代给中国的金融业带来了前所未有的机遇，也给我们金融从业人员带来前所未有的挑战。未来是不确定的，但变化本身却是永恒的，学习也是永恒的。我们需要在实践中学习，在学习中反思，在反思中把握未来。

为此，我们加紧推进了图书翻译工作，并相应修改了一些选题，侧重挑选了风险管理方面的著述。我们相信，随着中国银行业实施新资本协议工作的推进，需要在风险管理基础设施建设、风险建模、内部评级体系的完善等方面投入大量的人力和物力。需要有大量掌握现代风险管理技术的专业人员，同时公司的各级管理人员也需要对风险管理有更深入的认识。因此，这部分图书涵盖了风险管理的多个层面，既包括对风险管理的全面分析——《市场风险测度》，也包括对特定风险的分析与管理——《市场风险测度》、《信用风险模型——基于 Excel 和 VBA 平台》；既从全面风险管理的视角介绍了风险管理的概念和框架，同时又引入了操作性和实务性很强的管理工具；既坚持了理论的严谨性，同时又将理论与丰富的案例结合起来。

译丛还引入了两本涉及金融业最新发展的著述。《财富管理》一书通过大量鲜活的案例分析，将私人银行业和结构性金融产品结合起来，从个人投资者和机构投资者的角度分析了结构性金融产品是否是恰当的投资品种，投资者需要承担什么样的风险。书中也提到了对债务的高度依赖以及杠杆的滥用蕴含着的巨大风险，以及结构性产品的广泛使用以及向个人投资者和机构投资者不当销售复杂的金融产品也蕴含着巨大风险。在我们经历了金融海啸之痛后，这些论述无疑将给读者留下深刻的印象。

《证券组合定量管理》一书介绍了关于证券投资组合管理的

最新理论进展，将对证券市场的深刻理解与专业的定量管理技术结合起来，从基本原理到技术规范，抽丝剥茧式地分析了各种宏观经济因素和企业特定财务因素对定量证券组合的影响。随着中国资本市场的不断发展和成熟，上市公司数量的日益增多，市场化改革的推进，这些国际资本市场上的经验数据和统计方法在中国资本市场上的适用性将进一步加强。特别是随着各类基金、保险公司、养老基金等机构投资者的发展，定量化的投资组合管理也将日益受到重视。而且，随着中国机构走向国际资本市场，全球投资组合的最优配置也要求我们掌握定量化的分析手段和技术。

译丛从酝酿到正式出版历时颇多，在浩如烟海的著述中取舍殊为不易，而将这些专业性很强的图书翻译得准确到位就更为困难。在此，感谢编委们贡献出他们的宝贵时间和智慧为译丛定位把舵；感谢中国财政经济出版社、梁晶工作室在选题、策划、出版中精益求精追求完美的努力；感谢译丛各位译者和校者付出的艰辛努力；感谢执行编辑张志慧在多方协调中的大量辛劳；还要特别感谢安永华明会计师事务所对这套译丛的慷慨赞助和支持。

唯愿这套小小的译丛对我们金融业的同事有所裨益。

我们虽尽绵薄，仍焉有失，错漏之处难免，恳请读者批评指正。

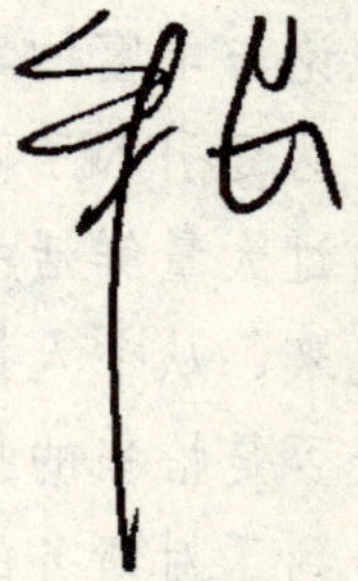

中国人民银行副行长

2010年2月

目　录

序　言

> 假如你负责管理公司的外汇持仓，假如你的老板或你老板的老板看到其他公司在衍生证券方面遭受了损失，并且想知道他的公司是否也会发生相同的事情，也就是说想了解公司目前正面对多大的市场风险。你应该如何回答？
>
> 你可能先从列举和描述公司的各种持仓开始。但是这样做可能没有意义，除非你列出的持仓数不多，或者你的上司对各种持仓和金融工具了如指掌，并深谙其中的固有风险。或许你可以谈论证券组合的敏感度分析，即证券组合的价值将会伴随着相关市场收益率或价格的变化如何变化，或许你还可以谈论期权的 delta 和 gamma 参数。然而，你的谈话只会使你的上司昏昏欲睡，不可能赢得他们对你的赏识。即便你自信能够清楚地解释这些内容，你还是无法顺理成章地说明用空头德国马克对抗多头荷兰盾会使公司面临多大的风险。你可以告诉你的上司不必使用投机的方法，只需使用衍生证券加以对冲，然而你的建议可能会被视为夸夸其谈。因为“对冲”是一种非常宽泛的说法，事实上任何交易都可以被称为对冲。于是，你的上司们会说：你到底是什么意思？①

诸如“理论上我们可能遭受的最大损失是……”之类的答复也是不能令人满意的，因为我们理论上可能遭受的最大损失就是失去一切，董事会大概对此一清二楚。Linsmeier 和 Pearson 认为：“或许最好的答复是：‘风险值是……’”。

风险值（value at risk，简记为 VaR）是什么？风险值就是我们在某个时期内实际上可能遭受的最大损失，即在某个给定的概率水平下，在某个给定的时期内，我们可能遭受的最大损失。例如，100 天中有 95

① Linsmeier 和 Pearson（1996，第 1 页）。

天左右我们可能遭受的最大损失是1000万美元，等等。对于Linsmeier和Pearson提出的问题，这是一个好的答案。首先，董事会或其他信息咨询者会提出诸如95%、99%等的概率水平，然后，风险管理者在此基础上告诉他们，在相应的概率水平下最大损失是什么。咨询者可以在指定时间区间，例如，明天、下周、下月、下个季度等，风险管理者会在此基础上告诉他们，在给定的时期内他们实际上可能遭受的最大损失有多大。事实上，咨询者能够指定的是概率和时间区间，风险管理者回复他们的则是风险值（VaR）。

那么，我们应该如何测度VaR呢？这是一个偏题和怪题，答案非常复杂，且占据了本书的相当篇幅。因此，简单的答复是请阅读本书或其他诸如此类的书籍。

然而，在深入讨论VaR之前，我们必须面对另外一个问题：VaR到底是不是最好的风险测度方法？答案是否定的。VaR之外还有其他更好的风险测度，特别是一致风险测度。现在，我们可以放弃Linsmeier和Pearson的答案了。一般而言，VaR是较好的风险测度，但常常不是最好的，有时甚至是很坏的。倾向于使用VaR的风险管理者，应该改用一致风险测度：VaR已经过时了。

既然一致风险测度优于VaR，为什么我们还要花很大力气去估计VaR呢？这既是一个好问题，也是一个倍受争议的问题。部分答案是，对VaR值的需求决定了对VaR值估计的需求：既然有人需要这个数值，就需要有人来估计它，至于估计者是否把这个数值作为风险测度直接使用，则是另外一回事。从这个意义上说，VaR很像名声狼藉的beta系数。事实上，反对beta系数的人也在估计beta系数。Beta系数作为风险测度的合法性，依赖于资本资产定价模型（CAPM）是否切合实际，然而，无论CAPM多么不切合实际，人们仍然需要beta系数。所以，即便在资本资产定价模型被普遍弃用的今天，beta系数的估计业务仍在继续。VaR也是如此，尽管人们认为一致风险测度优于VaR，但却离不开VaR，所以估计VaR的业务仍有市场。VaR之所以必要的第二个（也是更充分的）理由是，VaR本身是分位点（即一个与累计概率相关联的数值），人们对分位点的需求常常有充分的理由。例如，保险业处理破产问题时，经常需要考虑以某个概率被超出的临界值，这就需要估计分位点。特别是在决定准备金和资本需求的时候，这类问题经常出现。VaR 之必要的第三个（也是更有普遍意义的）理由是，VaR 是估计其他更好的风险测度的关键因素，因为一致风险测度等其他的风险测度，本质上都是分位点的加权平均。所以，即便我们不愿意把 VaR 作为风险测度，但是还需要估计它。

相关读者群

本书全面介绍市场风险测度领域的最新进展，这里的风险测度不但包括 VaR，而且也包括一致风险测度。由于这方面的文献为数众多，而且新的文献还在不断涌现，所以本书不可能涵盖该领域的方方面面。在这个领域内，任何书都不能自信做到这一点，即便不涉及更大的市场风险管理领域，只涉及相对较小的市场风险测度领域。相对于市场风险测度这一相对较小的领域，本书的文献覆盖算得上宽泛。

本书面向三类读者。第一类是风险测度和管理领域的从业者——VaR 及相关系统的开发者或使用者。第二类是金融学、金融工程、风险管理等领域的 MBA、MA、MSc 以及相关专业课程的学生。本书可以作为他们的教科书。第三类是在其科学研究中涉及风险测度问题的博士生和大学教师。因此，本书的内容由初级到高级循序展开。初学者也许会发现其中某些地方很难读，为了解本书的全貌，有时应该跳过那些困难的部分。某些高级读者可能会发现书中很多熟悉的内容，尽管如此，我还是希望他们能够从中找到其感兴趣的东西。为有效使用本书，你只需具备下述基础知识：计算和电子表格，统计学（了解矩、分布函数和分布密度函数等），数学（包括矩阵代数基础）以及某些相关的金融学知识，特别是衍生证券理论和固定收入理论。多数从业者和大学教师对此不会感到困难，但是学生在学习本书的内容之前，还是应该首先学习数量方法、衍生证券、固定收入等等方面的基础课。

如何使用本书

近年来市场风险方面的教学经验表明，如果仅仅把教学维持在抽象的水平上，老师教不好，学生也学不好。理论知识的传授固然重要，然而风险测度毕竟不是一门抽象的理论学科。根据我的经验，学生只有在实际演练中，才能真正把握好相关内容，例如，独自在电子表格上做出VaR图，完成练习和家庭作业等。教学的关键是在传统课和实践课之间取得平衡。实践课上学生可以用计算机求解某些有意义的风险测度问题①。

本书包括阅读和实际演练两部分，所以需要读者能够使用适当的电子表格或其他软件进行相关估计。我的教学管理经验表明，对于这些内容的学习软件的使用至关重要。对于某些东西，不能进行实际计算就不能算是真正地理解。软件和风险的测度密切相关，优秀的风险测度者人人皆知，风险测度要在电子表格或其他的计算机程序上实现。事实上，该领域的很多工作都涉及软件问题——比较不同计算程序，发现其中的错误，改进计算的精度和速度等。任何风险测度方面的书籍都涉及如何在计算机上实现风险测度的问题。

这类书都应该配有自己的软件，本书就配有一张这样的光盘，其中包含了一组风险测度工具、相关的 MATLAB 函数（也有一些是 Excel 函数）和一份软件使用指南②。建议读者将这个使用指南打印出来以备随时参考，并在计算机上调用上述函数③。本书中的例题和图形都是用该软件生成的，读者最好用该软件把它们重新生成一遍。欢迎读者将自己的意见反馈给我。我会在自己的网站（www. nottingham. ac. uk/ ~ lizkd）上及时更新上述软件的工具箱（Toolbox）和使用指南，欢迎读者下载使用。

需要说明的是，我之所以用 MATLAB 作为编程语言，是因为该语言不但功能强大且界面友好，它和其他语言有所不同（VBA 功能不强且界面不友好，C 和 S 的界面不友好）。我选择 MATLAB 的另一个原因是，它能生成精美的图形，高质量图形通常是风险测度的基础。MATLAB 的不足之处是，有的读者可能不会或无权使用它，建议这类读者还

① 如果愿意将本书用作教科书，我很高兴根据您的要求提供完整的配套 PPT 幻灯片。

② MATLAB 是 MathWorks 公司的注册商标。欲获得有关 MATLAB 的更多信息，请访问它们的网站 www. mathworks. com。

③ 用户可将 Managing Market Risk（MMR）文件夹复制到他或她的 MATLAB 中的 works 文件夹中，并将这个拷贝到文件夹的路径激活（这样，MATLAB 就知道该文件夹的存在）。其中的函数在 MATLAB 6. 0 上写成，如果用户的计算机上有统计工具箱、基本的 MATLAB6. 0 或更高版本，那么多数 MMR 函数可正常工作。但是，少数函数使用了其他 MATLAB 工具箱（如 GARCH 工具箱）的函数，这时只有统计工具箱的用户就会发现偶尔会有一些 MMR 函数不能正常工作。

是应该在慎重考虑的基础上，在这方面花费一些财力和精力①。

本书讲解的重点是风险测度背后的思想而不是相关的计算机编码技术，编码本身只是工具，重要的还是思想。建议从事风险测度的人应该达到这样的水平，一旦明白自己想要做什么，立即就能简单地写出命令来实现自己的愿望。我用的命令就有这个特点，使用者只需启动 MATLAB，进入市场风险测度（MMR）工具箱，调用相关的函数即可。因此，想要使用这类命令的读者应该直接查找程序命令本身，而不是在教科书中翻来找去。超越技术细节，关注重要的理论问题。

MMR 工具箱不但能够完成教科书中所有的例题和图形，而且还有许多其他功能。我在其中写了大量函数，它们不但涵盖了风险测度估计领域中所有的初级问题，也覆盖了其中一些高级问题。用户（例如，写论文的学生，做研究的大学教师，从事实际应用的人）将会发现这些函数是有用的，欢迎使用。需要说明的是，我本人并不是专业编程者，任何使用这些函数的人都要自己承担其中的风险。与风险管理工作一样，我们应该更加依靠自己的聪明才智，而不是软件或用软件算出的结果。

本书大纲

第一章，简述风险测度领域的最新进展，重点讨论 20 世纪 90 年代崛起的 VaR 方法。说明为什么 VaR 会写进教科书，为什么它备受关注并且广泛流行。第二章，讲述三种不同的风险测度框架，它们分别以证券组合理论、VaR 和一致风险测度为基础。从很多方面来看，这一章都是本书的关键。本章将详细说明，VaR 究竟错在什么地方，风险一致测度为什么比它优越。

搞清楚基本的风险测度之后，第三章将介绍和综述风险测度估计中所涉及的主要问题。后续章节将对这些问题做进一步地展开。

① 我最初撰写这本书的时候，考虑到多数人都有 Excel，所以曾尝试用 VBA 来编写这些函数软件；不幸的是，我遇到了太多的困难，最后被迫放弃 VBA。不然，我也许至今还在和 VBA 代码纠缠不清，这本书的出版也许还看不到曙光。我知道这会使读者感到压力，因为他们需要学习 MATLAB 或其他高级语言并获得相关软件，但是我实际上别无选择：你需要的软件 Excel/VBA 不能胜任，尽管它在完成很多简单任务和进行基本水平教学方面作用很大。

- 第四章讨论的是非参数方法。具体来说，就是基于损失或回报分布的最小化假定，用非参数方法来估计市场风险测度。
- 第五章讨论的是波动率、协方差和相关系数等参数的预测问题，这些是后面将要讨论的参数方法的基础。
- 第六章、第七章讨论参数方法，该方法，根据针对亏损或回报的分布做出的相关假定，来估计风险测度。第六章讨论一般的参数方法。第七章讨论极端值（EV）方法。
- 第八章、第九章介绍蒙特卡罗模拟（或"随机数"）方法。第八章讨论一般的蒙特卡罗法。第九章讨论市场风险测度估计中具体使用的蒙特卡罗法。该方法功能强大，可处理包括复杂问题在内的很多问题。
- 第十章的内容虽然困难，但却十分重要，这里将讨论期权持仓的风险测度的估计方法。
- 第十一章讨论风险分解技术，它将证券组合的总体风险分解到各个具体证券的持仓上。

其余章节讨论与市场风险估计有关的各种问题。

- 第十二章讨论的题目是映射。这里真实持仓被映射为一个能够描述该持仓的随机过程，这一过程可由一些标准构件的组合生成。
- 第十三章讲述压力测试（也被称为"what if"分析）。压力测试是对随机风险测度的重要补充，只有经过压力测试修正的风险测度才是名副其实的真实风险测度。
- 第十四章涉及流动性风险，将考虑下述问题：如何修正风险测度估计以适应市场流动性，如何估计风险流动性，如何估计与金融危机相关的流动性风险。
- 第十五章讨论背后的检验——使用数量方法，判定模型的风险估计和模型假设之间是否存在一致性，或评价模型的优劣。
- 最后是第十六章，考虑重要的模型风险问题——所谓的模型风险，是指由于风险模型本身不理想导致风险估计发生错误的风险。

第二版的修订

第二版对第一版做了相当大的修订。不但更新了一些内容，而且我还做了很多努力，在注重金融风险方面主流文献的同时，也注重精算/保险方面的主流文献，这些文献也为市场风险测度提供了很多有益的贡献。为了给新材料留下足够的空间，我舍弃了一些专题材料（例如，准蒙特卡罗方法和格子方法），因为它们尚未对风险测度文献产生重大影响。新版本为了更好地反映实际情况，我（至少在有些地方）尽量不把尚未得到风险管理界接受的材料写入书中。唯一的例外就是第十五章的背后检验，而该章的大部分新材料都是基于我自己最新的研究成果，并且业已通过杂志评审程序的严格审查。

必须承认，本书使我在相当程度上认可了一致风险测度优于 VaR 的观点，而且我也越来越清醒地认识到后者的局限性。事实上，现在我几乎能够说服我自己，VaR 几乎不能作为“恰当”风险测度使用，但是这并不意味着它本身无用，因为作为分位点，它还是有用的。但是，我也认为一致风险测度也有很大的问题：它们远未达到完美的程度，其中很多问题尚未解决。从更深层面来看，我觉得将物理学模型用于社会科学也是有问题的，同时我还对金融监管制度持非常保留的态度，觉得该制度带来的危害就总体而言比好处多。

本书内容已经根据反馈意见和进一步的教学经验做了根本性重组，而且我还加了大量计算例子，详细说明计算的具体过程。因此，本书更注重例题的计算，更注重对计算原理和技巧的解释。

致　谢

衷心感谢那些以各种方式对本书做出过贡献的所有人。首先，我要感谢所有为本书第一版做出过贡献的人，感谢众多为本书提供过反馈意见的人们，我从他们的反馈中获得了大量的有益信息。感谢英国经济社会研究委员会通过“金融机构风险测度”研究资助给予的财政支持，它使我有时间和资源来完成本书的第二版。感谢 Barry Schachter 和他的网站 www. gloriamundi. org 为我提供的第一手研究资料。感谢 Naomi Fernandes，Courteney Esposito 以及 MathWorks 公司，其“著作者计划”（authors' program）使我能够调用 MATLAB 程序，感谢 Wiley 团队（team）——特别是 Caitlin Cornish，Carole Millett，Sam Hartley 以及 Sam Whittaker——提供的大量的有益贡献。感谢 Andrew Cairns，John Cotter，Tony Courakis，Jon Danielsson，Jim Finnegan，Kostas Giannopoulos，Chris Humphrey，Imad Moosa 和 Dave Rowe 为本书底稿做出的贡献或提供的宝贵意见。此外，还要感谢诺丁汉大学商学院风险保险研究中心的同事，特别是 Bob Berry，Chris O'Brien，Steve Diacon，Jennifer Howis，Kerry Lambert，Peter Oliver 以及 Tim Orton 提供的支持和意见反馈。感谢 BSRA 的同事 Chris Mammarelli，Geoff Ihle 和 Tony Bimani 对本书的贡献，特别感谢 Carlos Blanco，Mark Billings，David Blake，Dave Campbell，Changguo Liu，Ian Gow，Ling Jin，Duncan Kitchin，Dave 和 Sheila Morris，Anneliese Osterspey，Dave 和 Frances Owen，Sheila Richardson，Stan 和 Dorothy Syznkaruk，Margaret Woods 以及 Basil & Margaret Zafiriou 做出的贡献和帮助。最后，感谢一如既往给我支持和奉献的家人——我的母亲 Maureen，兄弟 Brian 和 Victor，尤其是我的妻子 Mahjabeen 以及女儿 Raadhiyah 和 Safiah——是她们给了我爱和支持，当我埋头著书而耽误家庭生活的时候，她们给予我足够的耐心。因此，我愿意将本书献给 Mahjabeen 和我的女儿们。但是，在她们开口之前，我要说：是的，上

一次我曾经许诺过我的下一部作品将是一部引人入胜的小说，而不是一部充斥着统计学的大部头理论著作。然而，转念一想，我还是希望你们能够同意我的看法——英国文学也很麻烦。

第1章

风险值的出现

我们将金融风险理解为与金融结果相关联的风险，然而“风险”这个词却不容易严格界定。它使人联想到不确定性、随机性和概率等概念。随机性结果可能好（例如，我们的彩票中奖），也可能不好（例如，我们遭受到一次金融损失）。我们可能更倾向于关注与坏事相关的风险，试图使自己免受其害。除此之外，在定量化方面也有问题——某些学者将风险视为可以定量化的东西，而将不确定性视为出现多种结果的可能性，总之没有适用于各种场合的单一的风险定义。然而，根据我们的需要，可以将金融风险定义为：对金融损失（或收益）的预期，其发生源于风险因素的不可预测性或随机变化。

本书讨论某种特殊类型的金融风险（即市场风险）的测度（或度量）问题——所谓市场风险是指市场价格（例如，证券价格）的不可预期性变化导致的损益的风险。反之，市场风险可以根据风险因素是利率、股价还是其他随机变量，分为利率风险、股权风险、汇率风险和大宗商品价格风险等。除此之外，其他金融风险也会引致市场风险，特别是信用风险（由于交易对手不能履行其支付承诺而产生损失的风险）和操作风险（由于内部系统或成员操作失败而造成损失的风险）。

自1950年哈利·马克维茨的开创性工作问世以来，风险管理的理论和应用取得了巨大发展。这一理论已经发展成为金融学的一个分支，越来越多的金融学高级硕士课程和MBA课程将其作为一门独立的课程开设。这门学科被众多知识力量关注，除金融学家外，还有许多其他领域的专家，除了丰厚的薪水外，他们被吸引的原因还有问题本身的挑战性，大量名校的物理学博士进入金融研究领域正是基于上述原因。这门学科得益于统计学、数学以及计算机科学等数量类学科（还有诸如工程学和物理等学科）的发展。然而，这门学科不是纯数量学科，甚至不是以数量为主的学科。这门学科的核心是对风险管理实践的深刻理解，因此需要在定性和组织层面上认识风险管理：良好的判断意识、对可能出错的事情的清醒认识以及市场轨迹评价等。这意味着风险管理的一些最重要原则除了来自金融学之外，还来自会计学（它告诉我们如何管理、控制、估值和审计等）、经济学（它告诉我们市场行为和福利如何最大化）、组织理论（它告诉我们组织行为如何展开）以及法律（它渗透于风险管理的方方面面）。所以，风险管理虽然运用到大量的定量方法，但是其基础却是定性。风险管理很像工程学：虽然使用复杂工具，但是对事件发生的背景以及对未来趋势的判断才是最重要的。也许，对于初出茅庐的风险管理者（尤其是数量类学科出身的人）最重要的是理解风险管理的背景。

专栏 1.1

为什么要管理公司的金融风险？

简而言之，风险管理的好处非常明显：可以降低不利事件带来的损失。然而，这种回答不能充分解释为什么公司要进行风险管理。风险规避的个体投资者管理投资组合的理由，不能成为公司管理综合性风险的根据。假定资本市场完美（如所有经济学教科书假定的那样），投资者会通过自己的行为使其资产多元化，然而公司的风险管理却与此无关。莫迪利安尼—米勒（Modigliani - Miller）定理认为，在信息不对称、委托—代理问题、税负、交易或破产成本都不存在的完美无摩擦市场上，公司的总价值不受其资本结构的影响。这意味着任何风险管理皆无意义。因此，要说明公司风险管理的价值就必须首先说明莫迪利安尼—米勒定理的假定与现实世界不相符；放松相关假定，即可发现为什么公司可以从金融风险管理中获益，理由如下：

- 存在破产成本时，风险管理有助于增加公司的价值，因为它会减少破产发生的可能性。
- 信息不对称时，因为外部融资成本比内部高，所以好的投资机会可能丧失。风险管理能够降低现金流的不稳定性，从而降低这类事件发生的可能性。
- 对于投资者，个体风险管理能够使投资者具有更好的风险配置，对于公司风险管理会增加资本市场对它的认可程度。
- 存在税负时，风险管理可使公司的纳税额减少。因为纳税额是收益的凸函数，所以利润变化越小纳税额越小。

1.1　金融风险管理的兴起

多个因素使得风险管理成为一门专门的学科。第一个因素是 1960 年后日益频繁的交易活动，例如，纽约股票交易所的日交易额从 1961 年的 400 万美元增加到 2005 年初的 1.6 亿美元左右，外汇市场的日交易额也由 1965 年的 10 亿美元增加到 2004 年 4 月的 1.9 万亿美元[①]。近二三十年，新型金融工具的交易量增长迅速。新型金融工具不但在离岸金融市场上表现不俗，而且近来在东欧、印度、东亚、拉美、俄罗斯等地区也得到了长足发展。新型工具甚至还出现在过去曾经是非流动性的资产上，例如个人消费贷款、工商业贷款、资产抵押证券等，而且 1980 年以来，这些市场急剧增长。

金融衍生品交易量飞速增长。1972 年以前的衍生证券交易只是某些商品的期货、各种远期和一些场外期权。1972 年芝加哥商品交易所开始了外汇期货交易，1973 年芝加哥期权交易所开始了股权买权交易。1975 年引入了利率期货交易，随后几年其他金融衍生证券交易被引入：20 世纪 80 年代兴起的互换和奇异期权（例如，外币利率互换期权和利率互换期货），20 世纪 90 年代创设的巨灾、信用、电力、天气衍生产品，2000 年后引入的死亡率衍生证券。未平仓场外衍生品名义价值在 20 世纪 70 年代数额还很小，然而 2004 年上半年已攀升至 220 万亿美元[②]。

外部环境越不稳定，交易活动增长得越快。外部环境越不稳定，公司面对的金融风险就越大，这激励公司去发现更好、更新的方法来管理风险。经济环境的不稳定包括：

- 股票市场不稳定。股票市场总是波动，有时甚至会剧烈波动。例如，1987 年 10 月 19 日道琼斯指数下降了 23% 使得股权资本缩水 1 万亿美元；1998 年 7 月 21 日到 8 月 31 日道琼斯指数

① 后一个图见 BIS（国际清算银行）(2004a)，第 1 页。

② BIS（2004b）第 9 页。不过，这个图有误导性，因为关于衍生产品契约究竟价值多少，其理论值所能给出的指示相对较少。因此，衍生产品交易的实际数量最好用未平仓合约的名义价值来表示。该报告估计其价值为 6.4 万亿美元——此金额虽然比理论值略低 3%，但本身也还是天文数字。

下跌 18%。其他西方股票市场也经历过类似的下跌，一些亚洲市场甚至经历过更为严重的下跌（例如，韩国股票市场在 1997 年下跌了一半以上）。

- 汇率不稳定。自 20 世纪 70 年代初期布雷顿森林体系崩溃以来，汇率一直不稳定。偶然的汇率危机导致了汇率的显著性突变，其中值得一提的是 1992 年 9 月的汇率机制危机，1994 年的比索问题，1997 – 1998 年的东亚货币贬值，1998 年的卢布危机，1999 年的巴西危机和 2001 年的阿根廷债务危机。
- 利率不稳定。利率同样处于波动中，利率波动会影响公司的融资成本、现金流和资产价值。例如，作为美国短期市场利率的良好指标——联邦资金利率，2005 年的水平约为 1994 年的两倍。
- 大宗商品市场不稳定。商品市场的不稳尽人皆知，商品价格在长时间保持稳定后，会突然发生跳跃性变化。有些商品的价格（例如，电力价格）每天甚至每小时都处在波动之中。

人们对误用衍生工具带来的风险的关心和 1990 年以来不断出现的风险管理灾难使得风险管理得以迅速发展。关于这些危险性，纽约的美国联邦储备银行行长 E. Gerald Corrigan 在 1992 年纽约银行家协会上大声疾呼：

> 你们应该密切关注表外业务。这些业务，交易量快速增长、合约设计日益复杂并且隐含着巨大的信用结算风险，这些都值得我们关注……希望我的话能够引起大家的警觉。

Corrigan 的担心并非空穴来风。在其演讲之后的几年中，不断有知名机构发布震惊世界的巨额损失的消息，这些交易常常是非授权交易，损失的原因总是由于缺乏必要的风险管理：1993 年的昭和壳牌石油公司，1994 年的德国 Metallgesellschaft 公司、鹿岛石油公司、保洁公司和美国橘郡政府财政基金，1995 年的巴林银行和大和银行，1997 年的汇丰银行，1998 年的日本奶制品总公司和美国长期资本管理公司，2001 年的安然公司，2002 年的爱尔兰联合银行和美国世通公司以及 2003 年的法国帕拉玛公司。这些机构的损失多数超过 10 亿美元，而且上面的列表忽略了绝大多数损失较小的情况。这些损失使得金融界认识到了风险管理的重要性——风险管理成本不菲，不加以风险管理代价更大。20

世纪90年代的灾难和人们对衍生产品危险性的担心使得金融界对风险管理进行了大量的深入研究，产生了一系列研究报告，这些报告清楚地说明什么是最佳实施原则。其中，最广为引用的是1993年出版的G-30报告，类似的还有美国审计总署1994年和1996年出版的报告、衍生产品政策组1995年出版的报告等。这些报告传达出同样的信息——完善的风险管理需要，前后台业务分离，用VaR全面评估公司风险，采用适当系统管理衍生品风险，监控交易对手的信用风险以及严格的信息披露制度。

第四个促成风险管理发展的因素就是信息技术的迅速发展。IT技术的发展使得计算机的计算能力和计算速度获得了极大提高。计算能力增强意味着我们能够利用新技术（例如，计算机强化模拟技术）处理更为复杂的问题。计算速度的提高使得我们能够利用这些技术在需要迅速获得答案的时候进行实时计算。IT技术的进步使得IT成本在过去的40年中以每年25%-30%速度下降，数据传输成本的下降更快。计算能力增强、计算速度提高和计算成本降低共同促进了IT技术在风险管理中的应用。风险管理者再也不使用简单技术进行“粗略估算”了，在早期不具备复杂计算能力的时候，他们曾经而且必须这么做。现在我们可以使用复杂的计算程序完成以前不可能完成的实时计算，这些进步使风险管理的应用范围以及面临的问题都发生了巨大的变化①。

1.2　市场风险测度

本书既不考虑范围较大的金融风险管理，也不考虑范围较小的金融风险测度，只考虑其中一个更小的分支——市场风险测度。即便如此，本书涉及的范围仍然很大。然而，由于市场风险测度的基本原理经适当扩张和修正，可以应用于其他风险，所以本书讨论的内容对关心其他金融风险（或非金融风险）的管理者也有重要价值。此外，虽然我们讨论的重点是金融测度问题，但是风险测度与风险管理密切相关，所以我们不能有所偏废。无论我们处理的金融风险多么特殊，首先应该清楚，

---

① 这里讨论的因素并非包罗万象。除了文中提到的因素，还有全球化和日益增加的组织复杂性问题，从而使公司变得更加不透明、难以管理，而且在某些方面也更容易出错。

度量任何风险都需要了解与之相关的风险管理的大背景。

了解近年来风险管理技术的演变历程有助于领会本书的主旨。接下来考虑早期的风险管理工具（过时的），这是风险管理者尚不具备复杂计算能力时曾经使用过的工具。因此，我们现在回顾一下，在计算机运算能力大幅提高之前，风险管理工具是如何运用的。

1.3 VaR 出现前的风险测度

1.3.1 缺口分析（gap analysis）

缺口分析是一种很直观的方法，最初由金融机构开发出来用于利率风险敞口的粗略估计。缺口分析首先要选定一个适当的时间区间或期间（例如 1 年），然后依据选定期间资产或负债的重新定价状况区分出利率敏感性资产和利率敏感性负债的数额，两者之差就是缺口值。风险敞口表示利率变化时净利息收入的变化，假设它等于缺口（GAP）乘以利率变化（Δr）：

$$\Delta NII = (GAP)\Delta r$$

其中，ΔNII 表示净利息收入变化，Δr 表示利率变化。

缺口分析尽管易于操作，但是却有其局限性：它只能用于估算资产负债表内的利率风险，而且是粗略估算；它表现的只是利率对资产或负债的在收入上的影响，而非在价值上的影响；而且计算结果对时间区间的选择也很敏感。

1.3.2 久期分析

金融机构测度利率风险的第二个传统办法就是久期分析。债券的（麦考利）久期 D 被定义为对债券现金流各个时期的加权平均，其中，权重为每一个现金流的现值对所有现金流现值的总和之比：

$$D = \frac{\sum_{i=1}^{n} i \times PVCF_i}{\sum_{i=1}^{n} PVCF_i}$$

其中，$PVCF_i$ 表示第 i 期现金流的现值，即收益在某个适当的时期的折现。久期测度给出了一个能够近似反映债券价格对收益变化的敏感度的有用的指标：

$$债券价格变动百分比 \approx -\frac{D\Delta y}{(1+y)}$$

其中，y 表示收益，Δy 表示收益的变化。久期 D 越大，价格对收益率的变化越敏感。

久期方法易于操作，不仅因为久期容易计算，而且组合的久期只是组合中各债券组合的时期的简单加权和。久期分析优于缺口分析，因为它关注的是资产或负债本身价值上的变化而不是净收入的变化。

然而久期分析也有和缺口分析类似的局限性：它忽略了除利率风险以外的其他风险；这种计算是粗略的估算①，即便进行各种精巧的精度改进②，也还是不如其他技术性较强的方法的效果好，例如，Heath - Jarrow - Morton 的利率期间结构分析或 Brace - Gatarak - Musiela 的市场模型分析。此外，过去使用久期的理由（其计算相对容易）现在不已经成立了，因为复杂模型也可以用计算机编程的方法计算，这使得用户能够准确、迅速地获得答案。

1.3.3　情景分析（scenario analysis）

另一种分析方法是情景分析，这里首先需要建立不同的情景，然后考察我们在各种情景下的损益。为了进行情景分析，我们需要建立一个情景集合——也就是在某个时间段上相关变量、股价、汇率等因素形成的样本路的集合。然后决定资产在各种情景下的现金流、账面价值和未

---

①　这很粗略，因为对债券价格的变化只做一阶近似，而且因为隐含的前提是收益率曲线上的任何变化都是平行的（即各种到期的收益的变化量都相同）。因此，以久期为基础的对冲，不能有效地应对收益曲线斜率变化引起的收益率变化的情况。

②　有两种标准的改进方法：（1）我们可以针对债券的价格使用二阶而不是一阶近似。二阶项——也就是所谓凸性——和收益在久期上的变化相关，而这种久期—凸性的方法使得我们能够更好地近似描述收益随债券价格变化的情况。然而，久期—凸性在精确度上通常只是对基本的久期方法有一定程度的改进。（2）另一个改进方法是：使用关键利率久期（参见 Ho（1992））：如果我们关心收益曲线的变化，可以针对各种特定的到期日分别构建收益的久期测度（例如，短期收益、长期收益），这将使我们能够针对这些特定的收益变化估计风险暴露，并且也能适应收益非平行变化的情况。

来走势，在此基础上获得我们的风险敞口。情景分析比较复杂，所以早期的情景分析由于受到当时计算能力的限制，其估计结果的粗略不可避免，然而却能让我们大体上认识到在各种环境下厂商能够经受住什么损失。

情景分析不易执行。因为我们需要正确确定合理的情景，然而确定情景的方法却不多。合理的情景不但不能自相矛盾，而且还要考虑各个变量之间的相关性。我们还需要确认我们已经尽最大的可能使得我们的情景涵盖所有的主要情况。情景分析并未说明各种情景发生的可能性，所以当评估各个情景的实际意义时，需对其发生的可能性做出判断。总之，情景分析具有很强的主观性，并且在很大程度上依赖分析者本身的技巧。

1.3.4 证券组合理论（portfolio theory）

证券组合理论和前两种方法有所不同。证券组合理论假定投资者根据回报的预期和标准差来选择证券组合①。证券组合回报的标准差被视为组合的风险。在其他条件不变的情况下，投资者希望其组合有较高的预期收益和较低的标准差。这意味着，投资者选出的组合应该满足下述条件：对于任意给定的标准差，组合的预期收益最大。满足这些条件的组合被称为有效组合，理性投资者总是选择有效组合。因此，投资者进行投资决策时，必须决定有效组合集合并且剔除其余组合。某个组合的风险可能会比其他组合的风险大，但是风险越大，预期回报就越高。面对有效组合，投资者基于其偏好在风险和预期回报之间取得平衡，选出某个特定的组合。风险规避程度大的投资者会选择标准差小和预期回报少的安全组合，而风险规避程度小的投资者将选择风险大且预期回报高的风险组合。

证券组合理论的核心意义就是任何单个资产的风险不是其收益率的标准差，而是该资产的风险对整个证券组合风险的贡献。有的资产就其本身而言风险很大（即高标准差），并且其收益率与组合中其他资产的收益率相关，但将其作为新资产加入组合而不会增加组合的总体风险。这个理论的精神实质就是新资产对组合风险的影响依赖于其收益率和组合中其他资产收益率的相关性或协方差，这种相关性有时表现为 beta

---

① 这一框架（或方法）通常被称为均值—方差框架，因为假定组合收益的均值和方差（标准差）足以指导投资者的全部决策。也意味着可以将组合收益的方差/标准差视为投资组合的风险测度，我们将在第二章进一步讨论。

值——资产 i 和组合的协方差与组合的方差之比。若其他条件不变，则相关性越小资产对组合风险贡献越小。事实上，如果资产的负相关性足够大，则它可以抵消其存在的风险并降低组合的标准差。

组合理论提供了一个处理多种风险的良好框架，它考虑了风险相互影响的方式。因此，这一理论对组合管理者、投资基金管理者以及其他投资者是有用的（事实上已经被他们广泛使用）。然而，组合理论会遇到数据问题。无风险收益率不难估计，但是市场收益率和 beta 值的估计却并不容易。预期的市场收益率有很强的主观性，每个资产的 beta 值不仅依赖于特定资产，而且依赖于所有参考的组合。估计 beta 值时，不但需要与新资产收益率相关的数据，而且需要和现存所有的资产回报相关的数据，并且为了使得统计估计可信，我们需要充分长的数据集。而且，beta 值依赖于我们现存的组合，所以理论上说，只要我们的组合发生变化就必须重新估计所有的 beta 值。

从 20 世纪 50 年代组合理论问世以来，该理论所要求的数据和计算能力使得它非常不合实际。为了回避其中的一些问题，威廉·夏普（William Sharpe）等人在 1960 年提出了简洁、著名但是也引起巨大争议的资本资产定价模型（CAPM），其本质就是用关于某个假定的市场组合的 beta 值来分析问题。若当时的数据条件和计算能力都没问题，则 CAPM 会使得组合理论的实际表现更好。然而，CAPM 的简洁性使得它被广泛使用，所以人们常常谈论资产的 beta 值，好像关于资产只有 beta 值，因此 CAPM 有某种误导性。如果 CAPM 中资产相对于假定的市场组合（理论组合）的“理论” beta 值和相对我们最终持有的组合（实际组合）的“真实” beta 值接近，则 CAPM 是一个不错的答案，但是实际中我们很少能够知道他们是否接近①。若市场组合和我们的真实

① 还有其他问题。（1）如果我们打算使用这种快捷（short - cut）方法，那么关于理论上假定的组合是什么，我们几乎没有什么可供参考的指南。实践中，投资者通常使用一些“显而易见”的股票——例如股指背后的一揽子股票，但我们根本不知道，而且也不可能知道，它们是不是能够很好地代表资产定价模型（CAPM）中的市场组合。（2）即使我们选出了一个能够很好地代表 CAPM 中市场组合的投资组合，这个组合能否带来良好效果仍然值得怀疑。如果我们希望使用代理投资组合的风险估计，有充分的论据表明我们应该放弃单因素模型而使用多因素模型，这样可以解释更多的系统性风险。这意味着我们应该使用 Rose（1976）的套利定价理论（APT）。然而，APT 也有自己的问题：我们很难正确地确定风险因素，即使可以确定，仍然不知道 APT 是否能够很好地代表我们试图确定的系统性风险。

组合差异很大，则 beta 值与理论值、真实值之间的差异就会很大，这时 CAPM 会有误导性[①]。然而，即便使用更一般的模型，证券组合理论也不可靠，或许是我们估计不出需要的参数，或许是模型的风险正态假定不符合实际情况。以后我们还会讨论这些问题。

1.3.5 衍生品的风险测度

在处理衍生证券持仓时，我们需要用希腊字母参数来估计其风险：delta 值表示标的资产价格的微小变动对衍生资产价格变动的影响；gamma 值表示标的资产价格的微小变动对 delta 值变动的影响（即衍生证券价格关于标的资产价格的二阶导）；rho 值表示利率的微小变化对衍生品价格的影响；vega 值表示波动率的变化对衍生品价格的影响；theta 值表示时间变化对衍生品价格的影响等等。经验丰富的衍生品从业者能够很好地根据这些参数的估计值来评估和管理衍生品持仓的风险——Taleb（1997c）很好地讨论了这些问题——但是这项工作技术性很强。风险管理者必须能够实时且同时处理大量不同的风险信号，而且这些希腊字母参数本身也不稳定：例如，众所周知平价（at - the - money）单纯期权（vanilla option）的参数 gamma 值会随着到期的临近而趋于无穷大，vega 的波动率也有类似的情况。

然而，这些测度只在动态套期保值策略上有效：这些测度以及据此决定的套期保值的持仓仅在风险因素发生微小变化时起作用，因此需要频繁地调整这些仓位。人们总是担心这些测度以及与此相关的套利保值策略不能使得我们免受较大的市场变化的损害，例如，债券市场的暴跌或货币的大幅度贬值。我们可以针对小的价格变化套期保值，但是却不能应对大幅度的价格不利变动：我们的套期保值持仓可能遭受巨大损失，这个损失不能被我们套期保值工具的收益充分弥补。也有这样的风险，当我们需要卖出的时候，市场流动性却枯竭了。1987 年 10 月股市

① 我们还可以用统计上的简化型（reduced - form）方法来估计风险。其思想是：假定一个我们感兴趣的风险暴露变量（例如，债券、外汇组合等的损益）之间的可度量关系，而且我们考虑的因素的确能够影响这个损益。然后，使用适当的计量技术估计这个关系中的参数，而且这些参数估计能够帮助我们认识风险暴露。该方法不但受到数据可得性的限制（即我们需要足够的数据来做相关的参数估计），而且（通常）也受到线性假定的限制，同时还受到市场风险的限制，因为我们通常只能获得交易中证券的价格数据。而且，还有由错误设定、估计出的统计关系不稳定带来的问题。

暴跌时，抛售风潮使得抛售指令的执行很慢，成交价格甚至低于卖出者的预期。大规模的市场变化和流动性枯竭交织在一起使得套期保值持仓发生了巨大损失，尽管这些持仓已经做过动态套期保值。

1.4 风　险　值

1.4.1 风险值的起源和发展

20世纪70年代末和80年代，众多大型金融机构开始使用内部模型测度和整合机构整体的金融风险。为了能够在考虑风险相互作用的基础上统合这些风险，他们开始使用这些模型进行风险管理——因为机构越复杂，风险管理越困难，风险管理却越重要，尽管他们缺乏这方面的手段。这些公司也遇到了不断增加的持仓的风险管理问题。于是，他们对操盘手和资产管理人员施加了种种限制措施，但是由于当时的信息和管理系统制约，这些限制被建立在非统一的基础上，因此出现了各种不一致性和不愿意看到的结果：因为触犯了某些限制，一些“好的”交易或投资被取消，因为不了解对机构的整体影响而面对风险，一个领域风险的减少造成了其他领域风险的增加，等等。良好的资产配置也会以同样的方式遭到破坏。然而，最大的问题或许还是缺乏统一的风险管理。投资限制（包括投资许可）和面临的风险之间尚缺乏一致性，负责制定和管理各种限制以及资产配置的管理者们由于缺乏必要的工具对此无能为力。

企业界在解决这些棘手问题的同时，认识到需要从损失的概率的角度分析公司面临的总体风险。于是产生了风险值（或VaR）的概念，它使得公司对总体风险有了更好的认识，并且使公司在各业务单位上的持仓限额和资本配置更趋合理。

这些系统中最著名的是摩根大通（JP Morgan）开发的风险计量系统。业内人士说，这个系统源于摩根大通主席Dennis Weatherstone对其职员的要求，他要求职员每天提供一份单页报告来说明未来24小时银行所有交易组合的风险和潜在损失。他每天在交易结束后4点15分要求得到这个报告（所以被称为“4:15报告”）。为完成这个任务，摩根的职员必须开发一个系统来测度各种交易持仓和机构总体的风险，并把它们整合为一个单一指标。他们使用的测度就是风险值（VaR），即下一个交易日的最大可能损失。根据经典的证券组合理论，利用各种不同交易工具的标准差和它们之间的相关系数，VaR 可以被一个系统估计出来。尽管这一理论并不复杂，但是完成这个系统的工作量却很大：选择测度公约，构建数据集，统一统计假定，选择波动性和相关性的估计程序，建立用于估计的计算系统以及各种必须解决的实际问题。这个系统的开发花费了很长时间，其主体部分——数据系统、风险测度方法以及基本结构，1990 年左右才构建完成并投入使用。从那个时候公司开始决定使用“4:15 报告”，这个新系统的积极作用很快就显现出来。特别是，它使得高层风险管理的速度更为迅速——平衡收益并且导致了对所有交易风险的实时有效配置[①]。摩根大通 1993 年的研究会议推出了这一新的系统，并引起了有意购买或租用该系统的客户的关注。

G30 的出版报告在当时认为 VaR 系统未来会发挥更为重要的作用，1990 年尚不为人们所知的 VaR 概念本身也迅速成为风险管理领域谈论最多的话题：不久所有金融机构都想拥有自己的 VaR 系统了。

当时，其他金融机构还在使用自己的内部模型，而开发 VaR 软件的专业公司都是只开发软件并不为程序提供数据，所以由此产生的系统相互间缺乏一致性。虽然这些系统依据的理论思想非常相似，但是在辅助假定、数据使用、参数估计程序等方面存在很大差异。而且，并非所有 VaR 系统都基于证券组合理论：一些系统用历史数据模拟的方法构建，它们根据过去损益的直方图来估计 VaR，另外一些系统则使用蒙特卡罗（或随机数）模拟的方法构建。

这些公司一方面发展并加强其风险管理咨询业务，另一方面限制模型的使用以防止过多的机密流失。尽管多数公司对其模型保密，但是摩根大通还是决定公开其数据和基本方法，使得外部也能据此开发自己的风险管理程序。1994 年初，摩根大通成立风险计量部从事这项工作，并用 8 个月的时间完成了风险计量（Risk Metrics）模型——其内部模型的简化版。同年 10 月，摩根将其风险计量系统和相关数据放到互联网上供大家免费使用；外部用户能够访问风险计量模型，并可以将他们自己的持仓数据提供给模型。

这一大胆举动倍受瞩目，由此引发的有关风险计量系统优缺点的讨

---

① Guldimann（2000），第 57 页。

论，对未来提高 VaR 的知名度有益，对未来了解 VaR 系统开发和使用中存在的问题有益[①]。开放风险计量数据极大地促进了 VaR 系统的推广，这种开放使得软件提供者及其客户都有权访问数据集，这些数据集仅靠他们各自的力量无法单独完成。这种开发使得许多小的软件提供者要么采用摩根的风险计量方法，要么使自己的系统与之兼容。

此后，VaR 系统获得了极大普及，首先是证券机构、投资银行，随后是商业银行、养老基金、其他金融机构和非金融公司。VaR 的概念也随着这个模型的普及为大家所熟悉，20 世纪 90 年代中叶 VaR 已经成为度量金融风险的主要测度（仅在数年前 VaR 还鲜为人知），VaR 的技术水平也迅速提高。系统的开发者和使用者变得更有经验；IT 成本的大幅度下降和软件的持续开发使得系统更为强大、快捷和复杂；VaR 系统能够覆盖越来越多的金融工具；并且通过扩展原来针对市场风险开发的 VaR 方法，使它可以处理市场风险以外的其他风险，例如，信用风险、流动性（现金流）风险和操作风险。

专栏 1.2

证券组合理论和 VaR

从某种意义上来说，VaR 是早期组合理论的自然发展。然而，两者之间还是存在很大不同。

- 组合理论将风险解释为收益率的标准差，VaR 则将风险解释为最大可能损失。在非专业人士眼中，VaR 的风险概念（甚至 VaR 本身）比组合理论更加直观、简单。
- 组合理论假设收益率（或损益（P/L））服从（或近似地服从）正态分布，而 VaR 则允许更一般的分布。
- VaR 方法的适用范围更宽：组合理论（在很大程度上）局限于市场风险，而 VaR 方法则可用于信用风险和流动性风险等其他风险上。
- 方差—协方差 VaR 方法和组合理论有同样的理论基础——事实上其理论基础就是组合理论，但是其他两个 VaR 方法（一个是历史模拟，另一个是模拟）则不然。实际上，VaR 系统可以更宽泛的估计方法为基础。

① 一个很好的例子是有关风险度量安全性问题的辩论，辩论的一方是 Longerstaey 和 Zangari（1995），另一方是 Lawrence 和 Robinson（1995a）——包括基本统计假定的有效性、波动性和相关性的估计等问题——这些关乎风险测度的核心，本书将会在后面的章节中详细讨论。

1.4.2 风险值（VaR）的魅力所在

VaR是什么？为什么重要？Linsmeier 和 Pearson 对这个概念做了精确地描述：

损失超过风险值的情况发生的概率小于一个特定值的很小的值。在一些计算需要的简化假设下，风险值将组合中所有的风险统合成一个单一指标，这一指标可以方便地汇报给监管人员或在年度报告中披露。如果不考虑具体的统计测度过程，那么风险值不难理解。这是一个描述证券组合可能损失量的简单办法[①]。

VaR比传统的风险测度更有吸引力：

- VaR提供了一个不同持仓和风险因素的共同一致的风险测度。VaR可以用于任何类型的组合，这使我们可以比较不同组合的风险。VaR能够测度固定收益持仓的风险，这使得我们能够比较它与股票的风险。这方面VaR比传统方法有明显的优势，例如，久期和凸性方法只能用于固定收入证券持仓，希腊字母仅用于衍生证券持仓，证券组合理论只能用于股票或与股票类似的持仓（例如，大宗商品持仓）。
- VaR使得我们能够把部分持仓的风险整合为这一组合的全局风险，这需要考虑不同风险因素之间的相互影响（或相关性）。这是VaR另一个吸引人的地方，因为传统风险测度不能（或不容易）顾及部分风险的加总问题。
- VaR有全面性，它同时考虑所有起作用的风险因素，而许多传统的方法不是一次只考虑一个风险因素（例如，希腊字母测度），就是将多个风险因素简单地合并为一个（例如，久期—凸性分析将即期利率曲线合并为一个单一收益，CAPM方法将不同的收益率合并为单一的市场收益率）。VaR的全面性还有另外一种含义：它考虑组合的整体评价，考虑公司水平的整体问题，不关心组合中某个具体的持仓。
- VaR涉及概率，它告诉风险管理者关于某个特定损失发生概率方面的信息。比较而言，传统测度（例如，久期—凸性分析，

---

① Linsmeier 和 Pearson（1996），第3页。

希腊字母测度等）只告诉我们何种情况下会发生何种事情，并未指出其发生的可能性。

- VaR 的单位最简单、最容易理解，例如“亏损钱数”。很多其他测度则不然（例如，现金流周期等），所以 VaR 更便于风管人员之间的交流。

VaR 的这些优点正是它广为流行的原因。

VaR 信息可有多种使用方式（尽管有些使用方式并不恰当，其中一些我们将在适当时指出）：

（1）高管人员可以用它设定其全局风险目标，并据此目标确定所有的具体风险目标和持仓限制。

（2）VaR 可以用来决定必要的资本需求量，这个需求量既可以是整个公司水平的需求量，也可以是某个业务单位水平的需求量：经济活动的风险越大，VaR 值越高，必要的资本需求量也就越大。VaR 也能用于设定业务单位的持仓限制。

（3）VaR 在发布报告和信息披露方面也有用，并且公司越来越注重在其年度报告中报告 VaR 信息[①]。

（4）基于 VaR 的决策原则能够指导投资、对冲、交易和组合管理决策，并有助于从总体上对多个资产组合进行比较和选择[②]。这也可以用于完成整个组合层面的对冲策略，这种对冲策略如果不使用，VaR 完成起来特别困难[③]。

（5）VaR 可以更合理地为交易员、管理人员及其他雇员提供薪酬奖励，给员工的薪酬必须考虑他们承担的风险。如果只根据利润原则而不考虑风险来提供薪酬，公司员工很容易冒过度风险。

（6）VaR 方法很容易移植到信用风险、流动性风险以及操作风险的度量上。

总之，VaR 为不同类型的金融风险提供了一个更加一致、全面的方

---

① 有关 VaR 在报告和披露方面的更多应用，参见 Dowd（2000）、Jorion（2002），Moosa 和 Knight（2001），Woods 等（2004）。

② 关于基于 VaR 的决策管理的更全面的讨论，参见 Dembo（1997），Lucas 和 Klaassen（1998），Dowd（1999a，c）以及 Sentana（2001）。

③ 有关这种策略更详细的解释，参见 Litterman（1996），Kuruc 和 Lee（1998）以及 Dowd（1999a）。

法，从而有利于从总体上更好地管理风险。

1.4.3 对 VaR 的批评

多数风险管理从业者对 VaR 有着不同程度的热情，但是也有一些人警告 VaR 有深层次问题，并且这些问题很可能是危险的。

关键问题是 VaR 的潜在假定是否合理，Nassim Taleb（1997a，b）[①] 和 Richard Hoppe（1998）对此持批评态度，认为把那些适合物理学的数学统计模型简单地移植到社会系统经常会出现问题。这种做法忽略了社会系统的特征——当事人对其所处环境的学习和反作用的方式、许多市场过程的不稳定性和动态相关性等——这些特征使许多模型丧失合理性，为 VaR 估计的错误大开方便之门。

一个与之相关的异议是 VaR 估计太不严格所以很难使用，关于这一问题的实证结果令人担心，实证表明不同的 VaR 模型可以得到非常不同的 VaR 估计［参见 Beder (1995)］。更为糟糕的是，VaR 也有很大的执行风险——所以即便是理论上相似的模型，由于模型的执行方式不同也会获得非常不同的 VaR 估计结果（参见 Marshall 和 Siegel (1997)）。这里的危险性是显然的：如果 VaR 估计错误而用户对此信以为真，则他们将面临很大的风险，并且可能遭受超过其预期的巨大损失。正如 Taleb 所言，“相信误导性信息比没有任何信心更糟。如果你给飞行员一个有时会出错的高度表，他将会坠机。反之如果什么也不给他，他将会留神窗外”[②]。这类批评数不胜数。

一个更深层次的问题就是风险是内生的：如果 VaR 用于控制或补偿员工承担的风险，那么那些被控制者将会出于自身利益对 VaR 约束作出反应。例如，交易员会尽力寻找那些风险估计结果偏高或偏低的持仓。由于 VaR 估计并没有考虑到交易员的这类行为，所以 VaR 估计将是下偏的——并且有证据表明这种低估非常大。VaR 限额也会使得交易

---

① Taleb 也批评了一些 VaR 支持者夸大 VaR 作用的倾向。他对 Philippe Jorion（1997）的有关 VaR 可以防止橘郡之类灾难的断言特别不屑一顾。Taleb 的回应是，这些灾难另有原因——特别是杠杆的过度使用。正如 Taleb 所说，华尔街的职员用算盘也能算出这些超出值，然而 VaR 的捍卫者们却看不到这个事实——有比 VaR 更简单、更可靠的风险测度方法。Taleb 显然是正确的：一个简单的久期分析就能大致揭示出橘郡利率风险暴露的严重程度。橘郡问题的根源不是因为没有 VaR，而是因为缺乏风险管理。

② Taleb（1997a），第 37 页。

员更加激进，更容易从事那些发生频率很低、但一旦发生却损失巨大的行为。他们倾向于认为承担这种风险是值得的（因为通常时间他们可以获得更多的收益，足以补偿这些风险造成的损失），而且偶然的高额损失也是允许的，因为它满足 VaR 约束：VaR 约束使得交易员有卖出基于雇主资产的深度价外期权的动力。这些均说明用 VaR 作为监管约束，可能妨碍有效的风险管理①。

还有观点认为 VaR 的使用可能破坏了金融系统的稳定性。所以 Taleb（1997a）指出 VaR 使用者是动态对冲者，当他们面对市场价格变动时，需要改变自己的仓位。如果每个人都使用 VaR，则他们的对冲避险行为会使原本不相关的风险变得非常相关，这是危险的——因此这时企业面对的风险将高于 VaR 模型给出的风险。VaR 监管约束的盲目使用也会动摇金融系统，因为这会导致银行承担更大的风险：例如，VaR 约束使得管理者更热衷于保护自己不受小的风险的侵害，而对超过 VaR 的大的风险置之不理。VaR 监管约束也会放大循环效应，因此将会加重甚至引发金融危机②。

VaR 支持者对此的回答是，许多问题并非 VaR 独特有，其他风险测度也有。他们也许还会争辩说，其中的一些问题是 VaR 的误用而不是 VaR 本身：例如，他们可能有根有据地说使用 VaR 进行监管时出现的某些问题是由于监管系统本身的毛病。但是并不是所有批评都可以反驳，并且新问题还在出现，这些问题不仅动摇了 VaR 作为主要金融风险测度的地位，而且也实实在在地否定了 VaR 作为“适当”金融风险测度的观点。这促使了新金融风险管理理论——一致金融风险测度理论——的发展，下一章介绍这一理论。

---

① 参见 Danielsson 和 Zigrand（2001）。

② 参见 Danielsson（2002），Danielsson 和 Zigrand（2001），Basak 和 Shapiro（2001）以及 Danielsson 等（2001）。

附录

市场风险类型

如正文所述，市场风险是指与市场价格或收益率相关的非预期变化造成损失的风险，它与信用风险（包括破产等事件造成的可能损失）、操作风险（包括由操作人员或系统错误造成的可能损失）等风险不同。然而，市场风险不能和其他类型风险完全分离，有时甚至由这些风险引起。例如，信用性事件可以导致市场价格或收益率发生变化（例如，它们可以影响债券的价差或价格、偶然性信用衍生品的价格），由此引发市场损失。操作性事件也会导致市场损失，这方面的典型例子就是巴林银行的股票价值崩溃到1英镑。

有许多不同类型的市场风险，最常见的类型如下：

- 股权风险：与股权的市场持仓相关的市场风险。
- 固定收益风险：与固定收益工具（例如，债券和结构性外汇存款）和利率敏感工具（例如，利率衍生证券）的持仓相关的风险。
- 外汇风险：与外汇和交叉外汇持仓相关的风险。
- 商品风险：与农产品、能源以及金属等产品的持仓相关的风险。
- 五花八门的市场风险：与天气、温度以及灾难等因素有关的金融工具的风险，与保险组合有关的保险业风险，与财产持仓有关的风险，等等。

市场风险与风险的承担者、风险承担的理由、执行的时间区间以及损益评价方法密切相关。这些因素不但相互影响，而且与它们涉及的工具的类型以及采用的风险管理方法密切相关。

我们可以从背景入手研究这些问题。第一种背景是交易背景，这时的参与者可能是证券交易所，也可能是从事股权交易的厂商。通常的交易期间较短，常常是一个交易日或一至两周（每周的交易日为五天），有时甚至是一天之内的某个时间区间。其交易活动可能在正规的交易所进行，也可能在相对流动的场外交易市场进行。交易工具的复杂程度多种多样，有非常简单、单纯的金融工具，也有高度复杂的金融工具。交易者有时会使用先进的市场风险测度系统，经常使用市值计价法来评价相关持仓（并据此决定相关损益）。而且，他们常常希望改变相关基准，尽管基准类型理论上不依赖交易者，只依赖市场。执行评价有时会、有时不会引起风险承载的调整。

第二种背景是投资背景，它包括为数众多的银行活动。这时，厂商（参与者）的交易期间较长，所用金融工具的信用风险比较显著（市场风险因此与信用风险关系密切），并且这类风险难以估价，因为这种交易的次级市场基本上不存在。参与者包括从事中期交易活动的位数众多的银行，包括从事长期交易活动保险行业，特别是养老基金。这时的风险评估常常比上述交易背景来的简单，而且风险相关的绩效评估常常缺乏共性。除此之外，还有其他背景，其中包括金库（或支付相关）背景。这时金融机构通过世界银行金融电信协会（SWIFT）、世界银行支付系统交易所（CHIPS）等支付系统进行大规模的电子资金划拨（electronic funds transfer，EFT），交易活动涉及金额巨大，主要的关注对象是日内信用风险和支付风险。除了金库背景之外，还有保险背景和财产背景。保险背景中保险公司交易其保险活动中得到的市场风险暴露，财产背景中参与者交易其财产价格上的风险暴露。

市场持仓的评价方法不尽相同，本质上有3个。第一个（也是所有评价方法中最好的方法）是市值计价评价法（mark - to - market）：这时，市场持仓周期性地根据市场价格反复评价，投资者根据这些评价来决定其损益。它有高流动性的市场，有清晰性的基于市场交易的当日结算市场。范例是组织化市场的各种持仓，它们在各个交易日结束时按照市值计价，交易者的成本—售价差额在此基础上被相应调整，损益因此可以迅速获得。该方法在市值计价市场上表现出色的原因是，这类市场的各种金融工都具有高度的流动性，并且与较短的交易期间密切相关。

第二种方法是模型计价法（mark - to - model）：使用模型对各种持仓进行评价。这种方法常常作为市值计价法的替代方法，用于市值计价法不可行的时候。市值计价法之所以不可行，常常是由于交易次数过少致使市场的“现”价不存在或不可靠。模型评价法不如市值计价法可靠，且受模型有效性的影响，包括再评价方法等。模型选择不慎重常常导致模型评价法的滥用，很多亏损和欺诈的案例与模型评价法有关（例如，常见的情况是篡改期权定价模型的扩散参数值，这会提高模型评价法的评价值，从而提高与之相关的分红）。

第三种方法是使用标准的会计核算方法——账面评价法。理论上来讲，账面评价法问题很多，众所周知，它在评价市场持仓方面的不足很多：历史成本有时不能反映持仓的当前价值；折旧的处理过于简单和特殊，使得一些潜在的损失被掩盖，致使收入的表现过于平滑。然而，这种方法并非一无是处，可以用于其他方法不可行或不可靠的场合。该方法的优点恰恰是大家对这种方法的不足缺乏充分的认识，风险管理者因此能够根据他对账面评价法的缺陷的认识，对这种评价法的评价结果做出调整。

我们也可以根据市场风险在流动性型谱中的位置来区分市场风险①。在流动性型谱中有下述 4 个关键位置：

- 平滑市场（smooth markets）：这类市场就是教科书上的那种高流动性市场，有众多的参与者和很大的流通量。典型例子就是货币市场或美国国债市场。持仓很容易地用市值计价法评价，负载试验 VaR 的结果可以作为风险评价。
- 震荡市场（choppy markets）：这些市场的深度和流动性比较缺乏，交易者不多而且流动量也不大。这方面的典型例子就是股权的场外交易市场。交易者倾向使用的方法与平滑市场交易者类似，只是这些方法，因为流动性和评价方面问题，在震荡市场上缺乏可靠性。
- 结冰市场（icy markets）：这类市场，交易的频繁度不高并且缺乏流动性，二级市场即便存在，也非常受限。交易方式常常是私下协商而非公开买卖，不同交易之间的价格传递性差。常用的定价方法是结合某种市价计价调整的模型计价评价法，这种调整涉及流动性和其他相关因素。风险计算主要使用损害模

① Drzik（1996）对此有进一步的解释和建议。

型和流动性风险调整 VaR。

- 冷冻市场（Frozen markets）：这类市场交易出现极少，二级市场即便有也很少。买入的资产一般会一直持有下去直至到期，相关产品也是量身定做。这种市场的定价主观性很大，定价法的基础常常是结合了模型计价法的有储备量调整的账面评价法，并且允许有相当任意性的非流动性。但是，这种市场的风险评价很成问题。

这个图谱上的每个位置都有明显的特征：

- 持仓评价方面：平滑市场的市场价格就是很好的评价指南，其有效性在震荡市场较差，在结冰市场更差，在冷冻市场根本不存在。因此，平滑市场上大家几乎都使用市值计价评价方法，震荡市场上大家多使用结合某种程度主观判断的模型计价评价方法。结冰市场的评价法，相对于模型计价评价法更侧重主观判断法和账面法，冷冻市场的评价对模型计价评价法的依赖则更小。
- 风险控制方面：平滑市场的风险控制因为损益容易确定，所以简单。风险控制的主要方法是：背书的事后审查以及业绩评价方面的限界设定。振荡市场的风险控制和平滑市场类似，只是更加注重流动性的问题和未实现损益的问题。对于结冰和冷冻市场，人们更加关注这些问题，更加关注累计损失的止损系统。
- 补偿方面：对于缺乏流动性的市场，人们更关注延期补偿问题。延期有助于减少给那些因自己原因造成损失的人的补偿，这种处罚性措施会激励人们采取更加负责任的行动。

简而言之，市场风险有复杂性和多面性。风险估计中重要的是要懂得，我们做出的任何估计都依赖我们所用的估计方法，它与市场流动性以及评价方法中暗含的假定密切相关，这些假定现实中有可能不成立。所以，市场估计不可避免地会受到流动性风险、更一般的模型风险的制约。

第 2 章

金融风险测度

本章研究金融风险测度问题。正如我们已经看到的，过去十余年的金融风险管理工作重点是使用 VaR 方法，但是实际上还有许多其他的测度方法可以选择，重要的是选择正确的测度方法。为将讨论限定在某个特定范围内，假定我们以天为周期考虑问题。$t-1$ 天结束时，我们观察到的组合价值为 P_{t-1}，而明天也就是第 t 天的价值 P_t 是不确定的。忽略日内回报或利息，若 P_t 小于 P_{t-1}，则我们将损失 $P_{t-1}-P_t$。由于从第 $t-1$ 日的角度看 P_t 的取值不确定，所以组合的损益（P/L）（或回报）也不确定。因此，我们下一期的损益（P/L）（或回报）也是有风险的，这就需要一个框架或程序来测度这种风险。

本章考察三个此类测度的框架，第一个是基于均值—方差（或组合理论）的方法；第二个基于 VaR 的方法；第三个是一致风险测度方法。这种较新的方法将在本章的最后一部分讨论。我们按其产生的时间顺序来讨论这三个测度框架。在详细讨论之前，需要强调是隐藏于其中的一些主题，特别是以下三个主题：

- 第一个主题是扩大 P/L 的范围或 P/L 的可把握分布。均值—方差框架在这方面有很大局限性，仅当我们处理的对象服从或近似服从于正态分布时（更确切地说，我们处理的数据服从或可变换成正态分布），这个框架才适用。相比之下，后面的框架更具普遍性，可适应任何形式的分布（虽然某些分布比其他分布更容易把握）。所以一个关键主题就是避免仅能处理正态数据的框架，这一点非常重要，因为我们遇到的很多实际数据都不服从正态分布。
- 第二个主题是改进风险测度结果的有效性。在均值—方差框架中，风险测度是回报或 P/L 的标准差或标准差的简单变形。在均值—方差框架假定的正态条件下，标准差是一个理想的风险测度，我们可以据此判断回报的风险并且做出相应的决策。同时，通过 VaR 框架也可以得到风险测度，当我们处理的数据服从正态分布（或近似地服从正态分布）时，其有效性或多或少与标准差的有效性等价。VaR 的优点是在任何分布下其估计都可行，但其主要缺点是当数据严重不服从正态分布时，风险测度缺乏有效性。因此，VaR 使我们在风险测度估计方面摆脱了近似正态分布的束缚，提供了适用于任何分布的风险测度。然而，事实上这只是一个虚幻的胜利，因为当近似正态条件不满足时，这个风险测度的结果很值得怀疑。这个就推动了第三个也是最后一个框架的产生，一致框架：通过这个框架获得的风险测度不但具有 VaR 风险测度的优点（即在任何分布的条件下，都可以估计风险测度），而且还有 VaR 风险测度不具备的优点——在严重偏离正态的条件下依然能够做出较为可靠的决策。所以，简而言之，第二个主题就是提出适用于近似正态不成立的条件下的风险测度。

- 除了上述两个主题之外，还有第三个主题。每个框架都允许我们以某种可靠的技术手段加总各个具体的风险，但是证券组合理论在这方面有很大的局限性——证券组合理论原则上只能用于股票或其他与之类似的资产的风险——而 VaR 和一致风险测度则不然，其应用范围更宽。然而，应用范围的拓宽也是有成本的：我们必须处理估值问题和市场流动性问题，这些问题在诸如古典证券组合理论等有局限性的场合下通常不会出现。企业全面风险管理（enterprise - wide risk management，简称为 ERM；有时被称为整合风险管理）的兴起使得风险测度的应用范围的拓宽更为重要，20 世纪 90 年代后期已经成为金融风险管理领域的主要课题。ERM 致力于将企业作为一个整体从全局的角度测度和管理其中各个不同范畴的风险，这需要考虑各个不同范畴的风险的相互作用方式。ERM 在现代风险管理中非常重要。本书没有详细讨论这个话题的空间，只能简单地加以说明：好的 ERM 总是预先假定其风险测度框架有能力延伸并且覆盖企业涉及的主要风险类别，而基础的组合理论框架距离这个目标还差得很远。

我们将在牢记这三个主题的基础上，依次考察上述风险测度框架。

2.1 金融风险测度的均值—方差框架

度量（测度）金融风险的传统方法是均值—方差框架：我们用 P/L（或回报）的均值和方差（或标准偏差，即方差的平方根）为金融风险建立模型①。为了便于考察（尽管过分简单），我们可以将这个框架放在“资产的每日回报服从正态分布”的基本假定上②。假设随机变量 X 服从均值为 μ、方差为 σ^2（或标准差为 σ）的正态分布，即 X 概率分布密度函数（pdf）为：

$$f(x)=\frac{1}{\sigma\sqrt{2\pi}}\exp\left[-\frac{(x-\mu)^2}{2\sigma^2}\right] \tag{2.1}$$

其中，$-\infty<x<\infty$。均值为 0 且方差为 1 的正态分布称为标准正态分布，其形状参见图 2.1。

图 2.1

服从正态分布的随机变量的概率分布密度函数

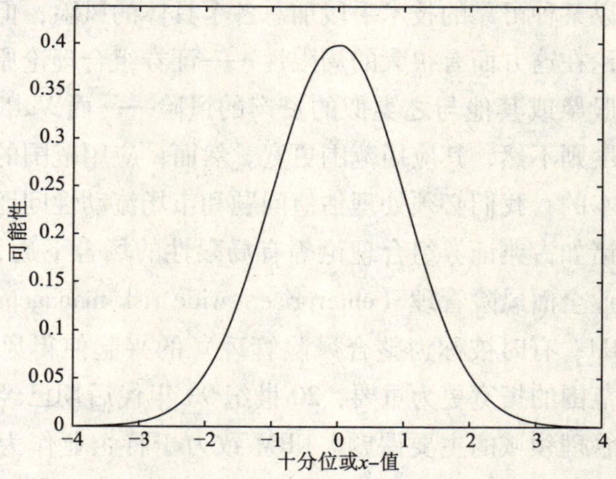

① 作为很好地考虑组合理论及其应用的文献，参见 Elton 和 Gruber（1995）。

② 为简化讨论，我们有时将正态假定说成是均值—方差框架的必要条件。事实上，均值—方差方法只需要椭圆性假定，而椭圆形分布比正态分布更具有一般性（本章的附录 2 我们将对椭圆分布做进一步说明）。尽管如此，均值—方差框架在正态假定下是最容易理解的，在非正态的椭圆形分布假定下难以理解且不易处理，然而无论哪种情况都有许多性质和正态分布情况下的性质一样。

pdf 给出了对随机变量所有可能取值的完全表示：它告诉我们哪些取值是可能的，并且也告诉我们它取这些值的可能性有多大。上述特殊的 pdf 是典型的钟形曲线。

它不但告诉我们随机变量的取值（或 x - 值）更可能出现在均值 μ 附近，而且还告诉我们概率明显不为 0 的点在均值周围的散布范围依赖于标准差 σ 的大小：σ 越大，散布范围越大。pdf 关于均值也是对称的：X 取值 $\mu+x$ 和取值 $\mu-x$ 的可能性同样大。离均值越远，pdf 的取值下降得越厉害，即随机变量的取值离均值越远越不可能，因为分布密度函数的尾部取值呈指数性下降。在风险管理中，我们更关心随机变量在左侧尾部的取值，它对应着大的负回报，即巨额损失。

正态性假定之所以受欢迎，原因很多。一个原因是中心极限定理常常能够为这一假定提供支持。另一个原因是我们可以简单地根据下述公式计算累计概率和分位点，即：

$$\Pr[X \leqslant x] = \int_{-\infty}^{x} \frac{1}{\sigma\sqrt{2\pi}} \exp\left[-\frac{(x-\mu)^2}{2\sigma^2}\right] dX \qquad (2.2a)$$

$$q_\alpha = \mu + \sigma z_\alpha \qquad (2.2b)$$

其中，α 为选定的置信水平（例如，95%），z_α 为标准正态分布对应于置信水平 α 的分位点（例如，$z_{0.95}=1.645$）。z_α 可以从标准统计表上查到，也可以用电算表中的函数算出（例如，Excel 上的“normstinv”函数或 MATLAB 中的“norminv”函数）。公式（2.2a）是正态分布（或累积密度）函数：它给出了 X 小于或等于 x 的概率，这使得我们可以计算概率问题。公式（2.2b）是对应于置信水平 α 的正态分位点（即可预期的某个置信水平的最小取值），这使得我们可以计算数量问题。

还有一个与之相关的、受欢迎的原因是确定正态分布只需要两个参数——均值和标准差（或方差），而这两个参数都有其金融学含义：均值为持仓的预期回报，标准差可被解释为同持仓相关的风险。后者或许是均值—方差框架的特色所在，它告诉我们可以用标准差（标准差某种形式的函数，如方差）作为风险测度。反之，使用标准差作为风险测度意味着我们已经承认了正态假定或者更为一般的椭圆形假定，均值—方差框架正是在此基础上建立起来的。

为了解释均值—方差方法，假定我们希望用一些特定的金融资产构造一个证券组合。我们关心的是这一组合的预期回报，以及其方差或标准差。组合的预期回报和标准差取决于该组合的构成，若组合中不存在无风险资产，则图 2.2 表示了各种可能性：这个区域内的每一个（低于或位于曲线上）点都可以被某个适当的资产组合实现。而区域外的点则不能用资产组合实现。由于对投资者而言，预期回报越高越好，标准差越高越差，所以对于任意给定的风险水平，投资者都希望获得最高可能的预期回报；或者说，投资者希望在给定预期回报的前提下，最小化相关的风险水平。这意味着投资者将会在可行区域的上沿上选定某个点，因此可行区域的上沿被称为有效前沿。投资者选择哪个点取决于其风险—预期回报的偏好（或效用函数，或偏好函数）：投资者的风险规避程度越大，其在有效前沿上选出的点的预期回报和风险就越小；投资者的风险规避程度越小，其在有效前沿上选出的点的预期回报和风险越大。

图 2.2

不存在无风险资产时的均值—方差有效前沿

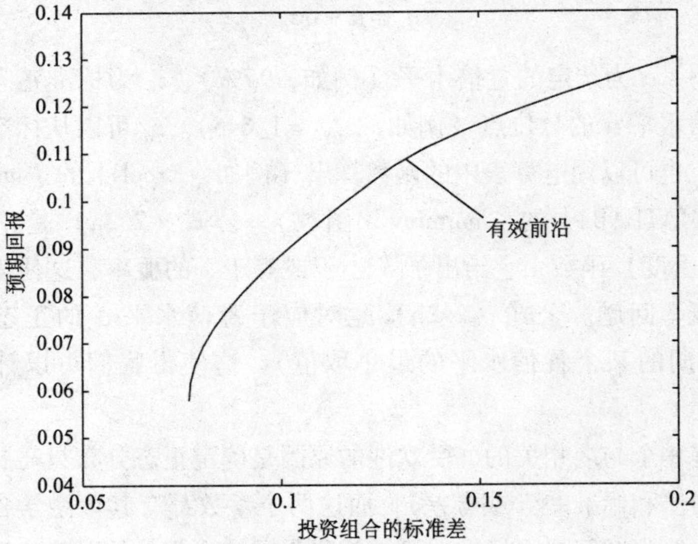

图 2.2 是均值—方差方法的一个实例。然而，均值—方差方法通常以一种略为不同的方式出现。假设存在一个无风险资产，并且简单起见，假设不存在任何形式的卖空限制，则可实现的结果集会极大地扩展

——这意味着有效前沿也会有很大改变。若无风险利率为 4.5%（见图 2.3），则从无风险利率点出发和原来的有效前沿相切于点（或组合）m 的切线上的任何点，现在都成为投资者的可能选择。图中也标出了 m，资本资产定价模型（CAPM）称之为“市场组合”。从该图也可以看到，目前投资者面对的可行集扩大了（在同样的风险水平下，预期回报相对于没有无风险资产时提高了）。

图 2.3

存在无风险资产时的均值—方差有效前沿

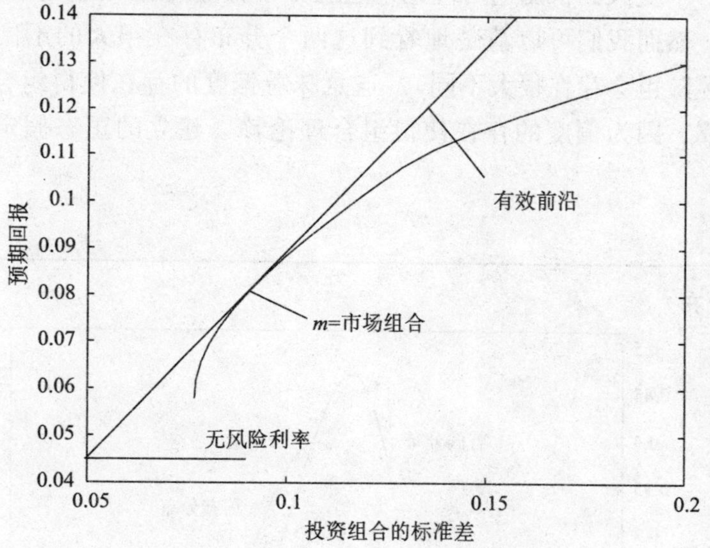

所以均值—方差框架提供给我们一个精巧的方法，它不但能够测度风险，还可以在不同的风险资产之间进行选择。关于风险，也是我们这里主要关心的问题，均值—方差框架告诉我们可以用回报的标准差测度风险。实际上，这个框架进一步告诉我们，当风险服从正态分布（或椭圆形分布）时，回报的标准差的确是非常理想的风险测度。

然而，当我们处理严重偏离正态的分布时，标准差作为风险测度则非常不能令人满意。任何形式的风险测度，其根本都是要尽力把握或概括潜在的分布密度函数，尽管正态分布条件下标准差的表现不错（顺便说一下，更为一般的椭圆型分布条件下也是如此），但是其他条件下则不然。回忆一下就会知道，任何统计分布都可以用矩或用以矩为基础的参数加以描述，例如，均值、标准差、峰度和偏度。在正态分布下，均值和方差可以取任何值（唯一的限制就是标准差非负），偏度和峰度分别为0和3。然而，在其他分布下，峰度和偏度的取值可能与正态分布有很大不同，所以形状也和正态分布存在很大不同，即便其均值和标准差相同。

为了说明偏度对分布形状的影响，图2.4比较了正态分布和有偏分布（这里是Gumbel分布）。适当选择参数使得两个分布的均值和标准差都相同。我们可以看到，偏度影响了整个分布，分布的尾部一个变小，另一个变大。根据组合理论，这些分布有等同的风险，因为其标准差等同，然而我们可以清楚地看到这两个分布存在很大的不同（所以真正的风险也会存在很大不同）。这意味着偏度的存在使得组合理论变得不可靠，因为偏度的存在使得组合理论赖以建立的正态假定不再成立。

图2.4

有偏分布

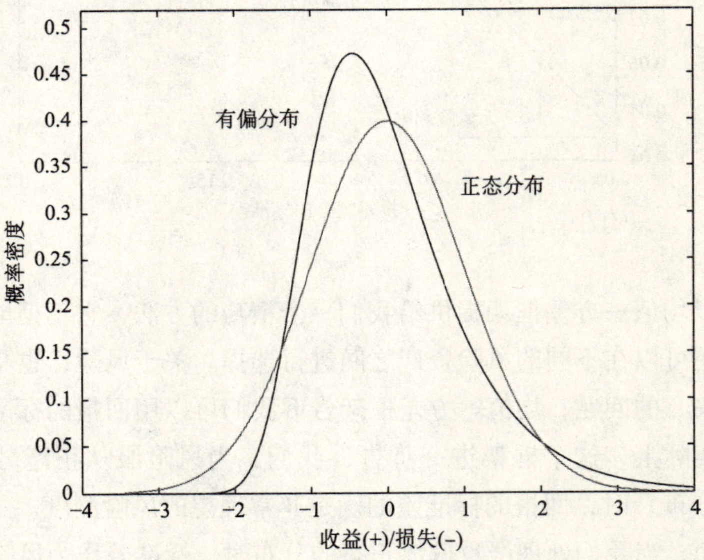

注：对称的是标准正态分布，有偏的是Gumbel分布，其定位参数是 $-0.57722\sqrt{6}/\pi$，尺度参数是 $\sqrt{6}/\pi$。

为了说明峰度对分布形状的影响，图2.5比较了正态分布和厚尾分布（例如，自由度为5的t分布）。同样，选择参数使得两个分布的均值和标准差都相同。顾名思义，厚尾分布就是有较长尾部的分布，也就是尾部所占面积的比较大。厚尾——峰度超过 3——意味着有大盈亏的概率比正态分布大。在组合理论看来，这些分布的风险依然相同，所以超额峰度的存在同样能够使组合理论变得不可靠。

图 2.5

厚尾分布

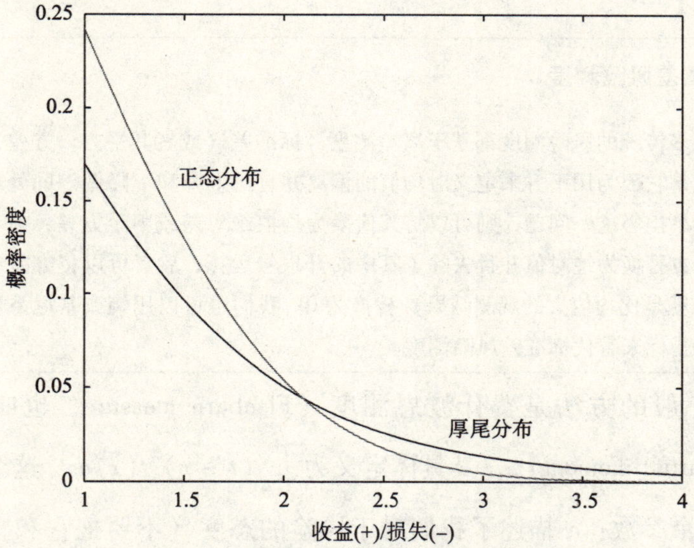

注：对称分布是标准正态，厚尾分布是 t 分布，其均值为 0、标准差为 1 并且自由度为 5。

所以，只有当我们处理的分布对称（即偏度为 0）且峰度为 3 时正态假定才是合理的。如果我们的分布有偏或厚尾——如金融回报数据常见的那样——那么正态假定就不再不合理，这时使用均值—方差分析框架可能产生误导性的风险估计。这就是说，对于有很多正态分布特征的、更为一般的椭圆形分布，需要适当地重新调整参数才可以将其纳入均值—方差框架。均值—方差框架（常常）只能做有条件使用，不能做无条件使用，这意味着这个方法可以用于参数集本身具有随机性的情况。受参数的随机性和条件椭圆分布的随机性的影响，现实中回报的分布通常不具有正态性。然而，即便拥有了更大的灵活性，有条件的椭圆形分布是否能够很好地拟合实证中的回报过程仍然值得怀疑。当然，如果用户的效用函数只依赖于回报均值和方差的二次函数（即用户只关心均值和标准差），那么我们还是可以或多或少地使用均值—方差框架，无论潜在分布是什么。然而，这类效用函数并不受人欢迎，而且其本身的合理性也很难证明。

归根结底，均值—方差框架将标准差（或其某种函数）作为风险测度，但是即便做一些诸如条件性之类的改进，这一框架的应用范围仍然有限（这一点另行讨论），这一方法对我们可能遇到的很多经验分布都过于受限。

专栏 2.1

传统的离差风险测度

有很多传统的风险测度都基于离差测度。标准差（或者其平方，方差）用得最广泛，但是它因为用平方来定义对均值的偏离并且对上升和下降做等同处理而受到批评。如果担心这一问题，则可以将其代换为均值绝对差或下半方差：前者可将公式中的平方替换为绝对值并且去除了其中的开根号运算；后者可以将方差中上半边的值（也就是比均值大的观测结果）替换为0。我们也可以用熵或基尼系数等简单散布测度指标来替代标准差风险测度。

更一般的方法是费什波恩测度（Fishburn measure，也叫下偏矩（lower partial moment）），其具体定义为 $\int_{-\infty}^{t}(t-x)^{\alpha}f(x)dx$。这个测度有 α 和 t 两个参数：α 描述了我们对于风险的态度（不要把它和置信水平弄混），t 表示分水岭，我们担心的是分水岭的下侧而不是上侧。许多风险测度或者是费什波恩测度的特例与之相关。其中包括：下半方差，它和费什波恩测度的 $\alpha=2$ 并且均值为 t 的情况密切相关；罗伊的安全优先准则对应了费什波恩测度 $\alpha\to\infty$ 的情况；预期差额（ES）是 $\alpha=1$ 时的费什波恩测度的倍数。此外，费什波恩测度包含了随机占优法则，该法则用于在不同风险之间做出选择①：$\alpha=n+1$ 时的费什波恩测度和

---

① 一个 n 阶分布函数被定义为 $F^{(n)}(x)=1/(n-1)!\int_{-\infty}^{x}(x-u)^{n-1}f(u)du$，并且称 X_1 相对于 X_2 n 阶随机占优，若 $F_1^{(n)}(x)\leqslant F_2^{(n)}(x)$，其中 $F_1^{(n)}(x)$ 和 $F_2^{(n)}(x)$ 分别为 X_1 和 X_2 的 n 阶分布函数（参见，Yoshiba 和 Yamai（2001，第 8 页））。一阶随机占优意味着 X_1 的分布函数总是大于 X_2 的分布函数，二阶随机占优意味着它们的二阶分布函数不相交，等等。由于 n 阶随机占优的风险测度和低阶随机占优是一致的，所以一阶随机占优意味着二阶随机占优，然而反之不成立。一阶随机占优的条件非常不合情理，能够使之成立的情况很少（因为，它意味着一个分布的取值总是高于另一个，这时两者之间的选择是平凡的），二阶随机占优的不合理性虽然较少但常常也不能成立，三阶随机占优则更为合理，等等。随机占优的阶数越高，就越具有合理性。

n 阶分布函数成比例。所以费什波恩测度排序等价于随机占优排序。

2.2 风　险　值

2.2.1 风险值基础①

下面考虑第二个框架。正如前面我们看到的，均值—方差框架适于分析椭圆形分布的情况，但是当我们涉及的分布偏离正态分布时这一分析框架不再可靠。因此我们需要寻找另外一个对一般分布也可行的分析框架，它同样能够告诉我们风险测度。现在允许损益或回报的分布更具一般性，并且关注分布的尾部——回报最差的 p%，这将把我们带回到风险值（VaR）。更正式地说，设置信水平为 α，并且令 $p = 1 - \alpha$，若 q_p 为证券组合在某个持有期的预期损益的 p—分位点，则这个证券组合在给定置信区间和持有期下的风险值为：

$$\text{VaR} = -q_p \tag{2.3}$$

VaR 只是在损益分布的 q_p—分位点前加个负号②。所以，VaR 取决于两个任意给定的参数——一个是置信水平 α，它表示我们的损失恰好小于或等于 VaR 的概率，它可以是 0 和 1 之间的任何数；另一个参数是证券组合的持有期间，它可以是一天、一周、一个月，或者其他任何时间段。

图 2.6 标出了几个风险值（VaR），此图展示了在给定持有期间内的一个普通的损益概率密度函数③。正值表示获利，负值表示亏损，正值通常比负值来得更为普遍。如果 $\alpha = 0.95$，VaR 表示 x - 轴某个负数点，它把分布分成两个部分，左边的部分包含了 5% 的观测点，右边的

① VaR 风险测度可追溯到 Baumol（1963，第 174 页），他提出的风险测度等于 $\mu + k\sigma$，其中，μ 和 σ 分别为相关分布的均值和标准差，k 是反应用户对待风险的态度的主观置信水平参数。我们将会看到，在 P/L 为正态分布或 t 分布的假设下，这种风险测度与 VaR 类似。

② 该图清楚表明，P/L 的分布为连续分布时，VaR 可以严格确定。但是，P/L 分布非连续时，VaR 可能不能严格决定（例如，P/L 分布来自历史经验数据时，可能出现这种情况）。为此，假设最低 5% 的样本点和其余的 95% 之间存在一个缺口，右边其余的 95% 的情况类似于图 2.4。这时，VaR 可以是 5% 的样本点右边和 95% 的样本点左边之间的任何值：间断性使得 VaR 不能严格决定。但是，实践中可将这一问题归结为一个近似，并且样本容量合理时，这不会对我们的结果影响太大。

③ 这个图的构造基于下述假定：P/L 服从均值为 0、标准差为 1 的正态分布，持有期为 1 天。

部分包含了95%的观测点。此例中，x－轴上的这个点（或分位点）的取值为－1.645，所以VaR为1.645。负的亏损对应的是正的VaR，它表示在这个置信水平下最坏的结果是损失1.645[①]。方便起见，我们将这个VaR称为95%VaR。我们也可以取$\alpha=0.99$，这时的VaR值将观测点分成1%和99%。这里的99%VaR是2.326。

图2.6

风险值

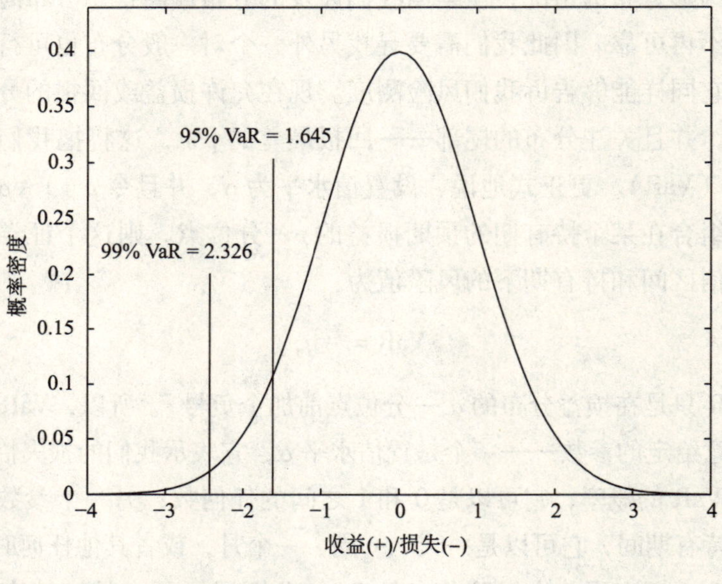

注：该图的制作使用了"normalvarfigure"函数。

VaR依赖置信水平的选择，图2.6表明VaR的取值通常随置信水平的增加而增加[②]。图2.7对此作了进一步的解释，表明了VaR如何随置信水平的变化而变化。在这一特定的例子中，VaR不仅随置信水平的上升而上升，而且呈加速上升，在实际情况往往如此——这一点风险管理者应该引起注意。

① 实际上，x轴上与var对应的点为负数，并且这样的点将对应（正）亏损和正VaR。不过，这样的x点有时为正数，这种情况意味着获利而不是亏损，因此VaR取负值。这也是有道理的：如果在此置信水平下最差的结果是一个具体的收益而不是亏损，那么VaR（即可能的损失）必然是负的。

② 严格来说，VaR随着置信水平的增加而非减，这意味着VaR有时随着置信水平的上升保持不变。但是，VaR随着置信水平的提高不可能下降。

图 2.7

VaR 和置信水平

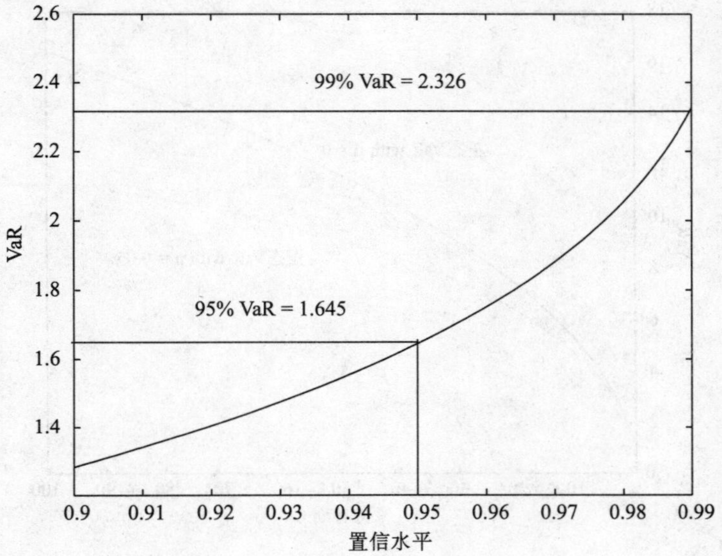

注：曲线的制作使用了“normalvarplot2D_ cl”函数。

鉴于 VaR 还取决于证券组合的持有期，故我们应考虑 VaR 如何随持有期的变化而变化。图 2.8 解释了持有期对 VaR 的影响，这里对两个不同的 μ 值在 1 – 100 天的区间范围内划出了两条 95% VaR 的曲线。$\mu = 0$ 时，VaR 随持有期的平方根的增加而上升；$\mu > 0$ 时，VaR 上升的速率下降，并最终转而下降。所以，VaR 的取值会随持有期的变化而变化，只是变化方式受参数 μ 的影响很大。

当然，这两个图只是表现了 VaR 与这些参数之间的部分关系：第一个图的持有期为定量置信水平为变量，第二个图的持有期为变量置信水平为定量。为了表现参数对 VaR 的共同影响，我们需要让这两个参数共同变化。其结果是一个 VaR 平面——如图 2.9 所示，这里假设 $\mu = 0$——它使得我们能够看到这两个参数取值的组合对 VaR 取值的影响。VaR 平面的形状反映了 VaR 如何随着这两个参数取值的变化而变化，传达出了大量的风险信息。这种情况，也是最常见的情况，VaR 平面随置信水平和持有期的上升达到顶峰——这意味着我们的组合在参数达到其极致时最为脆弱。

图 2.8

VaR 和持有期

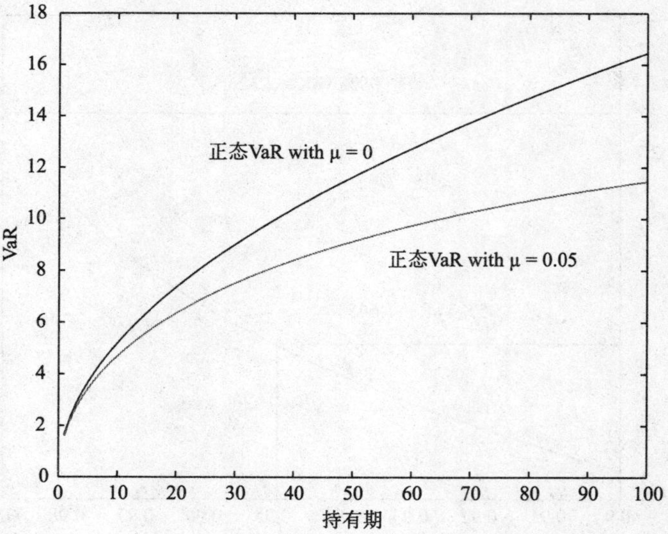

图 2.9

VaR 曲面

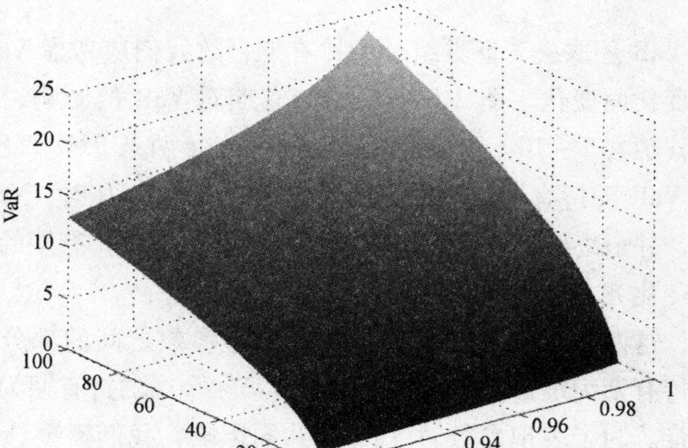

注：该曲面的绘制可调用“normalvarplot3D”函数，其中 $\mu=0$，$\sigma=1$。

2.2.2　VaR 参数的决定

VaR 的使用涉及两个任意选定的参数——置信水平和持有期——但是我们应该如何选择这些参数呢？

置信水平的选择依赖于我们进行风险测度的目的。例如，如果我们把风险测度用于设定整个企业层面的资本需求，我们就需要一个较高的置信水平，但对于事后检验，我们常常需要一个相对较低的置信水平，以便得到超额损失观测值的合理比例。在利用 VaR 设定风险限额时，也是如此：许多机构喜欢使用 95% -99% 的置信水平，因为这会使超额损失的数量减少，促使人们重视风险限额。当 VaR 被用于写报告或作比较时，我们愿意使用与其他机构在做类似工作时所采用的置信水平有可比性的置信水平，常用的置信水平在 95% -99% 之间。

常用的持有期是一天或一个月，但是一些机构也许会采用不同的持有期（例如，一个季度等等），这取决于其投资或报告的时间区间。持有期也取决于机构所从业的市场的流动性：在其他条件不变的情况下，适合于任何市场的合理的持有期，应该是确保机构持仓能够在该市场上有序清盘所需要的时间。持有期也可由监管规则决定：例如，国际清算银行的资本充足率规则要求银行的持有期为两周（或十个交易日）。当然，持有期的选择也依赖于其他因素：

- 持有期越短，证券组合在整个持有期不变的假定越容易满足。
- 对模型验证（model validation）和反馈检验（back - testing）而言，短持有期更好：可靠性的验证需要大数据集，而大数据集则需要短持有期。

所以这些参数的最佳选择应根据具体情况而定。然而，将这些参数的取值考虑为一个范围而不是某个具体的数值更好一些：VaR 平面比单一的 VaR 值能够提供更多的信息。

2.2.3　VaR 作为风险测度的局限性

上一章我们讨论了 VaR 的一些优点——VaR 是一个常用的整体性概率风险测度等。然而，VaR 也有其不足。前面我们也曾经谈到过 VaR 的一些缺点——VaR 估计易受残差的影响，VaR 系统易受模型风险的影响（例如，基于不正确的假定模型产生的残差风险）或执行风险的影响（例如，系统执行方式的错误造成的残差风险）。另一方面，这类问题并非 VaR 特有，即便不是所有也有很多风险测度系统都存在。

另外，VaR 还有作为风险测度特有的局限性。一个重要的局限性是，VaR 仅告诉我们尾部事件不发生时可能的最大损失是多少（例如，此时我们最多可能损失95%）；如果尾部事件发生，那么我们的损失将超过VaR，但是VaR却不能告诉我们可能的损失有多大。VaR不能考虑超过其自身的超额损失量有多大，这个缺点意味着两个有相同的VaR（如果我们使用VaR测度风险，则它们有相同的风险）的仓位可能有不同的风险暴露。

这会导致一些我们非常不愿意看到的结果，例如，如果某个预期投资有着很高的预期回报，但同时也伴有巨大损失的可能，如果超额损失不影响VaR值（例如，因为该损失额超过VaR值等原因），则基于VaR的决策计算可能建议投资者进行这项投资，无论超额损失的规模和可能性有多大。倘若武断地接受这种只追求预期回报增加的投资而不计可能的超额损失（仅因可能性很低），则会破坏风险回报分析的合理性，使投资者暴露于超额损失的风险之下[①]。

VaR能够导致投资者自己做出错误的决定。当存在委托—代理（委托权）问题时，VaR会产生更大范围的问题。如果决策是分散化的，如果交易员或资产管理人是为了实现用VaR定义的风险目标或综合报酬总额而工作，则会出现这样的问题。典型的例子是，面对用VaR定义的风险目标的交易员有卖出未到价期权的动机，因为这种期权在多数情况下都能提高收入，只是偶然在不走运的情况下，会遭受很大损失。只要精心选择这类期权，就能使坏结果出现的概率足够小，从而不影响VaR。通常这类期权会以未到价形式到期，这时交易员会获得更高的收入（从而有更高的奖金）。因为VaR不考虑坏状态的后果，所以它能够扭曲交易员的动机，鼓励他们博弈VaR目标（并且/或以VaR定义的综合报酬总额），促使他们以牺牲雇主的利益为代价追求个人利益[②]。

正是因为VaR作为风险测度有很多严重的局限性，所以我们针对

---

① 进一步来讲，基于VaR的风险—回报分析只在回报服从椭圆分布时，才具有直观意义。如果回报的分布不是椭圆形分布，则基于VaR的风险—回报分析和经典的（von Neumann－Morgenstern）预期效用理论的结论不一致。事实上，仅当假设我们的分布为椭圆分布（我们通常不能做这样的假定）并且偏好是二次偏好（具体来说，代理商不关心较高阶矩，这是当然是不合理的）或字典偏好时，基于VaR的风险回报分析才是合理的。字典偏好非常不合理，因为它不允许在风险和预期收益之间有效用替代（有关这些问题的进一步讨论，见Grootveld和Hallerbach（2004））。基于VaR的风险—回报分析只能在一定的假设下才是合理的，而这些假设在实际应用中，要么限制过严，要么缺乏先验的合理性。

② 我们有时能够通过使用VaR信息来改善这些问题。例如，如果在较高的置信水平上，估计其持仓的VaR，危害其厂商的交易者可能被发现。因此，一个（部分的）解决我们先前问题的方法是，在VaR－置信水平曲线上的多看个点，而不是只看一个VaR值。然而，这个解决方案往往没有实际上的可行性，并且在任何情况下都不能解决根本问题。

这一话题再多说几句。这里有一些对 VaR 的讽刺。我们已看到一类使得 VaR 作为风险测度在各方面表现都不错的重要的概率分布：这些分布当然都是椭圆分布。在这些环境下，VaR 表现很好，但是在这些环境下，我们并不需要 VaR：VaR 只是把标准差做了一个简单变换，并且 VaR 框架能够告诉我们的并不比均值—方差框架来得更多。所以面对椭圆分布，均值—方差框架表现很好，将其升级为 VaR 框架几乎没有价值。然而，对均值—方差分析框架做进一步升级的目的是，为了在分布严重缺乏正态性时依然能够测度风险。虽然 VaR 能够实现这一点，但是严格来讲，在这种环境下 VaR 不是可靠的（或许甚至不是有用的）风险测度。最后的结果极具讽刺意味：VaR 可靠时，我们不需要它；我们真正需要它时它却不可靠了。因此，我们需要另外一个框架，一个能够在严重缺乏正态性的环境下，依然能为我们提供有用风险测度的框架。

2.3　一致风险测度

2.3.1　一致性公理及其含义

我们因此转而讨论三个风险测度范例：Artzner 等（1997、1999）提出的一致风险测度理论。这一方法提供了第一个成型的（即有数学背景的）金融风险理论。其起点虽然简单但却不乏深刻：尽管我们都对金融风险有直观认识，但是却难以对此做出定量评价，除非我们能够说清楚我们用风险测度表示的究竟是什么。例如，我们都对温度有模糊的认识，但是却很难在没有温度计的情况下清楚地界定温度，正是温度计告诉我们温度应该如何被测度。同理，在对风险测度缺乏清晰认识的情况下，风险的概念本身难于界定。为澄清这些问题，Artzner 等提出了一组公理——一致性公理，并且给出了其含义。

设 X 和 Y 表示任意两个组合的 P/L（或未来价值，更一般的说法是两个组合），设 $\rho(\cdot)$ 是给定的时间区间上的风险测度[①]。称风险测度

① 从更深层次上看，我们也可以从可接受集的概念开始，所谓可接受集是指资金持有者（例如，金融监管者）所能接受的所有持仓的集合。那么，我们可以将风险测度 $\rho(\cdot)$ 解释为必须追加给风险持仓并且被恰当地投资到其他相关资产上，使得组合具有可接受性的最低追加现金。如果 $\rho(\cdot)$ 为负数，则可以解释为从组合中安全提取并仍然使得组合保持可接受性的最大现金数量。

$\rho(\cdot)$为一致的，若它满足以下性质：

（1）单调性：$Y \geqslant X \Rightarrow \rho(Y) \leqslant \rho(X)$。

（2）次可加性：$\rho(X+Y) \leqslant \rho(X) + \rho(Y)$。

（3）正齐次性：$\rho(hX) = h\rho(X)$ for $h>0$。

（4）位移不变性：$\rho(X+n) = \rho(X) - n$，对于某个给定的数 n。

性质（1）、（3）和（4）本质上是“规范性”条件，为了排除一些奇异的情况。[①]

其中最重要的是性质（2）的次可加性。它告诉我们由子组合组成的整个组合的风险不超过，有时甚至是低于子组合风险的总和。次可加性是我们希望风险测度应该满足的最重要的条件。它反映了这样一种预期，当我们把单个的风险资产统合在一起时，这些风险会被分散，或者至少不会增加：和的风险总是小于或等于风险的和。次可加性意味着风险资产的统合不会增加总体的风险[②]。

次可加性不仅理论上工整，而且还具有重要的实践意义。例如，次可加性不成立意味着分散化投资是一件坏事情，这会导致荒谬的结论——把鸡蛋放在一个篮子里可能是好的风险管理方法。这意味着，风险加总后会产生一个额外的“剩余”风险，这一风险必须有人来承担它，但这种情况以前从未发生过。所以，没有次可加性会出现一些令人尴尬的结果：

- 不具有次可加性的风险测度，可能促使经济人在交易所进行交易时分散其账户，用不同的账户对付不同的风险，以减少其保证金的要求。这对交易所有影响，因为分散账户的保证金不能

---

① 其他条件可以从最后的脚注中获得理解。单调性意味着未来价值总是比 X 大的 Y 或随机现金流的风险应该比较小：这是有道理的，因为这意味着为了让组合可以接受，需要追加给 Y 的资金比追加给 X 的要少，并且追加的数量等于风险测度。正齐次性意味着持仓的风险和持仓的规模或大小成比例，而且如果我们处理的是可买卖金融工具的流动性持仓，这也是有意义的。平移不变性要求，确定数额的增加会等比例地降低使我们的组合成为可接受的必要现金，而且当人们接受所需现金即为我们风险测度的观点时，这显然是合理的。

② 然而，一致性公理可能会遇到与流动性风险相关的问题。如果持仓和市场的相关性“大”，那么持仓规模扩大一倍时，持仓风险的扩大可能不止一倍，因为标价将依赖持仓规模。这时，有可能出现流动性造成的齐次性和次可加性的违反。也许解决这一困难的最好方法（由 Acerbi（2004，第 150 页）提出）是给一致性风险测度增加一个流动性荷载。这一荷载不但要考虑相关的规模效应，而且还应具有下述性质：随着规模/流动性效应的消失，荷载将变得可以忽略不计。

应对混合风险，从而使交易所面临出现损失的可能性。

- 如果监管者使用不具有次可加的风险测度来设定资本金要求，则金融机构会将其自身分拆为多个更小的单位以减少监管方资本金要求，因为拆开后各个单位的资本金要求之和，将小于机构作为一个整体的资本金要求。
- 如果风险具有次可加性，则部分风险的加总将会给我们一个对混合风险的上限估计，这意味着我们可以使用风险的和作为混合风险的保守估计。这有助于厂商内部进行分散化决策，因为管理者总是可以使用报告给他或她的各个部门的风险之和作为整体风险的粗略保守估计。但是，如果风险不具有次可加性，则风险的加总就会使我们低估混合风险，使风险之和变得不可靠，从而不能用于对整体风险的保守估计。

总之，次可加性很重要。

次可加性公理指出了 VaR 问题，因为 VaR 不具有次可加性。回顾一下次可加性的定义，不难发现次可加性的条件 $\rho(X+Y)\leqslant\rho(X)+\rho(Y)$ 必须对任意 X 和 Y 都成立。如果我们能够找到一个说明 VaR 违反了该条件的反例，就可以证明 VaR 不具有次可加性。为此，考虑下面的例子：

> 假设我们有两个完全相同的债券 A 和 B。每只债券的违约率都为 4%，债券若发生违约我们将损失 100，若不发生违约则损失 0。因此每个债券的 95% VaR 都为 0，所以 VaR(A) = VaR(B) = VaR(A) + VaR(B) = 0。现在假设违约是独立的。简单的计算表明，我们的损失为 0 的概率是 $0.96^2=0.9216$，损失为 200 的概率是 $0.04^2=0.0016$，损失为 100 的概率为 $1-0.9216-0.0016=0.0768$。所以 VaR(A+B) = 100。于是，VaR(A+B) = 100 > 0 = VaR(A) + VaR(B)，故 VaR 违反了次可加性条件。

只有对 *P/L* 分布的形式做出某种限制才能使得 VaR 具有次可加性。事实证明，我们只有通过对 *P/L* 的分布课以某种严格的限制（其分布必须是椭圆形分布），才能使 VaR 具有次可加性[①]，但是这只是有限的

① Artzner 等（1999），第 217 页。

安慰，因为现实世界中非椭圆形分布司空见惯。

VaR 不具备次可加性是一个根本性缺陷，因为这意味着 VaR 根本没有作为“好的”风险测度的资格。VaR 只是一个分位点。它作为分位点固然是有用的，但是作为风险测度则非常不能令人满意。另外，还存在一个更深刻的问题：

> 从认识论的角度来看，VaR 的主要问题并非是由于它缺乏次可加性，而是缺乏对风险测度的一套公理系统，从而不能产生统计上严格的金融风险的定义。所以，尽管 VaR 的支持者仍然认为次可加性不是必要的公理假定，但是据我们所知，他们中没有一个曾经试图给出另一个 VaR 可适用的、有意义的、具有一致性的公理系统[①]。

考虑到 VaR 的这些问题，我们需要寻找另外一种一致的风险测度，它既保留了 VaR 的优点——具有有共通性、统合性和整体性等良好性质——又能避免其缺点。如果这些风险测度能够保持 VaR 的优点，那么我们可以期待它们会像 VaR 一样反映出 P/L 或损失的概率分布的分位点，只是其结果不再是某个单一的主观选定的‘法定’分位点而是这些分位点的非平凡函数。

2.3.2 预期亏损

一个好的选择是预期亏损（ES）。ES 是最大的 100（$1-\alpha$）% 的损失的平均值[②]：

---

① Acerbi（2004），第 150 页。

② ES 是密切相关的风险测度族中的一个，其成员为预期尾部亏损、尾部条件预期（TCE）、尾部 VaR、条件 VaR，尾部条件 VaR 和最劣条件预期以及预期亏损短缺。不同作者以不一致的方式使用这些术语，而且迫切需要消除由这些术语不一致造成的混乱，并在一些命名上取得共识。具体来说，这一风险测度族有两个明显不同的成员。第一个风险测度我们将它标记为 ES，如公式（2.4）的定义：这一定义使用了概率阈值。另一个由分位数界定，经常被称为 TCE，它是 VaR 超额亏损的算术平均。ES 和 TCE 在连续分布时总是一致的，但是分布为离散分布时，TCE 可能无法严格界定，而 ES 却总是可以唯一定义（见 Acerbi（2004，第 158 页））。因此，我们下面将忽略 TCE，因为它不是一个有趣的统计量，除非它和 ES 有一致性。

还需要注意的是，对于长期从事保险业的从业者而言，ES 风险测度是他们熟悉的：它与条件平均索赔额的概念非常类似，这一概念被伤害保险长期使用。保险公司也非常熟悉超阈值亏损条件覆盖的概念（例如，在再保险条约中）。更多有关 ES 以及其前身的讨论，参见 Artzner 等（1999，第 213－224 页）。

$$ES_\alpha = \frac{1}{1-\alpha}\int_\alpha^1 q_p dp. \tag{2.4}$$

如果损失的分布为离散分布，则上述积分方程可相应地表示如下：

$$ES_\alpha = \frac{1}{1-\alpha}\sum_{p=0}^{\alpha}[\text{第 } p \text{ 个最大损失}]\times[\text{第 } p \text{ 个最大损失发生的概率}] \tag{2.5}$$

ES 的次可加性自然成立。如果我们有关于离散 P/L 分布的 N 个等概率分位点，则：

$$ES_\alpha(X)+ES_\alpha(Y) \tag{2.6}$$

$$=[N\alpha \text{ 个 } X \text{ 最大损失的平均}]+[N\alpha \text{ 个 } Y \text{ 最大损失的平均}]$$

$$\geqslant[N\alpha \text{ 个}(X+Y)\text{最大损失的平均}]$$

$$=ES_\alpha(X+Y)$$

连续的 P/L 分布可被视为 N 取很大值时的极限。一般来说，X 的 $N\alpha$ 个最坏情况的均值和 Y 的 $N\alpha$ 个最坏情况的均值的和，大于（$X+Y$）的 $N\alpha$ 个最坏情况的均值，除非 X 和 Y 的 $N\alpha$ 个最坏情况都出现在同样的 $N\alpha$ 个事件上，这时均值之和等于和之均值。容易证明 ES 也满足一致性公理系统中的其他条件，因此它有一致性（参见 Acerbi (2004, proposition 2.16)）。

ES 的解释如图 2.10 所示。如果我们以损失数形式表示我们的数据，则 VaR 和 ES 表示在图形的右侧：VaR 为 1.645，ES 为 2.063。VaR 和 ES 均依赖于基础参数的选择和关于分布的假定，这一图形的置信水平是 95%，持有期为一天，P/L 的分布被假定为均值是 0、标准差是 1 的标准正态分布。

由于 ES 使用的参数与 VaR 相同，故显而易见，任何给定的 ES 数值仅是 ES 曲线或曲面上的一个点。ES 和置信水平的关系曲线如图 2.11 所示。这个曲线与前面的图 2.7 中的 VaR 曲线相似，随着置信水平的提高而上升。也可以做出图 2.8 中与 VaR—持有期曲线类似的 ES—持有期曲线。

图 2.10

预期亏损

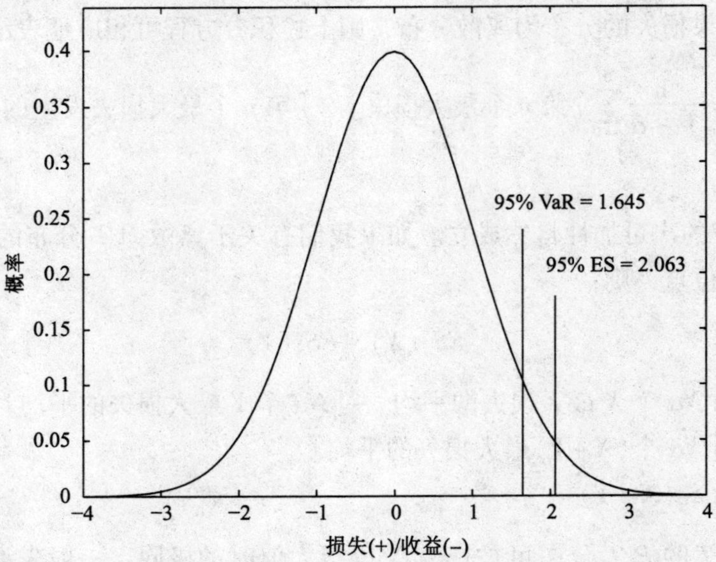

注：这个图形的制作使用了“nonnalvaresfigure”函数。

图 2.11

ES 和置信水平

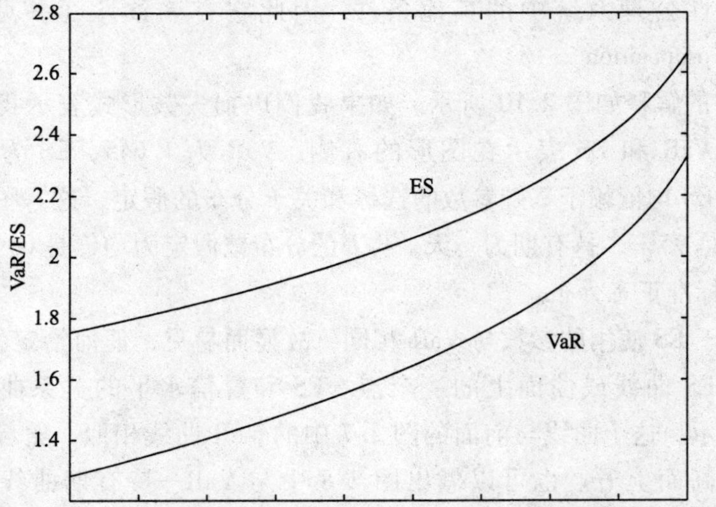

注：此图的制作使用了“normalvurcsplot2D_ cl”函数。

图 2.12

ES 曲面

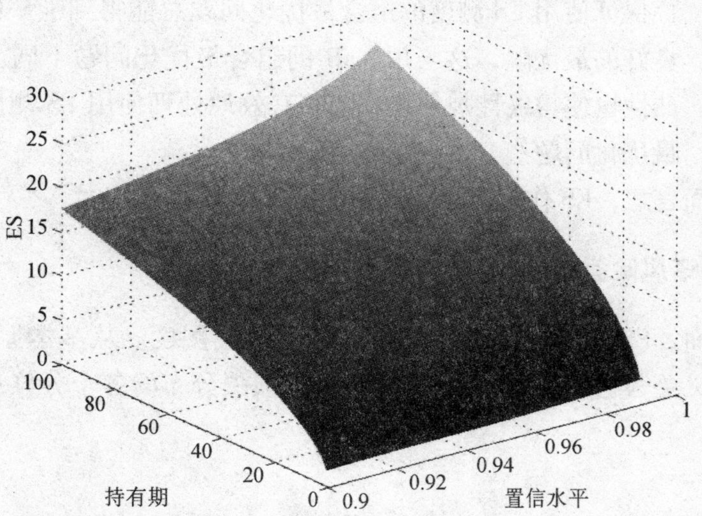

注：这个图的制作使用了“normalesplot3D”函数。这个曲面假定 $\mu = 0$ 和 $\sigma = 1$。

图 2.12 给出了 $\mu = 0$ 时的 ES 曲面，描述了 ES 如何随置信水平和持有期的变化而变化。这一曲面与图 2.9 的情况相对应，曲面随置信水平和持有期的增加而上升，在置信水平和持有期都取最大值时达到最大。

与 VaR 一样，ES 针对不同的持仓提供了一个有共通性、一致性的风险测度，并正确地考虑了相关性问题，等等。它的很多用法与 VaR 一样，但是却好于 VaR，理由如下：

- ES 能够告诉我们坏状态下的预期是什么——它给出坏状态有多么坏的概念——而 VaR 只能告诉我们最坏的损失将高于 VaR，除此之外什么也没说。
- 基于 ES 的风险—回报的决策管理比基于 VaR 的风险—回报的决策管理在更一般的条件下更可行：特别是，当风险可以按照二阶随机占有排序时，基于 ES 的管理同预期效用最大化原则一致，而基于 VaR 的管理仅在风险可按照更严格的一阶随机占优排序时，才与预期效用最大化原则一致①。
- 因为 ES 是一致风险测度，所以它总是满足次可加条件，然而

① 参见 Yoshiba 和 Yamai（2001），第 21－22 页。

VaR 却不然。因此，ES 有半可加性等多种优点，VaR 却没有。

- 最后，ES 的次可加性意味着组合的风险曲面具有凸性，而凸性保证使用 ES 测度的组合最优化问题总能得到唯一的、表现良好的最优解，这与用 VaR 的组合最优化问题不同。[1] 而且，凸性也使得线性规划技术能够有效地处理使用 ES 测度的组合最优化问题[2]。

简而言之，ES 作为风险测度明显要比 VaR 好。

2.3.3 谱风险测度

然而，ES 常常不是“最好的”一致风险测度。从基本原则出发，我们定义更为一般的风险测度 M_ϕ，它是损失分布的各个分位点的加权平均值。

$$M_\phi = \int_0^1 \phi(p) q_p dp \tag{2.7}$$

其中，权重函数 $\phi(p)$ 待定。这一函数也被称为风险频谱函数或风险规避函数。

有意思的是，ES 和 VaR 都是公式（2.7）的特例。如按照下述方式定义 $\phi(p)$：

$$\phi(p) = \begin{cases} 0 & \text{if} \quad p < \alpha \\ 1/(1-\alpha) & \quad\quad p \geqslant \alpha \end{cases} \tag{2.8}$$

则 ES 是 M_ϕ 一个特例。ES 对尾部损失赋予了同样的权重 $1/(1-\alpha)$，对其他分位点则赋予了 0 权重。VaR 也是 M_ϕ 的特殊情况，虽然它对 $\phi(p)$ 的设定非常退化。因为 VaR 只是一个单一的分位点，所以若 $\phi(p)$ 取为 Dirac 脉冲函数（或 δ 函数），其中指定 $p=\alpha$ 发生的概率为 1，指定 $p \neq \alpha$ 发生的概率为 0，则谱风险测度即为 VaR。这种情况是退化的，因为当累计分布函数 pdf 的取值为 $p=\alpha$ 时，$\phi(p)$ 的取值为无穷大，p 取其他值的时候，pdf 的取值为 0。所以这两个测度，一个对尾部损失赋予了同等的权重，而另一个则不

---

① 参见 Uryasev（2000），Acerbi 和 Tasche（2002）。

② 参见 Rockafellar 和 Uryasev（2002），Uryasev（2000）。

对尾部赋予权重。

然而，我们目前关心的是更为广泛的一类一致风险测度。特别是，我们想知道要使得 M_ϕ 具有一致性的函数 $\phi(p)$ 应该满足什么条件。答案是这类非（奇异的）谱风险测度的 $\phi(p)$ 必须满足下面的性质（Acerbi，2004）①：

- 非负性：对任意的 $p \in (0,1]$，有 $\phi(p)>0$。
- 规范性：$\int_0^1 \phi(p)dp = 1$。
- 弱递增性：若某个概率 p_2 高于另一个概率 p_1，则 p_2 的权重必须大于或等于 p_1 的权重。

前两个条件是显然的，因为权重需要满足非负性以及和为1的条件。关键是第三个条件，它反映了风险规避的要求，高概率损失的权重应该大于至少不低于低概率损失的权重。鉴于第三个条件确保了一致性的成立，这意味着一致性的关键是：一个风险测度赋予高概率损失的权重必须大于或等于低概率损失的权重。

在谱风险测度中，给较高的损失赋予较大的权重反映了用户在风险规避上的要求。如果用户的风险规避函数规范，则上述权重会平滑上升，并且权重上升的速度与用户的风险规避程度相关：用户的风险规避程度越大，权重上升得越快。实际情况也正应如此。

权重 $\phi(p)$ 和风险规避程度之间的关联性恰恰说明了 ES 和 VaR 的不足。前面我们曾经看到，ES 的特点是在尾部区域，所有损失等权重。如果我们把权重解释为用户对风险的态度，那么同等的权重意味着用户在尾部区域是风险中性的。由于我们通常假定用户是风险规避的，所以 ES 通常不是好的风险测度，虽然它具有一致性。如果用户是风险规避

---

① 严格来说，对所有的 $\alpha \in [0,1]$ 谱风险测度集的 ES 的凸包（或是所有凸组合的集合）。这里还有一个"充分必要"关系：风险测度 M_ϕ 是一致的当且仅当 M_ϕ 是谱测度，并且 ϕ（p）满足正文中指示的条件。此外，还有证据表明：只有这样定义的谱风险测度才是有意义的一致风险测度。Acerbi（2004，第180－182页）进一步表明：所有满足另外两个附加性质—协单调可加性和法则不变性的一致风险测度也是谱风险测度。前一个条件说：如果随机变量 X 和 Y 是共单调的（即，总是在相同的方向上变化），则 $\rho(X+Y)=\rho(X)+\rho(Y)$；共单调可加性是次可加性的一个重要方面，它表示多样化不起作用的有限制的情况。法则不变性归结为下述（实际中至关重要的）要求：风险测度可以根据经验数据估计。这两个条件非常重要，单纯的一致风险测度并不能满足这些条件——也就是说，非谱的一致风险测度是很成问题的。

的，则其权重函数应该为较高的损失赋予较高的权重①。

VaR 的问题更大，可以看到 VaR 的不足是它不满足权重的弱递增性。在 VaR 中，我们给取值为 α 的 p—值赋予了很大的权重，对其他更大的损失赋予了很小的权重（实际上是 0）。这意味着用户在尾部损失区域实际上是风险喜好的（即有负的风险规避性）②。既然权重已经下降为 0，我们当然也会接受好斗下属的风险喜好，这会把事情搞糟。在 VaR 风险权重函数下，我们对损失等于 VaR 值本身赋予了很大的权重，而对其他超过 VaR 值的、更高的损失视而不见。因此，VaR 显然是有问题的。

为了获得谱风险测度，用户必须明确其风险规避函数的特定形式。这一决策是主观的，但是还可以从经济学文献中关于效用函数的理论中获得启发。一个例子就是指数风险规避函数：

$$\phi_\gamma(p) = \frac{e^{-(1-p)/\gamma}}{\gamma(1-e^{-1/\gamma})} \tag{2.9}$$

其中，$\gamma \in (0, \infty)$ 反映了用户的规避程度：γ 越小，风险规避度越大。这一函数满足谱风险测度需要的条件。另一个好处就是它是一个只依赖单一参数 γ 的简单函数，用户的风险规避性越强，γ 越小。

谱风险规避函数如图 2.13 所示。它反应了权重如何随累计概率 p 的增加而增加，而增加的速度依赖于 γ 的大小。用户越是风险规避，权重随损失的增加而上升得越快。

为了获得指数权重函数的谱测度，我们选定 γ 值，并将指数权重函数 $\phi(p)$（或等式 2.9）代入等式（2.7）得：

$$M_\phi = \int_0^1 \phi(p) q_p dp = \int_0^1 \frac{e^{-(1-p)/\gamma}}{\gamma(1-e^{-1/\gamma})} q_p dp \tag{2.10}$$

---

① 选择 ES 作为风险测度意味着偏好是风险中立的，这一点可以从与下跌风险或低阶偏矩相关的文献中获得证实（参见 Fishburn（1977））。参数 α 反映了风险规避的程度，$\alpha>1$ 意味风险规避，$\alpha=1$ 意味着风险中立，$0<\alpha<1$ 意味着风险喜好。不过，$\alpha=1$ 时我们只选 ES 作为我们偏好的风险测度（Grootveld 和 Hallerbach，2004，第 36 页）。因此，ES 的使用意味着我们是风险中立的。

② 继续上一个脚注，下跌风险期望效用方面的文献还表明，$\alpha=0$ 时，VaR 是好的风险测度。从这个框架的角度来看，$\alpha=0$ 意味着一种极端形式的风险喜好（Grootveld 和 Hallerbach，2004，第 35 页）。因此，两个非常不同的方法都提供了相同的结论，即只在偏好表现为极度的风险喜好时，VaR 才是一个适当的风险测度。

图 2.13

指数—谱权重

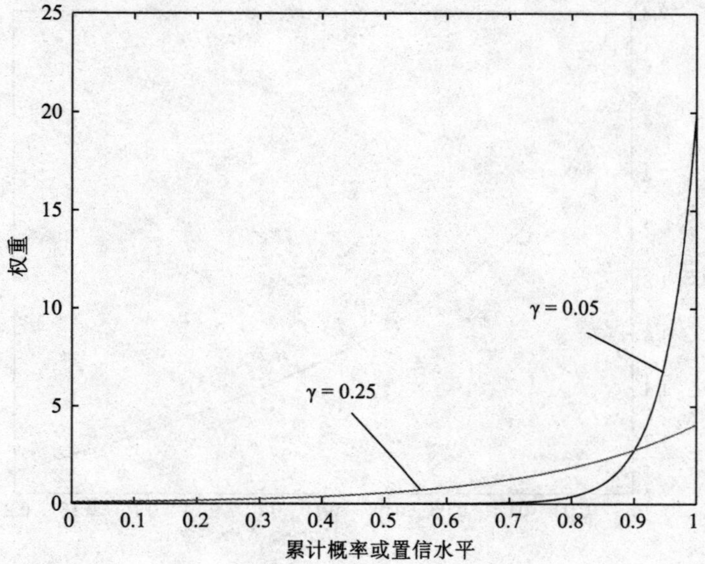

因此，这一指数谱风险测度是对分位点的加权平均值，其权重由上述指数风险规避函数（等式（2.9））给出。这可以用适当数值积分方法加以估计（第三章将对此作进一步讨论）。

从图 2.14 可以看到风险测度 M_ϕ 本身如何随风险规避度 γ 的变化而变化。如我们所见，M_ϕ 随 γ 的减小而增大。风险测度随用户风险规避程度的增加而上升。值得注意的是，这条曲线的形状让人想起 VaR 关于随置信水平变化的曲线（见图 2.7），这意味着谱参数 γ 在谱测度中扮演的角色与置信水平在 VaR 中扮演的角色类似。

所有这些意味着每个用户都有其独特的最优风险测度，并且最优风险测度取决于用户的风险规避函数。虽然两个用户可能持有同样的组合，但是他们的风险——在谱一致风险测度的意义上——只有在他们拥有相同的风险规避性时，才能确保相同。从方法论或哲学的角度来看，这意味着“风险”必定含有主观因素，即便在把概率视为客观的频率主义者眼中也是如此。关于风险测度，不存在“一刀切”的统一尺度。这也意味着，真正意义上的风险很难加以有效监管，因为在没有主观信息的情况下，监管者很难预见到这种监管的效果，而这些主观信息却是

图 2.14

指数谱风险测度关于 γ 的曲线

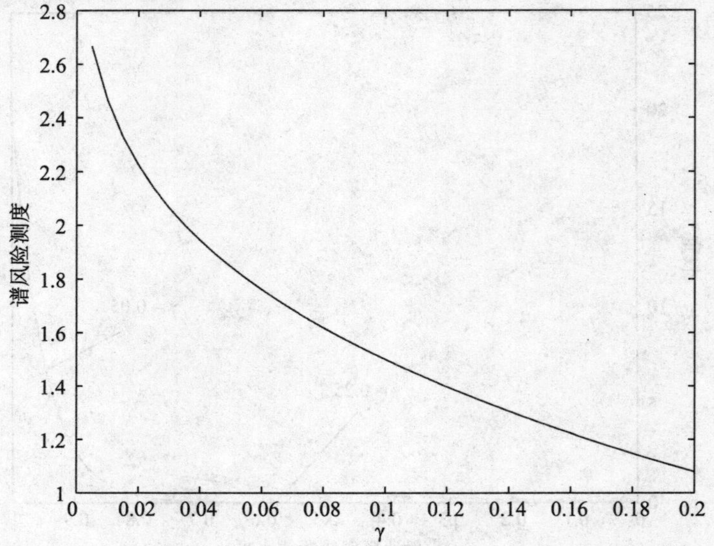

注：这一曲线的制作使用了 MMR 工具箱中的“normal_spectral_risk_measure_plot”函数。

监管者几乎不可能得到的①。

2.3.4 适用一致风险测度的情景分析

一致风险测度理论也可以为情景分析添彩，因为情景分析的结果可以用一致风险测度解释。假设我们考虑伴随着相关概率的一组损失。损失可以视为相关分布函数的尾部，其预期值（或平均值）是这一分布函数的 ES。由于 ES 是一致风险测度，所以情景分析的结果也是一致风险测度。因此，情景分析的结果是一个不错的风险测度，而这意味着一致风险测度可为压力试验提供了有力的风险理论上的支持。

这个观点可以某些有趣的方式加以扩展。考虑一组“一般化的情景”—— 由 n 个损失结果构成的集合和这些损失服从的分布函数组。从这些分布中任取一个并计算相关的 *ES*。从这些分布再任取一个并计算与之相关的 *ES*。将这种工作反复多次。结果证明，这些 *ES* 中的最大

① 还有其他重要的影响。任何两个一致风险测度的凸组合也是一致风险测度，所以主持两个不同业务部门的管理者可以将这两个子部门的风险测度的凸组合作为总体风险测度。此外，这不要求业务部门的风险估计必须具有相同的置信水平或风险规避参数。

者本身就是一个一致的风险测度：如果我们有一组（m个）可比的ES，其中每一个对应一个不同的分布函数，那么这些ES的最大者就是一个一致风险测度[①]。进而，如果令$n=1$，则在每一情景中只有一个尾部损失，并且每一ES与可能的最大损失或可能的最坏情况的结果相同。若设定$m=1$，则从单个情景分析中获得的最大预期损失就是一个一致风险测度；若$m>1$，则m个最坏情况的最大预期也是一个一致风险测度。简而言之，ES作为一组可能结果（或根据情景分析获得的损失估计）中的最大预期损失，最大的ES（对基于不同分布获得的ES取最大）和由一组最大损失获得的最大预期损失都是一致风险测度。

所以，情景分析（无论是简单的还是广义的）的结果可以解释为一致风险测度。上述结论反之亦然：一致风险测度可以解释为与某些特定的分布密度函数相关的情景分析的结果。这一结论非常有用，因为这意味着我们总是可以通过一些相关的特定情景分析然后取它们的平均值（或许是对其概率赋予权重的加权平均）或它们最大值来估计一致风险测度：我们需要知道的是损失结果（这一结果是从损失分布中获得的分位点）、所用的分布密度函数以及我们需要的一致风险测度的类型[②][③]。

---

① 一个基于情景分析的一致风险测度的例子就是最坏情况情景分析（worst - case scenario analyses，简记为WCSA）的结果，该测度由Boudoukh等（1995）和Bahar等（1997）提出：该方法的本质是，从选定的样本中抽取大量的样本，而风险测度则为样本最高损失的平均。另外一个标准的压力测试框架（其结果是一致风险测度）是芝加哥商业交易所采用的标准组合风险分析（Standard Portfolio Analysis of Risk，简记为SPAN）系统。该系统考虑16种特定的情景，它们由潜在风险因素的标准化变化构成。其中，14个情景的变化非常适度，另外两个则非常极端。风险测度是这些情景执行过程中遭受的最大损失，其中前14个情景的损失全部使用，后两个极端情景的损失只使用35%（极端损失只取35%，是因为这些情景出现的概率比其他情景小）。其中涉及的计算是计算16个分布下的最大预期损失。SPAN风险测度是一致风险测度，这是因为保证金的金额恰好等于来自最大预期损失的差额。

② 一致风险测度还有其他好处。一致风险测度和Cemy和Hodges（1999）的“良好交易限界”（或一般化套利限界）关系密切。这导致了一致风险测度、套利评价、评价限界、组合最优化和效用最大化之间的一些有趣而深刻的关系。与此相关的进一步的信息，参见Jaschke和Kuchler（2000）。

③ 另一个重要的相关风险测度族是动态或跨期风险测度。跨期风险测度考虑了期间中的现金流，这使我们能够考察整个时期的风险测度，而不仅仅是期末的风险测度。在动态情景下，动态风险测度更好，例如10日风险测度是一天一天积累起来的。在处理大规模优化问题时，动态风险测度不容易出现时间上的一致性问题。有关这些测度的进一步的讨论，参见Wang（1999），Cvitanic和Karatzas（1999）。

专栏 2.2

扭曲风险测度

扭曲风险测度和一致风险测度密切相关，但是却出现在精算保险文献上，而不是在主流金融风险文献上。这种风险测度由 Wang（1996）提出，并且已经在保险上获得了广泛的应用，特别在保险费用的决定上。

扭曲风险测度是用累计密度函数的变换（称为扭曲函数）算出的预期损失，并且不同的扭曲函数能够决定出不同的风险测度。具体来说，若 $F(x)$ 是累计密度函数 cdf，称变换 $F^*(x)=g(F(x))$ 为扭曲函数，若 $g:[0,1]\to[0,1]$ 为递增函数且满足条件 $g(0)=0$ 和 $g(1)=1$。因此，扭曲风险测度是用 $F^*(x)$ 而不是 $F(x)$ 获得的概率算出的随机损失 X 的预期。与一致风险测度类似，扭曲风险测度也有单调性、正齐次性和位移不变性；它们也具备谱风险测度的联合单调可加性。为保证扭曲测度的使用效果，我们应该选择好的扭曲函数，有很多扭曲函数供选择。在好的扭曲函数中，我们能够发现连续性、凹性和可微性等良好性质；其中，连续性是扭曲风险测度一致的充分必要条件，而凹性则是充分的（Wang 等，1997）。

在各种扭曲变换中，最著名的是 Wang 氏变换（Wang，2000）：

$$g(u)=\Phi[\Phi^{-1}(u)-\lambda] \tag{2.11}$$

其中，λ 可以等于 $\Phi^{-1}(\alpha)$，也可以取风险资产的市场价格。这一函数处处连续且可微。这一扭曲函数的连续性也意味着据此产生的扭曲风险测度具有一致性，而且这一测度要比 ES 好，因为它们既考虑了低于 VaR 的损失，也考虑到了极端损失。

2.4 结　论

本章回顾了 3 个可选的风险测度框架。第一个是均值—方差框架，适用于有限的几种特殊情形（或者假设收益或损失是椭圆形分布，或者对效用函数课以过分苛刻的限制）。这使得我们不得不去发现更好的风险测度，使之能够适用更一般的环境。常见的答案是 VaR。因为 VaR 只是单纯的分位点，所以我们可以对任意想要的分布进行估计。然而，VaR 作为风险测度有严重的缺陷，并且我们有理由说 VaR 根本就不是“恰当的”风险测度。较好的风险测度是一致风险测度。它们给我们可以接受的风险测度，这种测度适用于所有可能的损益分布，而且作为风险测度明显好于 VaR。因此，解决方案是将风险测度从 VaR 升级到一致（或扭曲）风险测度。如果人们已经拥有了 VaR 计算引擎，那么这些较好的风险测度易于估计，因为从 VaR 计算引擎升级到一致（或扭曲）风险测度计算引擎的成本很低。或许本书的关键不是如何估计风险测度，而是如何估计正确的风险测度。

附录1

概率分布函数

A2.1 分布密度函数、累计分布函数和分位点

分布密度函数（pdf）能够给出随机变量取特定值的概率。具体来说，随机变量 X 在 a 和 b 之间取值的概率为：

$$\Pr[a < X < b] = \int_a^b f(x)\,dx \tag{A2.1}$$

其中，$f(x)$ 为分布密度函数。这里 pdf 必须是非负函数，并且等式（2.1）中的积分在所有可能的 x 值上的积分为 1，即：

$$\int_{x_{\min}}^{x_{\max}} f(x)\,dx = 1 \tag{A2.2}$$

其中，$x_{\min}$ 和 $x_{\max}$ 是 x 所有可能取值中的最小值和最大值，很多情况下，它们分别为 $+\infty$ 和 $-\infty$。

与分布密度函数 $f(x)$ 相对应的是累计分布密度函数 $F(x)$（cdf，有时也被称为分布函数）。它是随机变量 X 小于等于某个给定值 x 的概率，即：

$$F(x) = \Pr[X \leqslant x] = \int_{x_{\min}}^{x} f(u)\,du \tag{A2.3}$$

$F(x)$ 在 0 和 1 之间取值，$F(x_{\min}) = 0$，$F(x_{\max}) = 1$。X 的取值超过 x 的概率等于 1 减去 $X \leqslant x$ 的概率（即，$\Pr[X > x] = 1 - F(x)$）。

还要注意的是，风险评估中我们着重感兴趣的往往是与某个累计概率或置信水平相对应的 x 值。这个 x 值可用 cdf 的逆函数计算，即 $x =$

$F^{-1}[p]$，其中，p 为某个特定的累计概率值。对应于某一累积概率值或置信水平。这个 x 值常常被称为分位点或百分点，而 VaR 就是某个分位点。

A2.2　有条件分布和无条件分布

应用数据分布时，重要的是要区分有条件分布和无条件分布。有条件分布是以一个或多个参数值为条件的分布，例如，某回报服从波动值给定的条件正态分布。有条件分布常用于较短期的风险测度问题，例如，我们可以使用有条件分布预测波动率日复一日地随机变化的 VaR。相反，无条件分布是随机变量在没有因素值特定条件下的分布。例如，无条件分布可能是正态分布。因此，无条件分布表示的是随机变量的实际分布，所以常用于较长期的风险测度问题。

A2.3　概率密度函数（pdf）的性质

Pdf 有很多有趣的性质，其中之一就是中心化倾向性，下述任何一个概念都从不同的角度描述了这种倾向：

- 均值（常表示为 μ）：$E[X] = \mu = \int_{x_{\min}}^{x_{\max}} xf(x)\,dx$。
- 中位数：是一个特殊的值 x_{median}，它使得 X 大于它和小于等于它的概率各为 50%。
- 众数：随机变量最可能的取值，即使得 $f(x)$ 最大的数值。

对称分布的这三个数相同，非对称分布的这三个数不同。

第二个性质涉及分布密度函数的扩散性，可用下述多种方式加以描述：

- 方差（常表示为 σ^2）：X 的各个可能的取值与其均值之间距离平方的均值，即：

$$\sigma^2 = \int_{x_{\min}}^{x_{\max}} (x-\mu)^2 f(x)\,dx = E(X^2) - [E(X)]^2$$

- 标准差 σ：方差的平方根。
- 平均绝对差（MAD）：X 的可能值和某个中心化倾向测度之差的均值。

方差、标准差的使用较为普遍，部分由于它们比较容易处理。然而，MAD 在数据的特质、误差方面的表现则更为稳健。

第三个特征是有偏性，或 pdf 的非对称性，它可以用下述偏度度量：

$$skewness = \frac{E[(X-\mu)^3]}{\sigma^3} \tag{A2.4}$$

也可以使用其他度量手段，例如，不同中心化测度的差。

第四个性质是肥尾性，它表示当我们进入尾部时，尾部概率减少的速度。有多种测量肥尾性程度的测度，其中，最流行的是下述峰度：

$$kurtosis = \frac{E[(X-\mu)^4]}{\sigma^4} \tag{A2.5}$$

然而，上述测度中的某些测度未必总是存在，例如，如果分布密度函数的尾部过于肥大，则方差将不再存在（或无有限值）。

专栏 A2.1

位置、尺度和形状参数

关于分布，统计文献常常使用“位置”参数和“尺度”参数的概念。粗略地说，位置参数是表现分布中心化趋势的自然测度，尺度参数是表现分布散布程度的自然测度。在数据转化或结果推演时，这些参数往往非常有用。尤其是用标准化变量进行结果推导的时候，标准化变量是将原始变量减去位置参数除以尺度参数后得到的变量；与标准化变量有关的结果总是可以转化为与原始变量有关的结果。例如，如果我们的 X 服从 $N(\mu,\sigma^2)$，其中 μ 和 σ 分别为 X 的均值和标准差，我们常常先将 X 转化成标准化随机变量 $Z=(X-\mu)/\sigma$；然后，推导出有关 Z 的结果，最后使用变换 $X=\mu+\sigma t$，将我们的结果转换为与 X 有关的结果。这儿，我们的位置参数为均值，尺度参数为标准差。同样的位置和尺度参数也可用于其他类似的分布，例如，学生 t 分布。

然而，衡量中心化倾向和散布程度的自然测度常常因分布不同而不同，有些分布的位置和尺度参数就不是均值和标准差。例如，Gumbel 分布，其中心化倾向的自然测度是众数，散布程度的自然测度不是标准差，而是 $\sigma\sqrt{6/\pi}$。所以，我们把众数和 $\sigma\sqrt{6/\pi}$，而不是均值和标准差，作为 Gumbel 的位置和尺度参数。因此，当我们一般性地谈论中心化倾向和散布程度的时候，我们可以一般地谈论位置或尺度参数的概念，但是如果针对具体分布，则应使用与之相应的特定位置、尺度参数。

除了位置参数和尺度参数，统计人员有时也使用分布的形状参数。粗略地说，这个参数是衡量分布肥尾程度的一个自然测度，它常常因分布的不同而不同。例如，如果学生 t 分布的形状参数是自由度 v，而列维分布的形状参数则是指数 α。

A2.4　矩、矩生成函数和特征函数

pdf 也可以用矩来描述。pdf 的 r 阶矩的定义如下：

$$r\text{th } moment = \int_{-\infty}^{\infty} x^r f(x)\,dx \tag{A2.6}$$

pdf 的 r 阶矩中心是分布围绕着中心的矩，其定义如下：

$$r\text{th } central\ moment = \int_{-\infty}^{\infty} (x-\mu)^r f(x)\,dx \tag{A2.7}$$

矩是一种描述 pdf 的方法，它与前面提到的各种参数密切相关：

- 一阶矩为均值。
- 二阶中心矩为方差。
- 三阶中心矩为偏度乘以 σ^3。
- 四阶中心矩为峰度乘以 σ^4。

如果矩存在，则我们可以借助矩获得大量有关 pdf 的信息。在实际工作中，我们常常可以借助对矩的认识，获得对 pdf 的全面认识。

若 r 阶矩存在（即，取值有限），则矩生成函数（公式（A2.6））意味着，我们的分布密度函数 $f(x)$ 在尾部的下降速度超过 $|x|^r$ 的上升速度，即 $f(x)$ 的衰减速度高于 $1/|x|^r$。

在计算时，方便起见，我们常使用分布密度函数 $f(q)$ 的特征函数 $\hat{f}(q)$，后者是前者的傅里叶变换：

$$\hat{f}(q) = \int e^{iqx}(x) f(x)\,dx \tag{A2.8}$$

因为特征函数的高阶导在 $q=0$ 点的取值即为矩，即：

$$r\text{th } moment = \left((-i)^r \frac{d^r}{dq^r} \hat{f}(q) \right)_{q=0} \tag{A2.9}$$

如果我们能够做相关的微分计算，则矩的计算不成问题。

A2.5　偏　度

偏度和峰度这两个参数，在风险测度中扮演着重要的角色。正如前

面指出的那样，三阶矩是衡量分布的不对称性或偏度的指标。对称分布的偏度为0（参见公式（A2.4）），不对称分布的偏度非零。这个指标的正负反映了分布偏斜的方向：指标为正说明分布的尾部左短右长，指标为负则是右短左长。

一个分布偏度为正的例子就是图2.4。偏度会使得整个分布发生变化，它使一端尾部缩短的同时，使另一端的尾部增长了。若分布有偏，则为了能够恰当地估计概率和分位点（即恰当地估计其风险），我们必须考虑其偏度带来的偏差。

A2.6 峰度和尾部行为

在风险测度中，我们也经常关注是，尾部随着 x 值对均值的偏离会以多快的速度衰减，而“尾部的肥瘦”会反映在峰度参数上（参见公式（A2.5））。正态分布是一个很好的基准，其峰度为3，pdf 与 $\exp(-(x-\mu)^2/2\sigma^2)$ 成比例。$(x-\mu)/\sigma$ 进入尾部后，pdf 的衰减速度加快，所以 x 值距离均值的距离很少能够超出少数几倍的标准差，而且越靠近尾部，衰减速度越快。例如，观测值远偏离均值的距离超过 2σ 的概率为4.55%，超过 3σ 的概率为0.27%，而超过 4σ 的概率为0.00006%。

如果峰度大于3，则说明该分部的尾部比正态分布来的肥大，金融回报数据常有这种肥尾现象，这意味着极端事件相对于正态分布的情况更有可能发生。若峰度小于3则尾部比正态分布的情况更瘦小，这意味着极端事件相对于正态分布的情况更不容易发生。然而，实证中回报过程的尾部通常比正态分布大，即峰度大于3，尾部比正态分布小的情况少之又少。

图2.5表现了峰度超大，即峰度大于3的情况，它细致地比对了对称肥尾分布和具有同样方差的正态分布的情况。由于分布密度函数曲线下面的总面积始终为1，所以肥尾分布尾部面积较大，以弥补其中间区域面积的减少。然而，由于尾部越大意味着相同致信水平的分位点越大，所以肥尾分布的 VaR 会比正态分布来的大。肥尾分布尾部的情况也可以用下面的幂法则近似：

$$tail\, f(x) \sim \frac{1}{|x|^{1+\alpha}} \tag{A2.10}$$

列维分布就是一个好的例子，它服从指数 $\alpha \leqslant 2$ 的幂法则。在幂法则下，所有 $r(r \geqslant \alpha)$ 阶矩的取值为无穷大，所以列维分布的三阶、四阶甚至更高阶的矩是不存在的。事实上，列维分布甚至连方差也没有，除非 $\alpha = 2$，但这时的列维分布等价于正态分布。

A2.7　一些重要的分布

风险测度也会用到其他许多不同的分布。一个好的出发点就是正态分部或高斯分布，前面已经谈到，其正态分布的 pdf 为：

$$f(x) = \frac{1}{\sigma\sqrt{2\pi}} \exp\left[-\frac{(x-\mu)^2}{2\sigma^2}\right] \tag{A2.11}$$

该分布有两个参数，一个均值为 μ，另一个标准差为 σ，进入尾部后，其尾部概率会呈现指数性下降（即迅速下降）。

正态分布有多种推广方式，一个重要的推广就是椭圆分布。这些分布之所以被称为椭圆分布，是因为其分布密度的对数存在于椭圆体上，这个椭圆体由公式 $(x-\mu)^2/\sigma^2 = c$ 决定（多元时，该公式变成 $(x-\mu)\Sigma^{-1}(x-\mu)^T = c$，其中 μ 为位置参数，Σ 为尺度参数），其中，c 为某个常数。粗略地说，它们的 pdf 能够用与正态分布类似的方式加以决定，只是所用的位置参数和尺度参数与正态分布不同。所以，在一般的多变量情况下（参见后面的 A2.9），椭圆分布的分布密度函数可以表示如下：

$$f(x) = \frac{1}{|\Sigma|^{1/2}} \varphi([x-\mu]^T \Sigma^{-1/2} [x-\mu]) \tag{A2.12}$$

其中，μ 和 Σ 的定义与上面一样。正态分布是椭圆分布的特殊情况（即 μ 和 Σ 的分别为均值和方差的时候），其他一些有用的分布，例如，t 分布、正态逆高斯分布，常常与实证数据的拟合得更好。然而，适当地调整参数设定，这些分布也可以用与正态分布的位置参数和尺度参数（即均值、方差或协方差矩阵）同样的参数来表示。椭圆分布不但具有一些正态分布也有的方便的性质，而且也有一些正态分布不具备的优势，它们能够适应中等程度的偏度和峰度过剩的情况，尽管非对称的椭圆分布很少用来处理金融问题。这些分布的缺点在于，相关的参数估计有时会非常困难，虽然也有例外的情况，例如，t 分布。

椭圆形分布与各种其他分布族密切相关，其中包括：双曲分布（之所以如此称呼，是因为它们的分布密度函数的对数是双曲线）、广义双曲分布、正态混合分布以及列维分布。这些分布族的每一个都是正态分布的推广，然而其内在联系非常复杂，许多非正态分布都属于这些族中的多个而不是一个，我们将在第 6 章进一步讨论。与椭圆分布一样，这些分布除了能够共享正态分布一些方便性质之外，还可以容纳中等程度的峰度和（有时还有的）偏度过剩的情况，只是其中参数估计很困难。

在金融风险测度中，有时会遇到包括极端值分布（ES）在内的其他类型的分布族。ES 分布适合用来处理与极端值（或低概率，高影响）有关的问题，第七章将进一步讨论这些问题。

A2.8 平稳性、自相似性和吸引域

我们有时会在选定的分布中寻找其他类型的性质，其中之一就是稳定性：称一个 pdf 稳定是指如果两个或两个以上随机变量和的分布仍然服从同一类型的分布。很显然，稳定性有着重要的实践意义，它使我们能够避免随机变量和的分布会随着随机变量数量的增加而改变的困境。事实上，列维分布是唯一稳定的分布，因此列维分布有时也被称为稳定列维分布。正态分布之所以稳定，是因为它是 $\alpha=2$ 的列维分布；柯西（或 Lorernzian）分布之所以稳定，是因为它是 $\alpha=1$ 的列维分布，但是 t 分布等分布就不具有稳定性，除非其中的自由度为 1，因为这时的 t 分布与柯西分布等价。

另一个性质就是尺度不变性或自相似性：这意味着尺度的改变不会影响分布的形状。为此，考察一个定义在期间长度为 1 的期间上的过程 $Z(1)$。如果 $Z(t)$ 具有自相似性，则它实际上只是 $Z(1)$ 的尺度修正，即：

$$Z(t)=t^{1/\alpha}Z(1) \qquad \text{(A2.13)}$$

自相似过程的尺度（随 t 增加的）变化率为 $1/\alpha$。著名的时间平方根法则（即 $Z(t)$ 以 $\sqrt{t}$ 的速度增长）是指 $\alpha=2$ 的特殊情况，这时的 $Z(t)$ 服从与正态分布相对应的对数正态分布。这意味着，仅当我们面对的风险是正态风险时，平方根法则才有效。

第三个有用的概念就是吸引域。所谓一个分布具有吸引域，是指所有与它“接近”的分布都有与它相似的性质。这一点是重要的，因为它表明数据和假想过程的微小偏差（例如，源于我们数据的误差）不会导致我们的推断出现较大的误差。为了更加具体地说明这一问题，假设 S_n 为 n 个服从于某个特定分布的随机变量的和，其分布通常会随着 n 的增大而收敛。所以，如果某些条件（例如，独立性等）被满足，S_n 的分布将收敛为正态分布，这是中心极限定理的说法。另外一个说法是，S_n 的分布在吸引域中。具体来说，吸引域是一个集合，是一个由所有随着 n 的增大而收敛到正态分布的 S_n 的分布构成的集合。由此可见，吸引域是中心极限定理的等价物。除此之外，还有一些其他的吸引域。例如，由所有收敛于列维分布的 S_n 的分布构成的吸引域，称之为列维分布吸引域，它与列维分布中心极限定理相对应。另外，还有一些吸引域，它们与样本容量为 n 的最大、最小观测值有关。我们将在极端值理论中遇到这类吸引域，它们与极端值定理有关。

A2.9　多元分布

最后是多元分布：涉及两个或多个随机变量的分布。简单起见，考虑两个变量的情况：其讨论可以很容易地推广到 n 个随机变量的情况。设随机变量 X 和 Y 的联合分布函数如下：

$$F(x,y)=\Pr[X\leqslant x,\ Y\leqslant y] \tag{A2.14}$$

关于联合概率分布，我们还需要考虑相关关系如何刻画的问题，如果这两个随机变量之间存在相关性的话，我们将在第五章的附录进一步讨论。注意，常见的描述依赖关系的方法是线性相关系数，但是这些描述仅在一些苛刻条件（即椭圆分布条件）被满足的情况下才有效。对于更一般的分布，依赖关系的描述则需要借助关联（copulas）函数。

另外一个与之相关的问题是：单变量时分布函数的值等同于置信水

平，而多变量时则不然，例如，置信水平是 $\Pr[X+Y\leqslant q]$，这里的 q 是 VaR 或 VaR 的某个简单函数（例如，随机变量为益损（P/L）时，将对其取负号）。我们需要根据给定的分布函数 $F(x,y)$ 来推断随机变量和的概率，换而言之，我们需要得到是与某个特定 VaR 相关的置信水平。如果能够用相关系数刻画相关关系，那么我们通常可以使用基于相关系数的 VaR 公式来避免这一问题。但是，如果我们只能用 copulas 来刻画相关关系，那么这一问题将无法避免，详细讨论见第 6 章。

联合分布函数也与边缘分布不同，边缘分布是每个随机变量自身的分布，即：

$$F(x)=\Pr[X\leqslant x] \quad \text{and} \quad F(y)=\Pr[Y\leqslant y] \tag{A2.15}$$

联合分布和边缘分布不同的关键是，前者要考虑两个随机变量之间的关系，后者则不需要。

附录 2

监管中的 VaR 应用

风险值也被金融监管机构用于金融机构应对市场风险的监管资本金要求额的确定。根据 1996 年巴塞尔协议案的规定，被认定为有风险管理健全的银行，有权根据其 VaR 估计独自决定其应对市场风险的监管资本金要求额，这种资本金要求的确定方法被称为“内部模型”法。如果 VaR 是第 t 天的风险预测，则非特定日资本准备金要求额的计算公式如下：

$$\max\left\{\mathrm{VaR}_t,\ \frac{k}{60}\sum_{t=1}^{60}\mathrm{VaR}_{t-i+1}\right\} \tag{A2.16}$$

其中，k 有时被称为歇斯底里因子（hysteria factor，或乘数因子(Multiplication Factor)），这个因子在区间［3，4］内取值，具体取值由相关银行主管根据其背后检验的检验结果决定（见专栏 15.2：监管的背后检验要求)：背后检验的结果越好，乘数的取值越小。乘数因子的使用在防范模型风险、应对市场异常变化等方面有其合理性，然而，现实中其作用常常被盲目夸大。该修正案还规定：VaR 决定的置信水平为 99%，持有期为 10 天（顺便说一句，但值得注意的是，这些参数和银行的偿付能力没有实际关系，即便资本监管总体目的首先是促进银行的偿付能力)；银行可以将单日 VaR 之积的 10 次方根作为 10 天持有期的 VaR 的近似；银行也可以使用其自己的模型，根据某些特定条件计算 VaR，但是该模型需经主管人员批准，用于销售的监管资本要求额的计算模型必须与用于内部风险管理（即所谓的使用检验（use test））的模型相同，并且必须满足一定的技术条件（例如，它们必须包括非线性希腊字母参数等等）。实际资本要求额等于方程（A2.16）加上某个“特殊风险”额，特殊风险额包括了金融工具中的与信用等因素相关的风险（例如，场外期权交易中的对方违约风险）。该额度的大小由金融机构决定，用以制约主管人员谨慎行事。

新巴塞尔协议（巴塞尔 II），除了保留大量原有内容外，还增加了一些重要的与信用风险模型有关的新规定。根据巴塞尔 II，机构被允许能够给其信用风险模型指定它们自己认为恰当的信用风险资本金额度。巴塞尔 II 还针对操作风险，引入了新的风险资本额度，允许机构建立用于资本监管的操作风险模型。

部分是由于银行业和保险业的融合，部分也是由于统一处理所有金融机构监管问题的愿望。这种努力在保险业界也在平行的发展，欧盟还提出了新的保险监管框架：偿付能力 II（Solvency II）。条款本身也有一些有趣的规定，包括使用 ES 来确定监管资本金要求，等等。

第3章

市场风险测度的估计：绪论和概述

本章简要介绍市场风险测量中的主要问题。我们将重点讨论以下内容：

- 数据准备问题：如何将数据处理成损益、回报率等形式。
- VaR 估计的基本方法：如何做简单的 VaR 估计，VaR 和数据分布有什么关联。
- 如何估计一致风险测度。
- 如何用其标准误测量我们的风险测度估计量的精度。
- 概览：对不同市场风险测度方法的概括以及它们之间的关系。

首先讨论数据问题。

3.1 数 据

3.1.1 益损数据

我们的数据形式多种多样。最简单的或许是表示盈利或亏损的数据（简称 P/L）。资产（或组合）在第 t 期产生的益损 P/L_t，可以定义为第 t 期期末资产（或组合）价值 P_t 加上该期内获得的报酬 D_t，减去该资产在第 $t-1$ 期期末的价值 P_{t-1}：

$$P/L_t = P_t + D_t - P_{t-1} \tag{3.1}$$

如果是益损（P/L）数据，正值意味着盈利，而负值则意味着亏损。

如果想做得更准确一些，我们应该在同一个时间点上评价所有的报酬（即考虑货币的时间价值）。有两种方法：第一种方法是计算前一期

期末即第 $t-1$ 时点损益的现值：

$$现值(P/L_t)=\frac{(P_t+D_t)}{(1+d)}-P_t \tag{3.2}$$

其中，d 表示贴现率，方便起见我们假设 D_t 在第 t 期期末支付。另一种方法是计算第 t 期期末的价值，即损益的终值：

$$未来值(P/L_t)=P_t+D_t-(1+d)P_{t-1} \tag{3.3}$$

这里的 P_{t-1} 按照贴现率 d 进行了复利计算。这些损益值之间差异的大小依赖于贴现率 d 的大小，期限越短差异越小。为了简化处理，下面忽略了这种差异，但是当期限较长时，需要考虑两者之间的差异。

3.1.2　损益数据

估计 VaR 和 ES 时损益数据（L/P）常常比较方便。L/P 数据只是 P/L 数据的简单变换：

$$L/P_t=-P/L_t \tag{3.4}$$

计算 L/P 时，负值意味着获利，正值意味着亏损（loss）。我们将这些 L/P 数据简称为“亏损”。测度风险时用亏损这种说法常常更为方便，因为风险本身需要用亏损来说明。

3.1.3　算术回报数据

数据也可以用算术（或简单）回报的形式表示。算术回报定义如下：

$$r_t=\frac{P_t+D_t-P_{t-1}}{P_{t-1}}=\frac{P_t+D_t}{P_{t-1}}-1 \tag{3.5}$$

它等于第 t 期的损益 P/L 除以 $t-1$ 期资产的价值。使用算术回报意味着假设在每一期间的报酬 D_t 不再产生回报。然而，持有期较长时，这个假设通常不成立。所以持有期很长时，我们通常不用算术回报。

3.1.4　几何回报数据

回报也可以表示成几何（或复利）的形式。几何回报 R_t 为：

$$R_t = \ln\left(\frac{P_t + D_t}{P_{t-1}}\right) \tag{3.6}$$

几何回报意味着持有期期间内的报酬还会被再投资。几何回报的经济学意义大于算术回报，因为它保证了回报无论为正还是为负，资产（组合）价格都不会为负。然而，若使用算术回报，回报非常低（或损失非常大）意味着资产价值 P_t 为负，而负的资产价格没有经济意义①。

几何回报用起来也更为方便。例如，处理外汇持仓时，不用考虑货币单位，几何回报与参考货币无关。与之类似，如果处理多期数据，那么跨期几何回报只是单期几何回报的和。算术回报就没有这些便利的性质。

图 3.1

几何回报和算术回报

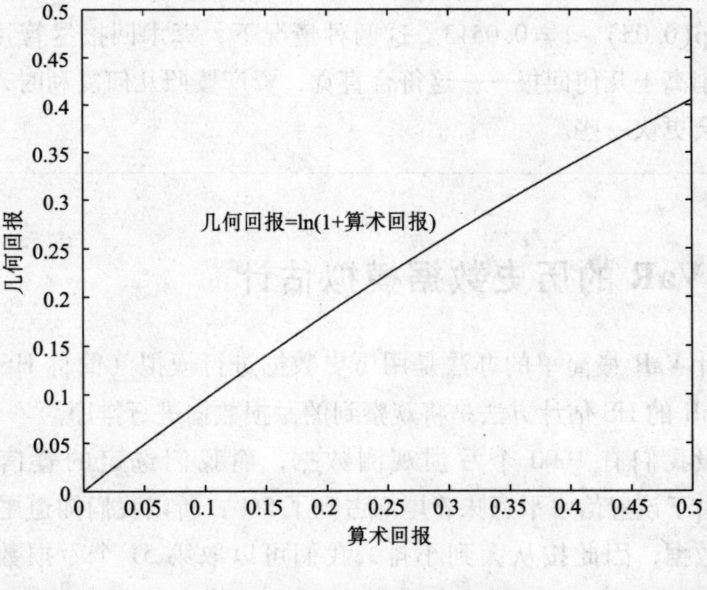

改写公式（3.6）可以看到这两种回报之间的关系（对自然对数做泰勒展开）：

$$R_t = \ln\left(\frac{P_t + D_t}{P_{t-1}}\right) = \ln(1 + r_t) = r_t - \frac{1}{2}r_t^{\ 2} + \frac{1}{3}r_t^{\ 3} - \cdots \tag{3.7}$$

① 这一点的理论意义大于实际意义。实际上，我们拟合回报的任何一个分布只能是一种近似；对于极端情况，回报的很多分布都是不适用的。

由此可见，回报率很小时两者近似相等，$R_t \approx r$。图 3.1 中几何回报—算术回报曲线对此做了形象说明。当回报很小时，两者之间的差别可忽略不计，但是当回报增大时，两者之间的差异就会增加——这是可以预料的，因为几何回报是算术回报的对数函数。由于期限短时回报低，并且回报会随着期限的增长而增加，所以两者之间的差，短期可以忽略，长期不行。而且，由于几何回报考虑了持有期期间内报酬的盈利，所以处理长期数据时，应使用几何回报。

例 3.1（算术回报和几何回报）

若某一期的算术回报 r_t 为 0.05，则公式（3.7）意味着几何回报为 $R_t = \mathrm{Ln}(1 + r_t) = \mathrm{Ln}(1.05) = 0.0488$。与之相类似，若几何回报 R_t 为 0.05，则公式（3.7）意味着算术回报为 $1 + r_t = \exp(R_t) \Rightarrow r_t = \exp(R_t) - 1 = \exp(0.05) - 1 = 0.0513$。这两种情况下，算术回报尽管接近于但是还是稍高于几何回报——这符合直觉，资产按照几何复利时，其价值上升得会更快一些。

3.2 VaR 的历史数据模拟估计

估计 VaR 最简单的办法是用历史数据进行模拟（简称 HS VaR 方法）。VaR 的 HS 估计方法是将观察到的亏损数据进行排序。

假设我们有 1000 个亏损观测数据，而我们选定的置信水平为 95%。由于该置信水平意味着尾部占到了 5%，所以我们知道尾部有 50 个观测数据，因此按从大到小排，我们可以取第 51 个亏损数据作为 VaR①。

我们可以在电子表格上估计 VaR，具体方法是首先对我们的数据进行排序，然后从表中找出第 51 个最大的亏损值。我们也可以调用 Excel 中“Large”命令更为直接地估计出 VaR，“Large”命令能够告诉我们一个序列中第 k 个最大值。所以，如果将数据所在列定义为“Loss_data”，

---

① 理论上，VaR 是尾部的分位数。样本有限确定 VaR 的方法有很多种，如第 50 个观察值，或第 51 个观察值，或是两者之间的某个值。作为一种近似值，第 51 个观察值也没有什么不妥。

那么我们的 VaR 可以用 Excel 命令“Large（Loss_data，51）”估计。如果我们使用 MATLAB，我们首先用命令“Sort（）”读入且排序损益数据（即，在命令行键入命令“Loss_data = Sort（loss_data）”）：然后在命令行键入“Loss_data（51）”求出 VaR。

一般来说，若有 n 个观测数据，置信水平为 α，我们就可以得到 $(1-\alpha)$。第 $(n+1)$ 个最大亏损观测值，那么我们可以在 Excel 中键入“Large(Lossdara,(1 - alpha) * n + 1)”命令，或在 MATLAB 中键入“Loss_data((1 - alpha) * n + 1)”命令，当然后一个命令需要现对数据集“Loss_data”排序[①]。

图 3.2 是用 HS 法求解 VaR 的图示。该图表现了 1000 个假定的损失观测值和置信水平为 95% 的 VaR。该图的制作使用了 MATLAB 中 MMR 工具箱的“hsvarfigure”命令。它把损失的前 5% 和后 95% 分割开。

图 3.2

VaR 历史数据模拟

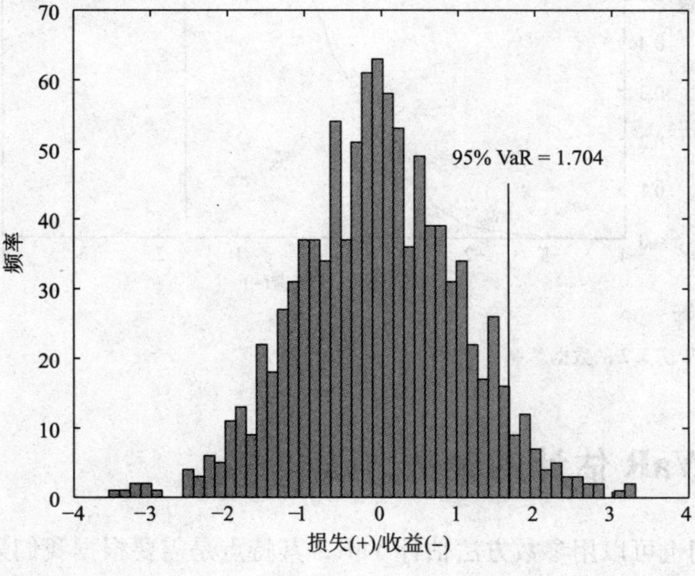

注：基于取自服从标准正态分布的 1000 个损益数据；在估计 VaR 时使用了“hsvarfigure”函数。

① 使用 EXCEL 的“percentile”函数或 MATLAB 的“prctile”函数可以得到 HS VaR，但是这些函数的算法是不公开的，所以不一定可靠。

事实上，使用累计分布直方图，或经验累计频率函数，估计 HS VaR 的方法是有用的。图中横轴是经过排序的损失数据，纵轴是损失的累计频率（比如，总共有 n 个观测值，则排序后第 i 个观测值对应的累计频率为 i/n）。图 3.3 给出了图 3.2 数据集的经验累计频率函数。根据该经验累计函数很容易获得 VaR：我们只需简单在累计频率轴上移动，就能找到我们的置信水平，向下作一条垂直线，该垂线和横轴相交的位置即为 VaR。

图 3.3

用经验累计频度函数作出的历史模拟

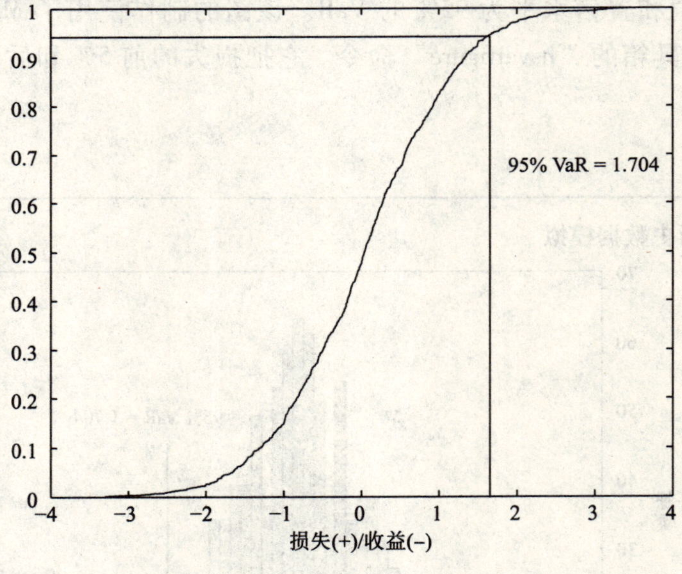

注：基于图 3.2 的数据。

3.3 VaR 估计的参数方法

我们也可以用参数方法估计 VaR，其特点是需要根据我们采集的观测数据来明确相关的统计分布。我们也可以将参数方法视为曲线拟合方法，因为我们是根据由观测数据拟合出的拟合曲线来确定 VaR。

使用参数方法时，需要考虑统计分布以及这种分布适用的数据。

3.3.1　损益服从正态分布时的 VaR 估计

假设损益 P/L 服从正态分布，我们来估计 VaR。这时的置信水平 α 下的 VaR 为：

$$\alpha \text{VaR} = -\mu_{P/L} + \sigma_{P/L} z_{\alpha} \tag{3.8}$$

其中，z_{α} 为标准正态分布对应于 α 的分位点，$\mu_{P/L}$和 $\sigma_{P/L}$为 P/L 的均值和标准差。通过标准正态分布的 z_{α}，可以把 $100 \times \alpha\%$ 的观测点归在其左边，$100 \times (1-\alpha)\%$ 的观测点归在其右边。例如，置信水平 95%，$z_{\alpha} = z_{0.95}$为 1.645。

事实上，若 $\mu_{P/L}$和 $\sigma_{P/L}$未知，我们首先估计这些参数，然后估计 VaR。我们的 VaR 估计 αVaR 为：

$$\alpha \text{VaR}^{e} = -m_{P/L} + s_{P/L} z_{\alpha} \tag{3.9}$$

其中，$m_{P/L}$和 $s_{P/L}$分别为 P/L 的均值和方差的估计值。

图 3.4 给出了置信水平为 95% 的 VaR，其中，P/L 服从均值为 0、标准差为 1 的正态分布。因为数据为 P/L 数据，所以 VaR 为区分观测值中较小的 5% 和较大的 95% 的点。VaR 实际上是 -1.645，即 1.645。

图 3.4

损益数据服从标准正态分布时的 VaR

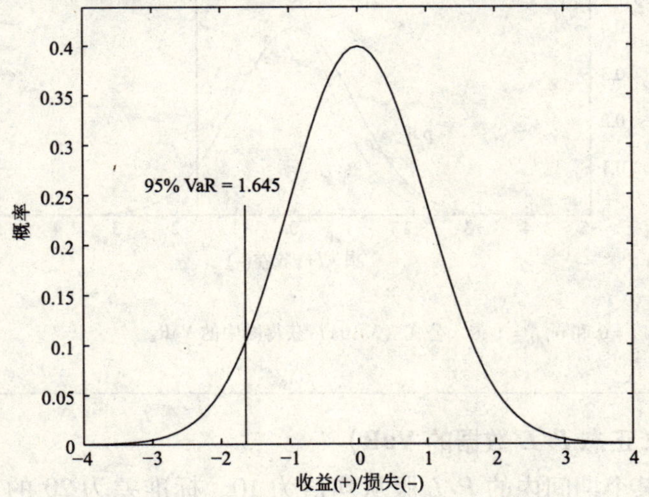

注：将 $m_{P/L}=0$ 和 $s_{P/L}=1$ 带入公式（3.9）获得图中的 VaR。这里使用的是“normalvarfigure”函数。

如果数据为 L/P 数据，则 $\mu_{P/L}=-\mu_{P/L}$ 和 $\sigma_{P/L}=\sigma_{P/L}$，于是有下面的公式成立：

$$\alpha\text{VaR}=\mu_{L/P}+\sigma_{L/P}z_{\alpha} \tag{3.10a}$$

$$\alpha\text{VaR}^{e}=m_{L/P}+s_{L/P}z_{\alpha} \tag{3.10b}$$

图 3.5 标出了相应的 VaR。该图提供的信息与图 3.4 相同，只是其对 VaR 的解释比图 3.4 中的 P/L 数据更为直接，因为 VaR 定义为亏损数量（或"亏损的金额"）。这时 VaR 是 x 轴上的点，它把较高的 5% 的观测点和较低的 95% 的观测点分割开。如果我们使用累计分布密度函数，VaR 对应于函数值 95% 的 x 分位点。无论用何种方法，VaR 都是 1.645，这与我们的预期相同。

图 3.5

P/L 数据服从正态分布时的 VaR

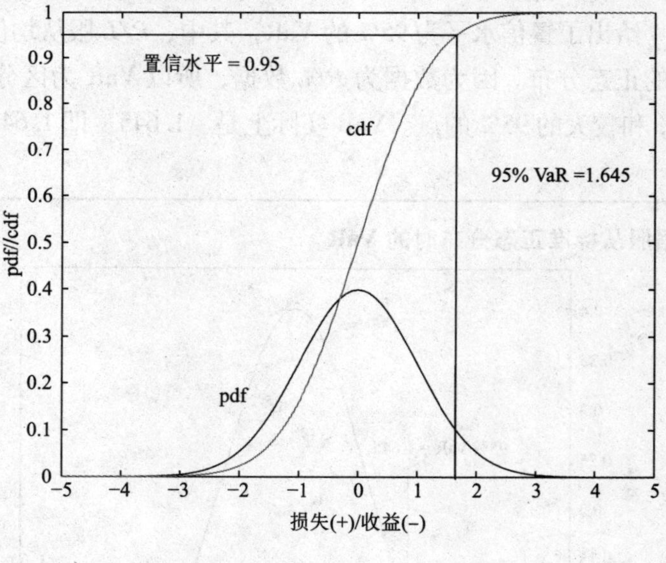

注：将 $\mu_{P/L}=0$ 和 $\sigma_{P/L}=1$ 带入公式（3.10a）获得图中的 VaR。

例题 3.2（正态 P/L 数据的 VaR）

如果某个期间内的 P/L 服从均值为 10、标准差为 20 的正态分布，则由公式（3.8）知置信水平 95% 的 VaR 为 $-10+20z_{0.95}=-10+20\times$

1.645 =22.9。相应的置信水平为 99% 的 VaR 为 $-10+20z_{0.99}=-10+20\times 2.326=36.25$。

3.3.2　算术回报服从正态分布时的 VaR

我们也可以用回报数据而不是 P/L 数据估计 VaR。假设算数回报服从均值为 μ_r、标准差为 σ_r 的正态分布。为了计算 VaR，首先需要确定 r_t 的临界值 r^*，r^* 是使得 r_t 超过 r^* 的概率为置信水平 α 的临界值，因此：

$$r^*=\mu_r-\sigma_r z_\alpha \tag{3.11}$$

由于本期 r_t 等于本期的损/益除以上一期的资产价值 P_{t-1}，即：

$$r_t=\frac{P_t-P_{t-1}}{P_{t-1}}=-\frac{Loss_t}{P_{t-1}} \tag{3.12}$$

将上式中的 r_t 替换为 r^*，可得 r^* 和 VaR 之间的关系：

$$r_t^*=\frac{P_t^*-P_{t-1}}{P_{t-1}}=-\frac{\mathrm{VaR}}{P_{t-1}} \tag{3.13}$$

将公式（3.11）带入公式（3.13）并适当整理，可得：

$$\alpha\mathrm{VaR}=-(\mu_r-\sigma_r z_\alpha)P_{t-1} \tag{3.14}$$

公式（3.14）将对前面的问题给出同样的回答。例如，令 $\alpha=0.95$，$\mu_r=0$，$\sigma_r=1$ 并且 $P_{t-1}=1$，这与我们早先对 P/L 和 L/P 的参数假设一致，则 αVaR 同样等于 1.645：3 种不同的方法都获得同样的结果，原因是它们的假定本质上一致。

例 3.3（使用正态算数回报的 VaR）

假设某期的算数回报 r_t 服从均值为 0.1、标准差为 0.25 的正态分布，且组合的现值为 1。则由公式（3.14）知 95% 的 VaR 为 $-0.1+0.25\times 1.645=0.331$，并且 99% 的 VaR 为 $-0.1+0.25\times 2.326=0.482$。

3.3.3 对数正态 VaR 估计

前面的每一种方法都为资产价值 P_t 赋予了正的概率，然而资产价值可能为负值，但是我们可以用几何回报来避免这一缺陷。假设几何回报服从均值为 μ_r、方差为 σ_r 的正态分布。假设 D_t 或者为零或者为资产本身的回报（例如，共同基金利润的再投资），这一假定意味着 P_t 的自然对数服从正态分布，或者 P_t 本身服从对数正态分布。专栏 3.1 描述了对数正态分布，并且对数正态的资产价格如图 3.6 所示：资产价格总是正的，并且分布有偏且有很长的右尾。

图 3.6

对数正态的资产价格

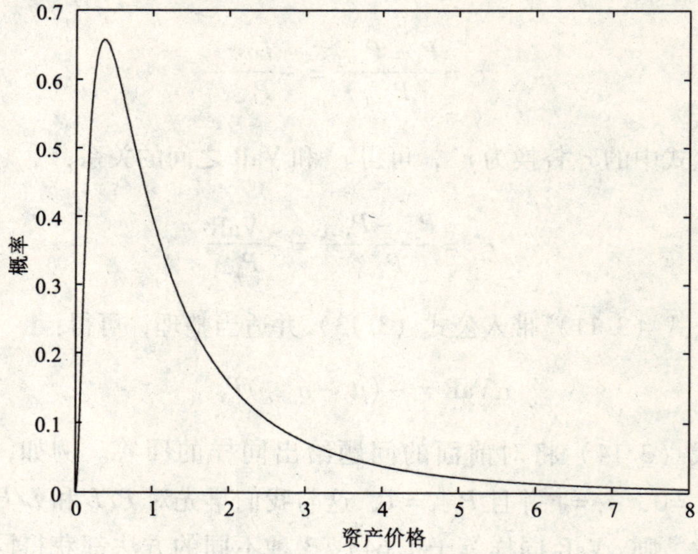

注：其中的估计用了 MATLAB 的统计工具箱中的 "lognpdf" 函数。

由于 VaR 代表亏损，并且为 P_t（视之为随机变量）和 P_{t-1}（视之为确定量）之差，则 VaR 与 P_t 为同样的分布。几何回报服从正态分布，意味着 VaR 服从对数正态分布。

下面把前面针对算术回报做过的工作按几何回报再做一遍。首先，推导 R 的临界值 R^*，这个 R^* 是使得 $R > R^*$ 的概率等于 α 的临界值：

专栏 3.1

对数正态分布

称随机变量 X 服从对数正态分布，若 X 的自然对数服从正态分布。对数正态分布可以用 $\ln X$ 的均值和标准差来描绘，记之为 μ 和 σ。有时，对数正态分布也用参数 m 和 σ，其中，$m = \exp(\mu)$ 为中位数。

X 的概率密度函数为：

$$\phi(x) = \frac{1}{x\sigma\sqrt{2\pi}}\exp\left\{-\frac{1}{2}\left(\frac{\log(x)-\mu}{\sigma}\right)^2\right\}$$

其中，$x>0$。所以，对数正态的分布密度函数定义域为正半轴，并且如图 3.6 所示为右偏。

设 $\omega = \exp(\sigma^2)$，则对数正态分布随机变量的均值和方差为：

$$均值 = m\exp(\sigma^2/2)，方差 = m^2\omega(\omega-1)$$

接下来考虑高阶矩，对数正态的偏度为：

$$偏度 = (\omega+2)(\omega-1)^{1/2}$$

这个数始终为正意味着对数正态分布密度函数有一个很长的右尾。对数正态的峰度为：

$$峰度 = \omega^4 + 2\omega^3 + 3\omega^2 - 3$$

并且其定义域为（3，∞），其随 σ 的增大而增大。

$$R^* = \mu_R - \sigma_R z_\alpha \tag{3.15}$$

然后，根据几何回报的定义从中拆解出 P^*（它是与 VaR 相对应的资产价格），最后推出 VaR：

$$\begin{aligned} R^* &= \ln(P^*/P_{t-1}) = \ln P^* - \ln P_{t-1} \\ &\Rightarrow \ln P^* = R^* + \ln P_{t-1} \\ &\Rightarrow P^* = P_{t-1}\exp[R^*] = P_{t-1}\exp[\mu_R - \sigma_R z_\alpha] \\ &\Rightarrow \alpha\text{VaR} = P_{t-1} - P^* = P_{t-1}(1-\exp[\mu_R - \sigma_R z_\alpha]) \end{aligned} \tag{3.16}$$

这里给出了对数正态 VaR，它与几何回报服从正态分布时一致。

基于标准化（但并不现实）的假定 $\mu_R = 0$，$\sigma_R = 1$ 并且 $P_{t-1} = 1$，图 3.7 表明了对数正态 VaR 的情况。这时置信水平为 95% 的 VaR 为 0.807。与前面的图 3.6 一样，图中 L/P 的分布反映了 P_t 分布的情况。

图 3.7

对数正态的 VaR

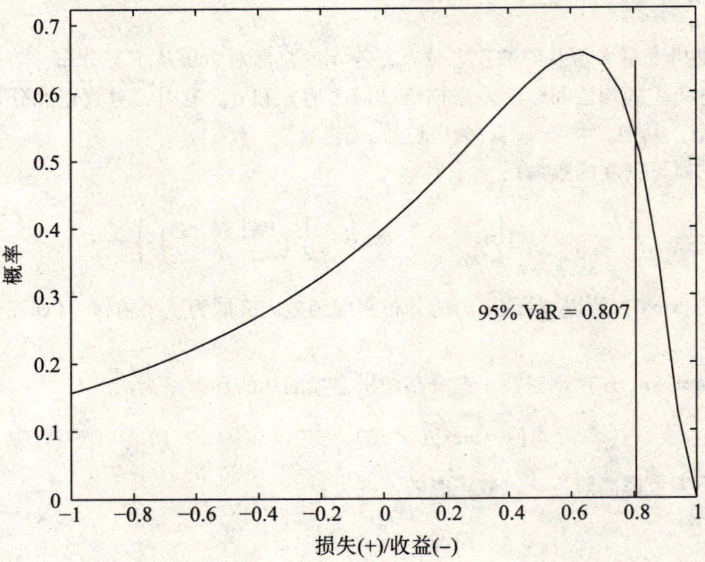

注：图中假定几何回报的均值为 0，标准差为 1，初始投资为 1。该图的制作使用了“lognormalvarfigure”函数。

例 3.4（对数 VaR）

假设某个时间区间上几何回报 R_t 服从均值为 0.05、标准差为 0.20 的正态分布，并且我们当前组合的价值为 1。则由公式（3.16）知，置信水平 95% 的 VaR 为 $1-\exp(0.05-0.20\times1.645)=0.244$。相应的置信水平 99% 的 VaR 为 $1-\exp(0.05-0.20\times2.326)=0.340$。这一结果与例 3.3 结果非常接近，因为前面关于算数回报的参数假定和这里的几何回报假定本质上相同。

例 3.5（对数正态 VaR 和正态 VaR）

假设组合的年回报率的均值和波动率分别为 0.10 和 0.40（尽管这一假定不太现实）。我们希望计算当前价值为 1、持有期为 1 天、置信水平为 95% 的 VaR。假设一年有 250 个交易日，则日回报率的均值为 $0.1/250=0.0004$，标准差为 $0.40/\sqrt{250}=0.0253$。正态假定下的置信水平 95% 的 VaR 为 $-0.0004+0.0253\times1.645=0.0412$，对数正态假定下的置信水平 95% 的 VaR 为 $1-\exp(0.0004-0.0253\times1.645)=0.0404$，即正态 VaR 为 4.12% 而对数正态 VaR 为 4.04%。这意味着，如果我们涉及的持有期很短且回报参数合理，则这两种计算结果差距不大。

3.4　一致性风险测度估计

3.4.1　预期亏空估计

接下来考虑如何进行一致性风险测度估计的问题，其中，最简单的一致性风险测度是预期亏空（ES）。ES 是用概率作权重对尾部损失作出的加权平均，图 3.8 表明了正态 ES 的情况。这时，置信水平 95% 的 ES 为 2.063，而前者在同样条件下算出的 VaR 仅为 1.645。

ES 是以概率为权重的尾部损失的加权平均，这意味着我们可以用尾部 VaR 的平均来估计 ES①。最简单的办法就是把尾部切割成为数众多的 n 个切片，其中，每个切片都有相同的概率众数。首先针对每一个切片计算相应的 VaR，然后将这些 VaR 的平均作为 ES。

举例说明，假定要计算 95% 的 ES，其中，损失的均值和方差分别为 0 和 1。在实际应用中，我们的 n 通常取值很大，并且相关的计算也是通过电子表格或其他软件进行。然而，为了说明计算步骤，我们这里的 n 仅取较小的数值 10。于是，我们有 9 个（$n-1$ 个）VaR，9 个置信水平超过 95% 的 VaR。这些 VaR 见表 3.1，其取值从 1.6954 到 2.5758（这些 VaR 的置信水平一直到 99.5%）。我们的 ES 估计为这些 VaR 的平均值，即 2.0250。

当然，在实际应用中为获得准确的估计值，应让 n 足够大。为了说明其中的道理，表 3.2 列出了根据同样的方法，针对不同的 n 计算出了一系列 ES。结果表明，随着 n 的增加，ES 值收敛于 2.0063。这些结果也表明我们的 ES 估计过程似乎在 n 取值较小的时候也可以接受。实际上，一般的计算机都能迅速作出准确的 ES 估计。

---

① 另一种方法是求解析解，但是可求解析解的 ES 参数分布非常有限（如正态分布、广义帕累托分布等）。尾部平均的方法便于操作且可以拥有任何表现良好的 ES，无论这些 ES 是用参数方法还是其他什么方法。求解方法详见第 6 章和第 7 章。

表 3.1

基于尾部 VaR 加权平均的 ES 估计

置信水平	尾部 VaR
95.5%	1.6954
96.0%	1.7507
96.5%	1.8119
97.0%	1.8808
97.5%	1.9600
98.0%	2.0537
98.5%	2.1701
99.0%	2.3263
99.5%	2.5738
VaRs 的尾部平均	2.0250

注：上述 VaR 估计中，假定损失均值和标准差分别为 0 和 1，使用了 MMR 工具箱中的“normalvar”函数。

表 3.2

作为尾部切片数函数的 ES 估计

尾部切片数（*n*）	ES
10	2.0250
25	2.0433
50	2.0513
100	2.0562
250	2.0597
500	2.0610
1000	2.0618
2500	2.0623
5000	2.0625
10000	2.0626
真实值	2.0630

注：VaR 估计中假定损失的均值和标准差分别为 0 和 1。

3.4.2　一致性风险测度估计

修正平均 VaR 的方法可以获得其他一致性风险测度估计。如前所述，一致性风险测度是损失分布的分位数（记之为 q_p）的加权平均：

$$M_{\phi} = \int_0^1 \phi(p) q_p dp \tag{3.17}$$

其中，权重函数或风险规避函数 $\phi(p)$ 由用户自己指定。像第二章讨论过的那样，ES 给所有的尾部分位数赋予同等的权重，而对其余的非尾部分位点则赋予 0 权重。所以 ES 是 M_{ϕ} 的特殊情况，其中 $\phi(p)$ 的指定如下：

$$\phi(p) = \begin{cases} 0 & \text{if } p < \alpha \\ 1/(1-\alpha) & \quad p \geqslant \alpha \end{cases} \tag{3.18}$$

因此如果使用其他巧妙设计的权重函数替代平均 VaR 算法中的等同权重，则可以获得其他不同的一致风险测度。

为了说明该估计方法，假定我们的权重函数是第 2 章曾经出现过的指数函数（公式（2.9））：

$$\phi_{\gamma}(p) = \frac{e^{-(1-p)/\gamma}}{\gamma(1-e^{-1/\gamma})} \tag{3.19}$$

并且用 $\gamma=0.05$ 来表现我们的风险规避度。为了说明这种估计的基本步骤，我们继续假定损失服从标准正态分布，并且将 n 设定为 10（即，我们将全部损失的分布密度函数切割成 10 个等概率的切片）。由于 $n=10$，我们有 $n-1=9$ 个损失的分位数或 VaRs，其中，置信水平的取值从 0.1 到 0.90。这些 VaR 记录在表 3.3 的第二列，这些数值从 -1.2816（置信水平 10% 的 VaR）到 1.2816（置信水平 90% 的 VaR）。表的第三列记录了对应于各个置信水平的权重 $\phi(p)$。我们的指数谱风险测度是 VaR 关于权重 $\phi(p)$ 的加权平均，其结果是 0.4228。

与前面估计 ES 一样，实际进行这类估计时，为了使得估计结果准确，我们通常为 n 取很大的值。表 3.4 给出了按照这种方法针对不断增加的 n 作出的风险测度估计。其结果表明估计出的风险测度值随着 n 的增加而增加，并且最终收敛于 1.854 左右。这些估计结果表明当 n 很大

表 3.3

按指数函数加权的 VaR 作为风险测度的估计值

置信水平（α）	置信水平为 α 的 VaR	权重 ϕ（α）	ϕ（α）$\times\alpha$VaR
10%	−1.2816	0	0.0000
20%	−0.8416	0	0.0000
30%	−0.5244	0	0.0000
40%	−0.2533	0.0001	0.0000
50%	0	0.0009	0.0000
60%	0.2533	0.0067	0.0017
70%	0.5244	0.0496	0.0260
80%	0.8416	0.3663	0.3083
90%	1.2816	2.7067	3.4689
风险测度 $=\phi(\alpha)\times\alpha$VaR 的平均值			0.4226

注：上述估计中假定损失的均值和方差分别为 0 和 1，并且使用了 MMR 中的“normalvar”函数。权重函数为公式（3.19）所示指数函数，其中，$\gamma=0.05$。

图 3.8

正态 VaR 和 ES

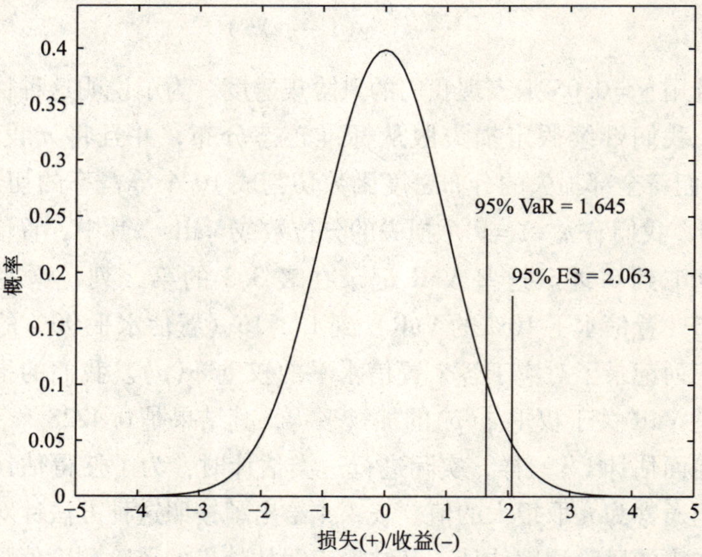

注：估计中假定 P/L 的均值和标准差分别为 0 和 1，并且使用了“normalesfigure”函数。

表 3.4

尾部切片数 n 的函数的指数谱风险测度

尾部切片数	指数谱风险测度估计
10	0.4227
50	1.3739
100	1.5853
250	1.7338
500	1.7896
1000	1.8197
2500	1.8392
5000	1.8461
10000	1.8498
50000	1.8529
100000	1.8533
500000	1.8536

注：上述估计中假定损失的均值和方差分别为 0 和 1，并且使用了 MMR 中的“normalvar”函数。权重函数为公式（3.19）所示的指数函数，$\gamma = 0.05$。

的时候，估计结果才能趋于准确，其收敛速度比前面的 ES 估计慢得多。即便如此，性能良好的计算机还是能够非常快捷、准确地进行风险测度估计的。

实际估计 ES 或更一般的一致性风险测度时，确定合适的 n 的取值是有益的。假如估计随着 n 的增大而收敛，则一个有用的 n 的选择方法是：首先对一个较小的 n 进行估计，然后使 n 成倍地增加，直到估计结果趋于稳定。采用这一方法时，我们不断对各个离散切片进行等分处理，并且监控这种等分对估计结果的影响。这意味着我们需要关注“等分误差” ε_n，其具体表示如下：

$$\varepsilon_n = \hat{M}^{(n)} - \hat{M}^{(n/2)} \tag{3.20}$$

其中，$\hat{M}^{(n)}$ 为基于 n 个切片的风险测度估计。若 ε_n 落入某个误差允许水平（它表示我们可以接收的精度误差）规定的范围，则我们的等分工作停止。表 3.5 给出了这一过程。n 的初始值为 100，然后不断加倍（使之成为200、400、800等等）。这样一来，风险测度估计最终收敛，并且误差也相应地随之下降。例如，当 $n=6400$ 时，风险测度估计为1.8477，相应的等分误差为0.0055。当 n 加倍成为12800时，风险测度估计为1.8506，并且相应的等分误差为0.0029。

表 3.5

风险测度估计和等分误差

尾部切片数	谱风险测度估计	等分误差
100	1.5853	0.2114
200	1.7074	0.1221
400	1.7751	0.0678
800	1.8120	0.0368
1600	1.8317	0.0197
3200	1.8422	0.0105
6400	1.8477	0.0055
12800	1.8506	0.0029
25600	1.8521	0.0015
51200	1.8529	0.0008

注：上述估计中，假定损失的均值和方差分别为0和1，并且使用了MMR中的“normalvar”函数。权重函数为公式（3.19）所示的指数函数，其中，$\gamma=0.05$。

然而，分位数加权平均的方法还是比较初等，考虑到风险测度涉及积分（见公式（3.17）），所以我们有理由期望借助更加先进的数值积分方法（例如，梯形法和辛普森法等；参见本章的附录2）或/且理查森外推法（见专栏3.2）可对估计精度做实质性改进。然而，与这些方法相比，初等的分位数加权法似乎在指数风险测度估计上表现还不错，所以使用更高级的积分方法改进指数谱风险测度作用应该不大[①]。

① 关于这件事，有一个有趣的理由：谱加权给最高的损失赋予最高的权重，而积分方法（例如，传统方法和辛普森（Simpson）法则等）则涉及下属处理：其中两个最极端的分位点（见附录2本章）有其被特定的切割权重，这就破坏了该算法相对于原始算法的准确性。但是，有解决这类问题的方法，而且原则上，高级方法相对于原始方法应该能够给出更好的结果。

专栏 3.2

理查德森外推法

使用理查德森外推法常常能够大大地提高风险测度的估计精度：该方法将原始序列转换成另一个与原序列有相同极限的序列，只是这一序列的收敛速度更快。为了说明理查德森外推法的应用，假设 $\hat{\theta}_n$ 是基于样本容量 n 作出的风险测度估计。设 $n_1 < n_2 < n_3$ 是 3 个样本规模。然后估计 $\hat{\theta}_{n_1}$、$\hat{\theta}_{n_2}$ 和 $\hat{\theta}_{n_3}$，并且按照下面的公式对它们进行加权平均得出外推估计量 $\hat{\theta}^*$：

$$\hat{\theta}^* = \frac{1}{2}\hat{\theta}_{n_1} - 4\hat{\theta}_{n_2} + \frac{9}{2}\hat{\theta}_{n_3}$$

Inui 和 Kijima（2003）给出的结果表明这个外推估计量可以在相当程度上减少 VaR 和 ES 估计的偏差，尤其在 VaR 估计上，表现更为显著①。

一致性风险测度估计的关键在于能否估计分位数或者 VaRs：一致性风险测度可以通过对分位点适当地加权平均获得。从实践观点来看，这是非常有用的，因为我们进行一致风险测度估计所需要的正是加入了分位数或 VaR 估计功能（数据库、计算程序等）的扩展应用程序模块。如果一个机构已经拥有了 VaR 计算引擎，则只需对该引擎做小的调整，就可以进行一致性风险测度估计：实际上，在许多情况下，所需要做的全部工作无非是在长长的数据系统后面加几行编码。因此从 VaR 到更高级的风险测度的转换的成本很低。

3.5　风险测度估计的标准误

值得注意的是，我们得出的风险测度估计，仅仅是风险测度的预测值并不是真值，而估计值必须有一定的准确性：如果风险测度的估计非常不精确，则这一风险测度实质上毫无价值，因为这种精确性的缺乏意味着真实值可能是任何值；另一方面，如果我们知道估计值非常精确，那么我们可以确信真实值和估计值非常接近，因此这个风险估计量是有价值的。所以我们应该为风险估计加上一种精确性指标。这是好的风险

① 参见 Inui 和 Kijima（2003）。

测度所必须的。

我们可以用风险测度估计量的标准误或置信区间来评价其估计精度。关于置信区间我们将在后续章节详细说明，本章作为介绍性章节只讨论比较基础的指标——风险测度的标准误。

3.5.1 分位数估计的标准误

首先讨论分位数（或 VaR）的标准误。根据 Kendall 和 Stuart (1972)①，假设我们有分布函数（累计分布密度函数）$F(x)$，这一函数可以是参数分布函数，也可以是根据实际数据得出的经验分布函数（即累计分布直方图）。相应的分布密度函数或相对频度函数是 $f(x)$。假设我们选定的样本容量和区域宽度分别为 n 和 h。设 dF 表示有 $k-1$ 个样本的取值低于 $q-h/2$，一个样本的取值落在区间 $q \pm h/2$ 内，$n-k$ 个样本的取值大于 $q+h/2$ 这一事件的概率，则 dF 与下述数值成比例：

$$\{F(q)\}^{k-1}f(q)dq\{1-F(q)\}^{n-k} \tag{3.21}$$

这个结果能够告诉我们，所有样本点的 k/n 不超过分位数 q（即 $100(k/n)$ 分位点）的频率函数。

如果这个比例为 p，则 Kendall 和 Stuart（1972）证明 n 足够大时，公式（3.21）近似等于 $p^{np}(1-p)^{n(1-p)}$。如果 ε 为 p 的一个微小增量，则有下面的公式成立：

$$p^{np}(1-p)^{n(1-p)} \approx (p+\varepsilon)^{np}(1-p-\varepsilon)^{n(1-p)} \tag{3.22}$$

取对数并且做相应的展开，则公式（3.22）本身可近似地表现如下：

$$(p+\varepsilon)^{np}(1-p-\varepsilon)^{n(1-p)} \approx -\frac{n\varepsilon^2}{2p(1-p)} \tag{3.23}$$

这意味着分布函数 dF 与下述数值成比例：

$$\exp\left(\frac{-n\varepsilon^2}{2p(1-p)}\right) \tag{3.24}$$

通过对其求积分可得：

---

① 参见 Kendall 和 Stuart（1972），第 251 – 252 页。

$$dF = \frac{1}{\sqrt{2\pi}\sqrt{p(1-p)/n}}\exp\left(\frac{-n\varepsilon^2}{2p(1-p)}\right)d\varepsilon \quad (3.25)$$

这意味着 ε 在极限意义上服从方差为 $p(1-p)n$ 的正态分布。由于 $d\varepsilon = dF(q) = f(q)dq$，所以 q 的方差为：

$$var(q) \approx \frac{p(1-p)}{n[f(q)]^2} \quad (3.26)$$

这是分位数估计量方差的近似估计值，因此标准误为该方差的平方根。

这一公式表明，分位数标准误与 p、样本数量 n 以及分布密度函数值 $f(q)$ 相关。

图 3.9 表现了分位数标准误是怎么被这些参数影响的。该图表明：

图 3.9

分位数估计的标准误

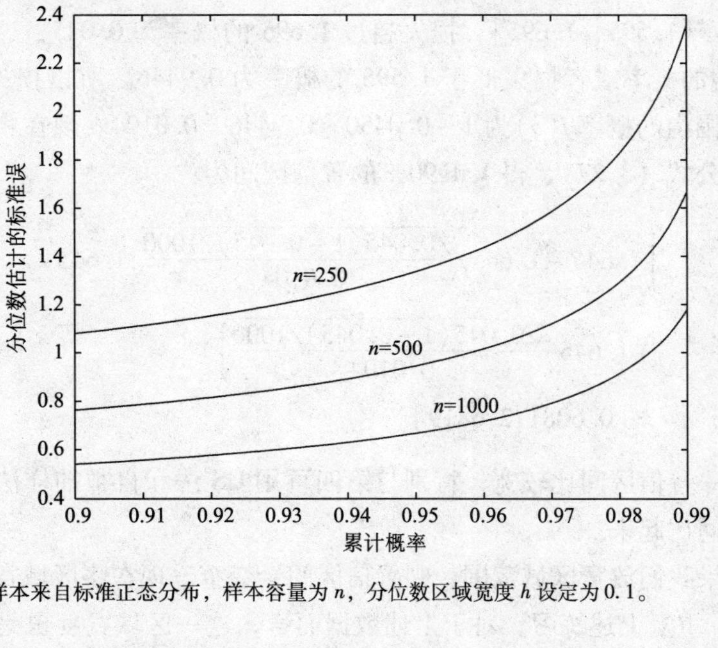

注：样本来自标准正态分布，样本容量为 n，分位数区域宽度 h 设定为 0.1。

- 随着样本数量的上升，标准误呈下降趋势。
- 概率值越趋于极端（这意味着分位数越接近尾部）标准误越大，所以分位点越趋于极端，估计精度越差。

而且，分位数标准误和分布密度函数 $f(.)$ 相关——所以分布密度函数的选择也会影响我们的估计，并且区域宽度 h 的选择（可自由决定）也会影响我们的估计。

标准误可以用来构造环绕我们分位数估计值的置信区间，构造方法与普通教科书的方式一样。例如，分位数 q 90% 的置信区间为：

$$[q-1.645se(q), q+1.645se(q)]$$
$$=\left[q-1.645\frac{\sqrt{p(1-p)/n}}{f(q)}, q+1.645\frac{\sqrt{p(1-p)/n}}{f(q)}\right] \quad (3.27)$$

例 3.7（使用分位数标准误获得 VaR 的置信区间）

假设我们希望，基于来自标准正态分布的样本容量 $n=1000$ 的样本，根据 0.1 的区域宽度设定，来估计置信水平 95% 的 VaR 的 90% 的置信区间。

由于我们知道置信水平 95% 的标准正态 VaR 为 1.645，所以我们将公式（3.27）中的 q 取值为 1.645。并且由于 q 的区域范围是 $1.645 \pm 0.1/2=$ [1.595，1.695]，损失超过 1.695 的概率为 0.045，这个就是 p，收益的概率或者损失低于 1.595 的概率为 0.9446。所以损失落在 q 区域范围内的概率 $f(q)$ 为 $1-0.0450-0.9446=0.0104$。现在将这些数值代入公式（3.27），得 VaR 90% 的置信区间为：

$$\left[1.645-1.645\frac{\sqrt{0.045(1-0.045)/1000}}{0.0104}, 1.645+1.645\frac{\sqrt{0.045(1-0.045)/1000}}{0.0104}\right]$$
$$=[0.6081, 2.6819]$$

这一置信区间比较宽，特别与第四章用 OS 法和自举抽样法得出的置信区间比起来。

如果我们放宽区域范围，则置信区间会变窄。现在将区域宽度放宽至 0.2，重复上述练习，对于上述数据而言，这一区域宽度也是可接受的。q 的区域范围现在是 $1.645 \pm 0.2/2=$ [1.545，1.745]。p（损失超过 1.745 的概率）为 0.0405，并且收益的概率或损失低于 1.545 的概率为 0.9388。所以 $f(q)=1-0.0450-0.9446=0.0104$，将这些数值代入公式（3.27），得新的 VaR 90% 的置信区间为：

$$\left[1.645-1.645\frac{\sqrt{0.0405(1-0.0405)/1000}}{0.0207},1.645\right.$$

$$\left.+1.645\frac{\sqrt{0.0405(1-0.0405)/1000}}{0.0207}\right]$$

$$=[1.1496,2.1404]$$

这个置信区间仍然过宽。

这个例子说明，尽管我们可以使用分位数标准误估计 VaR 的置信区间，但是这个置信区间过宽，且对宽度的选择非常敏感。

分位数标准误方法容易操作，且样本容量很大时，表现较好。然而，这个方法相对于其他估计分位数（或 VaR）的方法有其缺点——它依赖渐进理论，要求大样本；可能产生不精确的估计，或过宽的置信区间；区域宽度的选择比较随意且会产生较大的影响；并且，对称的置信区间导致对极端分位点的误解，实际上分位数“真实的”置信区间并不对称，因为越是靠近尾部，极端观测值出现的可能性就越小。

3.5.2　一致风险测度估计的标准误

现在讨论一致风险测度估计的标准误。Yamai 和 Yoshiba（2001b）的研究是最早关于这一问题的研究文章之一。该研究通过改变 levy 用分布的参数 α 来考察 VaR 和 ES 估计的相对精度。其研究结果表明，基于近似正态的 levy 分布的 VaR 和 ES 估计存在具有相似的标准误，但是若分布尾部非常大，则 ES 估计的标准误非常大。他们对于这个现象的解释是，分布的尾部越大，ES 估计受不频繁的高额损失的影响越大。这一发现带来一个令人郁闷的结论，若分布存在肥尾现象，则 ES 估计的精度往往低于 VaR 估计。

幸运的是，有证据表明这一结论过于悲观。Inui 和 Kijima（2003）研究表明应用 Richardson 外推法可以改善 ES 估计，由此获得的估计量不但无偏而且还与 VaR 估计量的标准误有可比性①。Acerbi（2004）也研究了这个问题认为，虽然相对于 VaR 估计量的标准误，ES 估计量的标准误在肥尾现象存在时会增大，但是从实证的角度来看，VaR 估计量

---

① 参见 Inui 和 Kijima（2003）。

和 ES 估计量还是有某种程度的可比性。

然而，任何一致风险测度估计量会因情景的不同而不同。实际工作中最好养成这样的习惯——即便是估计风险测度本身也要估计其标准误。对一致风险估计量的标准误的估计并不困难。方法之一是：认为一致风险测度是 L－估计量（即，对顺序统计量的加权平均），而 L－统计量是渐进正态的。如果我们在分布密度函数中取 N 个离散点，则随着 N 的增大，一致风险估计量的方差满足下面的极限关系：

$$\sigma(M_{\phi}^{(N)}) \to \frac{2}{N}\int_{p<q}\phi(p)\phi(q)\frac{p(1-q)}{f(F^{-1}(p))f(F^{-1}(q))}dpdq$$
$$=\frac{2}{N}\int_{x<y}\phi(F(x))\phi(F(y))F(x)(1-F(y))dxdy \tag{3.28}$$

而这一关系意味着可以用数值程序对标准误作数值计算。如果用 *ES* 进行风险测度，则其标准误满足下面的极限关系：

$$\sigma(ES^{(N)}) \to \frac{1}{N\alpha^2}\int_0^{F^{-1}(\alpha)}\int_0^{F^{-1}(\alpha)}[\min(F(x),F(y))-F(x)F(y)]dxdy \tag{3.29}$$

结合适当的数值积分方法，公式（3.29）能够产生较好的标准误估计，即便 N 的取值较小①。如果我们希望计算风险测度的置信区间，可以根据这些风险测度的渐进正态性，借助本书提供的标准误估计方法（例如公式（3.27））加以计算，这个置信区间以一个“好的”最佳风险测度为中心。

3.6　核心问题：概述

在讨论前面章节中所列问题的细节之前，暂且花点时间概述这些问题的构成是有益的。它可以给读者一个理解后述内容的参考框架。本质而言，核心问题有三，后面所有的内容都和它们相关。由于它们有一个自然的先后顺序，所以我们也可将他们视为路标，指示我们去想去的地

① 见 Acerbi（2004 年，第 200－201 页）。

方。

哪种风险测度？第一个也是最重要的问题就是选择风险测度的类型：究竟是估计 VaR 还是估计 ES 等等？从逻辑的角度来看，这是第一个问题，因为在考虑如何估计问题之前，我们必须知道我们希望估计什么？

何种水平？第二个问题是分析水平。我们希望进行风险测度的水平，是组合整体水平还是组合中各个分量的水平？前者要求我们把组合作为基本分析单位（例如，我们的组合有一个特定的构成，根据我们的分析目的将组合的构成视为给定），这意味着我们的分析为单变量随机分析。另外一个水平是持仓水平，其优点在分析中允许组合的构成发生变化。然而，其缺点是需要我们在分析中使用多变量随机分析框架，而且这个框架的分析难度很大：我们必须认真处理以方差—协方差矩阵、关联结构等形式出现的问题，如果我们在组合水平上测度风险则这些麻烦都能避免。所以这里存在着一个平衡：组合水平有很大的局限性，而持仓水平使得我们更具灵活性，但是却需要作更多的工作。

什么方法？在选择了风险测度的种类和决定了分析水平以后，我们需要选择适当的估计方法。通常有下面的方法可以考虑，被称为经典的“VaR 三法”：

- 非参数方法
- 参数方法
- 蒙特卡罗模拟方法

这些方法都涉及一些复杂问题，在接下来的几章，我们会进行详细地讨论。

附录 1

数据的预备性分析

当我们面对一个新的数据集时，在没有对数据作预备性分析之前，我们不应该直接用它做估计。预备性分析很有用，因为它让我们对数据产生感觉，并且可以帮助我们发现数据中的问题。值得注意的是，由于我们很少能够知道我们的数据从哪里来，所以自然会对数据缺乏应有的感觉，不管数据提供者多么可靠。例如，你能知道工作人员是否把数据拷贝错了行，是否把小数点点错地方吗？你不知道，而且永远不可能知道。即使最权威的数据提供者提供的数据，也会有错误，无论他们的工作多么认真。有实证工作经历的人都应该遇到过这种问题：应该带有多大程度的怀疑来看待实际数据。

预备性分析至少要包括以下三个步骤中的前两个，最好是三个都有：

- 第一，也是最重要的步骤是审视数据，看看这些数据是否令人"感觉正确"，也就是说，看看有什么不对劲的地方。例如，样本数据中各个观察的格式是否正确？是否有些观察值让人明显感到可疑？等等。用肉眼直接检验是最重要、也是最容易执行的检验，只要拿来新数据都应该做这种检验。
- 第二，我们应该作出数据的直方图，并计算相关的描述性统计量（例如，均值、标准差、峰度、偏度等等）。在风险测度中，我们最关心的是数据的非正态性：偏度、超额峰度、离群值等等。因此，我们应该判断数据是否有非正态性，并据此决定是否要对数据进行参数拟合。
- 第三，完成上述工作之后，我们应该考虑用何种分布拟合我们的数据，有很多这方面的很有用的工具可供选择，最流行的方法是 QQ 曲线——该曲线的横轴是分位点的经验值，纵轴是分位点的理论值。

A3.1　数据作图和概括统计量评价

为了认识数据，我们首先应该通过直方图来观察其形态，看看分布是否具有正态性，是否有明显的单峰或多峰，是有偏还是无偏，是肥尾还是瘦尾，是否有离群值？等等。

例如，图 A3.1 给出了 100 个随机观察值的直方图。实际中，我们常常希望使用较大的数据集，因为小的数据集常常不能很好地反映现实中的不确定性。上述观察数据在中心位置表现出一个占统治地位的峰，这意味着样本可能来自单峰分布。另一方面，偏度为负说明在分布的最左侧存在一些较大的离群值，这意味着至少在分布的左侧具有肥尾性。事实上，这些数据来自自由度为 5 的学生 t 分布，所以其分布应该有单峰、对称和肥尾的特点。然而，仅仅通过实际数据观察无法让我们看到这些特点。预备性分析之所以重要，正是由于我们不知道实际数据的分布到底是什么。

图 A3.1

直方图

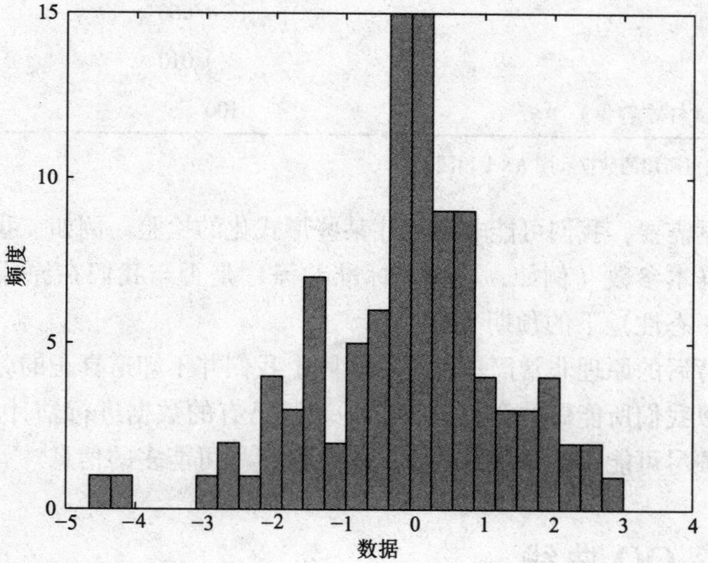

注：图中的 100 个数据来自对自由度为 5 的学生 t 分布的随机抽取。

表 A3.1 给出了一些描述性统计量的计算结果。样本均值（-0.099）和样本众数（-0.030）有些差异，但是这个差异比样本标准差来的小。然而，样本偏度（-0.503）有些轻微地为负，并且峰度（3.985）比正态分布高一些。样本最小值（-4.660）和样本最大值（3.010）相对于样本均值和众数都不对称，这是分布有不对称性的进一步的证据。如果从实际数据中获得了这样的结果，那么我们应该进一步考虑可能的峰度和偏度到底是什么。然而，这里的取值为负的偏度，实际上仅仅是样本数据本身的波动带来的后果，因为数据是来自对称分布抽样。

表 A3.1

概括统计量

参数	取值
均值	-0.099
众数	-0.030
标准差	1.363
偏度	-0.503
峰度	3.985
最小值	-4.660
最大值	3.010
观察数（样本容量）	100

注：这里所用的数据和图 A3.1 相同。

根据需要，我们可能非常关注某些形式化的检验。例如，我们可能检验，样本参数（例如，均值、标准差等）是否与我们在原假设（例如，有正态性）下的预期一致。

其背后的原理非常简单：因为实际上我们并不知道真正的分布是什么，所以我们所能做的全部工作都是基于已有的数据进行估计。因此，我们必须尽可能用好手中的数据，从中获得尽可能多的信息。

A3.2 QQ 曲线

初始分析完成后，接下来需要考虑的是用什么分布来拟合数据。一个非常有用的确定分布的方法就是画出分位点对分位点曲线，该曲线也被称为 QQ 曲线——其横轴为经验分布的分位点，纵轴为特定的理论分布的分位点。关于经验分布和特定理论分布的异同，QQ 曲线可以给我们提供很多有用的信息。QQ 曲线为直线表示数据和分布吻合，于是我们可以确认我们的实际数据来自这个理论分布。另外，QQ 曲线的尾部是否是直线，意味着我们的经验分布的尾部相对于理论分布是否肥大。

图 A3.2 提供了来自于正态分布的数据的 QQ 曲线，其理论参考分布也是正态分布。很显然，这条 QQ 曲线几乎是一条直线：中心位置的部分与直线非常接近，尾部极端数据的线性稍差一些。但是，还是应该认为 QQ 曲线整体上有较好的线性性。图 A3.2 是经验数据吻合理论分布的 QQ 曲线方面的经典例子。

图 A3.2

QQ 曲线：正态样本对正态理论参考分布

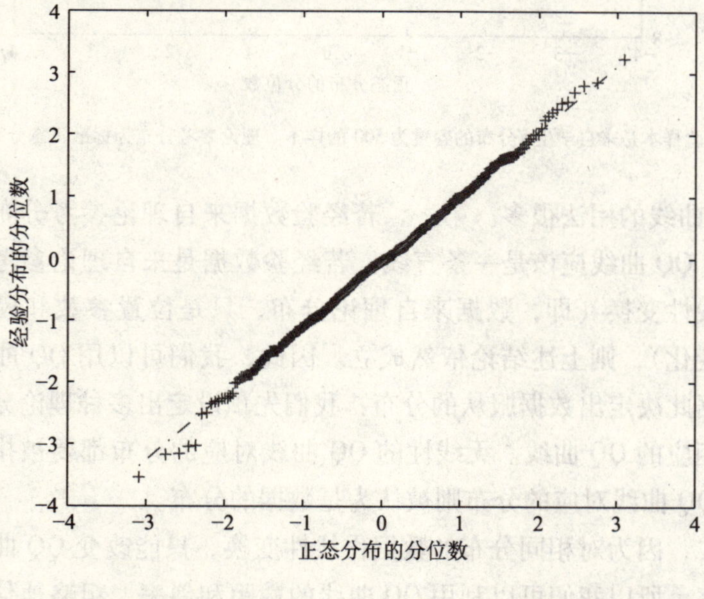

注：经验样本是来自标准正态分布的容量为 500 的样本，理论参考分布为标准正态分布。

相反，图 A3.3 是一个表现了经验分布与理论分布不一致的很好的例子。其中，数据来自自由度为 5 的学生 t 分布，但是作为参考的理论分布则是正态分布。很显然 QQ 曲线是非线性的：尽管中心位置的部分有线性性，但是尾部却出现了一个陡峭的斜坡，这意味着经验分布的尾部比理论分布肥大。

图 A3.3

QQ 曲线：t 分布样本对正态理论参考分布

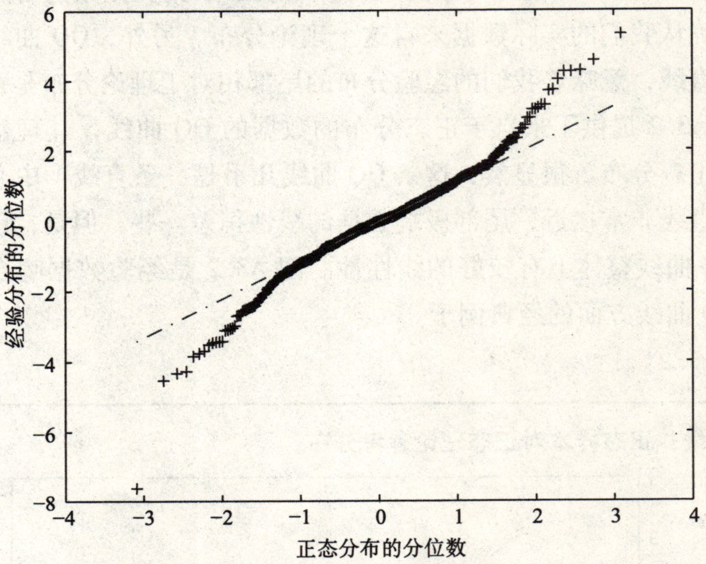

注：经验样本是来自学生 t 分布的容量为 500 的样本。理论参考分布为标准正态分布。

QQ 曲线的用法很多。第一，若经验数据来自理论参考分布，则如上所述，QQ 曲线应该是一条直线。若经验数据是来自理论参考分布的数据的线性变换（即，数据来自理论分布，只是位置参数和尺度参数发生了变化），则上述结论依然成立。因此，我们可以用 QQ 曲线做实验，并据此决定出数据服从的分布：我们先预设定出多种理论分布，然后比较相应的 QQ 曲线。无线性的 QQ 曲线对应的分布都要被排除，有线性的 QQ 曲线对应的分布则被认为是数据的分布。

第二，因为对相同分布的数据作线性变换，只能改变 QQ 曲线的截距和斜率，所以我们可以利用 QQ 曲线的截距和斜率，粗略地估计样本数据的位置参数和尺度参数。例如，图 A3.2 的理论参考分布为标准正态分布。QQ 曲线有线性意味着数据也服从标准正态分布。图 A3.2 中 QQ 曲线的截距和斜率分别为 0 和 1，意味着数据来自标准正态分布，而不是其他非标准的正态分布。这种近似给了我们一个有用的数值，用它我们可以对数据的位置和尺度参数做更精确的估计，它也为迭代算法提供了一个有用的初值。

第三，若经验分布较理论参考分布肥尾，则 QQ 曲线将在其尾部呈现出较为陡峭的斜坡，即便中心位置接近线性。关于这一点，图 A3.3 表现得很清楚，QQ 曲线尾部的斜率和中心位置的斜率之不同，表明经验分布的尾部和理论参考分布的尾部不同，或较肥或较瘦。

最后，QQ 曲线在确认离群值（例如，受到很大干扰的观测值）上也很有用。即便其他观测值和理论参考分布有很好的一致性，这样的观测值在 QQ 曲线中也很显眼①。

① 另外一个有用的工具，特别是处理尾部时，是均值超额函数（mean excess function，简记为 MEF）：假定 $X > u$ 条件下，随机变量 X 超过阈值 u 的预期值。MEF 之所以有用是源于这样一个事实：每个分布都有自己特有的 MEF。关于某个特定的分布函数，经验 MEF 和理论 MEF 的比较给了我们一个有用的指标，据此可以选择分布来拟合我们的经验分布。但是，需要精心解释 MEF 曲线的计算结果，因为观测数据会随着随机变量 X 取值的增大变少。有关其用法，更多内容参见 Embrechts 等（1997 年，第 3 章和第 6.2 节）。

附录2

数值积分方法

有时，我们希望计算函数在 a 和 b 区间上的数值积分：

$$\int_a^b f(x)\,dx \tag{A3.1}$$

这个数值积分可能代表风险测度，例如，关于某个权重函数 $\phi(p)$ 的一致风险测度：

$$M_\phi = \int_0^1 \phi(p)\,q_p\,dp \tag{A3.2}$$

这时，$\phi(p)q_p=f(x)$，并且 p 作为随机变量置换了 x。另外，积分也可以是某个金融工具的价值，这时所用的概率测度，或者是风险中立概率测度，或者是扭曲概率测度。

如果 $f(x)$ 比较简单，那么我们可以用解析方法来计算其积分。然而，在实际工作中，多数情况下不能用解析方法计算积分，这时，我们就需要用数值方法计算积分（有时，称之为数值积分）。数值积分的基本原理是将积分（A3.1）近似地写成下面离散和的形式：

$$\int_a^b f(x)\,dx \approx \sum_{i=1}^{n} w_i f(x_i) \tag{A3.3}$$

其中，x_i（有时被称为数值积分节点）为［a，b］区间上的离散点，w_i 是权重集中的某个点。等式（A3.3）的右端是容易计算的，若 w_i 选择恰当，并且 n 的取值足够大，则近似值与真值非常接近。因此，下面的问题是如何选择 w_i 和 n。

解决这一问题的方法很多，最流行的是牛顿—柯特斯（Newton – Cotes）法，该方法用低阶多项式逼近被积函数 $f(x)$。这类近似法中，最基本的就是矩形法则，其本质是用线性函数来逼近 $f(x)$，这意味着 $f(x)$ 下面的区域将被一系列矩形近似。为此，我们将区间 $[a, b]$ 分割成 $n-1$ 个长度为 h 的小区间。于是：

$$h = \frac{b-a}{n-1} \tag{A3.4a}$$

$$x_i = a + (i-1)h \text{ for } i = 1, \cdots, n \tag{A3.4b}$$

矩形近似意味着权重序列如下：

$$w_1 = w_n = h/2;\ w_i = h \text{ for } i = 2, \ \cdots, \ n-1 \tag{A3.5}$$

很显然，该算法易于编程。这一方法还有很好的稳健性，并且估计误差为 h 的高阶无穷小量 $O(h^2)$。

接下来，需要考虑 n 的选择问题。解决方法是估计“切半误差（halving error）”——小区间长度 h 缩短 1/2（切半）所引起的估计值的变化（这或多或少地意味着 n 的加倍）。若我们的近似计算使用的是梯形法则，则切半误差可以近似地表示如下：

$$\varepsilon_{h/2} \approx \frac{1}{3}(J_{h/2} - J_h) \tag{A3.6}$$

其中，J_n 是基于小区间长度 h 做出的估计（公式（A3.6）也可以不用 h，改用 n 表示）。这一公式非常有用，因为它允许我们通过观察 h 减半引起的变化，来评价我们的估计精度。已知随着 $h \to 0$ 估计值 J_n 收敛于真值，我们可以用它选择 h 的大小（等价于选择 n 的大小），使得我们能够得到满足精度要求的估计。

另外一个解决办法是辛普森法则（Simpson's rule），它使用二次函数而不是线性函数来逼近 $f(x)$，于是上述公式（A3.5）变为：

$$w_1 = w_n = h/3;\ w_i = 4h/3\ （若 i 为偶数）;\ w_i = 2h/3\ （若 i 为奇数） \tag{A3.7}$$

其中，n 为奇数（如果 n 为偶数，那么经过简单修正就可以了）。若被积函数是光滑函数，则辛普森法则的近似误差是 h，为更高阶的无穷小量 O（h^4），并且有下面的近似公式：

$$\varepsilon_{h/2} \approx \frac{1}{15}(J_{h/2} - J_h) \tag{A3.8}$$

因此，辛普森法则在光滑函数上会有更好的表现，因为它更为精确。但是，被积函数为非连续函数时，矩形法会更精确一些。

可以使用的其他方法有很多。我们可以用更高阶的多项式改进牛顿—柯特斯方法，高斯数值积分法（这种方法的权重和节点的选择，需要满足“矩匹配（moment - matching）”条件），蒙特卡罗积分法（这种方法首先要生成大量伪随机数，然后用算术平均值作为积分值。有关蒙特卡罗方法将在第八章详细讨论），以及准蒙特卡罗方法（这个方法和蒙特卡罗方法类似，只是用准随机数或超均匀分布序列（low - discrepancy）来代替蒙特卡罗方法中的伪随机数）。对于一些特殊的问题，这些方法比梯形法则、辛普森法则更优越，Miranda 和 Fackler（2002，第 88 页）还提出了另外一种特殊的高斯数值积分方法——高斯—勒让德（Gauss - Legendre）方法，$f(x)$ 连续可导时这种方法效果不错，但是其他情况下表现不好。总之，我们应该根据自己处理的具体问题选择相应的方法[①]。

---

① 更多的内容参见，例如，Horse（1997，第 7 章、第 11 章和第 12 章），Miranda 和 Fackler（2002，第 5 章），Kreyszig（1999，第 17 章）。

第 4 章

风险测度估计的非参数方法

本章讨论一些最流行的风险测度估计方法——非参数方法，该方法致力于在不对相关的（例如，*P/L* 的）分布做很强假定的条件下估计风险测度。这类方法的本质在于让 *P/L* 数据本身阐述出尽可能多的信息，并且通过使用最新的 *P/L* 经验（有时可能是模拟）分布——非某种假定的理论分布——来估计风险测度。所有非参数方法都基于这样一个潜在假定：不太远的未来和最近的历史很相似，所以我们可以使用刚刚过去的数据来估计不久将来的风险——这个假设在某种环境下可能是正确的，在某种环境下可能不正确。决定是否使用非参数方法时，我们必须认真考虑，不久前的数据能否指导我们判断，在我们所关心的未来持有期内将面临的风险。

为清楚起见，我们重点讨论估计 VaR 和 ES 的非参数方法。然而，此处讨论的方法可以自然地扩展到一致性风险测度或其他风险测度上去。这些估计可以按照第三章 3.4 节提供的“平均分位点”的方法实现：首先选择权重函数 $\phi(p)$，决定要取的概率切片数 n，然后估计相关的分位点，用适当的数值计算程序进行加权平均（参见第三章的附录 2）[①]。最后，我们可以用第三章的 3.5.2 小节提供的修正方法来获得风险估计的标准残差或置信区间。

本章首先讨论如何编排用于风险测度估计的 *P/L* 数据。然后讨论最流行的非参数方法——历史模拟法（historical simulation，简称为 HS 方法）。不严格地说，HS 方法是以直方图为基础的方法：这个方法理论简单，易于执行，适用范围宽，且有很好的历史记录。我们重点讨论 VaR 和 ES，但是如前一章所述，更为一般的一致性风险测度可以通过

---

① 然而，有一个重要的注意事项。该方法在第三章中做了暗示性解释，这里的风险测度要求能够选择 n，而在非参数范畴内这件事有时做不到。例如，风险测度可能和一个由 HS 数据集决定的 n 同时起作用，即使他/她在一定程度上可以选择 n，但是选择范围可能还是会受可得数据的限制。这些限制可能会制约任何风险测度估计结果的精度。但是，解决这些问题的好方法就是通过对样本数据的自举抽样来增加样本容量（自举抽样将在本章的附录 2 讨论）。

对非参数 VaR 估计值做适当的加权平均来实现。然后，讨论对基本的 HS 方法进行改进的问题，主要工具包括结构关联分析（bootstrap）和核方法（kernel methods）以及 VaR 或 ES 曲线和曲面估计。4.3 节讨论基于 HS 的 VaR 和 ES 估计的置信区间的估计问题。4.4 节讨论加权 HS 方法——即如何对我们的数据进行加权，以反映观测值时间和市场条件变化影响的问题。这些方法将参数公式（例如，GARCH 波动率预测公式）引入其中，这样做可以将目前的非参数方法转换为被认为是最好的半参数方法。这类方法非常有用，因为它们允许我们在保留广义的 HS 框架的同时，考虑持有期内我们所面对的风险与样期内的风险可能的不同方式。4.5 节评价非参数方法和半参数方法的优缺点，4.6 提供了一些结论。

4.1 历史模拟数据的搜集

第一项工作是收集适用的、有关组合 P/L 的数据序列，这要求建立当前组合的 P/L 或回报的历史观察数据集。这些 P/L 或回报以一个特定的频度（例如，一天）度量，并且我们希望有一个相当大的、较新的历史 P/L 或回报观察值的数据集。假设我们的组合中有 n 个资产，并且在历史样本期间内，每一资产 i 对于 T 个子期间（例如，子期间为每日）中的每一个都有观测到的回报。如果 $R_{i,t}$ 是第 i 个资产在第 t 个子期间（可能映射出）的回报，如果 w_i 是当前投资到资产 i 上的金额，则历史模拟组合在子期间 t 上的 P/L 为：

$$P/L_t = \sum_{i=1}^{n} w_i R_{i,t} \tag{4.1}$$

公式（4.1）给出了一个关于当前组合 P/L 的历史模拟序列，它是用 HS 方法估计 VaR 和 ES 的基础。这个序列一般来说与我们组合的真实 P/L 并不相同——因为我们的组合在构成上可能随时间而改变或受制于映射近似性，等等。相反，只有历史样本期间的组合结构和当前的组合结构一样，历史模拟 P/L 才是我们当前持有组合的 P/L[①]。

---

① 更准确地说，模拟 P/L 模拟的是样本期内我们在每个交易日结束时重新安排投资组合后的结果，这种安排的目的是确保留在每个资产上的投资数量与上一个交易日结束时相同：我们提取利润或填补亏损，以保持 w_i 在每个交易日结束时不发生变化。

另外，将多种持仓像公式（4.1）给出的那样合并成一个单一历史模拟（HS）*P/L* 数据，意味着非参数方法非常易于处理高维问题——这与某些参数方法不同（这一点我们将在第六章和第七章看到）。非参数方法中的方差——协方差矩阵、“维数之咒”等问题不难处理。这意味着非参数方法常常是处理高维问题最自然的选择。

4.2　VaR 和 ES 估计的历史模拟方法（HS）

4.2.1　基本历史模拟方法

获得 *P/L* 的历史模拟（HS）数据后，我们就可以据此作出 VaR 估计，首先画出 *P/L*（或 *L/P*）的简单直方图，然后从中读出 VaR。为了具体解释这种方法，假设我们已经有了容量为 1000 的 *P/L* 的 HS 序列观测值，并且据此画出了 *L/P* 直方图（见图 4.1）。如果是每日数据，以每年 250 个交易日计算，则样本容量应该等于 4 年的数据。如果我们选定的置信水平为 95%，则 VaR 由 x 点给出，其中，超过该点的超额损失占分布函数的 5%。对于这 1000 个观测值，我们可以取其中损失最大的第 51 个损失值（即 VaR），这个值为 1.704①。ES 为 50 个最高损失的平均值，为 2.196。

当我们考虑的数据来自标准正态分布时，这些估计显然是不精确的。在此案例中，“真正的”潜在 VaR 和 ES 分别为 1.645 和 2.063，并且图 4.1 的分布表现出很好的正态性。当然，这种不精确意味着需要使用有实际意义的大样本来完成估计工作。

4.2.2　使用自举法的历史模拟

对 HS 方法的一个简单而有效的改进就是使用自举抽样方法。如本

---

① 正如前面章节的解释，我们也可以使用电子表格函数（例如，Excel 中“Large”命令）更加直接地估计历史模拟 VaR（即，不受直方图的干扰）。或者我们可以对我们的亏损数据进行排序，最高亏损数据排第一，然后将排序数据中的第 51 位的观察作为 VaR。我们还可以将 VaR 值取为第 50 大和第 51 大的亏损之间的任何点（例如，它们的中点），但是如果样本容量合理（如这里的样本容量），那么这些损失之间的差异很大的情况很少发生。方便起见，我们总是按惯例将尾部外最高亏损取为 VaR。

图 4.1

VaR 和 ES 的初级历史模拟估计

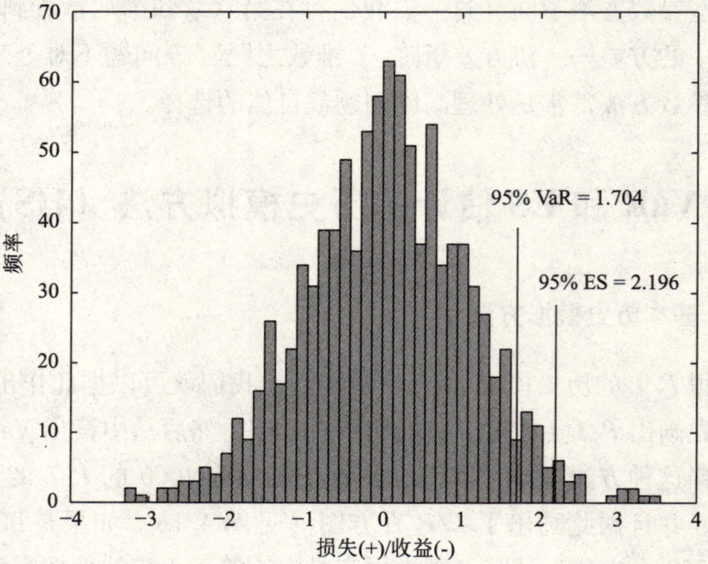

注：本图的制作以及 VaR 和 ES 的估计使用了“hsesfigure”函数。

章附录 2 解释的那样，自举抽样过程包括对我们现存数据的再抽样和替换。自举抽样非常直观且易于应用。用自举抽样的估计不但常常比用“原始”样本的估计更准确，还可以用于对估计的精度进行校准（见下面的 4.3.3 节）。使用自举抽样方法，我们需要创建大量的新样本，其中每一个观察值的获得，都要从原始样本中随机抽取，并在这个观察值被抽到后将之替换。每一新的“再抽样”样本，都会给出一个新的 VaR 估计，通过对这些这些估计取平均，我们可以获得“最佳”估计。同样的方法也可以用于基于再抽样的 ES 估计——其中每一个 ES 都是超出再抽样 VaR 的损失的均值——“最佳”的 ES 估计就是上述这些 ES 的平均值。在我们具体例子中，如果我们做容量为 1000 的再抽样，则我们的最佳 VaR 和 ES 估计分别约为（之所以用“约为”这个词是因为自举再抽样有可变性）1.669 和 2.114——这个结果相对于早先的基础 HS 估计更接近真实值。

4.2.3 使用非参数密度估计的历史模拟

对基本历史模拟方法的另一种可能的改进，就是借助非参数密度估计方法（这个问题在本章附录 3 讨论）。为了发现其中的新意，我们必须懂得基本历史模拟方法并未最大限度地利用我们已有的信息。历史模拟方法还有实际应用方面的缺点，它只允许我们以离散的置信水平估计 VaR，而离散的置信水平又受限于我们数据集的大小。例如，如果我们有 100 个历史模拟 P/L 数据观测值，使用初级 HS 法可以估计置信水平为 95% 的 VaR，但是却不能估计置信水平 95.1% 的 VaR。置信水平 95% 的 VaR 为所有损失中第六大损失的损失额，但是置信水平 95.1% 的 VaR 却没法算，因为在样本中根本无法找到与之相对应的观察值。我们知道这个 VaR 应该大于第六大损失额，小于第五大损失额，但是由于目前只有 100 个观察值，所以没有任何观察值可以对应置信水平百分数有小数点的 VaR。由于只有 n 个观察值，所以 HS 方法只能允许我们估计与 n 个不同置信水平相关的 VaR。

非参数密度估计方法为这些问题提供了一个潜在的解决方案。其思路是，将我们的数据视为来自某个未知的经验分布函数的数据。这一方法需要我们对箱体的宽度和中心作出决定，这些决定有时会影响我们的估计结果。除了使用直方图之外，我们还使用自然估计量或更为一般的核估计量来表示我们的数据，文献告诉我们核估计量的表现（应该）更好。所以，收集好我们的“原始” HS 数据之后，我们需要决定箱体的宽度和中心，然后决定是用直方图、自然统计量还是某种形式的核统计量来进行我们的估计。决定后，可以希望能够得到更好的 VaR 和 ES（或者更为一般的一致性风险测度）估计。

非参数密度估计方法的使用使得我们可以估计任何置信水平的 VaR 和 ES，因此能够避免由数据量造成的在置信水平方面的限制。实际上，它使我们可以沿着或靠近直方图柱体上端的点画一系列直线。然后我们可以将这些直线下面的区域看作概率分布密度函数的替代物，在此基础上针对任何的置信水平做 VaR 估计。图 4.2 解释了其思路。左边的直方图（或自然统计量）由 3 个柱体构成。假设直方图（或自然统计量）的高度代表了相关频度，则可以考虑将这个直方图本身视为概率分布密度函数。不幸的是，由此得到的概率分布密度函数在每一个柱体的拐角处的都显得有些不自然——因此在直方图的上端画线作为概率密度函数的近似才更合理一些。

一个简单的办法就把直方图每个柱体上端的中点用直线相连接，如

图 4.2 所示。一旦划出了这些线条，我们就可以忘掉直方图，将线下面的区域看作某个概率密度函数下面的区域。这使得我们能够据此估计任何置信水平的 VaR，而无论我们数据集的大小如何。每一个可能的置信水平都对应着自己的尾部，就如图 4.2（b）中的阴影区域，并且我们可以使用适当的计算方法估计 VaR（例如，使用我们在电子表格或 MMR 工具箱中为此目的准备的“hsvar”等函数进行计算）[①]。当然，直接连接直方图柱体顶端的中点并不是最好的方法：例如，我们可以为直方图拟合较好的光滑曲线等等。这恰是非参数密度估计的关键，其目的是指导我们如何画出连接我们已有点的“最好”的线。如果软件合适这种方法也是易于应用的。

图 4.2

直方图和近似概率密度函数

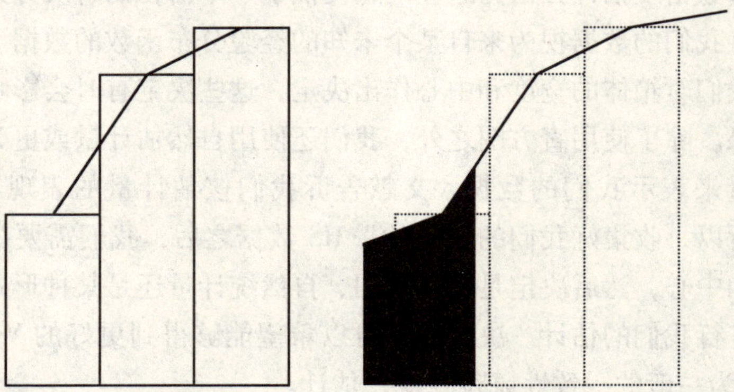

(a) 原始直方图　　(b) 近似概率密度函数

Butler 和 Schachter（1998）使用实际交易组合的实证研究表明：用核方法作出的 VaR 估计和用初级 HS 方法作出 VaR 略有不同。然而，他们的工作也表明，不同类型的核方法产生的 VaR 估计非常类似，尽管这些核方法的内容不同。他们还发现“最佳”的核方法是适应性 Epanechinikov 核和适应性高斯核。为研究这些问题本身，我使用了 4 种标

① 具体编程有些麻烦，但是其中心思想非常简单：如果置信水平使得 VaR 落在两个亏损观察之间，那么我们就将 VaR 取为这两个观察的加权平均。按照过 VaR 的垂线将“曲线”分割的面积的比例来选择权重，一边是 α，另一边是 $1-\alpha$。其中的细节参见“hsvar”和相关函数的程序编码。

准核统计量——分别是基于正态、箱体、三角、Epanechinikov 核——去检验前面例题中所用的数据，发现其中每一个都给出相同的 1.735 的 VaR 估计。在这种情况下，这些不同的核估计量产生了相同的 VaR 估计，其结果较前面用基本历史模拟方法作出的 1.704 的 VaR 估计稍高一些（令人诧异的是，其精确性居然稍差）。其他尚未报告的结果是，在样本容量较小的情况下，采用不同的核估计量可以给出一些不同的估计结果，但是即便是正确的核统计形式，也不会对估计结果的改进起大的作用。

所以尽管理论上核统计量方法更好一些，但是实践中未必能够得到更好的估计。还有一些实践上的理由说明，我们为什么在实践中宁愿使用相对简单的非参数密度估计方法而不是核方法。尽管核方法理论上有其优越性，但是诸如过直方图柱体顶端画直线的简单方法来得更清晰且更易于检查。我们也不应该忘记，估计结果受制于误差源的数量（例如，*P/L* 中的误差、映射近似等等），所以存在一个自然限制使得我们实际能够获得的拟合度不能进一步提高。

4.2.4　VaR 和 ES 曲线和曲面的估计

根据给定的置信水平可以容易地产生相应的 VaR 或 ES 点。例如，图 4.3 表明了使用早先假定的 *P/L* 数据生成了 VaR 和 ES 对置信水平的曲线的情况。注意：VaR 曲线非常不稳定，因为它直接反映了各个具体损失观察的随机性，但是 ES 曲线相对平滑，因为每个 ES 都是尾部损失的平均值。

比较困难的是，构造能够反映 VaR 或 ES 如何随持有期的变化而变化的曲线。目前为止讨论的方法只能让我们估计单个持有期的 VaR 或 ES，这个持有期等于我们观测数据的频度期（例如，如果 *P/L* 每日被观测，则我们算出的是每天的 VaR 或 ES 值）。理论上来说，我们可以估计我们想要的任何持有期的 VaR 或 ES，办法是构造其频度与我们希望的持有期吻合的 *P/L* 的历史模拟序列。比如，如果我们希望估计持有期为一周的 VaR，则我们可以构造每周的 *P/L* 序列，并据此估计 VaR。简而言之，VaR 或 ES 估计中持有期的大小理论上不成问题。

图 4.3

VaR 和 ES 的历史模拟估计值对置信水平的曲线

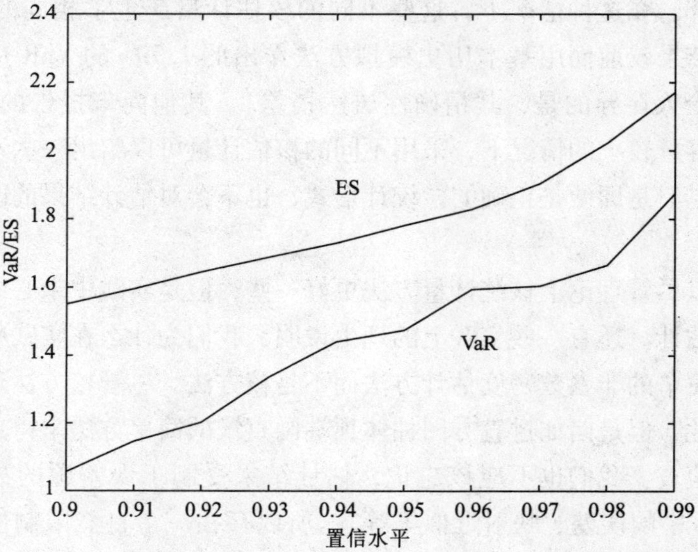

注：这个图形的绘制使用了“hsvaresplot2D_cl”函数，并且使用的 *P/L* 数据与图 4.1 相同。

然而，实践上存在一个很大的问题：随着持有期的增加，观察数值的个数迅速下降，不久我们就会发现我们不再拥有足够的数据。例如，如果我们有 1000 个 *P/L* 日观测值，即每年 250 个交易日共 4 年的数据，那么若我们所用持有期为一天，则我们有 1000 个 *P/L* 观测值。如果我们使用一周的持有期，每周 5 天，则每周的 *P/L* 数据将是 5 个日 *P/L* 数据之和，于是我们有 200 个周观测数据；如果我们使用一个月的持有期，则我们仅有 50 个月的观测数据。若我们初始数据给定，则有效的观测数会随着持有期的增加迅速减少，数据集的大小成为决定我们的实际持有期能够多大的一个重要限制因素。在任何情况下，即使我们拥有一个很长的数据集，很久以前的观察很可能也与当前的市场状况不相关，因此很可能不能用。

4.3 VaR 和 ES 历史模拟估计的置信区间估计

到目前为止，我们考虑的方法虽然能够给出 VaR 或 ES 的点估计，但是却不能给出这些估计的精度，即 VaR 或 ES 的置信区间。然而，其中的问题并非不可以解决，我们可以获得到这些风险测度的置信区间①。

4.3.1　VaR 和 ES 历史模拟估计的置信区间估计——顺序统计量方法

最有前途的方法之一就是应用本章附录 2 提供的顺序统计量理论（简称为 OS 方法）。这一方法给我们的不仅是简单的 VaR（或 ES）估计，而是 VaR（或 ES）的完全分布函数。我们可以从这个分布中读出 VaR（或 ES）的置信区间（其中的中心位置参数（均值、众数、中位数）也可以作为 VaR 或 ES 的点估计，如果我们愿意的话）。该方法编程相对容易且应用范围广泛。

使用我们前面的 *P/L* 数据，使用 OS 方法可以获得 95% VaR 的分布函数在 5% 和 95% 的点估计值（使用“hsvarpdfperc”函数）——即 VaR 的 90% 置信区间的上下界——分别为 1.552 和 1.797。这意味着我们可以在 90% 的概率上确信“真实的”VaR 在区间（1.552，1.797）中。

ES 分布函数的相关点也可以利用从 VaR 到 ES 的映射（使用“hsesdfperc”函数）获得：我们先取一个 VaR 分布函数上的点，然后再估计 ES 分布函数上相应的分位点。它告诉我们 ES 的 90% 置信区间为［2.021，2.224］②。

4.3.2　VaR 和 ES 历史模拟估计的置信区间估计——自举抽样方法

我们也可以使用自举抽样方法来估计置信区间：首先生成基于再抽样的 VaR（或 ES）估计的自举抽样直方图，然后从这个直方图的分位点中读出置信区间。例如，对我们的 *P/L* 数据集中做 1000 次自举抽样，估计它们的置信水平为 95% 的 VaR，画出其直方图（见图 4.4）。利用本章附录 2 提供的基本分位点区间法，可得出置信水平 90% 的置信区间为（1.554，1.797）。模拟出的直方图异常杂乱，但如果我们重复这一实验，自举抽样法似乎给我们相对稳定的置信区间估计。

---

①　除本节考虑的方法以外，我们也可以使用分位点标准误估计的方法来估计 VaR 的置信区间，如第三章的解释。不过，这样的置信区间存在一些问题，这里建议的方法通常更可取。

②　当然，顺序统计量方法可以与更为复杂的非参数密度估计方法结合在一起使用。我们不把 OS 理论用在直方图或朴素估计量上，而是用在更为复杂的核估计量上，这使得我们的数据中提取更多信息。这种方法有一些优点，由 Butler 和 Schachter（1998）具体建立。

图 4.4

VaR 的自举抽样估计法

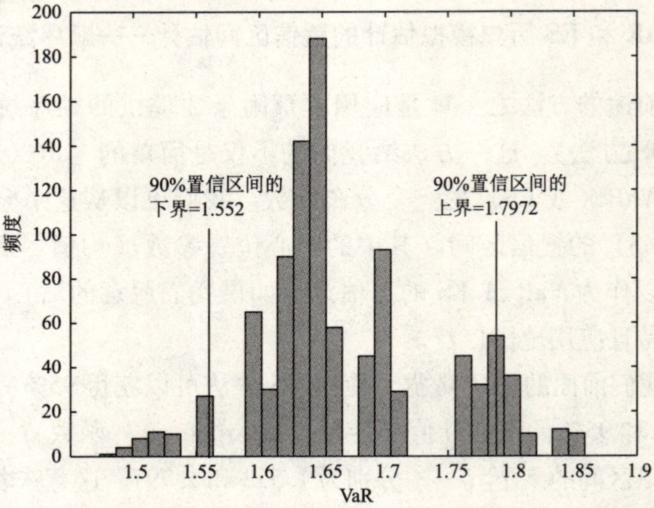

注：该结果使用"boostrapvarfigure"函数进行了容量为 1000 的再抽样，并且使用了与前面的图一样的数据。

我们也可以使用同样的方法做自举抽样 ES 估计：首先针对每一个再抽样新数据集估计 VaR，然后用超过 VaR 的损失的平均作为 ES 估计。将上述过程反复多次可得大量的 ES 估计，然后与估计 VaR 一样画出它们的直方图。图 4.5 表明了这些 ES 的自举抽样估计值的直方图，而这个图不像上面的 VaR 直方图那么杂乱，这是因为 ES 是尾部 VaR 的均值。此处 ES 的 90% 的置信区间是（1.986，2.271）。

有趣的是，比较用两种估计方法获得的 VaR 和 ES 置信区间的估计结果，其结果被概括在表 4.1 中。由此表可看出 OS 法与自举抽样法的结果非常相似。这意味着这两种方法中的任何一个在实际应用中可能都是合理的。

4.4　加权历史模拟

传统的历史模拟估计法的一个最重要特征就是对过去的观测数据进行加权处理的方式。回想一下，$R_{i,t}$ 是资产 i 在第 t 个持有期的回报，我们使用 n 个观察值来进行历史模拟估计。若 j 取 1，…，$t-n$，则 $R_{i,t-j}$

表 4.1

非参数 VaR 和 ES 估计的 90% 的置信区间

方　法	下　界	上　界
	置信水平 95% 的 VaR	
顺序统计量估计法	1.552	1.797
自举抽样估计法	1.554	1.797
	置信水平 95% 的 ES	
顺序统计量估计法	2.021	2.224
自举抽样估计法	1.986	2.271

注：自举抽样估计以 1000 次再抽样为基础。

将属于我们的数据集，其中，j 代表了这一观测数据的年龄（例如，$j=1$ 表示这个数据是一天前观察的，依此类推）。如果我们构造一个新的 P/L 历史模拟序列，P/L_t 表示每天的益/损，则我们的观测值 $R_{i,t-j}$ 将首先影响 P/L_t，然后影响 P/L_{t+1}，以此类推，最终影响 P/L_{t+n}：我们的回报观察值将影响我们 P/L 序列中下 n 个观察值中的每一个。另外，假设其他条件（例如，持仓的权重）不变，$R_{i,t-j}$ 将以同样的方式影响 P/L 序列中的每一个。但是，n 期过去以后，$R_{i,t-j}$ 将退出用于计算当前历史模拟估计的 P/L 数据集，因此不再对 P/L 产生影响。简而言之，我们的历史模拟估计的 P/L 序列将给 n 期以前的 P/L 赋予同样的权重，给 n 期以后的 P/L 不赋予权重（或赋予 0 权重）。

这种权重构造有很多问题。一个问题就是很难说明为什么要给我们样本期以内的每一个观察都赋予同样的权重，无论其年龄、市场波动等如何。由此带来麻烦的一个好例证由 Shimko 等（1998）提出。众所周知，天然气价格的波动性就是冬季高于夏季，所以把冬夏季数据合在一起的原始历史模拟方法将同时对冬夏季数据取平均。其结果是，所有观察被赋予同等的权重，这导致对冬季风险的低估和夏季风险的高估①。

这种等权重处理方法也会使得风险测度对重要事件反应迟钝。例如，股票市场的暴跌也许并未影响 VaR，除非它发生在一个很高的置信水平上，所以我们可能遇到这样一种情况：每个人都认为市场风险骤然

---

① 如果我们的数据呈现季节性的波动率变化，一个解决办法——由 Shimko 等（1998 年）提出——是给数据加权以反映季节性波动。例如，如果我们在冬季估计 VaR，那么我们将给冬季观察赋予更大的权重。

增加，但是这种风险的增加却被大多数 VaR 的历史模拟估计错过。如果股票市场在未来的日子里持续下落，这种风险的增加才会体现在 VaR 估计中——但这时已是亡羊补牢。然而，这种风险的增加却会在第一次冲击发生后迅速出现在 ES 估计——附带说一下，这是一个说明 ES 较 VaR 更具信息量的好例子①。

等权重结构还意味着，样本期中每一个观察的出现都是等可能的，并且它们之间相互独立。然而，独立同分布（简称 iid）假定并不现实，因为波动在时间上的表现不尽相同，高波动和低波动的持有期间常常聚在一起，这是众所周知的事实。刚才考虑过的天然气的例子就是如此。

等权重结构也难以解释为什么观测值的年龄达到 n 的时候，其权重突然变成 0。为什么年龄 $n-1$ 的观察值被认为具有很高的价值（实际上，与更近的观察值价值相同），而年龄为 n 的观测值却毫无价值？事实上，即便是老的观测值也有一定的信息量，随随便便将它们抛弃似乎有悖“绝不抛弃任何信息”的统计学天条。

这种权重构造还可能诱发幽灵效应——我们的 VaR 估值可能因一小堆（甚至是一个）高额损失观测值而过高（或过低），并且这种 VaR 估值持续居于高位，直至 n 天之后高额损失观测值退出样本周期。此时，VaR 将再次下降，但是这一下降只是由权重结构和所用样本周期造成的幽灵效应（幻觉）。

为克服这类问题，现在我们采取一系列方法来调整我们的数据，并考虑当前市场条件和样本期市场条件的异同。这些在“加权历史模拟方法”的标题下作出的努力被称为半参数方法，之所以采取这样的称谓，是因为这些努力同时使用参数和非参数方法。

4.4.1 根据年龄加权的历史模拟法

改进方法之一是根据观测值年龄的大小给观测值赋予不同的权重，

① 然而，无论是 VaR 还是 ES 都受到一个相关问题的困扰。如 Prisker（2001，第 5 页）指出的那样，历史模拟并没有考虑 P/L 分布的上端尾部的有用信息。如果股票经历了大幅下挫，那么市场的多头持仓将经历一个大的亏损，而且这个亏损终究会在历史模拟风险估计中表现出来，尽管这种表现来得较晚。但是，市场的空头持仓将经历一系列大的收益，而通常置信水平下的风险估计对此完全没有反应。再说一遍，我们可能遇到风险明显上升的情况——因为市场下跌意味着波动率增加，因此还意味着源于股票市场大幅度上升的亏损机会的增加——但我们的风险估计却不能把握这种风险的增加。

这一方法由 Boudoukh，Richardson 和 Whitelaw（BRW：1998）提出。与给资产 i 的各个观测值赋予相同的隐概率（都是 $1/n$）的做法不同，该方法给不同的观测值打不同的折扣，观测值离现在越近，折扣越小，反之越大。所以，如果 $w(1)$ 为赋予 1 天前观测值的概率权重，那么为 2 天前观测值的概率赋予的权重 $w(2)$ 应该是 $\lambda w(1)$，$w(3)$ 应该是 $\lambda^2 w(1)$ 等等。λ 在 0 和 1 之间取值，表示观测值的权重随着观测值年龄的增加而呈现出的指数衰减的速度：λ 接近 1 意味衰减速度慢，λ 远离 1 意味着衰减速度快。$w(1)$ 的设定必须满足权重之和为 1 的要求，如果将其取值为 $w(1)=(1-\lambda)/(1-\lambda^n)$，则可以满足这一条件。因此，给第 i 天观测值赋予的权重为：

$$w(i)=\frac{\lambda^{i-1}(1-\lambda)}{1-\lambda^n} \tag{4.4}$$

而这与基本历史模拟（HS）方法给周期内所有样本赋予同样权重 $1/n$ 的做法有所不同。

我们的核心信息——输入给 HS 估计程序的信息——是 P/L 值和相应的概率权重形成的数据对。若要使用观测值年龄加权的 HS 方法，我们只需将原来大小为 $1/n$ 的权重改为公式（4.4）中的 $w(i)$ 即可。例如，假如我们使用的是电算表格，则我们可以将我们的 P/L 数据排列成一列，将其相应的权重 $w(i)$ 排在另一列，然后沿着这个列下拉，直到到达我们希望的分位点。则我们的 VaR 为第一列相应值的负值。如果我们希望的分位点落在两个分位点之间，则可以取我们的 VaR 为第一列这两个观测值之间的插值。

这种观测值年龄加权方法有 4 个优点。第一，它是基本 HS 方法的一般化，因为我们可以将基本 HS 方法看作是 0 衰减或 $\lambda \to 1$ 的一个特例。如果把 HS 方法看作是只看后视镜的开车方法，只是在直线道路上这种传统的等值加权方法才是安全的，而年龄加权法则可在道路略为弯曲情况下安全行驶。

第二，适当地选择 λ，使得 VaR 估计更能对大亏损观测值做出良好反应：大亏损将获得相对于传统 HS 方法更大的权重，这将使得第二天的 VaR 值相对于其他的 VaR 值高。这意味着，根据年龄加权的 VaR 估计不但更能够对大损失作出更快的反应，而且也能更好地处理聚集在一起的较大损失的数据。

第三，年龄加权方法有助于减轻由不太可能复发事件引发的 VaR 扭曲，这有助于降低幽灵效应。随着观测值年龄的增加，相应的概率权重会逐渐下降，并且影响力也会随着时间的流逝而减小。此外，当它最终退出样本周期时，其权重也会从 $\lambda^n w$（1）变成 0，而不是从 $1/n$ 变成 0。由于任何合理的 λ 和 n 都能使得 $\lambda^n w$（1）小于 $1/n$，所以受幽灵效应的冲击要比等权重 HS 方法小。

最后，我们也可以修正年龄加权方法，使得我们的风险估计更为有效，并且更能有效地消除幽灵效应。由于年龄加权方法可以使极端值的影响随着时间的流逝而降低，所以我们可以让样本容量随着时间的流逝而增长（为什么不能在等权重 HS 方法中作这种调整呢？因为这时我们将会受到过去观测值的冲击，而这个观测值的信息量已经被假定到期前不会随时间的改变而改变）。由于年龄加权法允许我们的样本容量随着新观测值的加入而增加，所以我们不会丢失潜在的、有价值的信息。这将提高估计效率，降低幽灵效应，这是因为其中不存在任何由于丢失观测值引起的“跳跃”。

然而，在其他条件不变的情况下，年龄加权也会降低有效样本的容量，同时重大损/益的顺序也可能严重扭曲（企业的）风险预测的主要分布。此外，Pritsker，(2001，第 7—9 页）的分析表明，即便使用年龄加权方法，VaR 估计仍然不能对潜在风险的变化作出有效反应①。而且，BRW 方法有其专门的扰动点。除了 $\lambda = 1$ 的特殊情况，我们无法找到任何资产回报过程能够在理论上保证 BRW 方法正确。

4.4.2 根据波动率加权的历史模拟方法

我们也可以根据波动率为数据加权。其基本思想——由 Hull 和 White（HW；1998b）提出——是根据波动率最近的变化更新回报信息。例如，若当前市场波动为每天 1.5%，而一个月前仅为每天 1%，那么一个月前的数据使得我们对明天变化的预期偏低，这意味着历史回报可导致对明日风险的低估；另一方面，若上个月的波动为每天 2%，

① 如果 VaR 在置信水平 α 上被估计，那么 VaR 的 HS 估计在任何给定日上升的概率等于亏损超过 VaR 的概率，这个概率为 $1-\alpha$。但是，如果我们有一个假定的标准 GARCH（1，1）过程并且波动率为其长期均值，那么 Prirsker 的命题 2 表明，HS VaR 增加的概率约为 32%（Pritsker，2001，第 7—9 页）。换句话说，多数时间 HS VaR 估计值应该增加（即，风险上升），实际上却没有增加。

则上个月前的数据可导致我们对明日变化的高估，因此历史回报将导致明日风险的高估。因此，我们应该调整历史回报，以便能够反映波动率从过去到未来（据信）将会发生的变化。

假设我们希望计算 T 日的 VaR。设 $r_{t,i}$ 表示历史样本中资产 i 在第 t 天的历史回报，$\sigma_{t,i}$ 表示用 GARCH（或 EWMA）方法第 $t-1$ 天结束时，预测到的资产 i 在第 t 天回报的历史波动率，而 $\sigma_{T,i}$ 则是我们对资产 i 最近波动率的估计。那么我们用波动率调整的回报来替换我们数据集中的回报，具体公式如下：

$$r_{t,i}^{*}=\left(\frac{\sigma_{T,i}}{\sigma_{t,i}}\right)r_{t,i} \tag{4.5}$$

第 t 期的实际回报因此而增加（或减少），这取决于当前的波动率预测是否大于（或小于）t 期的波动率估计。现在，我们可以用公式 (4.5) 中的 $r_{t,i}^{*}$ 来代替 $r_{t,i}$ 并计算 HS 估计用的 P/L 数据，然后给予这些数据用与以前一样的传统方法来做 VaR 或 ES 的 HS 估计（即，使用等权重方法）①。

HW 的方法相对于基本的等权重方法或 BRW 的年龄加权方法有很多优点：

- 它处理波动率变化的方式直接且自然，然而等权重 HS 方法无视波动率的变化，年龄加权方法对波动的处理武断且有局限性。
- 由此作出的风险估计可对当前的波动率估计作出适当敏感的反映，这使得我们可以把 GARCH 预测得来的信息用于 VaR 和 ES 估计。
- 它允许我们能够获得超过我们的历史数据集中最大损失的 VaR 和 ES 估计：高波动期历史回报的权重较大，使得用于 HW 程序的 HS 估计的 P/L 数据中有一些会超过实际的历史亏损。这是该方法优于基本 HS 方法的主要之处，而对 VaR 或 ES 作出的基本 HS 估计不可能超过我们历史数据中的最大者。
- HW 的实证研究表明：用该方法作出的 VaR 估计优于用 BRW 作出的 VaR 估计。

---

① 当然，波动率加权方法的前提是，人们能够估计所需的现在和过去的波动率。我们将在第 5 章讨论波动率（以及协方差和相关系数）的估计问题。

HW 的方法也能做各种扩展。例如，如果我们希望增加风险估计对大损失的敏感度，可以将 HW 方法和年龄加权方法结合起来，以便降低幽灵效应带来的扭曲。我们也可以把 HW 方法和 OS 方法或自举抽样方法结合起来用于 VaR 或 ES 的置信区间的估计——即，对使用顺序统计量或结合 HW 调整的 P/L 数据进行再抽样，不对直接用于 HS 估计的 P/L 数据进行再抽样。

4.4.3 相关性加权的历史模拟方法

我们也可以调整我们的历史回报数据以反映历史数据与当前数据的相关性。相关性加权方法比波动率加权方法略为复杂。为了了解其基本思想，假设我们已经使用 HW 方法对 HS 回报作了基于波动率的调整，并且希望对其做进一步调整来反映相关性的变化[①]。

具体来说，假设我们有 m 种持仓，t 时期的历史回报（或许已做过波动调整）R 为 $1\times m$ 向量，其方差—协方差阵为 Σ。Σ 可以分解为 $\sigma C\sigma^T$，其中，σ 为对角线元素为波动率的 $m\times m$ 阶对角阵（即，对角线上的第 i 个元素为第 i 个资产的波动率 σ_i，对角线的两侧为 0），σ^T 为 σ 的转置，C 为 $m\times m$ 阶的历史相关系数矩阵。因此 R 反映了历史相关性矩阵 C，我们希望将 R 调整为 $\tilde{R}$，由此获得相应的相关性矩阵为 $\tilde{C}$。方便起见，假设这两个相关系数矩阵正定。根据后面第八章的讨论，这意味着每一个相关系数矩阵都有 $m\times m$ 阶的"矩阵平方根"，分别记之为 A 和 $\tilde{A}$，这些矩阵可以利用 Cholesky 分解获得（即，"矩阵平方根"的计算不困难）。现在，我们可以将 R 和 $\tilde{R}$ 表示为相应的 Cholesky 矩阵和一个无关的噪声过程 ε 的乘积：

$$R = A\varepsilon \tag{4.6a}$$

$$\bar{R} = \bar{A}\varepsilon \tag{4.6b}$$

变换公式（4.6a）得 $\varepsilon = A^{-1}R$，将其代入公式（4.6b），可得到我们想要的相关系数调整的序列 $\tilde{R}$ 如下：

$$\bar{R} = \bar{A}A^{-1}R \tag{4.7a}$$

使用这种调整回报，可获得当前占优的相关系数矩阵 $\tilde{C}$ 和更为一

① 这里讨论的相关系数的调整方法以 Duffie 和 Pan（1997）的建议为基础。

般的当前占优的协方差矩阵 $\tilde{\Sigma}$。这是推广 HW 方法最主要的途径，因为它带给我们一个能够兼顾回报的相关性和波动性的加权系统。

例题 4.1（用相关性加权的 HS 方法）

假设组合只有两个持仓，即 $m=2$。假设两个持仓的历史相关系数为 0.3，并且我们希望调整历史回报 R 使其反映当前的取值为 0.9 的相关系数。

如果 a_{ij} 表示矩阵 A 的第 i 行 j 列的元素，则利用 Cholesky 分解可知：

$$a_{11}=1,\ a_{12}=0,\ a_{21}=\rho,\ a_{22}=\sqrt{1-\rho^2}$$

其中，$\rho=0.3$。矩阵 $\tilde{A}$ 和矩阵 A 类似，除了其中的 $\rho=0.90$。根据标准矩阵理论有：

$$A^{-1}=\frac{1}{a_{11}a_{22}-a_{12}a_{21}}\begin{bmatrix}a_{22}, & -a_{12}\\ -a_{21}, & a_{11}\end{bmatrix}$$

将这些量代入公式（4.7）得：

$$\bar{R}=\bar{A}A^{-1}R=\begin{bmatrix}1.0\\ 0.9,\sqrt{1-0.9^2}\end{bmatrix}\frac{1}{\sqrt{1-0.3^2}}\begin{bmatrix}\sqrt{1-0.3^2},0\\ -0.3,1\end{bmatrix}R$$

$$=\frac{1}{\sqrt{1-0.3^2}}\begin{bmatrix}\sqrt{1-0.3^2},0\\ 0.9\sqrt{1-0.3^2}-0.3\sqrt{1-0.9^2},\sqrt{1-0.9^2}\end{bmatrix}R$$

$$=\begin{bmatrix}1.0\\ 0.7629,0.4569\end{bmatrix}R$$

4.4.4　滤波历史模拟法

另一个有前途的改进方法就是滤波历史模拟法①。它是一种半参数自举抽样方法，其目标是将 HS 方法的优势与诸如 GARCH 之类的条件波动率模型的强大、灵活性相互结合起来。这种结合通过条件波动框架（例如，GARCH）中的自举抽象回报来实现，其中，自举抽样保证了 HS 方法具有非参数性，而波动率模型使得我们对波动率的处理更加讲究。

① 这种做法由 Barone－Adesi 等（1998），Barone－Adesi 等（1999），Barone－Adesi 和 Giannopoulos（2000）以及这些作者的其他论文提出。

假设我们想用 FHS 方法来估计某个只有单个资产组合的持有期为 1 天的 VaR。FHS 方法的第一步就是用一个模型，例如，GARCH 模型，拟合我们组合的回报数据。我们希望这个模型能够涵盖我们数据的关键特征，Barone - Adesi 及其同事建议使用非对称 GARCH（或 AGARCH）模型。这个模型除了能包容条件可变波动率、波动扎堆等特征之外，还允许正负回报对波动率具有不同影响，这种现象被称为杠杆效应。AGARCH 模型要求组合回报服从下面的随机过程：

$$r_t = \mu + \varepsilon_t \tag{4.8a}$$

$$\sigma_t^2 = \omega + \alpha(\varepsilon_{t-1} + \gamma)^2 + \beta\sigma_{t-1}^2 \tag{4.8b}$$

公式（4.8a）中的日回报是平均日回报（波动率估计中，它常常被忽略）和随机误差 ε_t 的和。公式（4.8b）中的波动率是常数项、反映上期意外事件项和上期波动率项的和，附加上一个条件项 γ 就是为了使得意外事件对波动率的影响具有非对称性，即意外事件项的取值是正还是负会对波动率产生非对称（不同）的影响。

第二步是使用模型预测样本期内每一天的波动率。然后，将这些波动率预测分解成可处理的回报，并生成一系列标准化的回报。这些标准化回报应该是独立同分布的，因此适合 HS 方法使用。

假设 VaR 估计的持有期是 1 天，则第三步是对我们的标准化回报数据做自举抽样：我们从这个数据集中抽出大量数据，并将其加工成样本，每一个被抽到的数据会被置换，并且将这些数据的每一个数据乘上一个随机数，这个随机数来自基于 AGARCH 对明日波动率作出的预测。如果我们随机抽取 M 次，则可以获得 M 个模拟回报，其中，每一个都可以反映当前的市场条件，因为这些数据已经被次日波动率估计校正过了。

最后，这些回报中的每一个都给出明天结束时可能的组合价值，因此也就能够决定相应的可能损失，所以我们可以据此估计给定置信水平的 VaR①。

我们可以很容易地修正该程序使之能够处理复杂、多资产和长持有期的情况。如果我们有多个资产构成的组合，则我们需要使用多变量 GARCH（或 AGARCH）模型以拟合资产回报集或向量，并将这一资产

① FHS 方法很可容易扩展开来，使之能够用于 ES 以及 VaR 估计。与扩展方法有关的更多的内容，参见 Ginnnopoulos 和 Tunaru（2004）。

向量标准化。然后使用自举抽样，不是针对给定时期的标准化的组合回报，而是针对某个时期的资产回报向量。这是重要的，因为这意味着我们的模拟将能够保持当前原始回报中的相关性结构。所以，自举抽样保持了现存的相关性，这使得我们不必明确资产回报严格的多元分布。

另一个显而易见的扩展是针对更长的持有期。如果我们有一个更长的持有期，则我们首先进行抽样并用公式（4.8）计算明天的回报；然后使用这个抽样来更新我们对明天以后的波动预测，并且再用另外一个新的抽样来决定该天的回报；按照同样的方法一直执行下去——抽样，更新波动率预测，为下期回报再抽样，等等——直至持有期的结尾。这时我们有足够的数据去产生一个单一的模拟 *P/L* 观测的数据；这一过程我们想重复多少次就可以重复多少次，直至可以生成模拟 *P/L* 观测值的直方图，据此可以估计 VaR。

FHS 有很多诱人之处：(1）它使我们在保留 HS 方法的非参数优点的同时，还可以借助其他复杂的技术手段（例如，GARCH）来处理波动率，所以能够考虑市场波动率条件的变化。(2）它的计算速度很快，即便是很大的组合。(3）与前面的 HW 方法一样，使用 FHS 方法可以获得超过我们历史数据最大值损失的 VaR 和 ES 估计。(4）在不借助资产回报的方差—协方差矩阵或条件分布方面的知识的情况下，仍然能够保持我们数据中的相关性结构。（5）可以对此方法进行修正，使之能够适应自相关和交叉相关的情况。（6）用顺序估计量或自举抽样方法对其修正，可实现对 VaR 或 ES 的置信区间的估计①。(7）有证据表明 FHS 的实际效果不错②。

---

① OS 方法需要一个由 *P/L* 和相关概率配对组成的观察集合，所以我们可以在这个方法中使用经过 FHS 过滤的 *P/L* 序列。这时的自举抽样甚至更容易，因为 FHS 已经使用了自举抽样。如果我们希望得到 B 个 VaR 的自举抽样估计，我们可以生成，例如，$100*B$ 或 $1000*B$ 个 *P/L* 值，每 100 个（或 1000 个）*P/L* 值序列可让我们得到一个 HS VaR 估计，这 B 个 VaR 估计构成的直方图将使我们能够推断 VaR 的置信区间。

② Baronc - Adesi 和 Giannopoufos（2000，第 17 页）。但是，FHS 方法的确有问题。Pritsker（2001，第 22 - 24 页），在他的 FHS 的深入模拟研究中，谈到这样的初步结论：FHS VaR 可能对极端值的观察或随时间变化的相关性缺乏重视，而且 Baronc - Adesi 和 Giannopoufos（2000，第 18 页）很大程度上接受这两点。有关第一点的部分回答是应该使用 ES 而不是 VaR 作为我们的风险测度，有关第二点的一个自然的回答是应该使用更为复杂的相关结构来发展 FHS。Pritsker（2001，第 22 页）还提出了一个模拟结果，表明 FHS - VaR 往往将 10 日持有期的 VaR 低估 10% 左右，但是这个结果和 Barone - Adesi 等（2000）基于实际数据的结果相冲突。所以，有关 FHS 的证据有好有坏。

专栏 4.1

神经网络方法

神经（或学习）网络方法为 VaR 和 ES 的估计提供了一个与非参数方法、半参数方法非常不同的方法。神经网络是一个适应性统计处理模型，该模型的构造类似于人的大脑。这些模型的执行单元叫神经元，它们之间的连接为权重连接。系统开始的时候任意指定一个连接权重，该输入进入网络系统之后，系统据此决定初始输出；然后系统比较这个输出和目标输出，如果这个输出与目标输出的接近程度不充分，则权重会被修整以减小两者之间的差距。然后用新的权重计算新的输出，并且比较它与目标输出的距离，若两者之间的距离还是太大，则再一次修正权重；不断重复这一过程，直到输出和目标输出达到充分接近。这时，系统训练完毕，这个完成的系统可以用来估计/预测“活的”数据集的概率或分位点。神经网络方法诱人之处在于，它不依赖参数方法所需的苛刻假定，有良好的灵活性和很强的适应性，能够对数集的变化作出很好的反应。

神经网络方法很多，其在金融风险预测方面的用法也很多。其中一个就是射线基础函数法，这种方法特别适合用来估计概率。我们可以使用这个方法来估计与 *P/L* 取某个特定值的概率，一旦我们拥有相互匹配的概率和 *P/L* 序列，我们就能用标准的非参数方法来估计 VaR 和 ES。其他适合 VaR 或 ES 估计使用的方法是，闭型统合法（Gottschling 等，1999），正态混合法（Prinzler，1999），Bartlmae 和 Rauscher，2000），以及分位点回归法（Taylor，2000）。然而，神经元方法在风险估计中的应用仍然是一个较新的研究领域，有很多工作有待完成①。

4.5 非参数方法的优缺点

4.5.1 优点

作为我们讨论的结尾，最好概括一下非参数方法的主要缺点。其优点包括：

- 非参数方法概念简单，方法直观。

① 另一个有前途的非参数方法是最近由 Denecker 等（2001）提出的环境建模（context modeling）方法等。顾名思义，这一方法使用环境建模理论估计 VaR，这是一种常常用于文本或图像处理过程中非常有效的数据压缩技术。该方法的本质是，构建一个能够基于过去的观察来预测未来变量取值的环境或模式。每个环境描述一个具体的外部世界状况，我们可以使用过去的数据来确定有关的环境。于是，新的观察可以用来确定环境的种类，而 VaR 则可以根据该环境种类下资产回报的分布来决定。

- 由于它不依赖于有关 P/L 的参数假定，故可以应对肥尾、有偏等非正态特性，而这些特征会使参数方法出问题。
- 理论上，这些方法适用于任何持仓，包括衍生产品在内。
- 风险从业者普遍认为 HS 方法在实证中表现很好，尽管也存在着一些不同意见。
- 这些方法（在不同程度上非常）容易通过电算表加以实现。
- 当处理高维问题时，非参数方法不存在操作性问题，然而参数方法却会受到这类问题的困扰：无须处理协方差矩阵，不存在维数之咒的困扰，等等。
- 所用数据常常具有可得性，这些数据可能来自公共资源（例如，彭博资讯），或者来自内部数据集（例如，对持仓进行盯市时产生的副产品的数据搜集）。
- 它们提供的结果易于向高管层以及对此感兴趣局外人（例如，银行管理者或评级机构）进行报告，或与之交流。
- 容易生成 VaR 和 ES 的非参数估计的置信区间。
- 非参数方法有很大的改进和细化余地，如果我们把它们与参数方法“附加性地”结合起来则可以形成半参数方法：这种改进包括年龄加权法（如 BRW）、波动率加权法（如 HW 和 FHS）以及相关性加权法。

4.5.2　缺点

或许这类方法的最大弱点就是其结果过多地（有时是完全）依赖历史数据集[①]。这带来很多问题：

- 如果我们的数据在其周期内过于沉静，那么用非参数方法产生的 VaR 和 ES 估计常常低估我们面对的金融风险；如果我们的数据在其周期内异常波动，那么用非参数方法作出的 VaR 和 ES 估计常常高估我们面对的金融风险。
- 非参数方法可能难于处理样本持有期内发生的变化。例如，如果在汇率风险中出现一个永久性变化，HS 法估出的 VaR 和 ES

① 还有数据集的可得性问题。我们需要当下所有持仓的时间序列数据，这些数据并不总是可得的（例如，如果持仓是新兴市场持仓）。我们还必须确保数据是可靠的和兼容的，并能及时提供给风险评估系统。

不会立即对此作出反应，需要经过一定的时间。同样，这种方法对重大事件的反应也很慢，例如，由市场动荡造成的风险增加等。

- 如果我们的数据集掺杂进了不可能重复出现的极端亏损，那么这些亏损可能左右风险的非参数估计，尽管我们认为这些事件不会再发生。
- 大多数（如果不是全部）非参数方法（或多或少地）受幽灵或影子效应的影响。
- 一般来说，VaR 或 ES 的非参数估计不能给那些样本期内可能出现但是实际中并未出现的事件留有余地。
- VaR 或 ES 的非参数估计或多或少地受制于我们的历史数据集中的最大损失。在简单版的 HS 方法中，我们不能从最大的历史损失中推断出更大的损失，然而有理由相信这种更大损失未来很可能会发生。较复杂的 HS 方法可以放宽这一限制，但是即便如此，VaR 或 ES 的非参数估计仍然会受最大损失的影响，参数方法就不会。这意味着这一方法不能很好地处理极端值，特别是中小样本的极端值。

然而，我们常常能够通过改进估计方法来减轻这些问题带来的不良影响。例如，我们对估计方法做半参数调整，以减轻波动率、市场动荡、相关性等问题带来的影响，并且我们通过年龄加权和允许样本容量随时间增加的方法来减轻幽灵效应的影响。

也存在与样本窗口周期的长度有关的问题。为了能够有充分的样本容量来获得精确的估计，我们需要相当长的窗口周期。作为经验法则，多数专家相信这通常需要最近两年（有时甚至更多）的日观察数据（即，500 个观察值，一年有 250 个交易日）。另一方面，长的窗口周期本身也会产生问题。窗口越长：

- 数据老化的问题越大；
- 估计结果越有可能被非重复发生的事件扭曲，并且等待幽灵效应消失的时间越长；
- 被较久远的事件吞噬掉的当前市场的新观察越多——这意味着我们估计对当前市场条件的反应越小；
- 数据收集面临的潜在问题越大。这个问题与新兴市场工具有关，关于这些工具的长期历史数据并不存在，即便想给这些数据找替身也未必容易。

4.6　结论

非参数方法应用广泛，并且作为金融风险的估计方法，它在很多方面极具吸引力。这些方法表现良好，常常胜过基于正态假定的参数方法。这些方法有很大的精细化余地。一般来说，如果市场条件比较平稳则非参数方法会有不错的表现。然而，这些方法也有其局限性，因此应该使用其他方法对它们作补充。所以，只要有可能，我们就应该把非参数方法和压力检验结合起来，以检测假定事件发生时的弱点。总之，我们绝对不要只使用非参数估计这一种方法。

附录1

基于顺序统计量的风险测度估计

顺序统计量在风险测度估计中非常有用，它给了我们一个估计风险测度分布函数的实用而精确的方法——其有用性还在于它使我们能够估计风险测度估计的置信区间。

A4.1 顺序统计量估计 VaR 的置信区间

如果我们有样本容量为 n 的 P/L 样本，我们可以视每一个观察为相应于某一置信水平的 VaR。例如，如果 $n=1000$，则我们可以将 P/L 样本中第 51 小的观察视为置信水平 95% 的 VaR，可以将第 11 小的观察视为置信水平 99% 的 VaR，等等。因此，我们可以将第 $r=1000\ (1+\alpha)\ +1$ 小的观察的负值视为置信水平 α 的 VaR。更为一般地说，若样本中有 n 个观察，则可以将第 $r=n\ (1+\alpha)\ +1$ 小的观察的负值视为置信水平 α 的 VaR。

第 r 个顺序统计量是样本中第 r 小的观察，统计学教科书对此有很好的说明。假设我们的观察 x_1，x_2，$\cdots x_n$ 来自某个已知的分布（或分布密度），第 r 个顺序统计量为 $x_{(r)}$，这意味着 $x_{(1)}\leqslant x_{(2)}\leqslant\cdots\leqslant x_{(n)}$。于是我们 n 个观察中的第 j 个统计量不超过某个给定正数 x 的概率必服满足下述关系：

$$\Pr\{j\ observations\leqslant x\} = \binom{n}{j}\{F(x)\}^{j}(1-F(x)\}^{n-j} \qquad (A4.1)$$

于是第 r 小的观察不超过 x 的概率如下：

$$G_r(x)=\sum_{j=r}^{n}\binom{n}{j}\{F(x)\}^{j}(1-F(x)\}^{n-j} \qquad (A4.2)$$

因此，$G_r(x)$为我们的顺序统计量，也就是分为点或 VaR 的分布函数[①]。

用 VaR 的分布函数可以估计 VaR 及其置信区间。估出的 VaR 分布函数的中位数（即，50% 分位点）给了我们一个自然的、最好的 VaR 估计，并且这个分布函数的较低、较高的分位点则给出了 VaR 置信区间的上下界。因为计算结果精确且易于在电算表上进行，所以这个方法很有用。等式（A4.2）极具一般性，利用它可以获得任何分布函数 $F(x)$的置信区间，这些分布包括有参数的分布（例如，正态分布、t 分布等）和纯经验分布。

表 A4.1

置信水平为 95% 的 VaR 的顺序统计量估计和相应的置信区间

(a) 随着 n 的变化					
样本容量	100	500	1000	5000	10000
置信区间下界	1.267	1.482	1.531	1.595	1.610
VaR 分布的中位数	1.585	1.632	1.639	1.644	1.644
VaR 的标准正态估计	1.645	1.645	1.645	1.645	1.645
置信区间上界	1.936	1.791	1.750	1.693	1.679
置信区间宽度/区间的中位数	42.2%	18.9%	13.4%	6.0%	4.2%
(b) 随置信水平的变化（$n=500$）					
VaR 置信水平	0.90		0.95		0.99
置信区间下界	1.151		1.482		2.035
VaR 分布的中位数	1.274		1.632		2.279
VaR 的标准正态估计	1.282		1.645		2.326
置信区间上界	1.402		1.791		2.560
置信区间宽度/区间的中位数	19.7%		18.9%		23.0%

注：置信区间的置信水平为 90%，VaR 分布的 95% 和 5% 分位点估计为置信区间的上、下界的估计。

为了使用这一方法，我们只需特定 $F(x)$的函数形式（例如，正态分布、t 分布等），并决定其中的参数值，然后用公式（A4.2）估计出 VaR 的分布函数。

---

① 参见 Kendall 和 Stuart（1973，第 348 页），Reiss（1989，第 10 页）。

作为这一方法的解释，假设我们希望用顺序统计量（OS）方法来估计标准正态 VaR 的分布函数。这时，我们假设 $F(x)$ 的函数形式是正态分布，并且使用公式（A4.2）来估计 VaR 分布中的 3 个关键参数：中位数或估计出来的函数的50%分位点，这是正态 VaR 的 OS 估计的估计值；估出分布的5%和95%分位点，这是正态 VaR 的 OS 估计的置信水平为90%的置信区间。

表 A4.1 解释了95% VaR 估计的特点。为了便于比较，该表也列出了基于传统的正态分布 VaR 公式作出的标准正态 VaR 估计。主要结果如下：

- n 越小置信区间越宽，n 越大置信区间越窄。
- 随着 n 的增加，估出的 VaR 分布的中位数收敛于传统的 VaR 估计。
- VaR 估计的置信水平越高，其置信区间越宽（尽管这个例子中的置信区间并不宽），反之则越窄。

用相同的方法可以估计 VaR 分布函数的分位点。如果我们想用参数方法估计非正态 VaR 的分位点，我们可以用非正态分布函数来替代正态分布函数 $F(x)$——例如，t－分布、Gumbel 分布等等。我们也可以用同样的方法估计经验分布函数的置信区间（例如，历史模拟 VaR），其中的 $F(x)$ 是某个经验分布。

A4.2 用顺序统计量估计预期亏损（ES）的置信区间

我们也可以使用顺序统计量方法估计 ES 的置信区间。可用以下两种方法来实现：可以从原始 *P/L* 序列导出尾部预期亏损序列，然后将 OS 方法用于该序列；也可以导出 VaR 分布函数的分位点，对超过 VaR 分布函数分位点的超额亏损取算术平均，以此作为 ES 的估计。

A4.3 基本顺序统计量方法的改进

上述 OS 方法也有多种改进途径。一个办法是使用理查德森（Richardson）的外推法，这种分方法本质上是对基于另外一些样本容量作出的估计取加权平均（参见第3章的附录2）。第二个方法是用 L－统计量推广 OS 方法，它是顺序统计量的加权平均。L－统计量有很多，核统计量是其特例。用 L－统计量取代基本的顺序统计量，可以增加分位点统计量的稳健性。L－统计量易于构造且有渐进正态性，它无论对分位点置信区间的构造、还是对风险的简单分解都是有益的[1]。

A4. 4　结论

OS 方法是估计 VaR 和 ES 的置信区间的理想方法。其突出优点是：

- 具有绝对的一般性，可以用于做 VaR 或 ES 的任何估计，包括参数估计和非参数估计。
- 即便对于相对较小的样本，这种方法也有其合理性，因为它不依赖渐进理论。尽管基于小样本的估计不准确，但这种不准确只是由于样本小，而不是因为方法不合理。
- 易于在实际工作中加以改进。
- 基于 OS 方法的置信区间估计方法，优于基于分位点标准误估计的置信区间估计方法（参见第 3 章的 3. 5. 1 节），因为它不依赖渐进理论且不要求置信区间有对称性（VaR 和 ES 较大时，置信区间可能不对称）。使用理查德森（Richardson）外推法和或 L－统计量方法，OS 方法可以在相当程度上加以精化（和改进）。

---

① 有关 L—估计及其性质的更多内容，参见 Mausser（2001）。

附录2

自举抽样法

自举抽样方法，是评价估计过程中不确定性的简单有效的方法。与其他方法的不同之处在于，它不使用数学或统计学方法，而是使用基于对给定样本的再抽样的模拟方法。用这种方法估计参数估计量的精度时，既不用苛刻的参数估计假定，也不用闭型置信区间公式。虽然自举抽样思想的起源可以追溯到几个世纪以前，它普遍为人们所接受则是近30年的事情，因Bradley Efron的工作而得到普及和推广，因此给这种方法的命名的人也是Efron。Bootstrap有“自己提自己的鞋带把自己提起来”的意思，是一种统计“花招”，因此将其命名为bootstrap的确名副其实。

自举抽样法主要用于评价参数估计的精度，是一种理想的估计方法。这种估计方法之所以好，是因为它不依赖于某些不合实际的潜在假定（例如，正态、大样本等假定）[①]。自举抽样法也易于使用，因为它不使用任何复杂的数学或统计学方法。无论怎样，传统方法只适用于有限几种情况，而自举抽样法几乎可以用于各种情况。所以，对于我们感兴趣的参数的置信区间估计而言，自举抽样法较传统方法容易、有效并且可靠。而且，自举抽样法也提供了另外一种参数的点估计方法[②]。

A4.5 传统抽样方法的局限性

考虑一下传统抽样方法的局限性，更能体会到自举抽样法的好处。

---

① 自举抽样法也优于刀切法，该方法在强大的计算机出现之前，通常用于类似的目。刀切法是根据原始样本构造大量子样本的方法，它的每个子样本的产生都是从原始样本中去除一个观察值获得的。对于每个这样的子样本，我们估计我们感兴趣的参数，而刀切法估计量则通过对子样本估计量取平均获得。可以将刀切法视为自举抽样法的近似，但参数估计量为数据的非平滑函数时，这种方法的近似效果很差。因此，自举抽样法更可靠，也更容易实现。

② 自举抽样法也有其他用途。例如，可以用于假设条件的放宽和检验，也可以用来快速逼近和检查基于其他方法获得的结果。

假设我们有来自总体的样本容量为 n 的样本。总体分布的参数未知——我们甚至可能不知道总体的理论分布。我们感兴趣的是某个特定的参数 θ，θ 可能是均值，可能是方差（或标准差），也可能是其他什么参数。参数 θ 的估计方法是显然的——如果 θ 是均值，则我们的估计量 $\hat{\theta}$ 就是样本的算术平均，如果 θ 是方差，则我们的估计量 $\hat{\theta}$ 将是样本方差，总之 θ 的估计量很容易获得，问题是如何估计它的置信区间？

用传统的闭型估计公式估计 θ 的置信区间，需要借助统计学理论，而这个理论的应用有其局限性。假如我们希望估计方差的置信区间。假定潜在分布是正态分布，则 $(n-1)\hat{\sigma}^2/\sigma^2$ 服从自由度为 $n-1$ 的卡方分布，据此可以获得 σ^2 的置信区间。若记卡方分布的 α 点为 $\chi^2_{\alpha,n-1}$，则 $(n-1)\hat{\sigma}^2/\sigma^2$ 的置信水平 95% 的置信区间为：

$$[\chi^2_{0.05,n-1},\ \chi^2_{0.95,n-1}] \tag{A4.3}$$

这意味着 σ^2 的同一个置信水平的置信区间为：

$$\left[\frac{(n-1)\ \hat{\sigma}^2}{\chi_{0.95,n-1}},\ \frac{(n-1)\ \hat{\sigma}^2}{\chi_{0.05,n-1}}\right] \tag{A4.4}$$

然而，如果我们不能假定潜在分布为正态分布，则 σ^2 的置信区间很难获得：问题是在一般条件下，虽然我们可以估计 σ^2，但是常常并不知道 σ^2 的分布，所以不能获得其标准误，所以不能按照通常的方式获得闭型置信区间。

关于其他参数，例如，中位数、相关系数以及尾部概率等，也有同样问题①。所以，一般而言，闭型置信区间的使用范围有限，不能满足我们的实际需要。

A4.6　自举抽样法及其执行

自举抽样法，不但不受此类限制，而且也易于执行。这使得我们能够估计参数的置信区间，无论我们是否拥有这些估计量的分布函数公式

① 然而，如果是分位点，则我们可以利用顺序统计得出它们的分布函数。

或标准误计算公式。自举抽样法的另一个优点就是负担较轻，即自举抽样法要求的假定，一般而言比传统的置信区间估计方法少。

自举抽样的基本过程非常简单①。我们从一个容量为 n 的给定样本开始②。我们现在从这个样本中抽出一个相同容量的样本，并将抽到的观察值放回到样本中（这种随机抽样或再抽样是自举抽样法的核心。这需要有一个能够产生服从均匀分布的 1 到 n 的随机数的生成器，它决定究竟哪个具体的观察值被抽到）。当新样本（称之为再抽样）完成后，我们会发现某个观察值可能被多次抽到，而另外某个样本却根本没有被抽到：所以我们的再抽样通常与原样本不同，尽管其中的每个观察都来自于原样本。一旦获得再抽样，就可以据此估计我们感兴趣的参数。于是我们就获得了一个参数的再抽样估计。不断重复上述过程，就可以得到一个再抽样样本估计的集合 B，该集合被称为参数估计的再抽样样本。

这时，我们可以用自举样本来估计我们的参数 θ 的置信区间。例如，设用再抽样 i 获得的估计量为 $\hat{\theta}^{B}(i)$，则我们可以根据我们的 $\hat{\theta}^{B}(i)$ 的取值构造模拟出相应的分布密度函数，并且根据它的分位点计算其置信区间，如果我们的置信区间所决定的面积占分布密度函数所围总面积的 $1-2\alpha$，则置信区间的计算公式如下：

$$\text{置信区间} = [\hat{\theta}^{B}_{\alpha}, \hat{\theta}^{B}_{1-\alpha}] \tag{A4.5}$$

其中，$\hat{\theta}^{B}_{\alpha}$ 为自举估计 $\hat{\theta}^{B}(i)$ 的分布的 α 分位点。这种计算置信区间的方法易于使用且不依赖于任何参数理论、渐进理论等其他理论。

然而，这种基本分位点方法有其自身的局限性，特别当参数估计量本身有偏的时候。因此，最好使用改进的分位点方法，其中最好的方法或许是纠偏加速法（简记为 BCa），它在理论上和实际上对基本分位点法作了实质性改进。这一方法将公式（A4.5）中的 α 和 $1-\alpha$ 分别替换

① 自举抽样法可能会被描述为非参数性方法，因为我们对给定的数据样本进行了自举抽样。实际上，自举抽样法也可以是参数性的，这时我们对假定分布进行自举抽样。在参数性条件下使用自举抽样法时，该方法不但能够提供通常比教科书公式更为准确的结果，而且它还可以解决用教科书的公式解决不了的问题。自举抽样法的使用也可以是半参数性的，一个很好的例子就是第 4 章讨论的 FHS 方法。

② 实际工作中，n 的取值也要选择。这里为了讨论方便，我们假定 n 是给定的。

为 α_1 和 α_2，其中：

$$\alpha_1=\Phi\left(\hat{z}^0+\frac{\hat{z}^0+z_\alpha}{1-\hat{\alpha}\ (\hat{z}^0+z_\alpha)}\right),\ \alpha_2=\Phi\left(\hat{z}^0+\frac{\hat{z}^0+z_{1-\alpha}}{1-\hat{\alpha}\ (\hat{z}^0+z_{1-\alpha})}\right) \quad (A4.6)$$

如果其中的参数 $\hat{\alpha}$ 和 $\hat{z}^0$ 为 0，则 *BCa* 的置信区间和前面的分位点置信区间一致。然而，一般而言，它们并不为 0，而且我们可以认为 *BCa* 方法是置信区间端点的修正法。参数 $\hat{\alpha}$ 称为 $\hat{\theta}$ 的标准误关于真值 θ 的变化率，可以将其视为偏度修正。这一参数可按照下面的公式估计，该公式的推导是自举抽样法的一个简单练习：

$$\hat{a}=\frac{\sum_{i=1}^{M}(\hat{\theta}-\hat{\theta}^B(i))^3}{6[\sum_{i=1}^{M}(\hat{\theta}-\hat{\theta}^B(i))^2]^{3/2}} \quad (A4.7)$$

参数 $\hat{z}^0$ 可以用超过原始估计 $\hat{\theta}$ 的自举估计的比例的标准正态逆来估计。因此，*BCa* 方法相对而言易于执行，并且在以下两个方面比基本分位点法好：一是计算结果更为精确，二是抗变换性强，所谓抗变换性是说如果我们对 θ 作变换（例如，如果 θ 为方差，则我们可以对它进行开根号变换，以获得标准差），则 *BCa* 方法会自动地修正变换后的参数的置信区间的端点①。

我们也用参数估计的自举抽样样本对参数作点估计，这种方法常常优于原始样本估计量 $\hat{\theta}$。已知有一个再抽样估计量集合 B，我们可以将自举抽样点估计量 $\hat{\theta}^B$ 取为 B 中各个 $\hat{\theta}^B(i)$ 的平均②：

$$\hat{\theta}^B=\frac{1}{B}\sum_{i=1}^{B}\hat{\theta}^B(i) \quad (A4.8)$$

同时，我们也可以用自举抽样法估计上述估计量的偏差。这一偏差是指估计量的期望和待估量的真实值的偏差（即，$E[\hat{\theta}]-\theta$），并且这

① 更多有关 BC_a 和分位点区间方法的其他改进，参见 Efron 和 Tibshirani（1993，第 14 章和第 22 章），Davison 和 Hinkley（1997，第 5 章）。

② 该基本自举抽样估计法，也可用方差—缩减方法（例如，重点抽样）加以补充，以便在计算成本给定的条件下改善估计精度。详细内容，参见 Efron 和 Tibshtrani（1993，第 23 章），Davison 和 Hinkley（1997，第 9 章）。

一偏差可按下述公式估计：

$$\text{bias} = E[\hat{\theta}] - \theta \Rightarrow \text{estimated bias} = \hat{\theta}^B - \hat{\theta} \tag{A4.9}$$

其中的 $\hat{\theta}^B$ 用公式（A4.8）计算，$\hat{\theta}$ 为基本样本估计量。这一偏差估计量的用途很多（例如，修正有偏估计量，修正预测误差等）。然而，这个偏度可能有一个相对较大的标准误。这时，偏差修正的效果不一定好，因为偏差修正估计的标准误比无偏差估计大。

计算自举抽样统计量的程序很容易写，由此带来的成本增加微不足道①。

A4.7 自举抽样估计量的标准误

很显然，自举抽样估计本身要受其标准误的影响。通常，自举抽样估计的偏差较小，方差较大，后者源于基本样本的多样性（即，我们拥有的是来自总体的样本容量为 n 的样本而不是总体本身）和再抽样的多样性（即，我们再抽样集合 B 所含再抽样样本的个数 B，仅仅是一个有限数而不是无限数）。$\hat{\theta}$ 的标准误估计 $\hat{s}_B$ 的估计公式如下：

$$\hat{s}_B = \left(\frac{1}{B}\sum_{i=1}^{B}\left(\hat{\theta}^B(i) - \hat{\theta}^B\right)^2\right)^{1/2} \tag{A4.10}$$

其中，$\hat{\theta}^B =（1/B）\sum_{i=1}^{B}\hat{\theta}^B(i)$。虽然 $\hat{s}_B$ 易于估计，但是其本身却有可变性，且 $\hat{s}_B$ 的方差计算公式如下：

$$\text{var}(\hat{s}_B) = \text{var}[E(\hat{s}_B)] + E[\text{var}(\hat{s}_B)] \tag{A4.11}$$

由 Efron 和 Tibshirani（1993，第 19 章）知（A4.11）可以整理如下：

$$\text{var}(\hat{s}_B) = \text{var}[\hat{m}_2^{1/2}] + E\left[\frac{\hat{m}_2}{4B}\left(\frac{\hat{m}_4}{\hat{m}_2^2} - 1\right)\right] \tag{A4.12}$$

---

① 第 4 章的 4.2.2 节和 4.3.2 节给出了一个自举抽样法用于 VaR 的例子，前者讨论了 VaR 的自举抽样点估计量，后者讨论 VaR 的自举抽样置信区间。

其中，$\hat{m}_i$ 表示 $\hat{\theta}^B$（i）的自举抽样分布的 i 阶矩。如果 θ 是均值，则由公式（A4.12）知：

$$\mathrm{var}(\hat{s}_B)=\frac{\hat{m}_4/\hat{m}_2-\hat{m}_2}{4n^2}+\frac{\sigma^2}{2nB}+\frac{\sigma^2(\hat{m}_4/\hat{m}_2^2-3)}{4n^2B} \tag{A4.13}$$

如果分布服从正态分布,则这一公式可进一步化简为:

$$\mathrm{var}(\hat{s}_B)=\frac{\sigma^2}{2n^2}\left(1+\frac{n}{B}\right) \tag{A4.14}$$

我们可以调整 B,使得 $\mathrm{var}(\hat{s}_B)$ 降低到我们希望的水平,进而使得我们的估计 $\hat{s}_B$ 的精度达到目标水平。然而,这些结果也有其局限性。因为,等式(A4.13)仅对均值有效,而且公式(A4.14)也需要以正态假定为前提。

因此,我们面临两个相关问题:(1)一般情况下如何估计 $\mathrm{var}(\hat{s}_B)$?(2)如何选择 B 使得我们的 $\hat{s}_B$ 估计达到给定的精度要求?解决办法之一就是使用强制手段:使用自举抽样后的刀切(jackknife)估计方法(这种做法是,先自举抽样,然后根据自举抽样应用刀切估计方法来计算 $\mathrm{var}(\hat{s}_B)$),或者使用双重自举抽样法(这种方法是,先计算自举抽样估计 $\hat{s}_B$ 的估计值,然后估计它们的方差)。然后,我们可以选择不同的 B 值进行试验,据此决定这些参数值,其中,$\mathrm{var}(\hat{s}_B)$ 低于一个可接受的水平。

如果我们更关心第二个问题(即,如何选择 B 的问题),Andrews 和 Buchinsky(1997)提出了下述更为简洁的方法。假设 $\hat{s}_B$ 的理想值是 $\hat{s}_\infty$,即根据无限次自举抽样做出的估计。设 τ 为目标概率值,这个数应该接近1,设"bound"为 $\hat{s}_B$ 和 $\hat{s}_\infty$ 的相对误差百分数的上界。我们希望选择合适 $B=B(bound,\tau)$ 的上界,使得 $\hat{s}_B$ 和 $\hat{s}_\infty$ 的相对误差百分数在 bound 以内的概率 τ 为:

$$P_\gamma\left[100\left|\frac{\hat{s}_B-\hat{s}_\infty}{\hat{s}_B}\right|\leqslant \mathrm{bound}\right]=\tau \tag{A4.15}$$

如果 B 比较大,则再抽样样本数量近似等于:

$$B\approx\frac{2500(\kappa-1)\chi_\tau^2}{bound^2} \tag{A4.16}$$

然而，这一公式并不具有可操作性，因为 κ（$\hat{\theta}^B$ 的峰度）未知。为了解决这一问题，我们使用 κ 的一致估计量替代 κ，Andrews 和 Buchinsky 在此基础上提出用下述方法决定 B：

- 首先假定 $\kappa=3$，然后将其带入公式（A4.16）得 B 的初值 B_0：

$$B_0=\text{int}\left(\frac{5000\chi_\tau^2}{bound^2}\right) \tag{A4.17}$$

其中，$\text{int}(a)$小于等于 a 的最小的整数。

- 做 B_0 次模拟，然后计算自举抽样估计量 $\hat{\theta}^B$ 的样本峰度 $\hat{\kappa}$。
- 将自举抽样次数 B 取为 max（B_0，B_1），其中：

$$B_1\approx\frac{2500(\hat{\kappa}-1)\chi_\tau^2}{bound^2} \tag{A4.18}$$

这一方法并未直接告诉 $\hat{s}_B$ 的方差究竟是什么，但是却告诉我们在一般情况下如何估计它。这一方法还告诉我们更多有用的东西：如何使我们的自举抽样估计量达到目标水平，并且对于任何参数 θ 和任何 $\hat{\theta}^B$ 的分布，这一方法［不像公式（A4.13）和（A4.14）那样］都可用①。

A4.8 时间依赖性和自举抽样

自举抽样法的主要局限性或许是，标准自举抽样方法要求样本中的各个观察值之间在时间上是独立的，如果这一假设不成立，则该方法不可靠。幸运的是，有多种修正自举抽样法的方法，使之允许这种依赖性：

- 如果我们想做出某个参数假设，可以用参数方法对依赖性做模型化处理（例如，使用 GARCH 方法）。可以对其残差应用自举抽样法，这时的抽样应该是独立的。然而，这种解决办法需要我们识别出基本随机模型并能估计其参数。这使得我们面对模型风险和参数风险。
- 另一种方法是分块法：我们将样本数据划分为互不重叠的等长

① 该三步法可以加以改善和扩展。例如，可通过修正峰度偏差来改善该方法，类似的（虽然更复杂）的三步法也可以用于获得置信区间估计量精度的置信水平。更多相关的改进内容，参见 Andrews 和 Buchinsky（1997）。

度的块，然后，随机选择出某一个块。但是，这种方法可能“漂白”的数据（因为跨块联合观察被独立抽取），这可能会削弱我们的结果。尽管有各种各样的处理这类问题的方法（例如，让块的长度随机等），但是却也使分块法的实施难度加大。

- 第三个解决办法是修改各个具体观察值被选择到的概率。代替每个观测值被选择的概率相同的假定，我们可以根据最近选到的样本的时间指标为样本选择赋予概率：举例来说，如果样本数据是按时间顺序排列的，如果刚选出观察是 i，那么观察 $i+1$ 接下来相对于其他观察更容易被选到。

附录 3

非参数分布密度估计

分布密度的估计，除了需要根据观测数据的情况考虑分布密度函数的构建，还涉及其他问题，例如，如何表示一个数据集，如何考察其性质（例如，双峰、偏度等），以及如何在其他任务中作为输入使用分布密度估计，等等。分布密度的估计有两种基本形式：第一个也是我们最熟悉的是参数密度估计，我们把数据与某个特定（可能的）分布拟和：做一些初步的数据分析，选择一个适当的分布，估计其中的参数，尽可能使相关曲线和数据吻合。第二个方法是非参数密度估计法，这里我们刻意避免曲线和数据的拟合，而是尽可能地让数据自己说话。第一种方法的重点是选定某种曲线和数据拟合；第二种方法的重点则是从数据中榨取有效信息。

非参数密度估计的问题相当微妙，引发了不少专门的研究文献。首先，我们将概述非参数密度估计的主要方法：直方图方法、自然估计法、核估计法、自适应核估计法。然后，讨论核估计方法在 VaR 上的应用。

A4.9　非参数密度估计：概貌

A4.9.1　直方图法

最常用的表现数据的方法就是直方图。已知原点为 x_0，直方图每个箱体的宽度为 h，则直方图的箱体可以被定义在下述区间上：

$$[x_0 + mh, x_0 + (m+1)h) \tag{A4.19}$$

其中，区间的开闭可以任意指定，左闭意味着左边界上的数据被包括在区间中，右开意味着右边的数据被排除在区间以外。直方图本身可以被定义如下：

$$\hat{f}(x) = \frac{1}{nh} \cdot \#X_i \tag{A4.20}$$

其中，$\#X_i$ 表示 x 所在箱体中观测值的数量。为了构造直方图，我们首先选择原点 x_0 和箱体宽度 h，然后估计公式（A4.20）。

然而，不同的参数选择可以导致不同的结果，特别是箱体宽度。为了说明宽度对结果的影响，图 A4.1 给出两个例子，它们尽管有相同的数据，但是其直方图却因箱体的宽度不同而不同。图 A4.1（a）显示的直方图有 6 个箱体，它给人的印象是这些数据有一个看上去不错的密度，只是有一个明显的长右尾。图 A4.1（b）使用同样的数据显示了一个有 15 个箱体的直方图，它给人一个截然不同的印象：这些数据形成双峰分布，其中大部分数据属于定义良好的密度群体，而且少数极端观察值自身构成一个右边的小群体。我们早先看到的"长尾"不复存在。第二个直方图提供了更多关于尾巴的信息，它表现出无关噪声的均匀冲击，而第一直方图却将它们平滑掉了。这说明了宽度选择的作用：较宽的箱体可以平滑掉数据中的噪音，但过宽的箱体设定则会平滑掉数据中有价值的信息。

图 A4.1（a）

六箱体直方图

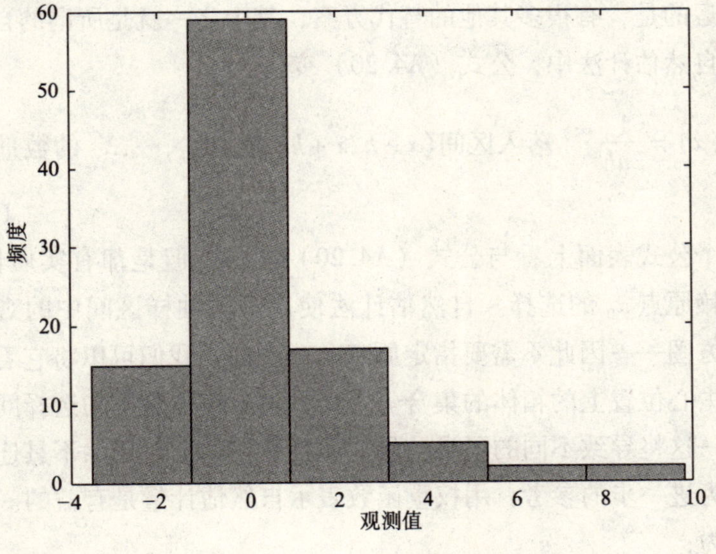

图 A4.1（b）

十五箱体直

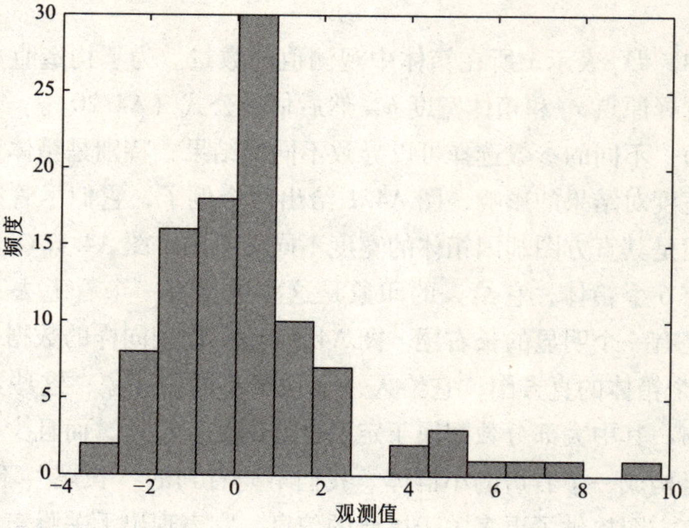

这些例子表明，直方图能够根据当事人的主观判断任意调整，所以可能导致错误。直方图的效率可能低下，当我们试图把它们作为分布密度函数用于其他工作时，也可能会出问题。

A4.9.2　自然估计法

幸运的是，有很多其他的替代方案，其中之一就是所谓的自然估计法。在自然估计法中，公式（A4.20）变为：

$$\hat{f}(x)=\frac{1}{2nh}\cdot[\text{落入区间}(x-h,x+h)\text{中的 }X_1,\cdots,X_n\text{ 的数量}] \tag{A4.21}$$

这个公式表面上看与公式（A4.20）相似，但是却有实质性不同，它不依赖原点 x_0 的选择。自然估计法使用落入抽样区间中的观察值来构造直方图——因此不需要指定原点 x_0——而且我们可以将它看成是这些观察中心位置上的箱体的集合。然而，不但箱体跨度的选择问题依然存在——这将导致不同的平滑结果，而且我们的估计仍然不具连续性。

作为进一步的参考，用权重函数表示自然估计量是有益的。如果权重函数为：

$$w(x)=\begin{cases}1/2 & \text{if} \quad |x|<1 \\ 0 & \quad\quad |x|\geq 1\end{cases} \tag{A4.22}$$

则自然估计量可以表示如下：

$$\hat{f}(x) = \frac{1}{n}\sum_{i=1}^{n}\frac{1}{h}w\left(\frac{x-X_i}{h}\right)_i \tag{A4.23}$$

可以认为自然估计量是由某个特定的（而不是自然的）权重函数决定的估计量。

A4.9.3　核估计法

核估计法优于直方图法和自然估计法。核估计法是自然估计法的一般化，它用核函数 $K(x)$ 替代公式（A4.22）的权重，核函数 $K(x)$ 需要满足下面的条件：

$$\int_{-\infty}^{\infty}K(x)\,dx=1 \tag{A4.24}$$

$K(x)$ 常常是概率分布密度函数，但是有时也可能是离散函数或分段连续函数（例如，公式（A4.22）），已知核函数为 $K(x)$，则可以定义核估计量如下：

$$\hat{f}(x)=\frac{1}{nh}\sum_{i=1}^{n}K\left(\frac{x-X_i}{h}\right) \tag{A4.25}$$

如果 $K(x)$ 为非负函数，并且公式（A4.25）的核估计量光滑可微，则可以把公式（A4.25）中的 $\hat{f}(x)$，作为一个行为规范的分布密度函数来处理。

还可以把核估计量看成是围绕每一个观察的概率“隆起”。这些隆起的形状由核函数 $K(x)$ 决定，其宽度由带宽 h 决定。选择核函数和带宽时，我们希望估计量 $\hat{f}$ 能与真实而未知的分布密度 f 充分接近，衡量其在点 x 上的接近程度的一个自然测度就是均方误差（mean square error（MSE））：

$$\begin{aligned} MSE_x(\hat{f}(x)) &= E[\hat{f}(x)-f(x)]^2=[E\hat{f}(x)-f(x)]^2+\mathrm{var}(\hat{f}(x)) \\ &= [\mathrm{bias}(\hat{f}(x))^2+\mathrm{var}(\hat{f}(x)) \end{aligned} \tag{A4.26}$$

其中，$\mathrm{var}(\hat{f}(x))$ 为 $\hat{f}(x)$ 的方差。所以 MSE 为偏差加方差，这意味着我们要面对偏差和方差的平衡问题。还可以用对 MSE 关于 x 求积分的方法来获得衡量 $\hat{f}$ 和 f 的全局接近程度的测度 MISE，其计算公式如下：

$$
\begin{aligned}
MISE(\hat{f}) &= E\int[\hat{f}(x)-f(x)]^2dx \\
&= \int[E\hat{f}(x)-f(x)]^2dx+\int \mathrm{var}(\hat{f}(x))dx
\end{aligned}
\tag{A4.27}
$$

所以 MISE 为偏差积分和方差积分的和。

现在我们希望选择适当的核函数使得 MISE 最小——耗费很大的工作量后[①]——可以证明最优核函数是 Epanechinikov 核函数：

$$
K_e(x)=\begin{cases}[3/(4\sqrt{5})](1-0.2x^2) & -\sqrt{5}\leqslant x\leqslant\sqrt{5}\\ 0 & \text{其他}\end{cases}
\tag{A4.28}
$$

当然，还有其他许多有用的核函数，它们几乎与 Epanechinikov 核函数同样有效。这些核函数分别为下面的三角核函数（triangular）、高斯（Gaussian）核函数和箱体（box）核函数：

$$
\begin{cases}1-|x| & |x|<1\\ 0 & \text{其他}\end{cases}
\tag{A4.29a}
$$

$$
(1/\sqrt{2\pi})e^{-0.5x^2}
\tag{A4.29b}
$$

$$
\begin{cases}1/2 & |x|<1\\ 0 & \text{其他}\end{cases}
\tag{A4.29c}
$$

这些核函数都可能有不错的实际效果。

核函数选定后，还存在带宽 h 的选择问题。一个办法就是主观地选择 h，具体做法是先针对不同的带宽画出不同的核估计曲线，然后从中选择与现有数据最贴切的 h。当然，如果我们已经有了适当的核函数形式，那么也就有了一些有益的选择 h 的基本信息[②]。例如，如果我们的核函数

① 参见 Silverman（1986，第 39－40 页）。

② 这些方法还包括自动最小二乘交叉验证、似然交叉验证以及检验图方法。更多的相关信息，参见 Siverman（1986，第 48－57 页）。

为高斯函数，那么最优带宽为：

$$h_{opt} = 1.06\sigma n^{-1/5} \tag{A4.30}$$

这使得我们可以直接利用现有数据计算最优带宽，其中，σ 使用其样本估计值代替①。如果数据服从正态分布，这个带宽是最优的，但是它却会平滑掉一些非正态数据。为了弥补这一缺陷，Silverman 建议对这一最优带宽做如下修正：

$$h = 1.06An^{-1/5} \tag{A4.31}$$

其中：

$$A = \min\left[\sigma，分为点范围/1.34\right] \tag{A4.32}$$

这一带宽能够为取值范围较宽的分布提供较好的拟合。

图 A4.2 利用来自标准正态分布的容量为 100 的样本，解释了核估计方法。正如我们看到的那样，无论采用哪个核函数，VaR 估计基本不变。

专栏 A4.1

可变核估计方法

核估计方法不但直观、简单和实用，而且我们对其性能的认识也当充分。然而，它还受到另外一个问题的困扰。由于带宽相对于整个样本固定，所以核方法常常只为分布的中心部分提供良好的平滑，却把一些散杂噪声留在分布的尾巴。但是，如果我们想平滑掉这些噪音，不得不对分布的中间部分做过度平滑，这可能丢失某些有用信息：如果不影响分布的中心部分，那么处理好其尾部是困难的。

这个问题可以用适应方法加以解决，它允许带宽随着观察值分布情况的不同发生变化②。可变核估计计量方法属于这类方法：

$$\hat{f}(x) = \frac{1}{n}\sum_{j=1}^{n}\frac{1}{hd_{j,k}}K\left(\frac{x - X_j}{hd_{j,k}}\right)$$

其中，$d_{j,k}$表示 X_j 和其他数据点中第 k 个和它最接近的点的距离。置于 X_j 上核的带宽和 $d_{j,k}$成比例，离 x 越远，核越平滑。

① 参见 Silverman（1986，第 45 页）。

② 还有其他解方法，包括：最近相邻法，其中用于观察的带宽依赖于该观察和它近邻的距离；最大惩罚似然方法，这是一种经验密度函数粗糙度调整后的最大似然方法；与正交序列估计量方法一样，都是傅立叶变换方法。更多相关内容，参见 Silverman（1986，第 2 章和第 5 章）。

图 A4.2

其他核函数的分布密度函数

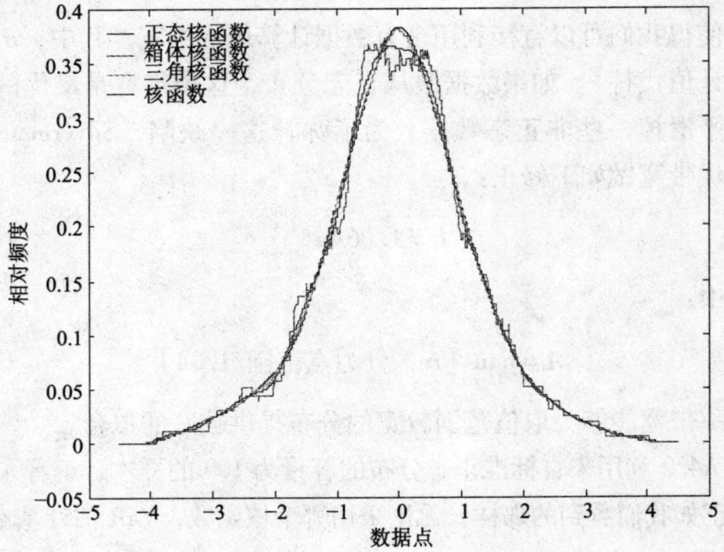

注：图中的核估计，使用了 MATLAB 统计工具箱中的“ksdensity”函数，带宽用公式（A4.30）算出。

A4.10　风险测度估计的核方法

分布密度估计理论意味着，使用核方法应该能够比历时模拟方法（HS）更好地对 VaR 和 ES 做非参数估计。HS 方法本质上是用直方图来估计 VaR 和 ES，正如我们所看到的那样，这种方法对数据的把握不是很好。

对 VaR 本身做 VaR 估计时，我们首先用一个合适的核密度函数来拟合数据，然后根据该分布密度函数构造出累积分布密度函数，最后通过求其逆函数获得分位点（或百分点），它们和我们的 VaR 相对应。ES 或更一般的一致风险测度估计，可使用某种方法对尾部 VaR 作加权平均，其中的 VaR 估计方法则是核方法。另外，还可以用自举抽样方法估计风险测度的置信区间。

Butler 和 Schachter（1998）对这些估计方法的实际表现做过一些研究。他们将历史核方法应用到实际交易的组合中，发现在某些特定情况下，自适应核方法通常会导致 VaR 的高估，其他核方法对 VaR 估计影响不大。其结论是：最好选择自适应 Epanechinikov 核方法和自适应高斯核方法。

目前，尚不清楚核方法较传统的历史法有多大程度地改进：虽然核方法理论上占优，但是使用难度较大、结果的透明度也比较差。因此，很难知道误差估计的精确度。

附录 4

主成份分析和因子分析

这里讨论主成份分析（PCA）和因子分析（FA），它们处理和洞察多元统计的方法。更具体地说，它们是多维方法，可以比较简单地表示数据集中的风险因素，通过寻找假定变量的方法来减少高度相关的数据集的维数——这个假定变量实际上是原始数据的线性组合——它可以相当程度上“解释”原始数据的变化。这种方法在处理高维风险测度时非常有用。下面是两个常见的例子：

- 我们可能需要估计由数百个不同资产组成的组合的风险测度。
- 可能会处理一个固定收益组合，这需要考虑组合中每一个通货的现货汇率曲线上 10 个或 10 个以上的点。

这些方法也可以用于完成其他任务，例如，清洁数据、制定映射系统以及“调整”方差或相关系数矩阵使其满足正定、半定性等我们所希望的性质（参见，第 5 章的 5.3 节）。

A4.11 主成份分析

A4.11.1 理论

首先讨论主成份分析和一些定义。设 Σ 是一个 m 阶的实对称正定矩阵（根据正定的定义，对于任意的 $1\times m$ 阶向量 $w\neq 0$，有 $w\Sigma w^T>0$，这保证了组合的波动 $w\Sigma w^T$ 总是正的）。若存在一个实数 λ_i 和 $m\times 1$ 阶向量 $v_i\neq 0$，使得 $\Sigma v_i=\lambda_i v_i$，则称 λ_i 为矩阵 Σ 的特征根，v_i 为与这个特征根相应的特征向量。因为 Σ 的秩为 m，所以它有 m 个不相关的特征向量，其中每一个特征向量对应一个特征根 λ_i。然而，由于特征向量的任何数量积还是特征向量，所以特征向量仅在线形变换的意义上唯一。

现在假设 x 是一个 $m \times 1$ 阶随机向量（例如，回报向量），其协方差阵为Σ。考虑另外一个 $m \times 1$ 阶随机向量 p，它是 x 中各个随机变量的线形组合，即它为 x 和一个 $m \times m$ 阶矩阵 A 的乘积：

$$p = Ax \tag{A4.33}$$

设 p_i 为 p 的第 i 分量，则：

$$p_i = A_i x = \sum_{j=1}^{m} a_{i,j} x_j \tag{A4.34}$$

其中，A_i 为 A 的第 i 行。所以 p_i 是 x 各个分量的线形组合或加权平均。由于给各个权重乘以同一个量，不改变权重的作用，所以我们可以将这些权重标准化，于是 $A_i A_i^{\mathrm{T}} = 1$。注意，p 的方差和协方差为：

$$\mathrm{var}(p_i) = A_i \Sigma A_i^T, i = 1, \cdots, m \tag{A4.35a}$$

$$\mathrm{cov}(p_i, p_j) = A_i \Sigma A_j^T, i, j = 1, \cdots, m \tag{A4.35b}$$

主成份分析的基本思想是找一些线形组合 A_i 使得 p_i 的方差最大，使得对任意 $i \neq j$，有 $\mathrm{cov}(p_i, p_j) = 0$。第一个主成份 p_1 为 x 的线性组合 $p_1 = A_1 x$，使得 p_1 的方差在 $A_1 A_1^{\mathrm{T}} = 1$ 的条件下最大；第二个主成份 p_2 为 x 的线性组合 $p_2 = A_2 x$，使得 p_2 的方差在 $A_2 A_2^{\mathrm{T}} = 1$ 和 $\mathrm{cov}(p_1, p_2) = 0$ 的条件下最大；第三个主成份 p_3 为 x 的线性组合 $p_3 = A_3 x$，使得 p_3 的方差在 $A_3 A_3^T = 1$、$\mathrm{cov}(p_1, p_3) = 0$ 和 $\mathrm{cov}(p_2, p_3) = 0$ 的条件下最大；等等。

因为$\Sigma v_i = \lambda_i v_i$，所以：

$$\Sigma v = v\Lambda \Rightarrow \Sigma v v^T = \Sigma = v \Lambda v^T \tag{A4.36}$$

其中，v 为由Σ的特征向量构成的 $m \times m$ 阶矩阵，Λ 为 $m \times m$ 阶对角矩阵，其对角线上的元素为矩阵Σ的特征根 $\lambda_1, \lambda_2, \cdots, \lambda_m$，并且我们可以将 v 标准化，使得 vv^{T} 等于单位阵。如果我们用 $p = v^T x$ 对 x 作变换，则 p 的方差—协方差阵 $VC(p)$ 为

$$VC(p) = VC(v^T x) = v^T \Sigma v = v v^{\mathrm{T}} \Lambda v v^T = \Lambda \tag{A4.37}$$

由于 Λ 为对角矩阵，所以公式（A4.37）告诉我们 p 的各个分量之间不相关，并且其方差为对角矩阵 Λ 的对角线上的元素——Σ的特征

根。很显然，p 的各个分量为我们的主成份，我们要找的矩阵是特征向量矩阵 v。

简而言之，x 的协方差矩阵为 Σ，其对角线上的元素通常不为 0，而 x 的主成份 $p(=Ax)$ 的协方差矩阵为对角矩阵，对角线上的元素为 x 的协方差矩阵 Σ 的特征根。

所以我们的 m 个原始变量的主成份是 m 个被刻意构造的人工变量，第一个变量力求能够尽可能多地“解释”所有原始变量的总变化；第二个变量力求尽可能多地“解释”第一主成份解释不了的原始变量的总变化，并且和第一个变量不相关；第三个变量力求尽可能多地“解释”前两个主成份解释不了的原始变量的总变化，且和前两个主成份不相关。主成份的构造方式意味着特征根应该按照降序排列：

$$\lambda_1 \geqslant \lambda_2 \geqslant \cdots \geqslant \lambda_m > 0 \tag{A4.38}$$

通常，第一个主成份对原始数据总变化的解释多于第二个主成份，第二个多于第三个，等等。而且，由于主成份为原始变量的线形组合，所以所有主成份合在一起可以解释我们原始数据所有的变化（或所有的方差）。每个主成份所能解释的比例为：

$$\frac{\lambda_1}{\sum_{i=1}^{m}\lambda_i}, \frac{\lambda_2}{\sum_{i=1}^{m}\lambda_i}, \cdots, \frac{\lambda_m}{\sum_{i=1}^{m}\lambda_i} \tag{A4.39}$$

第一个主成份能够解释的部分在总变化中所占的比例为 $\lambda_1 / \sum_{i=1}^{m}\lambda_i$。

然而，重要的是要认识到主成份与原始数据的测量方式有关。如果数据的测量采用不同的单位，则我们的结果也会随之变化，这可能使其有误导性和/或不可靠性。特别是，主成份依赖于数据集中不同序列的相对变化。如果不同序列的数据的变化差异很大，那么变化最大的序列将在第一个或前两个主成份中居主导地位，主要的组成部分，我们的结果可能会受到严重的损害。同样，如果我们改变数据的测量单位，尽管系列的相关性不发生变化，但是主成份会发生变化，因为它们依靠相对变化，而测度的变化会导致相对变化。所以，主成份分析的结果依赖于数据的测度指标。因此，重要的是确保数据的测量有可比性，一个常用的实现可比性的方法就是对数据作标准化处理，即用各自的标准差除这些数据。这相当于，将主成份分析用于相关系数矩阵而不是协方差阵。

前几个主成份将解释总变化中相当比例的部分，其余主成份能够解释的比例相对较小。典型的金融例子是，原来的变量可能因期间不同而有不同的即期汇率，并且前三个主成份可以解释 95% 的即期汇率行为。在这一特定的场景中，前三个主成份已经能够对即期汇率的动态走势做比较充分的解释：第一，可以反映动态利率曲线的水平；第二个可以反映动态利率曲线的陡峭程度；第三，可以反映动态利率曲线的曲率。因此，可以用即期利率的几个主成份来构造即期利率的模型，这意味着主成份分析可用于降低维度多元问题。

没有公式能够告诉我们应该使用多少个主成份。一个标准（即便不完善）的判别准则是，指定某个我们愿意接受的所有变化中无法解释的比例 π——称之为允许比例。按照这一比例，我们想要的最低数量的主成份至少能够解释所有变化的 $1-\pi$。因此，我们选择的主成份数量 k 应该满足：

$$\frac{\lambda_1+\cdots+\lambda_k}{\sum_{i=1}^{m}\lambda_i}>1-\pi \qquad \text{(A4. 40)}$$

所以，如果我们的允许比例为 5%，则我们选择的前 k 个主成份应该使得公式（A4. 40）的左边大于 95%。然而，这一标准多少有些缺乏普遍性，其成立依赖于有时站不住脚的假设——变化小的主成份对关键变量的影响小。因此，是不可靠的。它不能告诉我们一般情况下需要使用多少主成份，才能满足我们对 VaR 和 ES 估计的精度要求。

使用主成份方法时，还需要提防一些陷阱。一个是主成份分析所依据的历史数据可能不稳定；然而，我们可以使用简单的经验方法来降低这种不稳定性，例如，对我们的主成份取移动平均。我们也应该避免使用过多的主成份。虽然主成份越多我们的 PCA 模型对历史数据的拟合越好，但是实际工作中我们模型的预测能力，拟合的好不好与预测能力强不强不是一回事。这意味着，我们增加主成份只是希望它能体现稳定关系，这种关系对预测有益，因此额外的主成份只能使得模型被噪音干扰左右——这会破坏模型的预测能力。因此，应注意不要使用太多的主成份。

专栏 A4.2

主成份分析可以减少需要处理的协方差矩阵中的项数

对角矩阵 Λ 意味着我们需要处理的协方差的数量大幅度减少。如果我们有 m 个变量的协方差矩阵 Σ，则 Σ 有 $m(m+1)/2$ 个不同的元素——包括 m 个对角线的元素和 $m(m-1)/2$ 个对角线以外的元素，而特征值矩阵 Λ 只有 m 个元素，如果 m 很大，则可以减少的项数是非常多的。例如，$m=10$ 时，Σ 有 55 个不同的元素，而 Λ 只有 10 个不同的元素，所以主成份分析可以将协方差矩阵的项减少 80%；$m=100$ 时 Σ 有 5050 个不同的元素，而 Λ 只有 100 个不同的元素，所以主成份分析可以将协方差矩阵的项减少 98%。总之，主成份分析可以在相当程度上减少我们需要处理的协方差矩阵项的数量。

如果我们能够降低我们问题的维度并且消除“不显著的”主成份，则我们的工作量能够较大幅度地减少。所以，如果我们的原始协方差矩阵是 10×10 的矩阵，如果我们只用前三个主成份，则我们需要处理的协方差矩阵中的项数从 55 个下降为 3 个，这意味着下降了 95%；如果我们的原始协方差矩阵是 100×100 的矩阵，如果我们只用前三个主成份，则我们需要处理的协方差矩阵中的项数将下降 99.95%。

A4.11.2 用主成份估计 VaR 和 ES：说明

为此，假设我们有关于 10 个资产回报的由 1000 个观察值构成的样本，这些回报随机地来自多元标准正态分布，它们的均值和方差分别为 0 和 1，资产 i 和 j 的相关系数（协方差）为 $0.8^{|i-j|}$。我们首先分析回报的主成份，分析结果见图 A4.3。该图表明，第一主成份约解释了我们数据总变化的 55%，第二主成份约 20%，第三主成份约 10%，等等。因此前两个主成份解释了总变化的 75%，前三主成份则解释了 85%，依此类推。

现在来估计我们的组合的置信水平 95% 和 99% 的 VaR 和 ES，其结果分别在图 A4.4 和 A4.5 中给出。在这个特定的情况下，用主成份分析法计算出的 VaR 和 ES 非常稳定，特别在主成份有三个或三个以上的时候，并且（如我们所预计的那样）ES 估计明显比 VaR 估计稳定。因为“真正的”风险测度和我们的 10 个主成份的 VaR 测度一致，所以可以看到三个或三个以上的主成份（其解释力占到了我们原始数据解释力的 85% 以上）带给我们风险测度足够“接近”真实的风险测度。三个左右主成份，用来估计置信水平 99% 的 VaR 或许少了一些，但是估计 95% 的 VaR 足够了，估计 ES 则更是绰绰有余。这些例子说明了这样一个普遍认同的观点：用相对较少的主成份可以精确测度高维问题的风险。然而，我们不能认为主成份风险估计总会有不错的表现——在回报的经验分布上的表现通常不如这里考虑的正态分布好。

图 A4.3

主成份的解释力

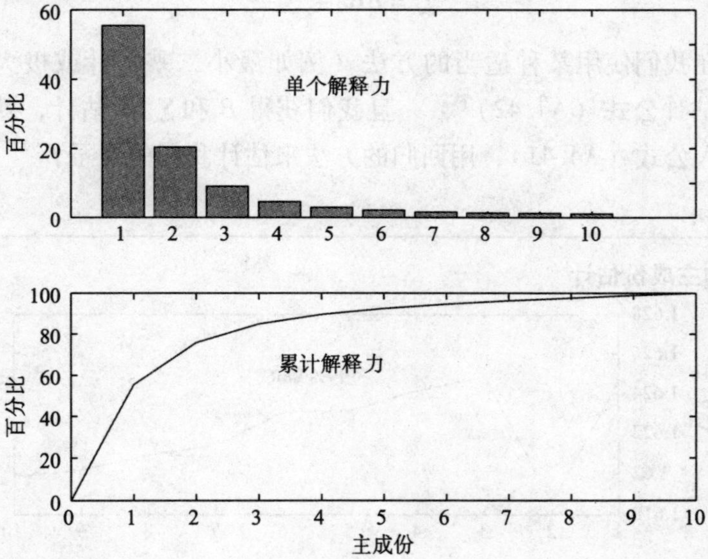

注：图中结果的获得，使用了"pcaprelim" 函数。

因子分析（FA）是一个族多元数据分析方法，常用来研究大量变量的协方差和相关系数，确定最相关的变量的类。具体来说就是，希望找出少数确定的因素来解释多元数据集中协方差（或相关系数）变化的大部。所以因子分析不同于主成份分析，前者强调用少量的假设变量解释多元数据集的协方差和相关性，而主成份分析则把重点放在利用少量的假设随机变量来解释多元数据集的方差。

因子分析的基本思想是，先将可观察变量构成的 $m\times 1$ 阶向量和不可观察的随机因素按照下面的方式联系起来：

$$x = Bf + \varepsilon \tag{A4.41}$$

其中，f为不可观察的$q\times1$阶的因素向量；B为$m\times q$阶参数矩阵，常称之为“因子载荷矩阵”，它们需要通过估计获得；ε为不可观察的随机误差向量。我们的目的是决定因素f。现在假设x和ε是相互独立的，各个随机因素相互独立，并且期望值为0。这些假定意味着ε的协方差矩阵$\sum^{\varepsilon}$为对角矩阵。设x的协方差矩阵为$\sum$，并且将f的协方差矩阵设定为单位矩阵I，则有：

$$\sum = BB^T + \sum^{\varepsilon} \tag{A4.42}$$

现在我们使用某种适当的方法（例如最小二乘估计或极大似然估计）来估计公式（A4.42）[①]，一旦我们获得B和$\sum^{\varepsilon}$的估计，就可以将它们带入公式（A4.41），用回归的方法来估计我们的因子f。

图 A4.4

VaR 的主成份估计

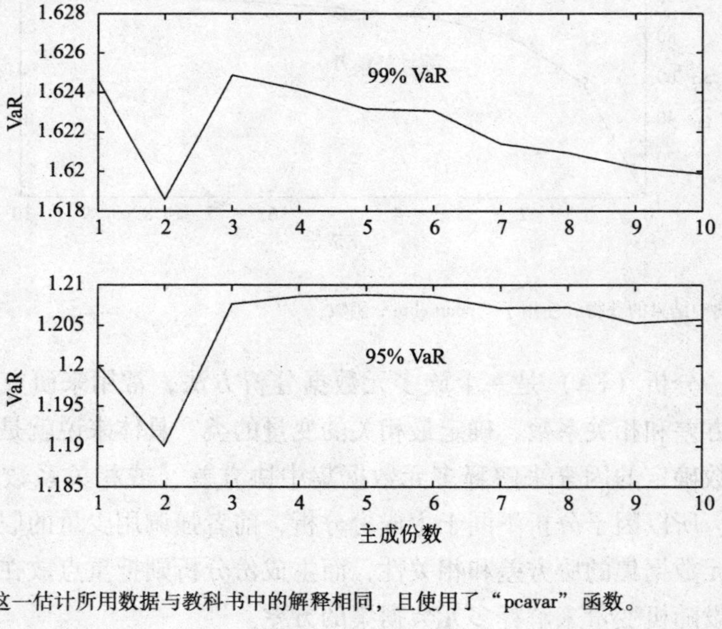

注：这一估计所用数据与教科书中的解释相同，且使用了“pcavar”函数。

一旦获得这些因素，我们就用这些因素代替我们的原始数据，从而降低我们数据集的维数。

---

① 更详细的信息，参见 Adelman（1990），Kennedy 和 Gentle（1980），Tsay（2002，第 8.7 节）。

正如我们能够预计的那样，因子分析会引起更深层次的问题，这些问题并不总能一眼就看得出来。与主成份分析一样，因子分析也有因素不唯一的问题，这需要对我们数据集的各个序列做去除量纲的标准化处理。我们对估计方法的选择也影响到潜在的风险因素的分布，如果我们使用极大似然估计方法，则意味着我们对分布明确地做出选择，如果我们使用最小二乘法，则意味着我们对分布含蓄地做出选择。无论哪种方式，我们采用的分布都是多元正态分布或近似多元正态分布。读者应该注意，因子分析方法不像主成份分析方法那样具有稳健性，并且也更难以编程。

图 A4.5

ES 的主成份估计

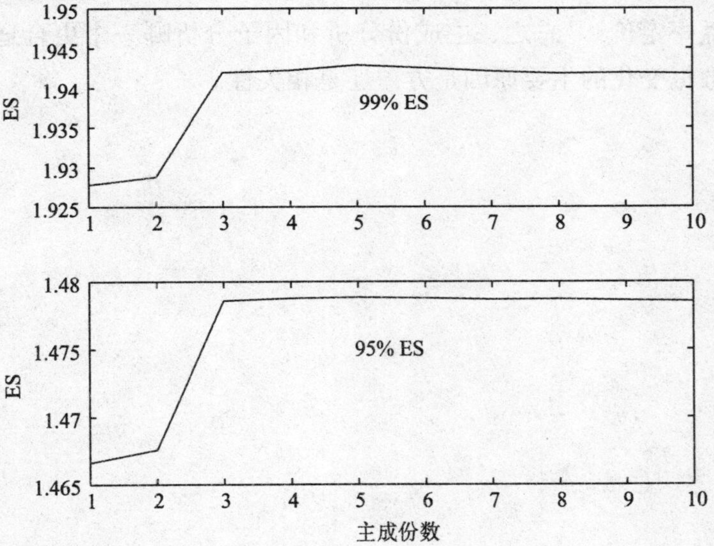

注：图中估计，所用数据与教科书的解释相同，并且使用了“pcaes”函数。

因子分析和主成份分析不同，前者更关心相关系数，后者更关心波动。它们所需参数的数量也是不同的。因子分析需要估计 B 中的 $m \times q$ 个参数和 $\sum^{\varepsilon}$ 对角线上的 m 个参数，总计需要估计 $m(q+1)$ 个参数，而主成份分析仅需要 m 个参数（即 x 的 m 个特征根）。由于 $\sum$ 中有 $m(m+1)/2$ 个元素，所以如果我们所用因素的数量显著小于原始变量的个数（确切地说应该显著小于 $(m-1)/2$），则因子分析方法可以显著减少方差—协方差的数量。

是选择主成份分析方法，还选择因子分析方法？假设这两种方法都使用，那么最好的建议或许是：从业者应该具体问题具体分析。这两个方法的不同可归结为对残差、“无法解释的变化”以及公式（A4.42）的方差—协方差阵Σ^{ε}中元素的处理。一般而言，主成份分析试图找出因素/主成份使得被解释的变化最大化，不能解释的变化最小化。关注的是对角线上的元素，对角线以外的元素则是次要的。相比之下，因子分析则试图减少对角线以外的元素，而对角线上的元素则是次要的。这意味着，主成份分析处理波动性为主的问题时（例如，为利率的上下界定价）相对较好，因子分析处理相关性为主的问题时（例如，价差互换和收益差期权）相对较好。因此，我们应该用主成份分析处理以波动性为主的问题，用因子分析处理以相关性为主的问题（如掉期和期权收益率定价）。总之，主成份分析和因子分析哪一个更合适，取决于我们数据变化的主要原因是方差还是相关性。

第5章

波动率、协方差和相关系数的预测

本章讨论波动率、协方差和相关系数的预测[①]。这不但是现代风险测度领域最重要的课题，而且也是股票和衍生产品定价、对冲和组合管理的关键。同时，它还为金融风险测度的参数（有时是半参数）方法提供非常重要的参数输入。因此，它是下两章讨论的参数方法的基础。

本章分为三个主要部分。5.1节讨论波动率的估计，这里将讨论四个主要方法：等权重移动平均（或历史）法、指数加权移动平均（EWMA）法、GARCH模型法以及隐含波动率方法。随后的5.2节讨论协方差和相关系数的估计，它与前面处理波动的方法类似。最后，5.3节讨论方差—协方差矩阵和相关系数矩阵的估计。

5.1 波动率的预测

5.1.1 波动率的定义

我们可以将波动率定义为回报的标准差。然而，由于回报会随着我们测度的时间区间的增加而增加，因此在其他条件不变的情况下，我们还需要将波动率所涉及的时间区间标准化，以便我们能够比较不同时间区间的波动率。通用的方法是以年度化百分比的形式表示波动率，即：

$$\text{时间 } t \text{ 的波动} = (100\sigma_t)\% \tag{5.1}$$

① 理论上讲，我们应该注意不要混淆预测和估计。预测我们预计在某个给定期间结束时参数等量能够取的值，因此所有的预测都是估计，但并非所有的估计都是预测。但是，目前情况下我们通常把它们当作可以互换的术语使用。

其中，σ_t 是回报的年度化标准差。如果波动率为常数，且随机变量服从随机游走，则我们有一个将 h 期方差转化为 1 期方差的简单方法：在上述假定不变的情况下，h 期方差等于 h 乘以 1 期方差，因此有：

$$\sigma|_{h\text{期}} = \sqrt{h}\sigma|_{1\text{期}} \tag{5.2}$$

所以，如果 $\sigma|_{1\text{期}} = 1$，则两期的方差为$\sqrt{2}$，10 期的方差为 $\sqrt{10}$，等等。这就是所谓的“时间平方根”法则，它可以将单期方差转化为多期方差。

5.1.2 波动率估计的历史方法

现在开始讨论波动率预测问题。为了便于讨论，我们假设“真实的”波动率为一恒定值，方便起见假设我们不考虑尺度因素，一个显而易见的方法就是使用历史（或等权重）移动平均进行估计：

$$\sigma_t^2 = \frac{1}{n-1}\sum_{i=1}^{n}(x_{t-i} - \bar{x})^2 \tag{5.3}$$

这是波动率的无偏估计。然而，如果我们处理的是日数据，平均回报则非常低，我们可将它视为 0 而不去度量它。将均值指定为零对我们估计的影响微不足道，并且（通常）可以降低其标准误差①。大样本时，我们常常使用 n 而不是 $n-1$ 作为估计式的分母。这时波动率估计式可修正如下：

$$\sigma_t^2 = \frac{1}{n}\sum_{i=1}^{n} x_{t-i}^2 \tag{5.4}$$

重要的是，无论是公式（5.3）还是公式（5.4），都给前面所有的 n 个观察值赋予了相同的权重，而对第 n 个观察值以前的观察值不赋予任何权重。

历史方法的问题很多。其中一个问题是，如果我们坚持“真实的”波动率永远不变这一假设，那么我们对波动率估计的任何差异必将仅来自抽样误差。短期（或 n 较小的）估计将产生比长期（或 n 较大的）

---

① 参见 Figlewski（1994）。

估计更加大的波动率，但是这种差异只是由于抽样误差，因为我们的假设保证真正的波动永远不变。因此，如果我们允许真正的波动率可以随着时间的推移而改变，则需要放宽“波动永远不变”的假定。

第二个问题是，这一模型暗含在样本期间内较远的事件和较近的事件拥有同样的影响力。如果 t 时间发生了一个不寻常的事件，这种加权框架意味着这一事件将持续影响我们未来 n 期的波动率估计，即便事情已经过去而且市场也已经恢复正常。其结果是幽灵效应的出现——我们的波动率估计在事件发生的 n 期以内会被人为地高（或低）估，而且伴随着该事件从我们的样本突然退出，我们的估计会突然恢复正常。这种 n 期后的退出和“真正的”波动率没有关系，完全是估计方法使然。

图 5.1 表明了这些影响，该图使用方程（5.3），根据虽然是人工假定的但却似乎符合实际的数据，分别对波动率作了样本容量 $n=20$ 和 $n=60$的估计，巨大冲击发生在 $t=150$①。如果 n 较大，则波动率估计随着时间的变化表现得比较平滑，且对个别事件的反应并不强烈。不寻常的事件发生时，这两个波动率估计迅速攀高，在维持一小段时间的高位后回落。这些高峰反映了幽灵效应，它与 n 的大小有关：n 越小，波动率估计上升得越迅速，且受冲击的影响较大；然而，n 越小冲击的消失速度也越快。因此，在波动率影响力大小和影响时间长短之间存在某种替换关系②。

5.1.3　波动率估计的指数加权移动平均方法

改善等权重移动平均法的一个方法就是使用衰减权重的移动平均法，给最近的观察值赋予较大的权重，给久远的观察值赋予较小的权重。这类加权方法的根据是，波动倾向于以某种稳定的方式随时间变化，这种方法要等权重假定无疑更为合理。于是我们的波动率预测模型应该具有下面的形式：

---

① 确切地说，这里的回报数据来自对条件正态分布的模拟，其中，年均值为 7%，波动率服从参数为 $\omega=0.025$、$\alpha=0.1$ 和 $\beta=0.85$ 的 GARCH（1，1）过程，冲击 4 倍于前 649 天的最大负回报。

② 然而，有趣的是从图中可以看到，冲击后波动的波动率也在增加。这反映了这样一个事实：真实波动率过程被假定服从 GARCH 过程——这个假定并非不合理——而且冲击加强了 GARCH 过程的波动性。这种波动率的增加使得回报的波动率更大，并且在回报的波动率和波动的波动率之间产生了某种正的反馈性循环。

图 5.1

波动率的历史估计

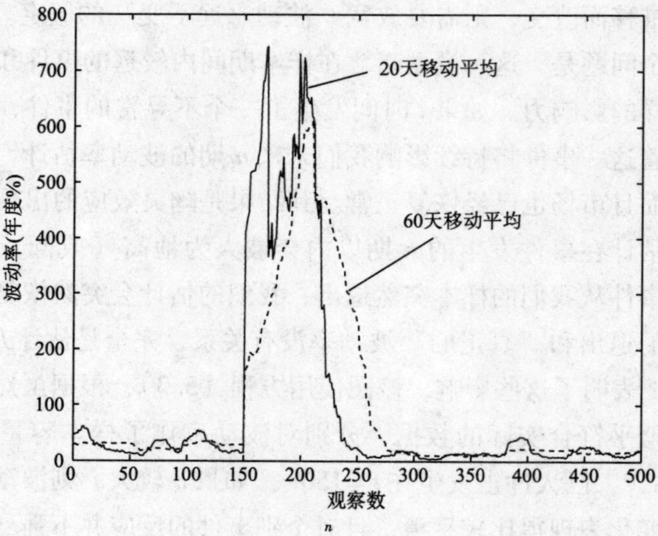

$$\sigma_t^2 = \sum_{i=1}^{n} \alpha_i x_{t-i}^2 \tag{5.5}$$

其中，权重 α_i 随着 i 的增加减少，且其和为 1。这类模型中最简单的一个就是指数加权平均法（EWMA）模型，其中的权重随着时间呈指数式下降：这意味着，$\alpha_{i+1}/\alpha_i = \lambda$，其中，$\lambda$ 是 0 和 1 之间取值的某个常数。基于这些假定可得下面的波动率预测公式：

$$\sigma_t^2 \approx (1-\lambda) \sum_{i=1}^{n} \lambda^{i-1} x_{t-i}^2 \tag{5.6}$$

这个公式的近似在 n 充分大时有效。这种 EWMA 方法的优点是比较直观——观察值的影响力随时间以某种稳定的速率下降，且易于使用，因为它仅依赖一个参数 λ。

利用 EWMA 也可以导出另外一个简单的波动率计算公式。如将公式（5.6）提前一期，并且在等式两边同乘以 λ，可得：

$$\lambda \sigma_{t-1}^2 \approx \lambda (1-\lambda) \sum_{i=1}^{n} \lambda^{i-1} x_{t-i-1}^2 = (1-\lambda) \sum_{i=1}^{n} \lambda^{i} x_{t-i-1}^2 \tag{5.7}$$

现在用公式（5.6）减去公式（5.7）并适当整理可得：

$$\begin{aligned} \sigma_t^2 &= \lambda \sigma_{t-1}^2 + (1-\lambda) x_{t-1}^2 - (1-\lambda) \lambda^n x_{t-n-1}^2 \\ &\approx \lambda \sigma_{t-1}^2 + (1-\lambda) x_{t-1}^2 \end{aligned} \tag{5.8}$$

这个公式告诉我们，第 $t-1$ 天结束时对第 t 天的波动率进行估计，可以根据前一天对波动率的估计 α_{t-1} 和前一天的收益 x_{t-1} 来估计。因此，指数加权移动平均法则 EWMA（公式 5.8）可以解释为一个简单的更新规则——即用最近一天的收益对我们的日波动率估计进行更新。λ 较大意味着权重衰减较慢，较小则意味着衰减较快。λ 究竟取多大值，需要根据我们手头的数据决定。技术文献《风险测度》建议，日回报数据的 λ 可以在 0.94 左右取值①。

基于上一个图的数据，图 5.2 给出了一些波动率的 EWMA 估计曲线，其中，λ 的取值分别为 0.9 和 0.95。在冲击发生的 $t=150$ 的点上，两个估计曲线发生隆起，并且随着时间的推移均再回落。λ 较小的曲线上升和下降都很快；λ 较大的曲线上升和下降都较慢。但是，显而易见，这些 EWMA 估计中的幽灵效应都比等权重估计小。

图 5.2

EWMA 波动率

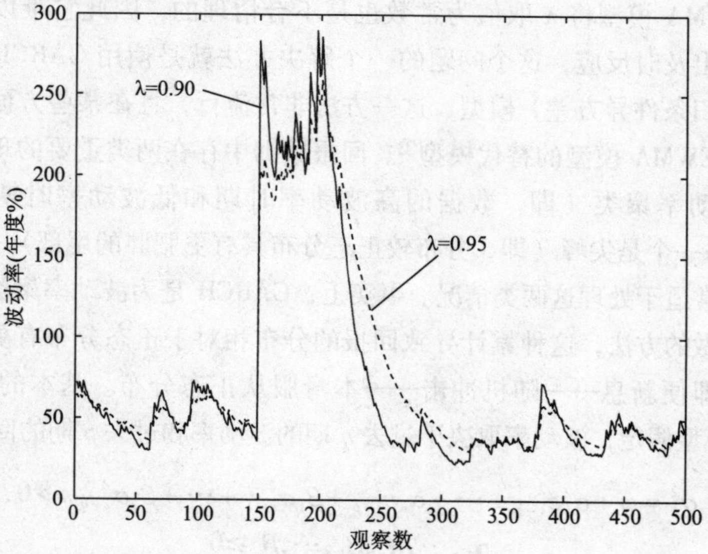

我们也使用公式（5.8）估计未来的波动率。首先将公式（5.8）提升一期：

$$\sigma_{t+1}^2 \approx \lambda\sigma_t^2 + (1-\lambda)x_t^2 \tag{5.9}$$

① Morgan Gnaranty 信托公司（1996，第 97 页）。

然后，在时间 t 上取期望，由 $E(x_t^2)=\sigma_t^2$ 知：

$$E(\sigma_{t+1}^2)\approx\lambda\sigma_t^2+(1-\lambda)\sigma_t^2=\sigma_t^2 \tag{5.10}$$

所以下一期的波动率预测近似地等于我们当期的波动率估计 σ_t^2。同理可证，未来 k 期以后的波动率预测也相同：

$$E(\sigma_{t+k}^2)=\sigma_t^2;\quad k=1,2,3,\cdots \tag{5.11}$$

因此，EWMA 模型意味着我们当期的波动率估计就是未来任何一个时期的最优波动率预测。

然而，这个“平坦”的波动率估计并不诱人，因为它忽略了我们数据现在的动态。例如，即便波动率刚刚发生剧烈上升，EWMA 的预测依然是未来波动率会立即走平，并维持其原有水平，这不太合乎情理。

5.1.4 GARCH 模型估计

EWMA 模型将 λ 取值为常数也是不合情理的，因此它难以对市场状况做出及时反应，这个问题的一个解决办法就是使用 GARCH（一般的自回归条件异方差）模型，这一方法非常流行，且在某些方面表现不俗，是 EWMA 模型的替代模型①。回报数据中存在两类重要的现象：一个是波动率聚类（即，数据的高波动率时期和低波动率时期交错出现）；另一个是尖峰（即，分布较正态分布具有更肥胖的尾部）。GARCH 模型非常适于处理这两类情况。事实上，GARCH 是为波动率聚类数据而量身定做的方法，这种累计导致回报的分布相对于正态分布有更肥大的尾部，即便新息——随机冲击——本身服从正态分布。基本的 GARCH (q,p) 模型假定，波动率取决于过去 q 期的波动率和过去 p 期的回报：

$$\sigma_t^2=\omega+\alpha_1\varepsilon_{t-1}^2+\cdots+\alpha_p\varepsilon_{t-p}^2+\beta_1\sigma_{t-1}^2+\cdots+\beta_q\sigma_{t-q}^2\omega>0,$$
$$\alpha_1,\cdots,\alpha_p,\beta_1,\cdots,\beta_q\geqslant 0 \tag{5.12}$$

其中，参数值的限制是保证条件方差总取正值的必要条件。所以，

① 基本 ARCH 模型首先由 Engle（1982）提出，作为推广模型的 GARCH 模型则由 Bollerslev（1986）提出。这些随后导致了一个非常大的 GARCH 类模型族，其中包括 AGARC，EGARCH，lGARCH，MARCH，NARCH，QTARCH，SPARCH，STARCH，SWARCH 和 TARCH 模型，这些只是最常见的。一些和我们的目的相关性较强的模型将在下面讨论。

GARCH模型规定当前的波动率依赖于过去单期或多期的波动率以及回报，它比EWMA模型更具一般性。GARCH模型因其所用过去项的项数的不同而不同，我们应该根据节俭原则选择这些项（即，选择尽可能少的项，使得我们的数据拟合达到满意程度）。GARCH模型也因其误差项控制 ε_t 的分布的不同而不同。这个分布通常为条件正态分布，并且条件正态分布可在我们的回报分布中生成尖峰——大于正态分布的峰度，这和我们观测到的数据现象（峰度过大）一致。如果我们用条件 t 分布或条件正态混合分布假定替代条件正态假定，则尾部可进一步加肥①。

5.1.4.1 GARCH（1，1）模型估计

最流行的GARCH模型是GARCH（1，1）模型：

$$\sigma_t^2 = \omega + \alpha x_{t-1}^2 + \beta\sigma_{t-1}^2; \quad \omega \geqslant 0, \alpha, \beta \geqslant 0, \alpha + \beta < 1 \tag{5.13}$$

这个模型需要的参数较少，易于使用，常常能够很好地拟合数据。β 值越高意味着波动率越有“持续性”，需要较长时间才能发生变化；α 值越高则意味着波动率越“尖锐”，对市场变动的反应越迅速。通常，β 的估计会超过0.7，而 α 的估计会低于0.25。

为了形象地显示GARCH波动率的样子，图5.3给出了基于我们以前假设数据集的GARCH(1,1)估计过程曲线，其中的估计所用的参数分别为 $\omega = 0.025$，$\alpha = 0.1$，$\beta = 0.85$。在这个特定条件下，GARCH波动率估计对数据变化的反应十分敏感，而且 $t = 150$ 时的冲击从波动估计中消失的速度相对于EWMA估计稍微快了一些。

虽然GARCH(1,1)波动率估计所依赖的变量与EWMA相同，但是所用参数却从原来的一个变成三个，而且我们可以将EWMA视为 $\omega = 0$，$\alpha = 1 - \lambda$ 和 $\beta = 1$ 的GARCH(1,1)方法的特殊情况。

带截距项的GARCH(1,1)模型也有其诱人之处，它使我们模型中的波动率具有均值回复性。也就是说，如果波动率相对较高，则在其后的时间将倾向于回落；如果波动相对较低，则在其后的时间将倾向于

① 在标准的经济计量和统计软件包中，有很多执行GARCH估计时可以使用的预先编制的程序。其思想是，根据假定的误差分布密度函数，用求似然函数的最大化方法来选择参数估计。应用GARCH模型时，我们还需要选择大量的参数，而且这方面有很多标准的检验方法（例如，Box－Pierce检验和Ljung－Box检验）。更多有关这些问题，参见Alexander（1998）或Giannoponlos（2000）。

图 5.3

GARCH（1，1）波动曲线

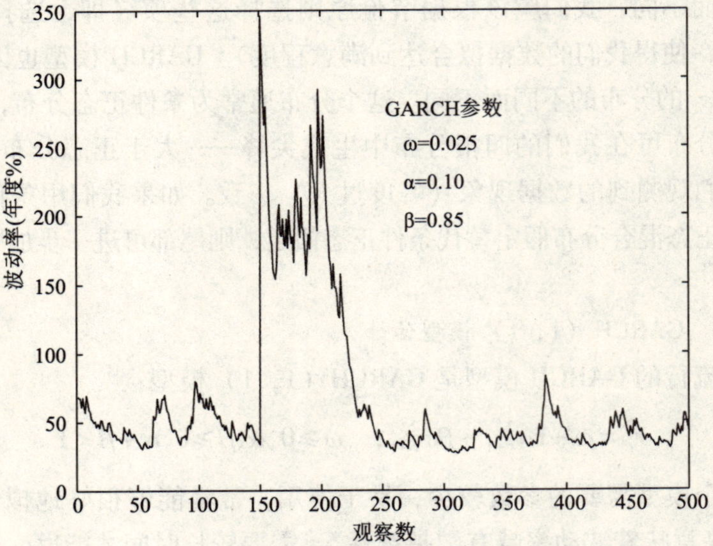

上升。长期变化，即变化经过长期将恢复到的值，为 $\omega/(1-\alpha-\beta)$。

用 GARCH 模型可简单地预测波动率。若长期变化为 $V=\omega/(1-\alpha-\beta)$，则公式（5.13）意味着：

$$\sigma_t^2=(1-\alpha-\beta)V+\alpha x_{t-1}^2+\beta\sigma_{t-1}^2$$

$$\Rightarrow\sigma_t^2-V=\alpha(x_{t-1}^2-V)+\beta(\sigma_{t-1}^2-V) \tag{5.14}$$

现在将公式（5.14）的时间推后 k 期：

$$\sigma_{t+k}^2-V=\alpha(x_{t+k-1}^2-V)+\beta(\sigma_{t+k-1}^2-V) \tag{5.15}$$

已知 $x_{t+k-1}^2=\sigma_{t+k-1}^2$，由此可知：

$$E[\sigma_{t+k}^2-V]=(\alpha+\beta)(x_{t+k-1}^2-V) \tag{5.16}$$

因此，未来 k 期的预测为：

$$E(\sigma_{t+k}^2)=V+(\alpha+\beta)^k(\sigma_t^2-V) \tag{5.17}$$

因为 $\alpha+\beta<1$，所以公式（5.17）中的第二项将随着 k 的增大而减少，所以当我们展望未来，变化预测将收敛于 V，这一结论支持了我们前面的观点——V 可以视为长期变化。如果 $\sigma_t^2>V$，则未来 k 期后的变化将超过 V；如果 $\sigma_t^2<V$，则未来 k 期后的变化将低于 V。因此，

GARCH 预测倾向于对长期变化 V 的回复。

这些预测可以用来推导波动率期限结构的估计。假设我们的回报服从几何分布，则 t 时间未来 n 期的回报为：

$$r_{t,n} = \sum_{j=1}^{n} r_{t+j} \tag{5.18}$$

这意味着：

$$\mathrm{VaR}_t(r_{t,n}) = \sum_{i=1}^{n} \mathrm{VaR}_t(r_{t+i}) + \sum_{i=1}^{n}\sum_{j=1}^{n} \mathrm{corr}_t(r_{t+i}, r_{t+j}) \tag{5.19}$$

因此，我们可以根据未来一期的波动率和协方差，推导出波动率的期限结构估计。然而，很多情况下公式（5.19）中的相关项相对于波动率项而言微不足道，因此我们常常可以忽略这些项，把 n 期回报的波动率视为 n 个单期波动率的和：

$$\mathrm{VaR}_t(r_{t,n}) \approx \sum_{i=1}^{n} \mathrm{VaR}_t(r_{t+i}) \tag{5.20}$$

因此，由基本 GARCH 模型可以推导出波动率的期限结构——它最终将收敛于 nV，因为公式（5.20）右边的每个 $\mathrm{VaR}_t(r_{t,n})$ 皆收敛于 V。这种做法尽管在某些情况下相当合理，但是另外一些情况下却相当受限。

专栏 5.1

GARCH 模型估计

GARCH 模型估计包括很多步骤。首先（这是预备步骤），让回报通过一个简单的过滤器（例如，自回归移动平均模型）以消除数据中的任何序列相关①。ARMA 模型应该尽可能地简约，并且能够产生一个均值为 0 的无序列相关的残差序列。然后，对残差取平方，并对残差平方进行条件异方差（或可变方差）检验，完成这项工作的检验方法很多（Box - Pierce 检验，Ljung - Box 检验）。若检验统计量取值显著，则意味着存在条件异方差，这意味这应该使用 GARCH 模型。然后，根据偏自相关系数或其他结果具体设定 GARCH 模型。其中，包括选择特定的噪音过程，通

---

① 在估计 GARCH 模型时，预先检验序列的单整的阶数（例如，单位根检验）常常是一个不错的想法。如果存在单位根，那么我们应该先对我们的数据做差分处理，然后再使用自回归单整滑动平均模型（ARIMA）和单整 GARCH 模型。更多有关这些问题，可参见任何一本较好的计量经济学教科书。所以，专栏 5.1 中列出的程序都预先假定我们的数据没有单位根（即，具有平稳性）。

专栏 5.1（续）

常假设噪音服从正态分布或 t 分布。然后，我们使用适当的极大似然估计方法估计模型参数。最后一步，需要检验标准化新息（即，新息除以当期波动率估计）是否是独立同分布的并且服从噪声假定，据此判断我们的 GARCH 模型是否恰当。我们可以使用诸如 Ljung－Box 检验等标准检验方法来检验独立同分布性，通过考察标准化噪声过程的矩是否和假定过程的矩一致，来判断分布是否符合噪声假定，当然还应该结合 QQ 曲线等其他手段①。如果标准化残差通过了这些检验，则认为 GARCH 模型具有恰当性。

5.1.4.2　整合 GARCH 模型估计

另外一个流行的 GARCH 模型是整合 GARCH 模型，简记为 IGARCH。这种模型适合回报不稳定的情况（这种情况很常见），这时长期变化 V 不存在。在三参数模型中，我们可以认为公式（5.14）中的 $\alpha+\beta=1$，这样 GARCH(1,1) 为：

$$\sigma_t^2=\omega+\beta\sigma_{t-1}^2+(1-\beta)x_{t-1}^2 \tag{5.21}$$

这个模型常用于货币市场，EWMA 属于 $\omega=0$ 的特殊情况。

5.1.4.3　成分 GARCH 模型估计

在标准 GARCH 模型中，波动率收敛于长期水平或基准线水平，这一水平取决于 GARCH 参数，而且它不随时间的推移发生变化。有时标准 GARCH 模型有局限性，而成分 GARCH 方法可以帮助克服其局限性。例如，在 GARCH(1,1) 模型中，我们用基准波动率公式代替不变基准线水平 V：

$$V_t=\overline{\omega}+\rho(V_{t-1}-\overline{\omega})+\phi(\varepsilon_{t-1}^2-\sigma_{t-1}^2) \tag{5.22}$$

它允许基准波动率可以根据市场条件的变化而变化。将公式（5.13）和公式（5.22）合在一起可以定义出成分 GARCH 模型。

① 好的计量经济学（尤其是金融计量经济计量学）教科书都有 GARCH 模型估计的内容，而且有很多优秀的软件包（例如，EViews，RATS，MATLAB 的 GARCH 工具箱等）都可以用于 GARCH 模型估计。

5.1.4.4 因素GARCH模型估计

GARCH族中另外一个方便的模型就是因素GARCH模型①。该模型允许根据一个单一的波动率估计来估计大量的波动率（和相关系数）。标准情况下，我们希望根据单一的市场波动率 M_t 类估计大量的波动率。例如，我们可能有 n 个不同的资产，资本资产定价型（CAPM－type）公式可以将它们的回报和市场回报联系起来：

$$r_{it} = \alpha_i + \beta_i M_t + \varepsilon_{it}; \quad i = 1, \cdots, n \tag{5.23}$$

于是资产 r_{it} 的方差 σ_{it} 为：

$$\sigma_{it}^2 = \beta_i^2 \sigma_{Mt}^2 + \sigma_{\varepsilon it}^2 \tag{5.24}$$

使用因素GARCH模型，我们可以估计公式族（5.23），并发现其中的 β_i 和 $\sigma_{\varepsilon it}^2$。然后，使用标准单变量GARCH程序估计市场 $\sigma_{M_t}^2$，将我们的参数估计带入公式（5.24），即可产生各个资产的波动率估计②。

5.1.5 隐含波动率

另外一个不同的波动率估计方法，是使用期权定价中的隐含波动率。其思想是，假如有一个以某个资产为标的资产的期权，并且我们已经知道其他相关变量的值，那么我们就可以使用期权定价模型来反算出和已知期权价格一致的波动率。例如，假如我们有关于标准欧式Black－Scholes买权价格的数据。假设Black－Scholes模型的各个条件都满足（即，标的资产的价格过程服从几何布朗运动，且不支付任何分红），则基本Black－Scholes理论告诉我们这一期权的价格 c 为：

$$c = SN(d_1) - Xe^{-rt}N(d_1 - \sigma\sqrt{t}) \tag{5.25}$$

其中：

$$d_1 = \frac{\ln(S/X) + (r + \sigma^2/2)t}{\sigma\sqrt{t}}$$

---

① 参见Engle和Mezrich（1996）。

② 市场反应常常表现出不对称性，这时可以用非对称GARCH模型建模。其中，最突出的模型有，非对称GARCH模型（或AGARCH）、指数GARCH（或EGARCH模型）以及阈值GARCH模型。更多有关内容，分别参见Engle和Ng（1993），Nelson（1990）和Glosten等（1993）。

并且 S 是股票的现价，X 是执行价格，r 是无风险利率，t 是一年期期权距离到期剩余的时间，σ 是标的资产的波动率，且 $N(\cdot)$ 累计正态分布函数。我们已经知道除波动率外所有其他变量的值，所以如果模型正确，我们能够使用公式（5.25）导出其中的隐含波动率。这意味着波动率很难有“封闭”（公式）解，但是却不难在电子表格上用数值方法（例如，使用二分法或牛顿法）求出数值解。例如，如果 $S = X = 1$，$r = 0.05$，$t = 1/2$，并且 $c = 0.0826$，那么可得 $c = 0.25$，并且该值是可验证的，验证方法是将其代入公式（5.25）并且考虑观察到的市场价格。

重要的是要认识到，隐含波动率的预测方法不是后望的计量方法，而是在期权到期前作出的前瞻性波动率预测。隐含波动率预测方法相对于其他基于历史数据的预测方法有两大优势：它包含了其他方法所忽略的信息，除非这些信息已经存在于历史数据中（例如，过去一直稳定的货币最近将会马上贬值的预期）；它提供的波动率估计能够给经验丰富的市场运营商以足够的信心使之采取行动。因此，一般认为隐含波动率的预测优于基于历史数据的预测。

然而，隐含波动率的估计方法与所用模型的准确性关系密切。如果该模型有偏或有其他缺陷，那么由此产生的波动率估计可能有偏或有缺陷。这是该方法的主要问题，因为众所周知，标准的期权定价模型有其局限性。这些局限性包括，不允许有交易成本，不存在买卖价差，不受市场流动性的影响，以及其他“不完善”之处。这个方法还有更根本的问题，它们与著名的 Black - Scholes 模型的一些基本假定——标的资产价格过程遵循几何布朗运动的假定，无风险利率为常数的假定——有关，等等。如果没有这些假设的限制，波动率微笑和偏曲等现象就会发生，这会使隐含波动率的推导复杂化。例如，波动率微笑意味着我们可以根据不同的执行价格得出很多不同的隐含波动率估计，这使我们不得不面临在众多隐含波动率的估计中做出选择的困境。但是，这些问题已经众所周知，期权从业人员已经开发了各种复杂的方法来处理他们。

隐含波动率也受到另外一种制约：它们只能用于已经有期权的资产。这意味着，这一方法只适用于我们需要估计波动率的众多资产中的一小部分。然而，随着时间的推移，随着越来越多的资产具有了期权，我们能够期待隐含波动率的估计方法会越来越有用武之地。然而，这些方法目前只能走这么远，并且隐含波动率的估计方法也许永远不能满足所有波动率估计的需求。

专栏 5.2

实现波动率估计量

波动率研究的一个趋势就是使用更高频的数据，从中产生的一个有前途的波动估量是所谓的实现波动率估计量。实现波动率估计量是期间内高频率回报平方的算术平均（例如，这个期间可能是一天，期间内的频率为每 5 分钟一次），Andersen 和 Bollerslev（1997，1998），Andersen 等（2001），Corsi 等（2001）的研究表明，实现波动率估计或多或少能够避免错误。然而，日内波动率明显有偏差，这一偏差源于市场微观结构的影响，因此在利用日内的波动率估计日波动率时，必须注意消除这些偏差。

Andersen 等指出，实现估计量的方差往往倾向于服从对数正态分布，用现实标准差标准化的资产回报倾向于服从正态分布。由于实现回报能够被充分观察到，所以可直接使用标准的预测方法来处理，因此 Andersen 等建议，可以用高斯自回归移动平均（ARMA 模型）模型估计（正态的）对数波动率过程。然而，由于实现波动率也存在长期记忆，所以我们可以使用分数阶单整 ARMA 过程。这需要我们首先估计单整的分数阶的大小——应该在 0.04 左右，然后再将 ARMA 模型套用到分数阶单整序列 $Y_t = (1-L)^{0.4}\log\sigma_t$ 上。正如这些研究的作者所看到的那样，“该方法的显著特征是，它直接建立在能够观察到的时间序列上，并且只用标准线性高斯模型和预测技术。因此，可以通过既定的脱样本程序，来简单地评价样本内执行情况和评价模型预测”。

Moosa 和 Bollen（2001）使用这一实现波动率估计量评价了标准波动率估计的偏差，发现这种偏差取决于所用方法和样本期的长度。他们还发现，最佳总体估计——这也是无偏估计——为有大衰减因素的指数加权的移动平均。这表明 EWMA 估计的实际效果可能最好，尽管 GARCH 模型有其理论优势。

5.2　协方差和相关系数的预测

5.2.1　协方差和相关系数的定义

现在考虑协方差和相关系数的预测。两个序列 x 和 y 的协方差定义如下：

$$\mathrm{cov}(x,y)=E[xy]-E[x]E[y] \tag{5.26}$$

若 x 和 y 的均值很小，则它们的协方差近似地为 $E[xy]$。于是 x 和 y 之间的相关系数为用 x 和 y 的方差的平方根标准化的协方差：

$$\mathrm{corr}(x,y)=\frac{\mathrm{cov}(x,y)}{\sqrt{\sigma_x^2\sigma_y^2}}=\frac{\mathrm{cov}(x,y)}{\sigma_x\sigma_y} \tag{5.27}$$

公式（5.26）和公式（5.27）意味着，我们可以用协方差估计获得相关系数的估计，反之亦然。

假如我们关心的时间序列服从适当（即，椭圆形）分布，则相关系数提供了一个衡量它们在多大程度上联动的有用的指标。这时，相关系数将在 -1 和 +1 之间取值，若取值 -1，则它们完全负相关，若取值 +1，则它们完全正相关。

我们还应该记住，与回报的波动率一样，回报的协方差和相关性以一段时间内测量到的回报为基础，所以每个协方差或相关系数涉及两个资产在某一特定时期内的回报。因此，对于任何资产集，都有一族协方差和相关系数，它们均以资产在不同时期的回报为基础。

然而，在使用相关系数的时候，我们必须确保我们的两个变量 x 和 y 满足适当的分布（见本章附录）。相关系数存在的必要条件是 x 和 y 的方差有限并且联合平稳。

不幸的是，许多实际的经验回报并非联合平稳。在这种情况下，相关性往往不存在，而试图估计它们根本就是错误的。现实中显然存在这种危险性：我们处理的情况可能不存在相关系数，但是我们却对此毫无意识，想方设法估计相关系数。尽管我们的研究结果因此毫无意义，但是我们对此却一无所知。因此，我们必须在试图估计相关系数之前，确保它们的确实际上存在，因此我们应该去发现我们估计的不稳定性：相关系数估计的不稳定是回报不具有联合稳定性的典型标志。

5.2.2 协方差和相关系数的历史数据估计

协方差和相关系数的估计法与波动率的估计法完全类似。因此，最基本的估计方法是历史数据（或等权重）移动平均法，据此产生的相关系数估计量为：

$$\mathrm{corr}(x,y)_t = \frac{\sum_{i=1}^{n} x_{t-i}y_{t-i}}{\sqrt{\sum_{i=1}^{n} x_{t-i}^2 \sum_{i=1}^{n} y_{t-i}^2}} \tag{5.28}$$

这是对前面的波动估计量（方程（5.4））的直接模仿。通常，从业者应该选择适当的 n，它应足够大，以便能够得到合理的相关系数估计，但是也不能太大否则就不能对市场的“新情况”做出反应。然而，必须记住的是，相关系数估计将随着样本期的增加而趋于稳定，无论我们的回报是否联合稳定。所以，我们必须警惕由估计中所用样本的样本期过长造成的相关系数的稳定表现。

图 5.4 给出了一些典型的相关系数的历史数据移动平均估计。这些估计所用的样本容量分别为 20 和 40，估计所用的数据模拟了相关系数为 0.5 的多元正态分布的回报。事实上，这两个相关系数估计的变化差别很大，尽管该数据来自可以想象的、最规范的分布，这充分说明这些相关系数的估计本身多么不可靠。正如我们预期的那样，样本期短的估计更不稳定，但是即便是较稳定的估计，其本身也有相当的不稳定型：它们在 0.025 和 0.775 之间变化，平均值为 0.359（它和“真正的”平均值 0.5 相比，还是有相当的差距），标准偏差为 0.153。这些相关系数的确非常不稳定，并且不能够很好地反映“真正的”相关系数。

图 5.4

相关系数的历史数据估计

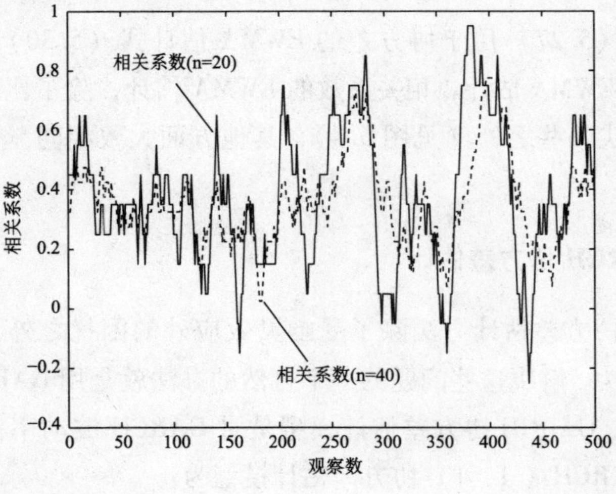

有趣的是，相关系数估计，如早先考虑的那样，往往受到不只一次性冲击的影响：这种冲击不会给这里考虑的后视性相关系数的估计带来任何明显的影响。然而，市场经验表明，市场往往对大冲击做出更激进的相关反应。事实上，激进的相关系数反应的常常是市场危机的一个关键特征。

虽然幽灵效应对相关系数的估计可能并不重要，但是它们很可能会对协方差估计产生重要影响。正如方程（5.27）所表明的那样，协方差实际上是相关系数与 x、y 的标准差（或波动率）的乘积：

$$\text{cov}(x,y)=\sigma_x\sigma_y\text{corr}(x,y) \tag{5.29}$$

并且我们已经知道波动率会受幽灵效应的影响。因此，我们可以预料协方差估计中很可能也会出现幽灵效应，它是波动率估计中幽灵效应的反映：实际上，波动率估计中的幽灵效应也会波及协方差估计。

5.2.3 协方差的指数加权移动平均估计

我们也可以使用指数加权估计方法（EWMA）来估计协方差，EWMA 协方差为：

$$\text{cov}(x,y)_t=\lambda\text{cov}(x,y)_{t-1}+(1-\lambda)x_{t-1}y_{t-1} \tag{5.30}$$

其表现与 EWMA 波动模型完全相同：λ 值越小，权重随时间推移的衰减速度越快。EWMA 协方差的特点和 EWMA 波动率也类似，见图 5.3。

将公式（5.27）用于协方差的 EWMA 估计式（5.30），可以得到相关系数的 EWMA 估计。相关系数的 EWMA 估计，除了比等权重加权平均估计略尖一些之外（见图 5.4），其他方面大致相同，也不会比后者更精确。

5.2.4 GARCH 协方差估计

EWMA 协方差估计方法除了受幽灵效应外的困扰之外，还有其他明显的局限性。解决这些问题的一个自然的办法就是用 GARCH 模型来估计协方差。GARCH 协方差估计模型是对 GARCH 波动率模型直接模仿。因此 GARCH（1，1）协方差估计模型为：

$$\mathrm{cov}(x,y)_t=\omega_{xy}+\alpha_{xy}x_{t-1}y_{t-1}+\beta_{xy}\mathrm{cov}(x,y)_{t-1} \tag{5.31}$$

它与GARCH(1,1)波动模型（公式（5.14））对应：

$$\sigma_t^2=\omega+\alpha x_{t-1}^2+\beta\sigma_{t-1}^2 \tag{5.14}$$

类似地，我们也可以用GARCH家族中的其他模型，例如IGARCH、成份GARCH、因素GARCH等，来估计协方差（或相关系数）。例如，如果使用因素GARCH方法，则资产 r_{it} 和 r_{jt} 的协方差 $\mathrm{cov}(i,j)_t$ 为：

$$\mathrm{cov}(i,j)_t=\beta_i\beta_j\sigma_{Mt}^2+\sigma_{\varepsilon it}\sigma_{\varepsilon jt} \tag{5.32}$$

因此，用因素GARCH模型估计协方差的方法与估计波动率的方法完全相同（具体来说，就是用回归的方法估计参数，将GARCH模型用于市场回报，最后用方程（5.32）估计协方差）①。

5.2.5 隐含协方差和隐含相关系数

我们也可以仿照讨论过的推算隐含波动率的方法，类似地推导协方差和相关系数。为了具体地说明这一方法，首先将 x 和 y 的差的方差表示如下：

$$\sigma_{x-y}^2=\sigma_x^2+\sigma_y^2-2\rho\sigma_x\sigma_y \tag{5.33}$$

其中，ρ 为它们的相关系数。整理公式（5.33）得 ρ 的表示式如下：

$$\rho=\frac{\sigma_x^2+\sigma_y^2-2\sigma_{x-y}^2}{2\sigma_x\sigma_y} \tag{5.34}$$

这一公式告诉我们，可以根据 σ_x^2、σ_y^2 和 σ_{x-y}^2 这3个波动率的估计获得相关系数的估计。但是，仅当相关期权存在并且我们能够得到所需的隐含波动率时，我们才能推导出隐含相关系数。这意味着，我们不但需要 x 和 y 的期权，更成问题的是，我们还需要 x 和 y 的差的期权（例如，一个价差、复式或差额的期权）。这些期权非常少，所以我们很少有机会用这种方法获得隐含相关系数。但是，即便我们能够推算它们，

① 与其他的相关系数的估计方法一样，将公式（5.27）用于相关的协方差估计模型可以获得GARCH相关系数的估计。

也要特别小心，因为这种方法有前面谈到的所有局限性：不但需要更多的隐含波动率估计，而且其相关性也可能缺乏必要的稳定性。

5.2.6 相关系数估计中的一些陷阱

最后需要说明的是，市场经验表明，相关性估计时，从业者应该牢记下面重要的保留性意见：

- 由于相关系数估计的可变性很大，所以从业者在解释（并且接受）估出的相关系数时要特别小心。
- 正是由于这种可变性，使得人们往往需要相当数量的观察才能确定相关性上出现的任何本质性变化。这意味着相关性变化往往需要经过很长时间才可以确认，这时再做任何事情都为时已晚。从业者应注意保护自己免受错误估计产生的可能性的危害。
- 相关系数常常在“正常”的市场条件下表现得非常稳定，在危机情境下却跃至高位或跌至低位：换而言之，相关系数常常在人们最需要它的时候停摆，基于相关系数估计做出的风险测度估计应该考虑到这种可能性，绝对不能依赖市场在危机时还能保持“正常”的假定。

还有一个重要的方法论上的问题：前面已经提到，相关系数仅在有限制的条件下被定义（或存在），因此我们着手估计相关系数或波动率时，应考查这些条件是否得到满足。如果做不到这一点，我们将不得不面临得不到有意义的估计结果的危险，因为我们打算估计的参数可能根本不存在。事实上，我们打算估计一个东西这件事本身并不意味着这个东西一定存在！

5.3 协方差矩阵的预测

5.3.1 矩阵的正定和半正定

现在考虑协方差（和相关系数）矩阵的预测。一般来说，这项工作比单个波动率、协方差或相关系数的估计更为困难。这是因为我们想得到的协方差矩阵（它告诉我们的是组合的方差）总是正定的，或非负定的（如果我们允许 0 方差存在），而无论组合中各种持仓的比例如何。在前面的例子中，我们要求协方差矩阵 $\sum$ 为正定，即对于任意的 $1 \times m$ 阶向量 $w \neq 0$ 和其转置 w^T 都有 $w \sum w^T > 0$。在后面的例子中，我们要求的条件较弱，即 $w \sum w^T \geqslant 0$。无论选择这两个条件中的哪一个——虽然正定条件较为苛刻，但有时却更容易处理——我们的协方差阵（或相关系数阵）应该满足它。因此，我们需要系统地估计矩阵中的所有参数，但是我们所用的方法必须确保估计出的方差—协方差矩阵有正定性（或半正定性）。

前面的讨论表明，有三种可能的方法来处理这些问题：方差—协方差估计的历史数据方法、多变量 EWMA 方法和多变量 GARCH 方法。

5.3.2　方差—协方差的历史数据估计法

这是最直接的估计方差—协方差矩阵的方法：我们选择窗口的大小 n，同时估计波动率和协方差。不过，这种做法与个别估计方差和相关系数的历史数据估计方法有同样的缺点：严格地说，其正确性只在“真实的”方差—协方差（或相关）矩阵不随时间的推移变化时才有保证，这一条件现实中也许永远不会满足，并且它还要受到幽灵效应的影响。

5.3.3　方差—协方差估计的多变量加权移动平均方法（EWMA）

使用多变量加权移动平均（EWMA）方法来估计方差—协方差矩阵，使我们能够避免这些缺点。这个方法更加灵活（即，它允许波动率和协方差随时间变化而变化），而且其中的幽灵效应也不明显。然而，在使用多元 EWMA 的时候，我们必须选择多个独立的 λ（或衰减）项，这使我们处于两难境地：理想情况就是每一个波动率和协方差都需要有其特有的衰减因素，这样我们才能获得对所有估计的最佳拟合；但是，大量不同的 λ 不但很难处理而且也不能保证估计出的方差—协方差矩阵具有正定性。这就是为什么风险测度为其模型选择单一的衰减因素 $\lambda = 0.94$ 来估计每日回报的方差—协方差矩阵。

5.3.4　方差—协方差的多变量 GARCH 估计方法

GARCH 模型方法通常优于 EWMA 方法。理论上，我们最好使用多变量 GARCH 方法估计方差—协方差矩阵①。但是，说起来容易做起来难，因为多变量 GARCH 模型需要大量参数，估计这些参数意味着我们处理的系统不能太大。多变量 GARCH 系统也容易出现估计的内收敛问题，因此难以获得所有参数的可靠估计。这使得无限制的多变量 GARCH 系统只在回报序列相对较少（例如，不超过 10 个）的时候，才有现实性和可行性。

为了对这些问题有更清楚的认识，考虑一个具体的多元 GARCH 模型——BEKK 模型，该模型以其作者的名字命名，他们分别是 Baba，Engle，Kraft 和 Kroner。该模型的矩阵表示如下：

$$\sum_t = A^T A + B^T x_{t-1}^T x_{t-1} B + C^T \sum_{t-1} C \tag{5.35}$$

其中，有 n 个不同的回报，$\sum_t$ 是 t 时刻 $n(n+1)/2$ 阶的条件方差—协方差项的矩阵，x_t 是 $1\times n$ 阶误差向量，矩阵 A、B 和 C 为 $n\times n$ 阶矩阵。该模型没有（可疑的）跨方程限制，并能确保我们的方差—协方差矩阵正定。

然而，该模型的一个主要问题就是它有太多的参数。例如，对于只有两个不同的因素（即，$n=2$）的情况，该 BEKK 模型就涉及多达 11 个不同的参数，随着 n 的增加，参数数量会迅速上升。因此，用这种模型处理高维问题需要太多的参数。当然，我们可以对参数施加一些限制来减少一些参数，但是作用有限，且这些限制本身也有其自身的问题。

有多种解决这些问题的建议：一个简单的建议是，假定相关系数为常数，并在此基础上用 GARCH 模型预测波动率。另一个更为复杂的建议是，首先对风险因素做主成份分析，然后对主成份使用 GARCH 模型分析。这类模型的一个例子就是正交 GARCH 模型，由 Alexander 和 Chibumba（1997）首先提出②。为实施这一方法，首先将风险因素分解为多个高度相关风险类别的群组，然后使用主成份分析法正交化各个风险因素群组，最后采用单变量 GARCH 模型处理每一个风险因素群组的

① 然而，实际是否有用则是另一回事。除了 GARCH 模型所用的方差—协方差的估计本身的困难之外，还有证据表明简单的 EWMA 矩阵在 VaR 预测（参见 Lopez 和 Walter，2001，第 22 页）时表现最好。表面上看，这些结果意味着 VaR 估计中使用复杂的方差—协方差估计方法没有意义。然而，这一结论是有争议的，至少下一个脚注给出的例子表明 GARCH 模型会带来更好的预测结果。

② 类似性质的其他解法，Bauwens 等（2004）的调查进行了讨论。

主成分。最后将这些结果连成一个我们需要的、大的协方差矩阵。原则上讲，这种方法适于任何多维问题的处理，但是需要对模型做初始校准[①]。

5.3.5　协方差矩阵和相关系数矩阵的计算问题

如前所述，从业人员也面临如何确保他们估计出的协方差（或相关系数）矩阵具有正定（或半正定）性的问题。因为对称矩阵如果其特征根为正实数，则该矩阵正定，如果其特征根为非负实数则该矩阵半正定，所以我们可以认为协方差的正定性（或其他）由其特征根决定。然而，即使事实上的特征根满足所需要的性质，也未必能够保证估计出的协方差矩阵的特征根也有这些性质。例如，风险因素之间可能有非常强的相关性会导致估计出的协方差矩阵的特征根为负数或近似为零。于是，估计出的协方差矩阵奇异或近乎奇异，这将导致我们对风险的病态低估[②]。如果使用这种矩阵来选择组合（例如，在组合优化程序中使用该矩阵)，则问题可能更加严重。如果病态风险估计并非偶然，我们就会据此（这些组合的低风险测度估计）认定投资组合有合理性，于是对投资组合风险的病态低估就会成为家常便饭[③]。

这些都是棘手问题。一个解决方法是，注意选择风险因素使其相关性不要太高。另一个解决思路是尽可能使用少数风险因素，以避免矩阵奇异现象的发生，为此可以将我们的资产影射为少数几个潜在的风险因素（例如，使用主成分分析；也可参见本书的第 12 章)[④]。

我们还可以检查并在必要时调整协方差矩阵的特征根，然后根据调整后的特征根，复原出一个调整后的协方差矩阵。为解释其具体方法，假设我们有一个 m × 1 的回报向量 x，其“真实的”协方差矩阵 $\sum$ 未

---

① 正交 GARCH 模型似乎比传统——以及加权——的平均方法在危机波动率的预测方面似乎更有前途：Bystrom（2000）提出的证据表明，在处理 1997 - 1998 年的波动率极高时期，正交 GARCH 模型比传统模型表现得更好。

② 我们也可能遇到非常严重的秩亏问题：如果我们观测数据集的数目小于风险因素的数目，那么协方差矩阵将出现的秩亏，因此我们的矩阵将是一个奇异矩阵，这时，我们得到的任何结果都毫无价值。

③ 专栏 16.2 中的内生模型风险问题是一个棘手的问题。

④ Diebold 等（2000 年，第 34 页）。

知，我们需要的协方差矩阵 $\sum$ 的估计 $\hat{\sum}$ 可能非正定（或半正定）。根据主成分分析理论，若主成分 $m\times1$ 阶向量 p 的协方差矩阵为对角阵 Λ，特征根向量矩阵为 A，则 $\sum = A^T\Lambda A$。我们首先计算估出矩阵 $\hat{\sum}$ 的特征根，记这些特征根构成的对角阵为 $\hat{\Lambda}$。我们现在检查 $\hat{\Lambda}$ 的对角线上的每个元素 $\hat{\lambda}_i$ 是否为正（如果我们需要正定的协方差矩阵），或者非负（如果我们需要半正定协方差阵）。如果没有问题，那么我们知道估出的协方差矩阵能够满足正定或半定性条件。如果某个特征根不满足所需条件（即，非正，或为负），则需要对此进行调整使之满足这些条件。例如，如果某个特征根为负，为了得到正定矩阵，我们可以给它加上一个小的正数 ε：这样调整后的特征根就可以成为所需的正值。调整后的特征矩阵记为 $\hat{\Lambda}^*$，它满足我们所需要的条件。由此可根据公式 $\sum^* = A^T\Lambda^*A$ 得到调整后协方差矩阵 $\hat{\sum}^*$，这个矩阵也是正定（或半正定）的，因为它的特征为正（或非负）。这种检查和调整过程可自动化，这使得我们总能获得具有正定（半正定）性的协方差矩阵。

附录

相关性的模型描述：相关系数和关联（Copulas）

本附录讨论的是非常重要但是往往被误解的问题——风险变量之间的相关性。如果我们有两个风险变量 X 和 Y，如果它们之间有某种相关性，那么我们如何用模型描述其相关性呢？标准答案是，首先用它们的（线性）相关系数来测度这种相关关系，然后据此相关系数（若我们有两个或两个以上的风险变量，则用相关系数矩阵）得出多元分布函数 $F(x, y)$，这个函数包含了相关性的内容。事实上，风险测度领域就常常使用相关系数，好像它是衡量风险测度相关关系的全能指标，其结果是相关系数往往被滥用，甚至被滥用到一些不适合使用相关系数的问题上：

> 相关系数不但是现代金融保险领域中最常用的概念，同时也是一个最容易被曲解的概念。这部分由于研究文献普遍使用“相关系数”这个词来指所有和相关性有关的概念，因此容易混淆。对数学家而言，相关系数只是众多统计相关性指标中的一个。对于多元正态分布以及更为一般的球形分布和椭圆分布来说，相关系数是衡量相关性的典型测度。然而，金融和保险领域的实证研究表明，现实世界中的分布很少如此[①]。

因此，相关系数只是描述相关性的众多指标中的一个，我们需要决定相关系数在何种场合下适用。如果相关系数不适用，我们则需要选择另外一种可靠的相关性测度指标。

---

① 参见 Embrechts 等（1999b，第2页）。

A5.1 作为相关性测度的相关系数

首先回忆一些基本概念。考虑两个随机变量 X 和 Y[①]。它们的分布 $F_x(x)=\Pr\{X\leqslant x\}$ 和 $F_y(y)=\Pr\{Y\leqslant y\}$ 被称为边缘分布，分别表示每个随机变量本身的累计概率。风险变量构成的向量 $[X,Y]$ 的分布函数 $F(x,y)=\Pr\{X\leqslant x,Y\leqslant y\}$ 为联合分布函数，它表示 X 小于等于 x 且 Y 小于等于 y 的概率。边缘分布只考虑单个随机变量，而联合分布则还要考虑它们之间的相关性结构。

最常用的衡量相关性的指标是标准（即，线性）相关系数，其定义如下：

$$\rho=\frac{\operatorname{cov}(X,Y)}{\sigma_X\sigma_Y} \tag{A5.1}$$

其中，σ_X 和 σ_Y 分别为 X 和 Y 的标准差。但问题是相关系数什么时候才是衡量相关性的可靠测度呢?

A5.1.1 相关系数在椭圆分布上的优点

结果表明，当我们的随机变量服从多元椭圆分布时，（线性）相关系数是一个很好的相关性指标。正态分布和 t－分布是椭圆分布的两种特殊情况。椭圆分布的诱人之处在于，局限性比正态分布小，能保持正态分布大部分的优点，并且易于处理。特别是，在椭圆分布的条件下，VaR 仅靠方差、相关系数以及持仓的大小就能决定：换而言之，相关系数可以告诉我们描述相关性所需要的所有东西。

然而，相关系数还是有局限性的，即使对椭圆分布也是如此。如果风险测度独立则相关系数为零，但是反之未必成立，即便是多元正态分布也不行。在多元正态分布的特殊情况下：相关系数即使为零也不意味着风险本身独立。相关系数的另一个缺点是，它没有变换不变性，例如，一般情况下 X 和 Y 之间的相关系数和 $\ln(X)$ 和 $\ln(Y)$ 之间的相关系

① 方便起见，这里只考虑了两个随机变量。但是，所有分析可以很容易地推广到 n 个随机变量的情况。

数并不相同。因此，数据变换可能会影响到我们的相关系数估计[①]。

A5.1.2　相关系数在非椭圆分布上的缺陷

遗憾的是，一旦我们的分布不是椭圆分布，则相关系数的度量就会遇到更加严重的问题。一个问题是，相关系数可能连定义也没有，除非方差有限，如果我们处理的是有无限方差的肥尾分布（例如，$\alpha < 2$ 的列维分布），或者是非协整的趋势性回报序列，就会遇到这一问题。

即使能够定义出相关系数，只要不是椭圆分布，我们就不能再期望所有的相关系数会在 -1 到 1 之间取值。这意味着，即便是有完全的正相关（或负相关）性的随机变量，其相关系数也未必为 1（或 -1）。例如，假设 X 服从均值为 0、标准差为 1 的正态分布。现在令 $Y_1 = \exp(X)$，$Y_2 = \exp(2X)$，$Y_3 = \exp(-X)$。显然，Y_1 和 Y_2 相互间呈正向变化（即，共单调），而 Y_1 和 Y_3 相互间呈反向变化（即，反单调）。如果我们估计它们的相关系数，就会发现 Y_1 和 Y_2 的相关系数为 0.731，Y_1 和 Y_3 的相关系数为 -0.367。于是，完全正向变化的随机变量的相关系数仅为 0.731，完全反向变化的随机变量的相关系数仅为 -0.367。这时，相关系数对相关性做出的是误导性描述。

更为严重的是，仅靠边缘分布和相关系数决定多元联合分布是不够的：所以相关系数不能告诉有关相关性的全部信息。事实上，相关系数能够告诉我们的东西很少，尤其是有关分布尾部的情况。

A5.2　COPULA 理论

A5.2.1　COPULA 的理论基础

我们需要另外一个衡量相关性的指标，答案可在 Copulas 理论中找到。“copula”一词源于拉丁文，表示连接或联合的意思，和英文中“一对（couple）”之类的词词义相近。然而，这里所说的“copulas”是

① 该缺点意味着，线性相关系数在使用中，必须注意变换的影响。不过，这一缺点仅为线性相关系数独有。如果是秩相关系数（例如，Spearman 秩相关系数）这一缺点可以避免。秩相关系数也有诱人之处，它们总是在 -1 和 $+1$ 之间取值，即便随机变量的方差无穷大，这种相关系数也有定义。另一方面，秩相关系数不如线性相关系数有用（例如，它在组合优化中就没用）。

一个统计学概念，指的是随机变量之间的相关方式。更确切地说，copula 是这样一个函数，它能够将单变量边缘分布密度函数结合成多变量联合分布函数。Copula 函数告诉我们，边际分布——它描述了随机向量中每个随机变量各自的变化情况——是如何结合在一起形成联合分布的。Copulas 能够使我们从联合分布中获取相关性的结构，所以能够把边缘分布和相关关系分开①。

Copula 理论的关键是 Sklar（1959）中的一个定理。方便起见，只考虑 X 和 Y 两个随机变量。设 $F(x,y)$ 是联合分布，$F_x(x)=\mu$ 和 $F_y(y)=v$ 为边缘分布，则 $F(x,y)$ 可以被唯一地表示如下：

$$F(x,y)=C(u,v) \tag{A5.2}$$

其中，$C(\mu,v)$ 被称为 $F(x,y)$ 的 copula。Copula 函数描述了用边缘分布 $F_x(x)$ 和 $F_y(y)$ 获得（或结合）联合分布函数 $F(x,y)$ 的办法，所以我们可以将 copula 解释为 $F(x,y)$ 的相关性结构②。

这一结果很重要，因为它使我们能够根据随机变量的相关性结构，基于边缘分布函数构造联合分布函数。为了建立联合分布函数，我们需要做的是决定边缘分布函数，选择代表相关性结构的 copula 函数，估计其中的参数，并将 copula 函数用于边缘分布。一旦联合分布函数建立起来，原则上我们就能估计任何风险测度（见第 6 章的 6.8 节）。

A5.2.2 常用的 copula

有许多种 copula 可供选择。其中最简单的是，独立（或乘积）copula，最小（或共单调）copula，最大（或反单调）copula：

$$C_{\text{ind}}(u,v)=uv \quad \text{（独立 copula）} \tag{A5.3a}$$

$$C_{\min}(u,v)=\min[u,v] \quad \text{（最小 copula）} \tag{A5.3b}$$

$$C_{\max}(u,v)=\max[u+v-1,0] \quad \text{（最大 copula）} \tag{A5.3c}$$

X 和 Y 独立时，可以使用第一个 copula，X 和 Y 正相关或共单调时

① 更多有关 Copula 函数的理论和/或其在金融学中应用，参见，例如，Nelson（1999 年）和 Cherubini 等（2004 年）。

② Copula 函数在描述相关结构方面有多种诱人性质。其中之一（线性相关系数没有这个性质）是，它对于随机变量的（合理）变换和/或它们的分布函数，具有尺度不变性。这意味着，如果我们的测度单位有变化，例如，将 P/L 转换为回报，copula 函数将不受影响。

（即，两者同时上升），可以使用第二个 copula，X 和 Y 负相关反单调（即，一个上升另一个下降）时，可以使用第三个 copula。

其他重要的 copula 函数有高斯（或正态）copula 和 Z－copula。正态 copula 是：

$$C_{\rho}^{Ga}(x,y) = \int_{-\infty}^{\Phi^{-1}(x)}\int_{-\infty}^{\Phi^{-1}(y)} \frac{1}{2\pi(1-\rho^2)^{0.5}}\exp\left\{\frac{-(s^2-2\rho st+t^2)}{2(1-\rho^2)}\right\}dsdt \tag{A5.4}$$

其中，$-1\leqslant\rho\leqslant1$，$\Phi$ 单变量标准正态随机变量的分布函数。注意，这个 copula 只取决于相关系数 ρ，它足以确定全部的相关性结构。于是，具有标准正态性边缘分布的随机变量和这种相关性结构合起来，将会形成多元正态分布。但是高斯 copula 没有解析解，因此，要使用数值方法（例如，快速傅立叶变换）对其进行估计。

自由度为 v 的 t－copula 是正态 copula 的简单推广：

$$C_{v,\rho}^{t}(x,y) = \int_{-\infty}^{t_v^{-1}(x)}\int_{-\infty}^{t_v^{-1}(y)} \frac{1}{2\pi(1-\rho^2)^{0.5}}\exp\left\{1+\frac{(s^2-2\rho st+t^2)}{v(1-\rho^2)}\right\}^{-\frac{v+2}{v}}dsdt \tag{A5.5}$$

其中，$t_v^{-1}(x)$ 为自由度为 v 标准单变量 t－分布函数的逆函数。

另外一个重要的 copula 是 Gumbel 或叫逻辑 copula：

$$C_{\beta}^{Gu}(x,y) = \exp[-\{(-\log x)^{\frac{1}{\beta}} + (-\log y)^{\frac{1}{\beta}}\}^{\beta}] \tag{A5.6}$$

其中，β 满足条件 $0<\beta\leqslant1$，它决定了变量之间的相关程度：$\beta=1$ 表示变量间相互独立，$\beta>0$ 表示变量间有限的相关性，其极限为 0，则表示变量间完全相关。这个 copula 与极端值（EV）理论一致。但是，它不像高斯 copula，可以合理地描述多变量的极端值。

Copulas 还可以分成不同的族类。包括椭圆 copula 族和阿基米德 copula 族。后者特别有用，其形式表示如下：

$$C(u,v) = \varphi^{-1}(\varphi(u)+\varphi(v)) \tag{A5.7}$$

其中，$\varphi(\cdot)$ 为严格递增的凸函数，且满足 $\varphi(1)=0$ 的条件。阿基米德 copulas 易于使用，且适用范围较广。另一个重要的 copula 族是极端值（EV）copula 族。其基础是 Fisher－Tippett 定理（1928）的多变量版，其主要内容是，如果 $G(x,y)$ 是一个广义多变量极端值（GEV）分布，则 $G(x,y)$ 一定有一个 copula，并满足下面的条件：

$$C(u^t, v^t) = |C(u,v)|^t \tag{A5.8}$$

如果我们处理的是多变量极端值，则应该使用满足上述条件的 copula。极端值 copula 除包括乘积 copula，最小 copula 和 Gumbel copula 之外，还包含 Gumbel II copula 以及 Galambos copulas：

$$\text{Gumbel II copula} = uv\exp\left[\frac{\beta uv}{u+v}\right] \tag{A5.9a}$$

$$\text{Galambos copula} = uv\exp[(u^{-\beta} + v^{-\beta})^{-\frac{1}{\beta}}] \tag{A5.9b}$$

其中，β 的取值范围分别为［0，1］和［0，∞）。

A5.2.3 尾部相关性

Copulas 也可以用来考察尾部相关性，它是衡量极端值相关性的渐进指标。尾部相关性是一个重要的问题，因为极端事件常有相关性（即祸不单行），不能处理这类相关性的模型，现实中可能使厂商面临灾难。

若边际分布连续，若极限存在，则可以用：

$$\Pr[Y > F_y^{-1}(\alpha) | X > F_x^{-1}(\alpha)] = \lambda \tag{A5.10}$$

在 $\alpha \to 1$ 时，用极限值来定义 X 和 Y 的（上部）尾部的相关性[①]。如果 $0 \leqslant \lambda \leqslant 1$，则 X 和 Y 在上部尾部渐进相关；如果 $\lambda = 1$，则 X 和 Y 在上部尾部渐进独立。

尾部相关性是 copula 的一个渐近性质。例如，如果我们有一个 Gumbel copula，则有：

$$\lambda = 2 - 2^{\beta} \tag{A5.11}$$

所以 X 和 Y 渐进相关意味着 $\beta < 1$。这时，无论我们在尾部走得多远，X 和 Y 都会表现出尾部相关性。而且，如果 $\rho < 1$，则高斯 copula 将表现出渐进独立性；这时，一旦我们走入分布的尾部，极端事件将表现出独立性。相比之下，如果 X 和 Y 服从 t－分布，若 $\rho > -1$，则它们将

① 参见，例如，Embrechts 等（1999b，第 18 页）。

表现出渐近相关性，除非它们完全负相关。因此，如果 $-1<\rho<1$，t-分布将会表现出渐进相关性，而渐近正态分布却不会。产生这种差异产生的原因是 t-分布有较为肥大的尾部。

A5.3　Copula 的估计

Copulas 的决定涉及 copula 形式的选择和相关参数的估计。我们可以用参数或非参数方法估计其中的参数。无论使用哪种方法，都是要在满足某些标准的前提下，找到与数据拟合得最好的估计量。如果是参数估计方法，那么为了找到使似然函数最大的估计量需要求解最大化似然方程，然而操作起来比较困难。非参数方法的操作更容易一些，并且有多种不同方法供选择①。

A5.4　结论

本附录强调两个关键点。第一，我们不应该混淆相关性和依赖性：相关系数仅仅是一种测量相关性的指标，重要的是风险业从业人员必须意识到这种指标的局限性。需要特别注意的是，仅当风险分布为椭圆形分布的时候，相关系数才是可用的。第二，建立在第一点的基础上，对于更为一般的分布，我们需要一个更可靠的衡量依赖性的指标。答案是 copula，但是其用法不太容易。

---

① 更多有关 Copula 函数估计的内容参见，例如，Bouye 等（2000）、Scaillet（2000a，第 6-15 页），以及上文提到的参考文献。

第 6 章

参数估计（I）

本章和下一章讨论风险测度估计的参数方法。这些估计的基本方法是，先根据数据推测出概率曲线，然后基于推测出的曲线对风险测度（例如，VaR 或 ES）做出推断。参数方法比非参数方法更加强有力，因为它们使用了预先假定的分布密度函数或分布函数中的附加信息。许多参数估计做法还有能够直接计算 VaR（有时是 ES）公式，这使得风险测度估计来得更为容易。但是参数估计方法很容易出错，如果预先假定的分布密度函数本质上与相关数据不一致。用参数估计方法估出的风险测度的质量，依赖于所用参数估计方法本身的质量（所以我们必须有足够的数据确保参数估计的可靠性），依赖于我们所用估计方法是否适合我们所选的分布。

无论使用哪种参数估计方法，都要预先做出与我们试图模型化的实际过程的特点相一致的假定。实际的回报过程常常具有肥尾（或峰度过大）特点，而且有时还会有偏。因此，我们往往需要参数模型不但能够兼容肥尾现象，而且也尽可能地兼容有偏的情况。然而，这并不意味着我们所做的全部工作就是，使我们的分布无条件地具备这些特点。无条件地使分布和数据拟合导致对类型化事实（经验回报过程也表现出波动率聚类，而波动率聚类也可以导致峰度过大）的忽略。如果我们希望考虑波动率的聚类——我们应该常需要在某种条件下对回报做分布拟合，该条件要求波动过程本身符合波动聚类的特点。例如，我们可以在 GARCH 过程的条件下，用正态分布对数据做分布拟合，这将产生一个典型的回报过程，它具有肥尾和波动聚类的特点。因此，我们常常需要考虑有条件的而不是无条件的分布拟合，而且往往只需使用这种简单分布（例如正态分布）就能很好地拟合数据。

作为参数方法的基础，我们必须首先选择变量：我们是否希望将参数分布用于益损（P/L）、损失、回报等？为了做出决定，我们必须选定某个使用选定分布拟合数据时必须满足的条件。我们将在 6.1 节讨论这一问题。然后，转而讨论参数方法的核心。广义而言，我们在两个不同水平上讨论风险的参数估计：一个是组合水平，这时我们需要处理的是组合的 P/L（或损失或回报）；另一个是自组合水平或个别持仓水平，这里我们需要处理的是各个持仓的 P/L（或损失等）。首先是组合水平，6.2 至 6.5 节讨论的分别基于正态分布、t－分布、对数分布和其他各种分布讨论一些可供选择的参数方法。随后，转向持仓水平的讨论，6.6 至 6.7 节讨论方差—协方差方法，这里假定资产回报服从多元正态分布或其他相关分布，6.8 节基于 copula 讨论持仓水平的参数方法，6.9 节提供一些结论。本章不涉及基于极端值理论（EVT）的参数方法；EVT 方法本身就是一个重要题目，将在下一章讨论[①]。

6.1　条件分布和无条件分布

假设我们打算将一个特定参数方法用于某个对象，例如，组合的日回报 R_t。这意味着日回报将受某个随机噪声过程“驱动”，但是我们需要限定回报以何种方式与这一过程关联。最简单的情况是假设两者相同：

$$R_t = \varepsilon_t \tag{6.1}$$

其中，$\varepsilon_t \sim N(\mu_t, \sigma_t^2)$。为了估计 R_t 的分位点 $q(R_t)$，我们估计参数 μ_t 和 σ_t。$q(R_t)$ 和 $q(\varepsilon_t)$ 相等，即：

$$q(R_t) = q(\varepsilon_t) \tag{6.2}$$

实际处理短期问题时，常假定 μ_t 为 0，而 σ_t 将使用某种适当的方法（例如，EWMA 或 GARCH）加以估计，它常常随时间（日）的变化而变化。这时，我们常认为 R_t 服从条件正态，这一条件涉及 σ_t。我们也可以说标准化的回报（R_t/σ_t）服从标准正态分布：

---

① 与第 4 章一样，为保持讨论上的简单性，我们将重点考虑 VaR 和 ES 的估计，这里讨论的方法很容易扩展开来用于一致风险测度。这些测度和它们的标准误或置信区间可使用第 3 章的 3.4 节和 3.5.2 小节讨论的方法处理。

$$\frac{R_t}{\sigma_t} \sim N(0,1) \Rightarrow q(R_t) = \sigma_t q(z_t) \tag{6.3}$$

其中，z_t 为标准正态随机变量，R_t 的分位点 $q(R_t)$ 为 σ_t 与标准正态分位点的乘积。

我们经常遇到的更一般情况是，R_t 依赖于确定性的部分 d_t 和随机部分 ε_t。在这种情况下，R_t 是两者的函数：

$$R_t = f(d_t, \varepsilon_t) \tag{6.4}$$

R_t 现在为条件 d_t 条件下 ε_t 的函数。通常，此函数为简单的线性函数：

$$R_t = d_t + \varepsilon_t \tag{6.5}$$

确定性部分取决于实际背景。它可能反映诸如季节、节假日等影响，这可以通过定性判断加以决定，也可能通过回归分析加以决定。现在，$q(R_t)$可以表现为 d_t 和噪声分位点 q（ε_t）的和：

$$q(R_t) = d_t + q(\varepsilon_t) \tag{6.6}$$

方便起见，我们将在今后的讨论中尽可能地忽略 d_t，尽管 d_t 在实际中可能是重要的。

还有一个相关问题。为此考虑一个简单的情况，例如，公式(6.3)，它告诉我们 R_t 服从正态分布。为了体会其中的含义，请注意公式（6.3）意味着 R_t 以正态噪声过程为基础。然而，除了 σ_t 不随时间变化的特殊情况之外，R_t 本身并不服从正态分布：仅在 σ_t 给定的条件下才服从正态分布。一般来说，R_t 的分布还依赖 σ_t，而 σ_t 通常是随机的。在更为复杂的情况下，回报的分布还取决于从中导出其他随机参数的随机过程。

为了能够看到随机波动率过程所带来的影响，这里假定 σ_t 服从参数为 $\omega = 0.025$，$\alpha = 0.1$，$\beta = 0.85$ 的 GARCH（1，1）过程：

$$\sigma_t^2 = 0.025 + 0.1R_{t-1}^2 + 0.85\sigma_{t-1}^2 \tag{6.7}$$

这意味着，R_t 实际服从有随机波动率的正态分布，而随机波动率非常重要，因为它使得回报具有有偏和肥尾的特点。为了表明这一点，图 6.1 给出了关于 R_t 的 10000 个观察的直方图，它们通过上述随机过程的一次运行获得。随机波动率使得回报的表现有所不同：回报的均值略为偏正（为0.0049），尽管标准化回报来自均值为0的分布，而标回报的标准差（0.6903）略低于"长期均衡值"0.7071。最重要的是，回报的偏度为负（-0.051）且峰度（3.7541）大于正态分布的峰度。因此，随机波动率使得回报的分布有偏且峰度过大。

图 6.1

随机波动率条件下的回报

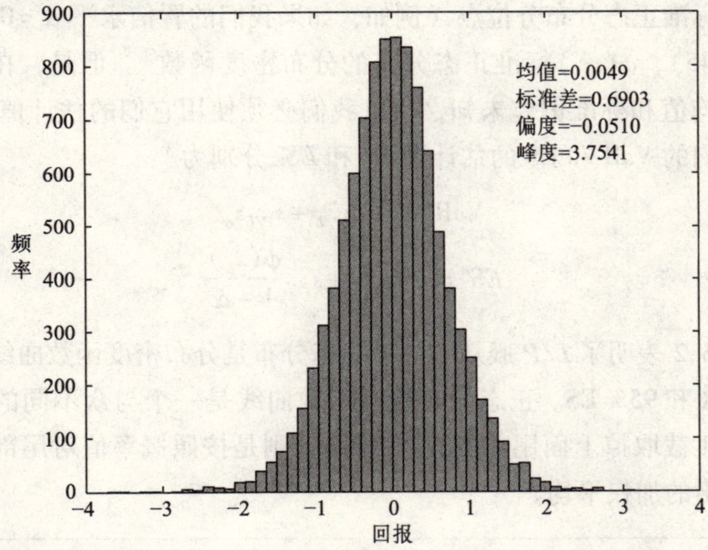

注：该图根据由 GARCH（1，1）过程产生的样本容量为10000的样本做出，这一 GARCH（1，1）过程的参数为 $\omega=0.025$，$\alpha=0.1$，$\beta=0.85$。并且，其中的初试状态为长期均衡值。

总之，条件回报与实际回报不同：即使回报有条件地服从某一特定分布，也不意味实际回报将服从同样的分布。事实上，条件分布通常与实际分布差异很大。

接下来，重点考虑分布的选择问题。

6.2　正态 VaR 和 ES

正态（或高斯）分布第 2 章已经做过简要介绍。它应用广泛，且在很多情况下有合理性——中心极限定理常常能够保证其合理性。它只需要使用两个独立的参数——均值 μ 和标准差 σ（或方差 σ^2）——就可以完全决定，这是也正态分布的另外一个诱人之处。正态分布也给我们的风险测度估计带来方便，因为这时可以使用公式直接计算 VaR 和 ES。如果我们将正态分布用于 P/L[①]，那么 VaR 和 ES 的计算公式分别为：

$$\text{VaR} = -\mu_{P/L} + \sigma_{P/L} z_{\alpha} \tag{6.8a}$$

$$ES = -\mu_{P/L} + \sigma_{P/L} \frac{\phi(z_{\alpha})}{1-\alpha} \tag{6.8b}$$

其中，$\mu_{P/L}$和$\sigma_{P/L}$的含义自不必说，z_{α} 为与我们选定的置信水平相对应的标准正态分布分位点（例如，如果我们的置信水平 $\alpha = 0.05$，则 $z_{\alpha} = 1.645$），$\phi(\cdot)$标准正态分布的分布密度函数[②]。但是，在多数情况下，均值和标准偏差未知，所以我们必须使用它们的估计值 m 和 s，这时我们的 VaR 和 ES 的估计 VaR^e 和 ES^e 分别为[③]：

$$\text{VaR}^e = -m_{P/L} + s_{P/L} z_{\alpha} \tag{6.9a}$$

$$ES^e = -m_{P/L} + s_{P/L} \frac{\phi(z_{\alpha})}{1-\alpha} \tag{6.9b}$$

图 6.2 表明了 L/P 服从的标准正态分布是分布密度函数曲线，以及 95% VaR 和 95% ES。正态分布密度函数曲线是一个与众不同的钟形曲线，VaR 截取掉上面尾部的 5%，而 ES 则是按照概率值对尾部各个分位点做出的加权平均。

例 6.1（正态 VaR 和 ES）

假设 P/L 服从均值为 0、标准差为 1 的正态分布。则公式（6.8a）告诉我们 95% VaR 为 1.645，公式（6.8b）告诉我们 95% ES 为 $\phi(1.645)/(1-0.95) = 0.1031/0.05 = 2.036$。

---

① 与第 3 章讨论过的一样，我们可以将正态分布假定用于 P/L、亏损或回报。只是公式有所不同：如果我们假设亏损服从正态分布，那么我们的 VaR 和 ES 公式将与公式（6.8）基本相同，只是均值项的符号相反；如果我们假设算术回报服从正态分布，那么其中的 μ 和 σ 指的是回报的参数而不是 P/L，而且这时需要用组合的现值乘以我们的 VaR 和 ES 公式。将正态分布假设用于几何回报的情况将在 6.4 节考虑。

② ES 公式也可以推广到更宽泛的分布种类上。更多有关椭圆分布的 ES，参见 Landsman 和 Valdez（2003）。

③ 正态假定还有额外的好处，它使我们能够容易地获得良好的参数估计。与任何计量经济学教科书解释的一样，在正态假定下，最小二乘（LS）回归将能给出我们参数的最佳线性无偏估计量，这些结果与我们用极大似然估计方法获得的结果一样。参见专栏 6.1。

图 6.2

正态 VaR 和 ES

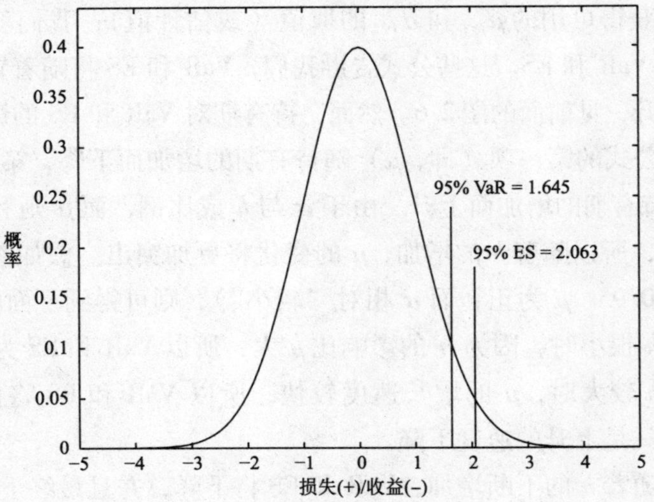

注：*L/P* 按照一天的持有期来测度，其分布服从均值为 0 且标准差为 1 的正态分布。图的绘制使用了"normalesfigure"函数。

参数方法的优点之一是，它能够给出 VaR 的计算公式（和 ES 计算公式，如果 ES 存在），这使得我们可以针对任何我们需要的置信水平和持有期估计相关风险测度。在正态条件下，首先应该注意到，VaR 和 ES 计算公式中置信水平反映在 z_α 的取值上，持有期则反映在 *P/L* 的测量期上（例如，一天）。如果我们将置信水平从 0.95 提高到 0.99，则 z_α 的取值就会从 1.645 转变为 2.326。

考虑到持有期的变化，我们需要计算任何持有期的 *P/L* 的均值和标准差的公式。如果我们的 *P/L* 在某个特定的持有期（例如，一天）内的均值和方差分别为 $\mu_{P/L}$ 和 $\sigma_{P/L}$，则它在这一持有期的 h 倍的持有期上的均值和标准差分别为：

$$\mu_{P/L}(h) = h\mu_{P/L} \tag{6.10a}$$

$$\sigma^2_{P/L}(h) = h\sigma^2_{P/L} \Rightarrow \sigma_{P/L}{}^{(h)} = \sqrt{h}\sigma_{P/L} \tag{6.10b}$$

将它们带入公式（6.8），可得任意持有期 h 上的置信水平 α 的 VaR 和 ES 计算公式如下：

$$\mathrm{VaR}(h,\alpha) = -h\mu_{P/L} + \sqrt{h}\sigma_{P/L}z_\alpha \tag{6.11a}$$

$$ES(h,\alpha) = -h\mu_{P/L} + \sqrt{h}\sigma_{P/L}\frac{\phi(z_\alpha)}{1-\alpha} \tag{6.11b}$$

一旦获得可用的$\mu_{P/L}$和$\sigma_{P/L}$的取值（或估计值），我们就可以很容易地计算 VaR 和 ES。这些公式告诉我们，VaR 和 ES 将随着置信水平的上升而上升，见前面的图2.6。然而，持有期对 VaR 和 ES 的影响则不明确，因为公式的第一项（即，μ）随持有期的增加而下降，第二项（即，σ）却随持有期的增加而上升。由于σ与h成比例，而μ则和h的平方根成比例，所以随着h的增加，μ的变化将更加突出。假如参数值合理（即，$\alpha=0.95$，μ为正，而σ相对“较小”），则可得到下面的结论：

- h很小时，因为σ的影响比μ大，所以 VaR 和 ES 为正。
- h较大时，μ的增长速度较快，所以 VaR 和 ES 将同时上升，只是上升的速度下降。
- 随着h的不断增加，VaR 和 ES 将下降，并且最终下降为负。

此后，它们将随着h的增加持续下降。

图6.3给出的这个例子，说明这时 VaR 的表现（我们得到了与 ES 图有类似外观的图）。在这个特定的情况下（日参数分别为$\mu=0.1$和$\sigma=1$），VaR 的高峰出现在 70 天左右的持有期上，并且在持有期 250 天左右成为负值。超过这一持有期，VaR 会随着持有期的增加持续下降。

图6.3

正态 VaR 和持有期

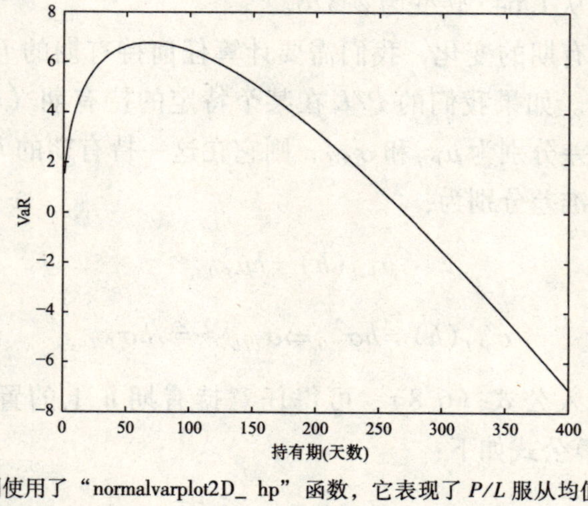

注：这个图的绘制使用了“normalvarplot2D_ hp”函数，它表现了P/L服从均值为0.1、方差为1的正态分布时的95% VaR。

需要强调的还有，VaR（和 ES）在 $\mu>0$ 时，总有相同的基本形状，μ 的大小只影响高峰出现的时间及其后下降的速度：μ 的取值越大，VaR 的高峰出现的越早，其后下降的速度越快。

另一方面，若均值为 0，则我们的 VaR 和 ES 的计算公式（6.11）可以简化如下：

$$\mathrm{VaR}(h,\alpha)=\sqrt{h}\sigma_{P/L}z_{\alpha} \tag{6.12a}$$

$$ES(h,\alpha)=\sqrt{h}\sigma_{P/L}\frac{\phi(z_{\alpha})}{1-\alpha} \tag{6.12b}$$

很显然，VaR 和 ES 将随着持有期 h 的平方根的增加无限上升。

例 6.2（“真实” VaR 和平方根 VaR）

假设 P/L 服从正态分布，其日均值和标准差分别为 10 和 25。根据公式（6.8a）可得，日 95% VaR 为 $-10+25\times16.45=31.125$。根据公式（6.11a）可得，5 日“真实” VaR 为 $-10\times\sqrt{5}+25\times\sqrt{5}\times1.645=41.958$，10 日“真实” VaR 为 $-10\times10+25\times\sqrt{10}\times1.645=30.049$。然而，根据平方根公式（公式（6.12））计算出的 5 日 VaR 和 10 日 VaR 分别为 $\sqrt{5}\times25\times1.465=91.925$ 和 $\sqrt{10}\times25\times1.645=130.049$。这一结果表明平方根法有不可靠性，特别是持有期较长时。

我们也应该牢记正态分布假定的缺点。一个缺点是，正态假定意味着 P/L 可以取任何值，即可能的损失可以任意大。但是，我们的损失通常（诸如有限责任制之类的限制存在的时候）是有界的。由于正态假设不能满足这种在最大损失方面的限制条件，所以会使我们极大地高估遭受的实际损失。

第二个潜在的缺点涉及统计可信性问题。正如已经提到的那样，正态假设的合法性来自中心极限定理，但是该定理只适于计算分布密度函数中众数较大位置上的分位点和概率，而不是尾部。处理尾部极端值应该使用极值理论，而该理论清楚地表明不能使用正态分布刻画极端值。

第三个问题也是多数金融回报数据经常出现的问题，比正态分布有更大的峰度或更肥大的尾部，这意味着使用正态分布将极大地低估了

VaR 和 ES。图 6.4 表明了过大峰度带来的影响。该图同时绘出标准正态分布和某一特殊类型的肥尾分布（均值为 0，标准差为 1，自由度为 5 的 *t* 分布）的分布密度函数。过大的峰度清楚地表现在分布的尾部：过大的峰度意味着尾部相对于正态分布更肥大，意味着 VaR（在我们感兴趣的相对较高的置信水平上）将会更大。例如，在 99% 的置信水平上，标准正态时的 VaR 为 2. 326，t - VaR 为 2. 610——后者相对于前者增大了 12% 。该图也清楚地表明，这两个 VaR 都随置信水平的上升而上升。

图 6. 4

正态 VaR 和肥尾 VaR

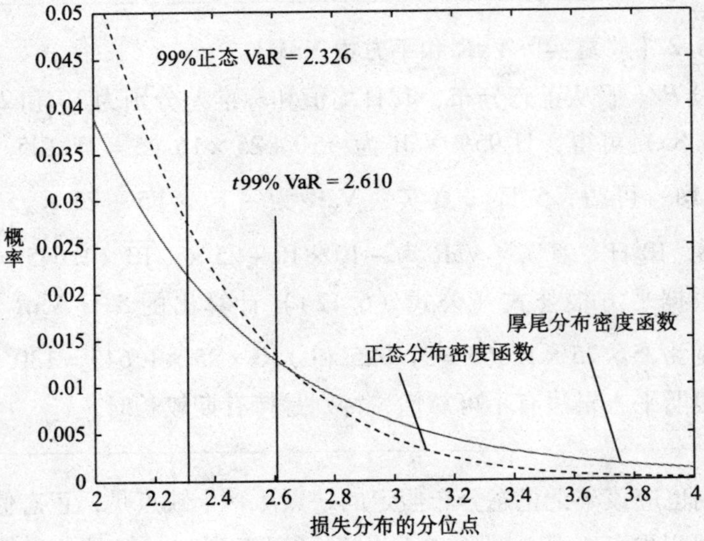

注：这两个分布的均值和标准差分别为 0 和 1，t 分布的自由度为 5。

我们还应该牢记的是，上一节曾经强调过的条件分布和无分布之间的差异。实证回报过程的重要类型化特征是，波动率有聚类性。我们可以通过假设扩散服从某个随机过程，例如 GARCH 过程，来模型化这种聚类性。正如我们前面看到的那样，如果我们将这样的过程应用于条件正态回报，那么这种波动率的聚类和条件正态的结合可以（并且通常会）使回报具有肥尾性（可能还有有偏性）。这意味着，条件正态加上随机波动率通常能够更好地拟合实证上的回报过程，拟合效果比单纯的无条件正态过程好。但是，经常有这样的情况发生，即使使用条件正态分布也不能很好地实证回报过程的肥尾现象：最好的拟合常常来自厚尾分布（例如，t分布）和随机波动率过程的结合。

专栏6.1

相关参数的估计

无论使用何种参数方法，我们都需要估计其中的相关参数。重要的是要选择与我们处理的分布相适应的估计方法。估计方法有很多，其中包括最小二乘估计（LS）、极大似然估计（ML）、半参数方法、稳健估计方法以及矩估计方法，多数计量经济学教科书对此都有很好的说明。

如果我们的工作涉及正态分布，则LS和ML方法都是适当的，LS/ML方法不但理论理想而且易于执行。因此，如果我们的工作涉及正态分布或可转换为正态分布的分布（例如，对数正态），则LS/MS方法将是我们的首选。如果我们的工作涉及t-分布，则LS和ML效果有所不同：如果我们的t分布选择本身正确，则ML方法有理论上的优越性；如果我们的t分布选择本身有错误的可能，则LS方法更可靠一些。如果我们的工作涉及其他分布，参数估计更成问题：尽管ML方法在理论上仍然最好，但往往难以落实，并且缺乏可靠性（例如，因为它们可能涉及非线性方程组的求解，似然函数可能有多个最大值，或者在最大值的周围函数走势相对平缓）。在这种情况下，我们可能会转而使用半参数方法或稳健估计方法：一个很好的实例就是，我们可能会使用诸如Hill估计量之类的半参数估计量，来估计EV模型中的尾部指标。

在估计风险测度时，我们通常更关心的是稳健性，这与计量经济学有所不同。计量经济学通常关心给定的参数假定下最好的估计方法，风险管理者更关心能够解决眼前问题的好办法，即便他或她的工作所基于的假定可能是错的：在风险管理中，最好是有一个大致正确的估计，而不是一个理论上的“完美”答案，这一答案在它基于的前提条件不成立时会出错。

6.3　t-分布

正如我们刚才所看到的那样，一种能够应对峰度过大的办法是用t-分布替代正态分布。因为自由度为$v(>5)$的t-分布峰度为$3(v-2)/(v-4)$，所以我们可以适当地选择自由度来近似地处理峰度高达9的实际观测数据：如果我们希望有一个相对较高的峰度，我们会选择一个相对较低的v值；如果我们希望有一个相对较低的峰度，我们会选择一个相对较高的 v 值。这给了我们相当大的余地，以适应较大的峰度，只要峰度不过大。为了进行风险测度，我们将使用广义 t－分布，这使得我们不但能够指定 P/L 的均值和标准差（或方差），还可以指定自由度的大小。使用与以前一样的符号，我们的 VaR 计算公式可以表示如下：

$$\mathrm{VaR}(h,\alpha) = -h\mu_{P/L} + \sqrt{h}\sqrt{\frac{v-2}{v}}\sigma_{P/L}t_{\alpha,v} \quad (6.13)$$

公式中有关标准差的解释见专栏 6.2。这种 t－VaR 公式不同于先前的正态 VaR 公式（公式（6.11a）），其中的置信水平项涉及的是学生 t 分布而不是正态分布，因此其取值的大小取决于 v 和 α，以及一个乘积项 $\sqrt{(v-2)/v}$。

由于 t－分布伴随着 v 的增大会收敛于正态分布，我们可以认为它是正态分布的推广，当 v 取有限值时，能正常生产并高于正态分布的峰度。然而，随着 v 的增大，$t_{\alpha,v}$ 会逐渐接近正态分布的分位点 z_{α}，$\sqrt{(v-2)/v}$会逐渐接近 1，t－VaR 计算公式（公式（6.13））会逐渐变成正态 VaR 计算公式（公式（6.11a））。

t－VaR 与正态 VaR 密切相关，它们有许多共同的性质。特别是，它们随 α 或 h 的变化而变化的方式完全相同：除非 $\mu_{P/L}=0$，否则它们会随 α 的上升而上升；伴随着 h 的上升，它们最初都会上升，到达顶峰后则会下降；等等。因此，t－VaR 曲线和曲面非常类似于我们已经看到的正态 VaR 的情况。

t 分布相对于正态分布的一大优势在于它能够处理相当数量的峰度过大的情况。然而，t 分布也有它的问题。像正态分布一样，它不能反映最大可能损失的限制，由此产生对风险测度的误导性高估。当所用置信水平过高或过低时，它也有与正态分布同样的缺点——和极值理论不符：因此，我们应在极端置信水平上避免使用 t－分布。还有不影响正态分布但会影响 t 分布的问题：t 分布缺乏稳定性（即，两个或多个 t 分布随机变量的和未必服从 t 分布）[①]。

---

① 严格地说，t 分布只有在两种特殊情况下稳定：v 等于 1 或无穷大的时候。这些特殊情况分别对应于柯西（Cauchy）分布和正态（normal）分布。然而，t 分布在一般情况下，即 v 大于 1 且取值有限的情况，并不稳定。

例 6.3（t－VaR）

假设 P/L 服从均值为10，标准差为25，自由度为5的广义t分布。于是，使用公式（6.6）并令 $h=1$ 可得99% VaR如下：$-10+\sqrt{(\upsilon-2)/\upsilon}\times25\times t_{\alpha,\upsilon}=-10+0.775\times25\times3.365=55.197$。与之相对的正态VaR为 $-10+2.326\times25=48.150$，比t－VaR小一些。

专栏 6.2

t分布的分位点公式

学生t分布是一个单参数分布。如果t（υ）为自由度为 υ 的学生t分布随机变量，其中，υ 为正整数，那么 $t(\upsilon)$ 和 $N(0,1)/\sqrt{\chi_\upsilon^2/\upsilon}$ 服从同样的分布，其中，$N(0,1)$ 为标准正态分布，χ_υ^2 为自由度为 υ 的卡方分布。该分布关于0点对称，并且 $\upsilon>1$ 时均值存在且为0；$\upsilon>2$ 时方差存在且为 $\upsilon/(\upsilon-2)$；$\upsilon>3$ 时偏度存在且为0；$\upsilon>4$ 时峰度存在且为 $3(\upsilon-2)/(\upsilon-4)$①。

在风险测度中，我们通常倾向于使用广义t－分布，这使得用户可以根据自己的需要自由设定均值和标准偏差。如果 a 和 b 分别为位置参数和规模参数，则广义t分布和原始的学生t分布之间的关系为：$t(a,b,\upsilon)=a+bt(\upsilon)$。假设它们存在，则广义t分布的均值为 a，方差为 $b^2\upsilon/(\upsilon-2)$，偏度为0，峰度为 $3(\upsilon-2)/(\upsilon-4)$。如果 $t_{\alpha,\upsilon}$ 为原始学生t分布关于置信水平 α 和自由度 υ 的分位点，则广义t分布的分位点为 $a+bt_{\alpha,\upsilon}$。用 σ 替换公式中的 b，则我们的分位点为 $a+\sigma\sqrt{\upsilon/(\upsilon-2)}$。这是均值为 a，标准差为 σ，峰度为 $3(\upsilon-2)/(\upsilon-4)$ 的广义t分布的分位点。

为了将它应用于实际，我们需要选择与实际观察相匹配的均值和标准偏差，并且选择适当的自由度 υ 来使得其峰度与观察到的峰度近似。由于随着 υ 的增大，其峰度向3收敛；并且5是使得峰度得以存在的最小自由度，这时的峰度上升到9（当然，对 $\upsilon\leq4$，我们可以有更加肥尾的t分布，但是此时峰度不再存在）。若我们实际观察到的峰度 k 在［3，9］中，我们可以通过将 υ 设定为与 $(4k-6)/(k-3)$ 最接近的整数加以逼近。

---

① 参见Evans等（2000，第179－180页）。

6.4 对数正态分布

还有一种流行的办法就是假定几何回报服从正态分布。正如第 3 章所解释的那样，这等于假定我们持有的组合在持有期的期末服从对数正态分布。因此，这种情况通常被称为对数正态。对数正态 VaR 的计算公式如下：

$$\mathrm{VaR} = P(1 - \mathrm{Exp}[h\mu_R - \sqrt{h}\sigma_R z_\alpha]) \tag{6.14}$$

其中，P 是我们持有的组合的现值，并且 μ_R 和 σ_R 分别为几何回报的均值和标准差。公式（6.14）是早先对数正态分布条件下的 VaR 计算公式（即，第 3 章公式（3.16））的推广，它允许持有期 h 取任意值。对数正态假定的诱人之处在于它排除了正值组合变成负值的可能性，这意味着 VaR 绝对不会超过我们的组合的价值①。

对数正态的资产价格也可以用几何布朗运动过程或对数正态随机游走加以解释，这是对期权做数学评价时使用的典型随机过程。当股价 S 满足下述条件时，它服从这样的随机过程：

$$dS = S\mu dt + S\sigma dz \tag{6.15}$$

其中，dz 是维纳过程②。使用伊藤公式（参见专栏 6.3）可得：

$$d\log(S) = \left(\mu - \frac{\sigma^2}{2}\right)t + \sigma dz \tag{6.16}$$

这意味着：

$$\begin{aligned} &\log(S_t) - \log(S_0) \sim N((\mu - \sigma^2/2)t, \sigma^2 t) \\ &\Rightarrow \log(S_t) \sim N(\log(S_0) + (\mu - \sigma^2/2)t, \sigma^2 t) \end{aligned} \tag{6.17}$$

因此，几何布朗运动意味着资产价格 S 服从与初始值 S_0 相关的对数正态分布。如果需要，我们也可以使用公式（6.17）而不是公式

---

① 前面的图 3.7 描述了对数正态的 VaR 的情况，我们将在本章的附录中进一步讨论这一问题，这涉及长期 VaR 的处理。

② 维纳过程是时间区间 δt 趋于零时的极限所表现出的连续时间随机过程，其中 $\delta z = \varepsilon\sqrt{\delta t}$，$\varepsilon$ 为服从标准正态分布的随机变量。因此，维纳过程与正态分布密切相关；事实上，维纳过程意味 log（S）服从正态分布。

（6.14）获得对数正态 VaR：我们首先使用公式（6.17）推断出损失等于 VaR 的相关的参考股价 S_t^*，然后根据 S_0 和 S_t^* 的差获得 VaR①。

关于对数正态分布需要指出的一点是它具有不对称性，这意味着多头和空头的风险暴露不对称。若市场下跌则多头发生损失，若市场上升则空头发生损失，但是若分布对称，则多头和空头的 VaR 互为镜像，这为分布上下尾部的对称性所决定。然而，如果分布非对称则情形可能非常不同。若分布为对数正态分布，多头可能遭受的最大损失为其投资的价值——任何风险都有其自然上界——但是空头则有所不同，可能遭受更大的损失。

专栏 6.3

几何布朗运动、几何回报和对数正态性

假设我们的随机过程是时间依赖的：

$$dS = a(S,t)\,dt + b(S,t)\,dz$$

其中，dz 为维纳过程。该过程的漂移率（drift rate）为 $a(S,t)$，扩散率（variance rate）为 $b(S,t)$。如果 G 是 S 的任意函数，则伊藤引理意味着②：

$$dG = \left(a\frac{\partial G}{\partial S} + \frac{\partial G}{\partial t} + \frac{1}{2}b^2\frac{\partial^2 G}{\partial S^2}\right)dt + b\frac{\partial G}{\partial S}dz$$

该伊藤过程有下面的漂移率和扩散率：

$$drift\ rate = a\frac{\partial G}{\partial S} + \frac{\partial G}{\partial t} + \frac{1}{2}b^2\frac{\partial^2 G}{\partial S^2}$$

$$variance\ rate = b^2\left(\frac{\partial G}{\partial S}\right)^2$$

如果我们的价格过程为几何布朗运动，即满足下述关系：

$$dS = S\mu dt + S\sigma dz$$

则 $a = \mu S$，$b = \sigma$。现在我们将伊藤引理用于对数变换 $G = \log(S)$，这时的伊藤过程为：

① 假设广义布朗运动（GBM）的参数为常数，则其中 μ 和 σ 很容易利用样本均值 m 和样本标准差 s 来估计，这里所用的数据是时间区间 Δt 上的数据。适当整理专栏 6.3 结尾处的公式可得，σ 的估计式为 $\hat{\sigma} = s/\sqrt{\Delta t}$，$\mu$ 的估计式为 $\hat{\mu} = m/\Delta t + s^2/(2\Delta t)$。

② 伊藤引理可以在较好的教科书［例如，Hull（2003，第 232－233 页）］中找到。

专栏 6.3（续）

$$d\log(S)=\left(\mu-\frac{\sigma^2}{2}\right)dt+\sigma dz$$

这意味着，若 S 为几何布朗运动，则 $\log(S)$ 从 0 时刻到 t 时刻的变化服从均值和方差分别为 $(\mu-\sigma^2/2)t$ 和 $\sigma^2 t$ 的正态分布，即：

$$\log(S_t)-\log(S_0)\sim N\left[\left(\mu-\frac{\sigma}{2}\right)t,\sigma^2 t\right]$$

$\log(S)$ 的变化为几何回报，所以几何布朗运动过程意味着几何回报有正态性。这反过来意味着股票价格服从相关条件为 S_0 的对数正态分布。

$$\log(S_t)\sim N\left[\log(S_0)+\left(\mu-\frac{\sigma}{2}\right)t,\sigma^2 t\right]$$

为了表明这一点，图 6.5 表现了资产价格服从对数正态分布的多头 VaR 和空头 VaR。当股市下跌时多头遭受损失，但是损失的上限是初始资产的价值，1 美元多头的 95% VaR 是 0.807。但是，与之相应的 –1 美元的空头的 VaR 为 4.180。空头方面的潜在损失无限，所以他的 VaR 的取值特别高，因为很难在长长的资产价格的右尾触底，这一很长的尾部见早先的图 3.4（这一尾巴对多头而言是很高的收益，对短头则是巨大的损失）。

图 6.5

多头和空头持仓的对数正态 VaR

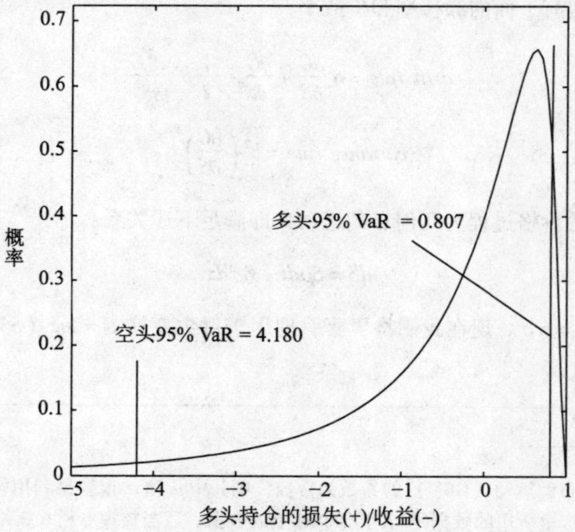

注：估计使用了“lognormalvarfigure”函数，假设几何回报的均值和标准差分别为 0 和 1，初始持仓的价值为正负 1 美元。

总之，对数方法的诱人之处在于它考虑了多头的最大损失。它的另外一个优点是它与标的资产的几何布朗运动过程是兼容的——这种随机过程有一些很好的性质，它们被广泛地用于衍生工具行业。当然，如果我们使用的是对数方法，我们通常希望能够把它和随机波动率模型（例如 GARCH 模型）结合起来以适应峰度过大和波动率聚类的情况，多数实证回报过程都具有这种特点[①]。

例 6.4（另法对数正态 VaR 估计）

假设几何回报服从均值和标准差分别为 0.05 和 0.25 的正态分布，我们组合的现值为 1。使用对数正态 VaR 计算公式（公式（6.14）），则一年持有期的 95% VaR 为 1 - Exp（0.05 - 0.25 × 1.645） = 1 - Exp（ - 0.361） = 1 - 0.697 = 0.303。

我们也可以使用对数价格公式（公式（6.17））估计同样的 VaR。假设所有信息皆不变，由于回报的均值为 $\mu - \sigma^2/2$，其中 μ 为公式（6.15）中的漂移项，于是由 $\sigma = 0.25$，知 $\mu = 0.05 + 0.25^2/2 = 0.0813$。将它们带入公式（6.17）得 $\log(S_1)$服从于均值和标准差分别为 $0.0813 - 0.025^2/2 = 0.050$ 和 0.25 的正态分布。参考价格的对数 $\log(S^*)$为 0.050 - 0.25 × 1.645 = - 0.361，于是参考价格 S^* 为 exp(- 0.361) = 0.697。因此，VaR 为 1 - 0.697 = 0.303。

例 6.5（多头和空投持仓的正态 VaR 和对数正态 VaR）

假设算术回报服从均值和标准差分别为 0.1 和 0.25 的正态分布，假设我们组合的现值为 1。使用第三章的公式（3.14）可得 95% 正态 VaR 为 - 0.10 + 0.25 × 1.645 = 0.311，相应的空头 VaR 完全相同。

现在考虑对数正态的情况，假设几何回报服从均值和标准差分别为 0.1 和 0.25 的正态分布。使用公式（6.14）可得多头持仓的 VaR 为 1 - Exp（0.10 - 0.25 × 1.645） = 0.268，相应的空头 VaR 为 -（1 - Exp

---

① 几何回报服从正态分布的假定有一个自然的替代方案：假设分布为 t - 分布。这种“log - t”方法能够将对数正态分布的好处与 t 分布几何回报的肥尾特征结合起来。

$(0.10+0.25\times1.645))=0.752$。由于对数正态分布的非对称性，多头和空头持仓的 VaR 不再互为镜像。

专栏 6.4

参数风险测度的置信区间

关于参数 VaR 的置信区间有多种估计方法。抛开使用解析方法获得置信区间的特殊情况不谈①，我们可以使用下面方法中的任何一个获得置信区间：

- 使用教科书中的分位点标准误的置信区间公式（参见第 3 章 3.5.1 节）。这些公式容易使用但可能不准确，因此不建议对高置信水平 VaR 使用。
- 使用顺序统计理论获得 VaR 估计的置信区间（参见第 3 章附录 2）。
- 根据参数分布的假定，使用自举抽样法获得置信区间（自举抽样法在第 4 章和第 4 章附录 2 深入讨论）。
- 使用蒙特卡罗模拟方法得到置信区间。一个做法就是根据相关参数（例如，μ，σ 等）决定我们抽取随机数依赖的分布。然后，做 m 次模拟试验，伴随每次模拟都要对所有参数构成的参数集进行一次估计，每得到一个参数集都做一次 VaR 估计。我们的 VaR 置信区间来自于模拟出来的这 m 个 VaR 估计的分布。关于模拟方法，我们将在第 8 章进一步讨论。
- 使用轮廓似然方法获得置信区间：根据假定分布函数建立的似然函数，使用相关的似然估计，对于给定的概率水平，在与给定的数据集保持一致的条件下，决定 VaR 取值的范围②。

其中一些方法也可以做适当调整，用于 ES 或其他风险测度的置信区间估计。例如，OS（顺序统计量）方法对于 ES 置信区间的估计有益，而自举抽样法和蒙特卡罗方法总是用来估计基于分位点的风险测度的置信区间，包括 ES 和其他一致性风险测度。

6.5 其他参数方法

我们现在考虑其他一些有时被推荐用来估计 VaR 和/或 ES 的参数方法。

---

① 作为这种特殊情况的例子，参见 Huschens（1997）或 Chappell 和 Dowd（1999）。

② 参见 McNeil（1998）。

6.5.1　列维方法

一个有前途的方法就是使用列维过程，该过程有时也被称为 α—稳定过程或稳定帕雷托（Paretian）过程。这些过程首次由 Mandelbrot 和 Fanta 在 1960 年提出，目的是为金融回报过程提供合理的表达，因为它能够应对金融回报数据肥尾的特点。列维过程有一定理论上的可信性，因为它们产生于对中心极限定理的推广：如果我们有大量独立同分布随机变量，那么其和就是一个隶属于列维族的随机过程。列维过程的分布密度函数一般没有通常意义上的“闭型”解，但是其特征函数有“闭型”解：

$$\ln\phi(x)=\begin{cases} i\mu x-\gamma|x|^{\alpha}[1-i\beta(x/|x|)\tan(\pi\alpha/2)] & \text{if} \quad \alpha\neq 1 \\ i\mu x-\gamma|x|[1+i\beta(x/|x|)(2/\pi)\log|x|] & \quad\quad \alpha=1 \end{cases} \tag{6.18}$$

这一函数有 4 个参数：一个是稳定指数 α，其取值范围为 $0\leqslant\alpha\leqslant 2$；另一个是偏度参数 β，其取值范围为 $-1\leqslant\beta\leqslant 1$，如果分布对称则该参数取值为 0；第三个是位置参数 μ，这是一个实数；第四个是规模参数 γ[①]。

列维过程有一些特殊情况很有趣：如果稳定指数 $\alpha=2$，则列维过程为正态（或高斯）过程，这表明列维过程是正态过程的推广。然而，如果 $\alpha<2$，则列维过程较正态过程肥尾且方差无限，如果 $\alpha=1$ 且列维过程对称（即，$\beta=0$），则列维过程服从洛伦兹分布或柯西分布。这些参数可以使用极大似然估计方法加以估计。

早在第 2 章附录 1 我们就讨论过这些分布，利维过程的诱人之处在于它有稳定性、自相似性和吸引域的存在性。然而，除了正态分布的特殊情况（即，$\alpha<2$），所有列维过程的概率分布密度函数收敛为一个幂法则尾部，因此有肥尾性且方差无限。图 6.6 表明了该分布的肥尾性，从图中不难看出列维分布的尾部较正态分布的下降速度明显缓慢。这表明可以用非正态列维过程来为肥尾现象建立模型，如果我们不介意方差

① 参见 Mantegna 和 Stanley（2000，第 25 页）。

的无限性①。

图 6.6

列维分布和正态分布的尾部

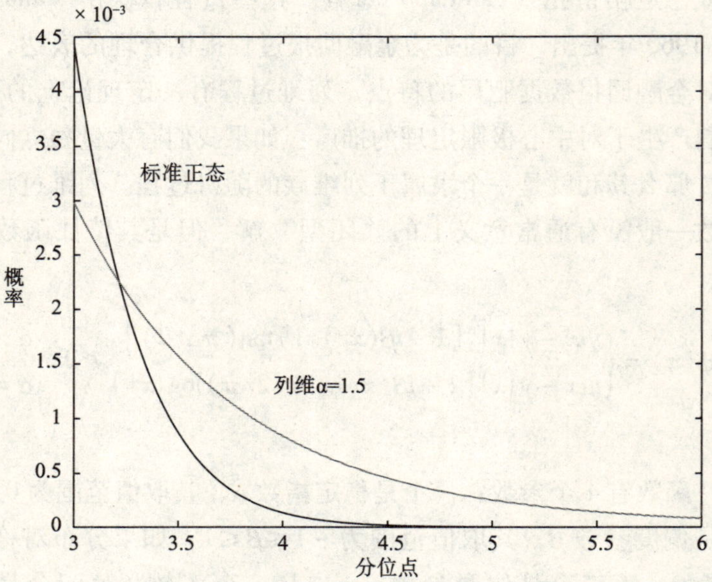

Mittnik，Paolella 和 Rachev 提供了大量的证据支持列维过程在金融回报数据上的应用②。他们的工作表明，列维过程在描述金融回报上也可以作为（部分的）GARCH 模型的替代方案，因为 GARCH 模型也可以导致回报分布的肥尾现象。然而，列维过程也有不足之处，最明显的不足或许是非正态列维过程的可信性被广泛的证据所质疑——这些质疑涉及金融回报方差的有限性（尽管这些证据本身已经受到质疑③）。也有一些证据表明，金融回报过程并不总是规模不变的，并且列维分布所

① 如果我们不幸遇到无限方差的情况，我们也可以求助于与之相关的著名的截尾列维过程（truncated Levy flight，简记为 TLF），这是一个截取掉极端值的 Levy 过程。TLF 有一些与列维过程类似的性质，其表现与列维过程在一个给定范围内的表现类似；但是，它和“纯”列维过程不同，因为它的方差有限，这大概是它“好”的地方。然而，这种过程缺乏稳定性，这是大概它“坏”的地方。由于方差有有限性，所以 TLF 最终会收敛于正态过程。因此，TLF 的短期表现类似于列维过程，长期将会收敛于正态过程。有关此过程的详情，参见 Mantegna 和 Stanley，第 64 页。

② 参见 Mittnik 等（1998，2000）。

③ Mittnik 等（2000，第 391 页）。

产生肥尾比金融数据的大[①]。此外，用列维过程建模还存在一些实际困难[②]。

6.5.2　椭圆和双曲方法

另一个有前途的方法就是使用椭圆和双曲分布，这一方法最近由Eberlein，Bauer等人提出[③]。金融风险管理中常用的椭圆分布具有对称性（即，偏度为0），其尾部较正态分布肥大。这种分布的诱人之处在于它和正态分布非常类似，有简单的VaR计算公式可用。如果我们P/L的分布是位置参数和规模参数分别为μ和σ^2的椭圆分布，则VaR的计算公式如下：

$$\text{VaR} = -\mu + \delta z_\alpha \tag{6.19}$$

其中，z_α为标准椭圆分布（位置和规模参数分别为0和1）的分位点（例如，在正态的情况下，z_α为标准正态分布的分位点）。在椭圆分布的条件下，也有ES的计算公式可用。这种分布的优点是，我们即可以在各个持仓水平，也可以在组合总体水平上开展工作。

为了估计椭圆VaR，我们需要估计其中相关的参数，并将估计结果代入公式（6.19）。我们可以用取均值的方法估计μ，这项工作可以用简单的估计方法（例如，最小二乘估计）实现，其他参数则可以用极大似然估计方法来估计。一旦我们有了适当的计算方法，参数估计涉及的额外工作（相对）较少，而且有证据表明椭圆方法的效果相对于正态方法有明显的改善。

该方法的进一步推广是使用广义双曲分布族。广义双曲线分布比椭圆分布多了一个参数，因此能够提供更为灵活的处理。这些分布包括双曲线、椭圆、正态逆高斯等分布，当然也包括正态分布作为其特例。但是，它们的分布密度函数除特殊情况之外，不好处理，因此不会产生VaR的封型计算公式。

---

① Cont等（1997，第5页）。

② 参数α可能难以估计，而且列维过程本身也需要使用快速傅里叶变换方法来估计。然而，这些困难相对较小，而且可以预期的是，随着计算机软件的界面变得越来越友好，列维方法的应用会越来越广泛。

③ 参见Eberlein（1998），Eberlein（1999），Hauer（2000）或Breckling等（2000）。

6.5.3 正态混合方法

另外一个模型化回报的方法就是使用正态混合法①。这一过程假定回报“通常”来自一个特定的正态过程，但是偶然也会来自另外一个高方差的正态过程。典型的正态混合过程（normal mixture process）如下：

$$normal\ mixture\ process = (1-\delta_t)\varepsilon_{1,t} + \delta_t\varepsilon_{2,t} \tag{6.20}$$

其中，$\varepsilon_{i,t}$服从均值和方差分别为μ和σ_1^2的正态分布，$\varepsilon_{2,t}$服从均值和方差分别为μ和σ_2^2的正态分布，并且$\sigma_2^2>\sigma_1^2$。δ_t表示服从两点分布的随机变量，它多数时间取值为0，偶然取值为1，取值为1的概率p很小。多数时间正态混合随机变量表现为$\varepsilon_{i,t}$，但是偶然也会表现出更大的波动性。相对于未调整的正态分布，混合正态分布取过高值或过低值的频率更加频繁，我们分布的尾部因此会增大。

表6.1给出了混合正态模型的矩，该分布的偏度为0，峰度过大。我们可以通过适当选取p、σ_1和σ_2的取值，使我们的混合方差和峰度与经验方差和峰度吻合。

表6.1

正态混合分布的矩

均值	μ
方差	$[p\sigma_{1,t}^2+(1-p)\sigma_{2,t}^2]$
偏度	0
峰度	$3[p\sigma_{1,t}^4+(1-p)\sigma_{2,t}^4]/[p\sigma_{1,t}^2+(1-p)\sigma_{2,t}^2]^2$

资料来源：Lagnado等（2000），第4页。

正态混合方法有许多优点：其概念（相当）简单；可以容纳相当程度上的高峰度；方差和相关系数的标准线性正态估计仍然可以使用，因此处理正态分布的方法依然可用：并且（至少对于少数不同的资产构成的组合）正态混合方法需要相对较少的额外参数。然而，使用正态混合方法必须估计相关参数，这项工作比看起来要麻烦。最显然的办

① 参见Zangari（1996b）和Venkataraman（1997）。

法是对参数做极大似然估计，但是不幸的是正态混合似然函数不存在全局最优解，所以标准极大似然估计方法不可行。Zangari 和 Venkataraman 建议使用其他方法来处理这一问题，前者的建议涉及 Gibbs 抽样工具，而后者的建议则涉及准贝叶斯极大似然估计，这些解法的细节可以在他们各自的文章中查到。当使用正态混合方法处理多持仓组合中持仓水平的问题时，我们还必须解决各个风险因素（包括 δ_t 的两点项）是否以及如何相互关联的（非平凡）问题。

6.5.4　跳扩散过程

一个相关的获得肥尾分布的方式，还是假定分布由普通和特殊两个部分组成，只是这时的特殊部分是一个“跳跃”随机变量，它反映了市场的巨大变化。这一过程被称为跳扩散过程，由默顿（1976）首先提出[①]。跳扩散过程将价格的对数分解为以下两个部分：

$$\Delta \log p_t = e_t + e_t^J \tag{6.21}$$

其中，e_t 服从均值和标准差分别为 0 和 σ_t^2 的正态分布。e_t^J 为 N_t 个随机变量 J_n 的和，其中，$n = 1, \cdots, N_t$，并且 J_n 服从均值和标准差分别为 μ_j 和 σ_J^2 的正态分布，N_t 服从均值参数为 λ 的泊松分布，其中，λ 表示每天发生的跳跃的平均数。

表 6.2 列出了跳模型的矩，它表明我们可以使用跳过程获得偏度和过高的峰度。反映跳跃幅度的均值参数 μ_J 的符号决定了偏度的符号，跳跃幅度的波动率参数 σ_J 决定了峰度过度的程度。

表 6.2

跳扩散分布的矩

均值	$\lambda\mu_J$
方差	$\sigma^2 + \lambda(\mu_J^2 + \sigma_J^2)$
偏度	$\lambda\mu_J(\mu_J^2 + 3\sigma_J^2)$
峰度	$3 + \lambda(\mu_J^4 + 6\mu_J^2\sigma_J^2 + 3\sigma_J^4)$

资料来源：Zangari（1997，第 25 – 26 页）。

① 更多有关跳扩散过程内容以及它在 VaR 上的应用，参见 Duffie 和 Pan（1997）、Zangari（1997）或 Gibson（2001）。

跳扩散过程是一个获得肥尾短期分布的有用方法（如果需要还可以获得偏度）①，但是模型涉及的跳扩散项更难估计，而且其表现未必比省略了跳转扩散项的基本模型要好。

估计跳扩散模型的风险测度的最简单的方法或许是蒙特卡罗模拟：我们模拟大量的跳扩散过程直至持有期结束的样本路，然后根据模拟出的终点价格的直方图估计我们的风险测度。

6.5.5 随机波动率方法

模型化波动率的一个自然选择就是将其描述为持续变化的随机变化过程（例如，如果今天波动率大，则明天的波动还可能大，等等）。通常，今天的波动是过去的一个或多个波动的随机函数，特定这种函数的方法很多。例如，我们可以将波动 σ_t 刻画为诸如 GARCH 过程中的 GARCH(1,1)过程：

$$\sigma_t^2 = \omega + \alpha x_{t-1}^2 + \beta\sigma_{t-1}^2; \quad \omega \geqslant 0, \alpha, \beta \geqslant 0, \alpha + \beta < 1 \tag{6.22}$$

其中，x_{t-1}表示最近观察到的作为信息流的随机进程。β 的取值大意味着波动率的“持续”时间长；α 的取值大意味着波动率有“刺”，即波动率对市场变化的反应迅速。我们还可以用 GARCH 类别过程模型化回报的波动。另外，我们可以用状态—切换（regime - switching）模型来模型化波动率：波动率的可能取值有限多个，它随时间的随机切换用转移矩阵刻画，这一矩阵记录了从一个状态向另外一个状态转移的概率。

无论使用 GARCH 过程还是使用马氏链，我们都将根据随机波动率模型做蒙特卡罗模拟：我们将模拟出许多直至持有期结束的样本路，并对其波动率做随机评价，然后根据每个相关的波动路径生成资产价格样本路，最后根据资产价格的样本路决定的最终资产价格来估计风险测度②。

---

① 不过，我们应该注意到，随着期间的增加跳扩散过程将会收敛于正态过程。因此，使用跳扩散过程来估计长期风险测度没有意义。

② 更多有关 VaR 的 SV 模型估计，参见 Duffie 和 Pan（1997，第 14 – 17 页），Billio 和 Pelizzon（1997）和 Eberlein 等（2001）。

专栏 6.5

风险测度估计的其他参数方法

Box – Cox 方法

还有其他一些可供选择的参数方法。其中一个就是 Box – Cox 变换方法，这是一个简单且被广泛使用的处理非正态数据的方法。Box – Cox 方法，在怀疑 P/L 或回报的分布是非正态分布但却无法特定具体是在哪种分布的情况下非常有用。如果我们有一组观察值 X，则 Box – Cox 变换为：

$$X^{(\lambda)} = \begin{cases} (X^{\lambda} - 1)/\lambda & \text{if} \quad \lambda \neq 0 \\ \ln(X) & \qquad \lambda = 0 \end{cases}$$

定义的随机变量 $X^{(\lambda)}$ 有渐进正态性①，其中的参数 λ 可以通过最大化正态似然函数获得。

为了估计 VaR，首先我们使用该变换转换我们的数据，并使用转换后的数据来估计正态 VaR。然后使用 Box – Cox 逆变换将正态 VaR 转换为我们所要的 Box – Cox VaR 估计。我们可以按照惯常的办法使用对 VaR 做加权平均方法，来估计其他风险测度。

广义误差分布法

另一个办法是用广义误差分布（GED，有时也称之为指数分布）法。GED 是一族分布，其形式因参数 v 的不同而不同，并包含正态分布作为其特殊情况。因此 GED 可以视为正态分布的一个更为灵活的推广。这种方法需将回报标准化为 r，其分布密度函数为：

$$f(r) = \frac{v \exp\left[-\left(\frac{1}{2}\right) \left| \frac{r}{\lambda} \right|^{v} \right]}{\lambda 2^{(1+1/v)} \Gamma(1/v)}$$

其中，$\Gamma(1/v)$ 为标准伽玛函数，并且 $\lambda = [2^{-(2v)} \Gamma(1/v) \Gamma(3/v)]^{1/2}$。$v = 2$ 时该过程为正态过程，$v < 2$ 时，该过程比正态分布肥尾。因此，我们可以通过适当地选择 v 的取值来实现我们希望的峰度。研究结果表明 GED 方法可以在相当程度上改进正态方法②。

① Box – Cox 变换原来仅限于处理正数据，但是这个变换可以很容易地扩展开来，以便能够处理零或负的数据，这需要使用 Bicksel 和 Docksum（1981）提出的变换公式——$(|X|^{\lambda} \text{sign}(Y) - 1)/\lambda$。

② 更多有关 GED 分布的内容，参见 Zangari（1996b）以及 Lin 和 Chien（2002）。

专栏 6.5（续）

Johnson 类①，Pearson 类②，偏 t（skew－t）③和广义 λ 分布方法④

我们还可以使用 Johnson 族、Pearson 族、偏 t（skew－t）和广义 λ 分布来拟合经验矩。这些分布非常灵活，可或多或少地适应 1－4 阶矩取任何值的情况。因此，如果我们已经估计出了某经验分布的 1－4 阶矩，那么我们可以将它们和这些分布中的某一个拟合，并根据后者做出风险测度估计。然而，这些分布的灵活性的代价是增加了处理的难度，它们没有一个是特别容易使用的⑤。

6.5.6 Cornish－Fisher 逼近法

一个非常不同的方法需要使用 Cornish－Fisher 逼近法，它以 Cornish－Fisher 展开为基础，该展开在决定近似正态分布分位点中被使用。最终的扩展结果提供了一个能够用于非正态分位点估计调整的调整因子。若对正态的偏离“不大”，则这种调整具有可信度。

假设 z_α 为置信水平为 α 的标准正态分布的分位点（例如，$z_\alpha=1.645$ 等）。则 Cornish－Fisher 展开为：

$$z_\alpha+\frac{1}{6}(z_\alpha^2-1)\rho_3+\frac{1}{24}(z_\alpha^3-3z_\alpha)\rho_4-\frac{1}{36}(2z_\alpha^3-5z_\alpha)\rho_3^2+higher-order\ terms \tag{6.23}$$

其中，ρ_3 为分布的偏度系数，ρ_4 为分布的峰度⑥。如果我们视高阶项微不足道——即假定分布对正态的偏离很小——则展开式为：

$$z_\alpha+\frac{1}{6}(z_\alpha^2-1)\rho_3+\frac{1}{24}(z_\alpha^3-3z_\alpha)\rho_4-\frac{1}{36}(2z_\alpha^3-5z_\alpha)\rho_3^2 \tag{6.24}$$

我们不用 z_α 而是用公式（6.24）作为我们的分位点。这相当于用

---

① 参见 Johnson（1949）和 Zangari（1996c）。

② Aston 和 Tippeu（2004）提供了一个 Pearson 类分布如何拟合数据的好例子。

③ 更多有关有偏 t 分布的内容，参见 Jones 和 Faddy（2003）以及 Giot 和 Laurent（2003）。

④ 参见 Lakhany 和 Mausser（2000）。

⑤ 无论多么全面彻底都不可能替代参数方法。还有一些建立在各种不同基础上的有前途的方法，例如（Cerubini 和 Della Lunge（2001）的）模糊逻辑方法和（Illinski（2001 年）的）规范理论（gauge theory）方法，它来自物理学的最新发展。

⑥ 参见 Lee 和 Lin（1992，第 9 页）。

非正态分布的峰度和/或偏度对我们的正态分位点 z_α 进行调整。

使用 Cornish－Fisher 逼近法时我们应该牢记，只有在我们的分布很好地“接近”正态分布时才能取得良好效果；如果我们的分布对正态分布偏离很大，则这种方法几乎没有任何效果。为了说明后者，假设我们的 *P/L* 数服从自由度为5、均值为0标准差为1的t－分布。该分布的峰度为9，比正态分布的3的峰度大的多。图6.7表明了真实的（即 *t*）VaR 和 Cornish－Fisher 近似 VaR，我们可以清楚地看到 Cornish－Fisher 逼近的效果通常较差。除了在置信度95%左右的位置上 Cornish－Fisher逼近的 VaR 优于正态 VaR 估计，其余位置都比正态 VaR 估计的效果差。因此，我们应该慎用 Cornish－Fisher 逼近法，因为它有时会恶化我们的估计。

图6.7

具有某种程度过大峰度的 Cornish－Fisher VaR

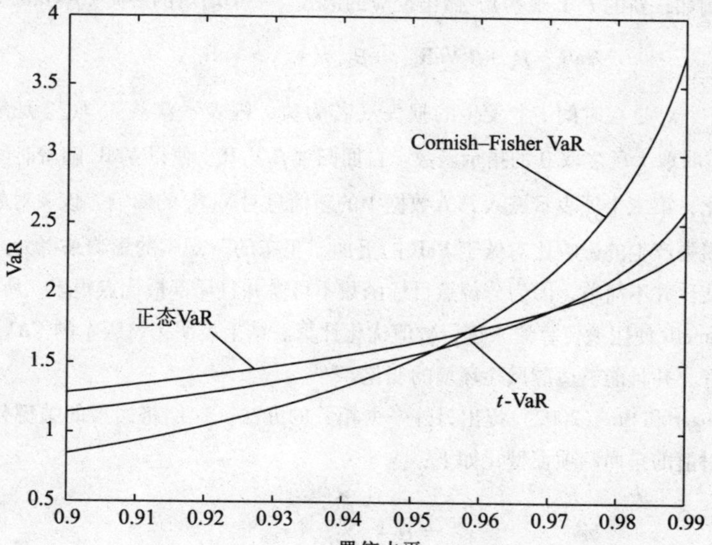

注：估计所用的 *P/L* 数据的分布为均值为0、标准差为1、自由度为5的t分布。

例6.6（Cornish－Fisher 逼近）

假设我们 *P/L* 数据分布的均值为0、标准差为1、偏度为0、峰度为9。我们希望使用 Cornish－Fisher 展开来估计95% VaR。使用公式（6.5），调整后的分位点为 $1.645+(1/24)(1.645^3-3\times1.645)\times9$

$=1.464$。Cornish – Fisher 调整后的 VaR 为 1.464。

然而，使用自由度 $\upsilon=5$ 的 t 分布来拟合这些峰度和偏度参数可得"真正"的 VaR 为 $\sqrt{(\upsilon-2)/\upsilon}t_{\alpha,\upsilon}=\sqrt{(5-2)/5}\times 2.015=1.561$。

所以，使用 Cornish – Fisher 调整原来的正态 VaR 得到的调整后的 VaR 为 1.464，而"真正"的 VaR 为 1.561——这说明，至少在这种情况下，Cornish – Fisher 方法做出的调整是过度调整，因此是无用的。

专栏 6.6

VaR 估计的分位点回归法

最近的一些研究提出了一个非常不同的 VaR 估计方法：这一方法不是先模型化分布，然后根据相关的分位点推断 VaR，而是使用分位点回归方法直接模型化分位点本身①。其中的典型例子是 Engle 和 Manganelli 的条件自回归 VaR（Conditional Autoregressive Value at Risk，简记为 CAViaR）模型，它设定了时间相关的分位点对新信息（例如，新的 P/L 观察），做出反应的形式。一个简单的一阶 CAViaR 例子是：

$$\mathrm{VaR}_t=\beta_0+\beta_1\mathrm{VaR}_{t-1}+\beta_2[I(x_{t-1}>\mathrm{VaR}_{t-1})-p]$$

其中，x_t 是在时间 t 上发生的损失（若为负，则表示获益），$I(.)$ 是一个 $x_{t-1}>\mathrm{VaR}_{t-1}$ 时取 1 反之取 0 的指示函数。自回归项 $\beta_1\mathrm{VaR}_{t-1}$ 使得 VaR_t 随着时间的推移平滑变化，第二个项表示嵌入 P/L 数据中的新信息对 VaR_t 的影响。该项对超过 VaR 的过度损失产生的影响比对低于 VaR 的更加"正态的"观察的影响来得大。该模型的参数估计并不简单，因为分位点目标函数不可微并且局部最优点很多，所以 Engle 和 Manganelli 使用遗传算法来进行数值优化计算。结果表明，该版本的 CAViaR 模型表现良好，并且能够适应风险环境的变化。

Granger 和 Sin（2002）提出另外一个相关的办法。他们将回报的关键分位点用回报绝对值的自回归项模型化如下：

$$r^*=\alpha+\sum_{i-1}^{p}\beta_i\,|\,r_{t-i}\,|$$

并且使用公式 $\mathrm{VaR}=P(1+r^*)$ 可以简单获得 VaR。因此，VaR 实际上只是过去回报绝对值的一个简单自回归。这种做法非常容易建模，实践结果表明该模型效果良好。

① 分位数回归由 Koenker 和 Bassen（1978）首先提出，后来 Engle 和 Manganelli（1991），Taylor（2000）以及 Chernozhukov 和 Umantsev（2001）将其用于 VaR。

6.6 多变量正态分布的方差—协方差方法

我们现在考虑各个持仓水平的 VaR 和 ES 的参数估计问题，这里我们针对各个资产的回报而不是整个组合的回报做与参数估计相关的假定。在许多方面，明显的假定——或者至少是我们希望的假定——是各个资产的收益服从多元正态分布。这种假设相应于早先的投资组合的正态假定。事实上，各个资产回报服从多元正态假定意味着组合的回报将服从正态分布。

假设我们的组合由 n 种不同的资产构成，其（算术）回报服从均值为 $n\times1$ 阶向量 μ、协方差阵为 n 阶方阵 $\sum$ 的多元正态分布，$\sum$ 对角线的元素为各个回报的方差、对角线以外的元素为各回报之间的协方差。$1\times n$ 阶向量 w 表示在我们的组合投资中各个资产投资所占的比例（即，第一个元素 w_1 表示投资于我们组合中第一个资产所占的比例等等，这些 w_i 的和为 1）。因此，我们组合回报的期望为 $w\mu$，方差为 $w\sum w^T$，其中 w^T 表示向量 w 的转置，为 $n\times1$ 阶向量，而组合的标准差为 $\sqrt{w\sum w^T}$。如果我们组合的当前值为 P，那么其持有期为 h、置信水平为 α 的 VaR 为：

$$\mathrm{VaR}(h,\alpha)=[-hw\mu+\sqrt{h}\sqrt{w\sum w^T}z_\alpha]P \tag{6.25}$$

公式（6.25）是我们早先的正态 VaR 公式（公式（6.11a））的多元正态版，z_α 依然表示标准正态分布的相关分位点。公式中出现“P”项是因为我们使用的是回报的多元正态性而不是 P/L 的多元正态性，同样 ES 公式中也有这样的项：

$$ES(h,\alpha)=\left[-hw\mu+\sqrt{h}\sqrt{w\sum w^T}\frac{\phi(z_\alpha)}{1-\alpha}P\right] \tag{6.26}$$

这是我们早先的正态 ES 公式（公式（6.11b））的多元正态版。注意在公式（6.26）中，与公式（6.11b）一样，$\phi(z_\alpha)$ 取自单变量正态分布。

协方差阵 $\sum$ 反映了不同资产回报相互作用的情况，它与 $n\times n$ 阶相关系数矩阵密切相关。如果我们将 σ 定义为主对角线元素为各个资产的标准差、主对角线以外的元素为 0 的 $n \times n$ 对角阵，那么 $\sum = \sigma C \sigma$，其中，C 表示 $n \times n$ 阶的相关系数矩阵。该矩阵的主对角线元素都是1——这可以解释为每个资产的回报都与其本身相关——其他地方则是不同资产的相关系数。

这些协方差或相关系数的取值对 VaR 的取值有至关重要的影响。为了能够最简单地看到这些影响，假设我们的组合包括 1 和 2 两种资产，它们在投资组合中所占的比例都是0.5，即 $w_1 = 0.5$，$w_2 = 0.5$。如果每种资产的回报的均值和标准差都是0 和1，则组合回报的标准差 σ_P 为：

$$\sigma_p = \sqrt{w_1^2\sigma_1^2 + w_2^2\sigma_2^2 + 2\rho w_1 w_2 \sigma_1 \sigma_2} = \sqrt{\frac{1+\rho}{2}} \tag{6.27}$$

其中，ρ 为两个资产回报之间的相关系数。如果我们组合的现值都是1，并且持有期也是1，那么 VaR 为：

$$\text{VaR} = \sigma_p z_\alpha = \sqrt{\frac{1+\rho}{2}} z_\alpha \tag{6.28}$$

该公式清楚地表明 VaR 的取值依赖于相关系数的取值。

相关系数的取值范围为[-1, +1]，其中有 3 个重要的特殊情况：

- 如果 ρ 取最小值 -1，则组合的标准差为0，并且这也是 VaR 的取值。其解释是这两个回报上的冲击完全相互抵消，这时组合的回报不变，因此组合回报的标准差和 VaR 都是0。
- 如果 ρ 的取值为0，则组合的标准差为$\sqrt{2} = 0.707$，并且 VaR 的取值为1.163。这时回报是相互独立的，并且组合的 VaR 低于将资金全部投资到这两种资产中的任何一个资产的 VaR（即，1.645）。这一结果反映这样一个思想，两个资产组合比仅由单一资产组合更安全。
- 如果 ρ 达到最大值，则组合的标准差为1，VaR 为1.645，这与将所有资金全部投入到组合中的任何一个资产的效果一样。这意味着，如果资产回报完全相关，则组合的方差是各个资产回报的方差，这时组合不能分散任何风险。

一般来说，投资组合的 VaR 将随着相关系数的下降而下降，除了相关系数为 1 的特殊情况，投资组合的 VaR 将低于各个资产 VaR 的总和。

这一观点可以自然地扩展到包含两个以上资产组合上。如果我们的组合有 n 个资产构成并且我们对每个资产的投资额皆相等。方便起见，假设这些资产回报的相关系数都是 ρ，标准差都是 σ，则组合回报的标准差为：

$$\sigma_p = \sigma\sqrt{\frac{1}{n} + \frac{(n-1)\rho}{n}} \tag{6.29}$$

除了 $\rho = 1$ 的特殊情况（这时 $\sigma_p = 1$），组合的标准差总是随资产品种数 n 的增加而减少。图 6.8 表明了组合的标准差如何随着 n 的变化而变化。组合的标准差最初随着资产品种数的增加迅速减少——这意味着组合风险伴随着资产品种数量的最初增加明显下降——随后曲线的下降趋于平缓，而且越往后下降速度越慢。

图 6.8

组合的标准差和组合中资产品种数之间的关系

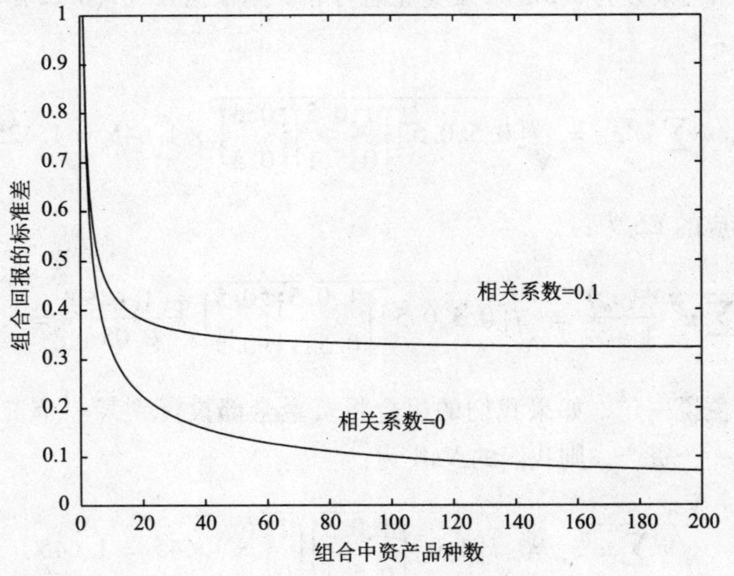

注：估计中假设所有资产回报的标准差为 1，它们之间的相关系数都相同。

该图也有其他解释。图中的曲线反映了投资分散化组合的标准差和非分散化组合（即，将资金全部投资在一种资产上）的标准差之比。该曲线因此可以用来考查分散化降低总体风险的效果，它依赖于组合中资产品种的数量和资产回报之间的相关性。这条曲线告诉我们，资产品种越多，资产回报间的相关系数 ρ 越小，分散化投资降低风险的效果越好。

此外，如果满足图 6.8 中的参数假设，这类曲线也可以用来反映分散化 VaR 和非分散化 VaR 之间的比例——即分散化组合的 VaR 和非分散化组合的 VaR（即，将全部资金投资到一种资产的 VaR）。我们再一次看到，分散化能够在多大程度上降低风险，取决于资产品种的数量和它们的回报的相关性。然而，我们也可以看到，即使是少量的分散化投资，也可以对 VaR 产生很大的影响，并且相关性相对较低时影响特别大。

例 6.7（多变量正态条件下的方差—协方差 VaR 和 ES）

假设我们的资产由两个资产构成，它们的现值都是 1，并且投资到两个资产上的金额相等。假设这两个资产的回报服从均值为 0、标准差为 1、相关系数为 0.5 的多变量正态分布。则根据公式（6.25）知 95% VaR 为：

$$\sqrt{w\sum w^T}z_\alpha = \sqrt{[0.5,0.5]\begin{bmatrix}1,0.5\\0.5,1\end{bmatrix}\begin{bmatrix}0.5\\0.5\end{bmatrix}}\times 1.645 = 1.425$$

相应的 ES 为：

$$\sqrt{w\sum w^T}\frac{\phi(z_\alpha)}{1-\alpha} = \sqrt{[0.5,0.5]\begin{bmatrix}1,0.5\\0.5,1\end{bmatrix}\begin{bmatrix}0.5\\0.5\end{bmatrix}}\frac{\phi(1.645)}{0.05} = 1.786$$

顺便说一句，如果我们的组合将资金全部投资到某一个资产，例如，第一个资产，则我们的 VaR 为：

$$\sqrt{w\sum w^T}z_\alpha = \sqrt{[1,0]\begin{bmatrix}1,0.5\\0.5,1\end{bmatrix}\begin{bmatrix}1\\0\end{bmatrix}}\times 1.645 = 1.645$$

而 ES 为：

$$\sqrt{w\sum w^T}\frac{\phi(z_\alpha)}{1-\alpha} = \sqrt{[1,0]\begin{bmatrix}1,0.5\\0.5,1\end{bmatrix}\begin{bmatrix}1\\0\end{bmatrix}}\frac{\phi(1.645)}{0.05} = 2.063$$

有时会出现多变量组合和单变量组合的 VaR 和 ES 都一样的情况，这是因为这时组合的回报仅依赖于单个资产的回报。

6.7　非正态分布的方差—协方差方法

6.7.1　多元 t 分布

即便我们的回报不服从多元正态分布，我们仍然使用与我们的分布相关的方差—协方差方法。一个明显的选择是多元 t 分布的情况，这时可以导出下面的 VaR 和 ES 计算公式[①]。

$$\mathrm{VaR}(h,\alpha) = \left[-hw\mu + \sqrt{h}\sqrt{\frac{\upsilon-2}{\upsilon}}\sqrt{w\sum w^T}t_{\upsilon,\alpha}\right]P \quad (6.30a)$$

$$ES(h,\alpha) = \left[-hw\mu + \sqrt{h}\sqrt{\frac{\upsilon-2}{\upsilon}}\sqrt{w\sum w^T}\frac{f(t_{\upsilon,\alpha})}{1-\alpha}\right]P \quad (6.30b)$$

多元 t 分布除保持着多元正态分布的优点（例如，它使用与正态分布同样的参数，非常容易处理等等）外，还允许中等程度的超额峰度。其中，$f(t_{\upsilon,\alpha})$ 为自由度为 υ 的学生 t 分布的分布密度函数的函数值。

6.7.2　多元椭圆分布

更笼统地说，我们也可以针对多元椭圆分布使用方差—协方差方法[②]。由此产生的 VaR 和 ES 公式类似于我们在多元正态分布条件下推导出的公式，但是需要增加位置参数和规模参数（一般情况是这样）。

---

① Glassenuan 等（2000a）详细讨论了多变量 t 分布的 VaR 估计。更多有关多变量 t 分布 ES 估计，参见 Landsman 和 Valdez（2003）。

② 原则上，也可以用于多元双曲分布或广义双曲分布。我们能够估计它们的参数，并根据在此基础上估出的分布函数（与 HS 方法一样）对 VaR 进行估计，但是实际应用中的难点是适当的数值方法的获得。目前我们知道是教科书上的方法，它对多元正态逆高斯（normal inverse Gaussian，简记为 NIG）分布有效，但是对于其他形式的多元双曲分布或广义双曲分布则存在很大的数值计算上的困难，参见 Eberlein 和 Prause（2000）。

应用该办法的难点在于参数估计上，参数的 ML 估计往往缺乏闭形式解，而数值方法难以用来处理高维问题。然而，我们往往可以将参数估计问题分解为两个易于处理的问题。首先，我们使用标准方法估计均值和协方差矩阵。估计出的均值就是我们的位置参数，把估计出的协方差矩阵与 ML 方法结合起来则可以估计其他参数①。

Hull 和 White（1998）提出另外一种不同的方法。如果回报不服从多元正态分布，他们建议我们仍然可以采用方差—协方差方法，如果我们能够将我们的回报数据变换为服从多元正态分布的数据。然后，我们就可以将方差—协方差方法用到转换的数据上，并根据其结果获得“真正的”VaR 估计。因此，我们关于回报的假定可从“正态”弱化为转换后“正态”②。这样，我们就可以既保留方差—协方差方法的优点——具有易处理性等——又可以在估计 VaR 和 ES 的时候，考虑偏度、峰度以及多元回报分布的更高阶矩。

假设我们的组合中有 m 种不同的金融工具。设 e_{it} 是资产 i 在 t 时期的回报，设 G_{it} 为 e_{it} 的分布函数。一般来说，这一函数能够表现出诸如 GARCH 波动和相关过程的时间依赖性。现在，我们使用下面的公式将 e_{it} 变换为 f_{it}：

$$f_{it} = N^{-1}[G_{it}(e_{it})] \tag{6.31}$$

其中，N 为标准正态分布函数。方括号中的项 G（e_{it}）是假定的分布函数 G_{it} 的第 z 分位点，f_{it} 是与标准正态分布同样的分位点。所以，公式（6.31）将回报 e_{it} 转换为标准正态分布的等价物 f_{it}。我们也可以上述公式（6.31）中的函数的逆函数将 f_{it} 映射回原始的回报 e_{it}：

$$e_{it} = G_{ij}^{-1}[N(f_{it})] \tag{6.32}$$

所以，利用公式（6.31）可以变换我们的数据，利用公式（6.32）可以做相应的逆变换。函数可以是我们想要的任何形式的分布函数，例如，我们可以将其取为某个特别肥尾的分布，我们也可以将其取为直接

① Bauer（2000，第 460 页）以及 Eberlein 和 Prause（2000，第 14 页）提出了另外一种方法——极大似然（ML）方法。

② 可以对回报进行转换使之服从正态分布的假定有相当的合理性。Malevergne 和 Sornette（2001，第 4 - 6 页）表明，如果回报来自任意的多元分布，则我们可以在很弱的条件下将它们映射为服从多元正态分布的数据，而且转换后变量的相关结构仍然保持。

来自原始数据的经验分布函数。

接下来，假设我们转换后的回报 f_{it} 服从多元正态分布，并在此基础上估计它们的均值向量和协方差阵。Hull 和 White 建议我们基于估计出的均值和方差—协方差参数，使用蒙特卡罗方法模拟转换获得回报 f_{it} 的取值。然后使用公式（6.32）将我们的模拟值 f_{it} 逆变换为未转换对应物 e_{it}，这样就可以获得非正态回报的模拟数据集。这样，我们就可以使用标准方法（例如，基于模拟数据的非参数方法）来估计我们想要的风险测度。

该方法很容易实施，且适用范围相对刚才考虑的椭圆方法宽得多。因此，它给我们提供了处理偏离多元正态分布的方法，而椭圆方法在这方面有相当大的局限性。Hull 和 Wite 报告的研究结果表明，这一方法的实际表现很好。

6.8　用 COPULAS 处理多变量回报的分布

6.8.1　动机

先前针对持仓水平的方法都试图使我们的多变量分布和某种我们在方差—协方差框架下能够处理的形式相适应——要么是使用与这个框架兼容的椭圆形分布，要么是使用 Hull - White 方法转换我们的数据使之适应方差—协方差框架。然而，从统计学的角度来看，处理多元分布最自然的方式是使用 copulas（见第 5 章附录）。copulas 使我们能够从联合分布函数中提取相关结构，从而使相关结构与边缘分布相分离。更具体地说，copula 使得我们能够根据边缘分布函数建立一个多变量联合分布函数，而且该方法能够适应非常普遍的相关结构。因此，不像方差—协方差方法（该方法只在能用相关系数刻画相关程度的情况下有效），capula 方法则具有普遍有效性，它能够在相关系数无效的条件下使用。从统计学的角度来看，copulas 为仓水平风险测度的估计提供了一种具有普适性的修正方法。

普遍性性无疑是该方法的另外一个优势，它对风险加总和企业风险管理（enterprise - wide risk management，简称 ERM）极为重要。在试图估计多个持仓的风险测度时，不同持仓风险类似的假定越来越难以维持。例如，假设我们已经建立了模型，来估计两个类型截然不同的市场风险的风险测度。一个风险模型可能是基于正态分布，而另外一个则基于其他分布，例如，肥尾的列维分布等。这时，我们会遇到如何加总这两种不同持仓的风险测度的问题。然而，我们会发现先前的多变量方法无法用来解决这一问题。这是因为这些多变量方法都需要假定一个多元联合分布密度函数，而我们这里所用的实际上是两个完全不同的单变量分布密度函数。幸运的是，copulas 可以轻松地解决这个问题。这个例子虽然非常初等，但却十分重要，因为在我们试图加总数量日益增长的分散持仓或公司业务单位风险的时候，我们越来越有可能遇到同样的问题。即使我们设法让所有持仓的市场风险服从同样的分布（实际情况往往并非如此），也是徒劳的。几乎可以肯定的是，我们不能使市场和信用组合，或跨市场信用和经营风险投资服从同样的分布。因此，任何试图对日益多样化的公司内持仓风险加总的努力几乎都会遇到这个问题，除非我们使用 copulas。结论有些令人惊讶且有一定的挑衅性：copulas 对成功的企业风险管理而言必不可少。

6.8.2 用 copulas 估计 VaR

有很多种用 copulas 估计 VaR 的方法，最基本的方法就是以最基本的原理为基础，具体过程如下①。假设我们的组合有两种资产，其损失分别为随机变量 X 和 Y，并且我们希望使用 copula 来估计组合的 VaR。组合的损失为 $X+Y$。如果 $X+Y>\mathrm{VaR}$，则意味着我们得到的是超过 VaR 的“不好的”结果，并且这一事件发生的概率为 $1-\alpha$。所以：

$$1-\alpha=\Pr\{X+Y>\mathrm{VaR}\}\Rightarrow\alpha=1-\Pr\{X+Y>\mathrm{VaR}\}\qquad(6.33)$$
$$\Rightarrow\alpha=\Pr\{X+Y\leqslant\mathrm{VaR}\}$$

该公式告诉了 VaR 已知时的置信水平，而这一置信水平即为 X 和 Y 的和小于 VaR 的概率。

因为，copula 能够告诉我们累计联合分布密度函数 $\Pr\{X\leqslant x,Y\leqslant y\}$，该函数也被记作 $F(x,y)$。所以，我们可以根据联分布函数来计算 $\Pr\{X+Y\leqslant x+y\}$。

① 有关此方法和若干进一步的例子，参见 Dowd 和 Fackler（2004）。我非常感谢 Perter Oliver 和 Fackler 对该方法的发展所做的投入。

注意到 $F(x,y)=C(\phi(x),\phi(y))$，其中，$C(\phi(x),\phi(y))$ 是以边缘分布密度函数 $\phi(x)$ 和 $\phi(y)$ 为基础的 copula 函数，可以证明：

$$\Pr\{X+Y\leqslant \mathrm{VaR}\} = \int_{-\infty}^{\infty}\partial_1 C(\phi(z),\phi(\mathrm{VaR}-z))\phi'(z)dz \quad (6.34)$$

其中，∂_1 表示对下面的 copula 函数第一个变量求偏导。现在使用函数 $w=\phi(z)$ 转换变量 z。于是 $dw=\phi'(z)dz$，并且公式（6.34）可化简如下：

$$\Pr\{X+Y\leqslant \mathrm{VaR}\} = \int_{0}^{1}\partial_1 C(\phi(w),\phi(\mathrm{VaR}-\phi^{-1}(w)))dw \quad (6.35)$$

如果我们能够求出上式中偏导项的解析式，则我们就能够简单地计算 $\Pr\{X+Y\leqslant \mathrm{VaR}\}$，但是我们并非总是能够做到这一点。然而，如果使用离散和逼近公式（6.35）的右边，那么还是能够获得 $\Pr\{X+Y\leqslant \mathrm{VaR}\}$ 的近似值：

$$\begin{aligned}\Pr\{X+Y\leqslant \mathrm{VaR}\} &= \int_{0}^{1}\partial_1 C(\phi(w),\phi(\mathrm{VaR}-\phi^{-1}(w)))dw \\ &\approx \sum_{w\in(0,1)}[C(\phi(w+\Delta w),\phi(\mathrm{VaR}-\phi^{-1}(w)))-C(\phi(w), \\ &\qquad \phi(\mathrm{VaR}-\phi^{-1}(w)))]\Delta w \end{aligned} \quad (6.36)$$

其中，w 为增量 Δw 中的点。

建议使用下面的方法获得与给定 VaR 相关的置信水平的估计：

- 选择一个 copula 函数。
- 写出估计 copula 值的计算机程序，这项工作非常简单。
- 使用 copula 程序获得与公式（6.32）的右边近似的函数，在此基础上估计 $\Pr\{X+Y\leqslant \mathrm{VaR}\}$。这需要我们选择增量 Δw 的大小。该增量越小，估计结果越精确，而其中涉及的计算量也就越大。

这个算法最后给出的是给定 VaR 相关的置信水平。

然而，在实践中我们通常需要估计的是置信水平给定时的 VaR。因此，我们需要知道如何从其中的一个获取另一个。一个答案就是在某个适当的求根算法（例如对分法）中嵌入我们的置信水平。为了说明如何能够做到这一点，假设 X 和 Y 皆服从标准正态分布，它们的相关结构是乘积 copula（见第 5 章附录中的公式（A5. 3a））。为了获得 VaR，首先假设 VaR 处于一个非常宽的范围内。然后，使用求根算法逐步计算，如果 VaR 就存在这一范围内，那么这个算法最终就能够得出真正的 VaR。

表 6. 3 列出了相关的算法和计算结果。假设我们想估计 95% 的 VaR，并且最初假定该 VaR 在区间［0，3］中。在区间中点 1. 5 上我们估出的置信水平为 0. 8558。由于该置信水平低于目标置信水平（$\alpha = 0.95$），所以，VaR 一定位于区间的上半部（即［1. 5，3］）中。接下来，我们将取下一个中点（区间［1. 5，3］的中点）2. 25，并估计相应的置信水平得 0. 9431。由于它还是低于 0. 95，所以 VaR 一定位于第二个区间的上半部（即［2. 25，3］）中。我们继续取该区间的中点（2. 625），并且估计相应的置信水平（0. 966）。由于这个值大于 0. 95，所以 VaR 一定位于这个区间的下半部（即［2. 25，2. 625］）。不断重复上述过程，伴随着每一次迭代，我们的 VaR 所在的区间宽度将会减半。伴随着的区间宽度的缩短，置信水平会收敛于 α，中点会收敛于 VaR，当置信水平充分接近 α 的时候，我们将相应的中点作为 VaR 的估计值。在我们的这个特例中，只需 7 步左右迭代过程就收敛了（收敛于 2. 32 左右），这里的计算结果精确到小数点后两位。如果愿意，我们还可以通过增加迭代次数或提高公式（6. 35）的精度，来提高我们的估计精度。

这个估计的正确性很容易解释。高斯（或正态）边际的乘积 copula 等同于 0 相关的标准多元正态分布。这时，组合 P/L 服从均值为 0、标准差为 2 的正态分布，于是根据普通教科书上的公式（即，$\text{VaR} = \sigma z_{0.95} = \sqrt{2} \times 1.645$，其中 σ 为组合的标准差）不难发现 VaR 为 2. 326。

该方法的好处是，我们可以在其中插入任何我们喜欢的 copula，而算法会根据我们提供的 copula 来给出 VaR。这就是说，我们现在可以估计多元背景下的 VaR，而不受相关性能否用相关系数测定的限制。

还有许多其他用 copulas 估计风险测度的方法：我们可以把 copula 和蒙特卡罗模拟引擎结合起来，有时还可以使用特殊类型 copula 导出其

表6.3

VaR估计的二分—copula算法

迭代次数	不确定范围	范围的中点	相对于中点的置信水平	评论与解答
1	[0.3]	1.5	0.8558	小于 $\alpha\Rightarrow$在区间上半部
2	[1.5，3]	2.25	0.9431	小于 $\alpha\Rightarrow$在区间上半部
3	[2.25，3]	2.625	0.9666	大于 $\alpha\Rightarrow$在区间下半部
4	[2.25，2.625]	2.4375	0.9562	大于 $\alpha\Rightarrow$在区间下半部
5	[2.25，2.4375]	2.3438	0.9516	大于 $\alpha\Rightarrow$在区间下半部
6	[2.25，2.3438]	2.2969	0.9483	小于 $\alpha\Rightarrow$在区间上半部
7	[2.2969，2.3438]	2.3203	0.9499	接近目标 $\alpha\Rightarrow Var\approx 2.32$

中隐含的VaR计算公式。采用后一种办法的一个例子由Malevergne和Sorneue（2001）提出。他们首先表明，使用高斯copula可以将任意的多元回报分布映射为多元正态分布（顺便说一下，他们还提供了Hull－While正态变换的理论依据，说明HW方法实际上只是copula方法的变种）。然后，将此结果应用用于一类肥尾分布：这类分布被称为扩展指数分布或修正威布尔（Weibull）分布。这时回报具有以下边缘分布：

$$p(x)=\frac{1}{2\sqrt{\pi}}\frac{c}{\chi^{c/2}}|\chi|^{\frac{c}{2}-1}\exp\left[-\left(\frac{x}{2}\right)^{2}\right] \tag{6.37}$$

其中，c为形状参数或尾部参数，χ为尺度参数。若$c=2$，则分布为正态分布；若$c<1$，则分布为扩展指数分布或子指数分布。如果所有的资产都有相同的形状参数c，则我们可以导出隐含VaR的近似式，其取值取决于c的取值。最简单的情况是$c<1$的情况，这时VaR与时间t无关，隐含VaR的近似式如下：

$$1-\alpha\sim\Gamma\left(\frac{1}{c},\mathrm{VaR}\right) \tag{6.38}$$

其中，Γ表示伽玛函数，α依然表示VaR的置信水平。这一公式可以借助电算表格求数值解。其他情况（即，$c>1$的情况。这时VaR会表现出时间依赖）也有相应的隐含VaR的公式，只是这些公式更加难以处理。这时 Malcvergnc – Sornette 方法能够产生强有力的结果，只是这项工作不但要求我们事先做出一些假定（这些假定在 copula 的应用中普遍存在），而且要求处理者具有高水平的统计技能。

例 6.8（简单的 Malevergne – Somette VaR）

如果我们回报具有时间依赖性，并且我们所有资产的时间参数皆为 $c=0.95$，则95% VaR 可以通过 VaR 隐含近似式求得。使用某种基本方法（例如，二分法）可以得出该 VaR 近似等于 3.550。

6.9 结论

本章的覆盖面很大，其中的参数方法多种多样，既用于组合水平，也用于持仓水平。其主要优点是，能够在一些相对具有局限性的假定的基础上，为我们提供大量的有关风险测度的信息。此外，因为能够将一些附加信息嵌入到了基本的参数假定中，参数方法如果参数假定正确，一般会比非参数方法提供更好的风险测度估计。然而，参数方法的主要弱点也与刚才最后提到的优点有关：参数方法的结果正确与否取决于其中的参数假定，如果这些假定有误，则并可能导致严重的估计错误。因此，使用参数的方法时，重要的是要使参数假定正确。要做到这一点，我们需要考虑以下几点：

- 认真考虑回报或 P/L 的取值是否超出允许的范围（例如，我们需要考虑损失或收益是否有界的问题）。
- 留心我们数据的偏度或峰度，这些信息是我们分布选择时的关键信息。
- 应该对时间依赖性问题（例如，波动的聚类性）和/或条件性有所意识。
- 如果我们只关心与某个特定置信水平相关的风险测度，或在一个相对狭小范围内的置信水平，那么试图以整个范围内拟合分布为基础估计风险测度毫无意义。这时，我们应该选择与该置信水平或我们感兴趣的置信度水平范围拟合得好的分布，也就是说，我们应当寻求局部而不是整体拟合得好的分布。

- 应该对模型风险或参数风险有所意识。例如，当我们感觉到我们的数据有肥尾性时，我们应该尝试选择各种肥尾分布加以拟合，并考察我们的结果如何随着各种设定（包括关键参数的替代校正）的变化而变化。

总之，风险测度估计的参数方法成功的关键是，假设要合理，并且我们应该对我们知道什么和不知道什么有清醒的认识。

如果我们在持仓水平上使用参数方法，我们还应该特别注意我们数据的相关结构。我们还应该对多元正态分布假定保持警惕，除非我们相信我们的数据非常接近多元正态分布。而且，我们不应该过分依赖中心极限定理来为我们的数据处理辩护，例如，他们应该是多元正态分布等等。如果我们想摆脱多元正态分布的限制（通常应该如此），我们有时可以使用诸如椭圆分布等其他分布，有时也可以使用 Hull - White 变换将数据转换为多元正态分布数据。然而，如果我们想要使用在一般情况下也可以用的框架（即，允许任何类型的相关结构），那么我们别无选择，只能使用 copula 方法。copula 方法极具灵活性和普遍性，它使我们能够在同一风险估计计算引擎中整合不同类型的风险。因此，如果我们对风险加总具有重大兴趣，则必须使用 copula 方法。

附录

长期风险测度的预测

多数 VaR 文献考虑的都是短期 VaR 的预测，通常是 1 个或 10 个交易日的 VaR。这反映出这样一个事实，证券市场上的 VaR 短期内就会发生变化。然而，在很多情况下，我们可能会对长期（可能是很长期）金融风险感兴趣。例如，银行关注的时间跨度往往是数季度或数年，而保险公司和养老基金关注的时间跨度可能长达几十年。那么，如何处理长期风险预测的问题呢?

VaR 文献有时会给出这样一个答案：平方根 VaR 法则。如果 $VaR(h)$ 是 h 天 VaR，如果 VaR(1) 是 1 天的 VaR，则该法则告诉我们：前者可以通过后者获得，具体计算公式如下：

$$VaR(h) = \sqrt{h}.VaR(1) \tag{A6.1}$$

这种平方根 VaR 预测法，最早出现在 1996 年巴塞尔协议的市场风险修正案中，并在最近（2004 年）的修订版本中被重申。然而，该方法只被推荐作为用 1 天 VaR 推算 10 天 VaR 的方法，不被推荐作为估计长期 VaR 方法。事实上，平方根法则在较长期 VaR 估计上不可靠。

A6.1 长期 VaR 估计的参数方法

更好的方法是，首先做一些有关长期回报分布的参数假定，其中的期长是我们关心的量[①]。做出这些假定后，还需要考虑组合问题，这意

① 非参数方法也是可能的替代方法，只是需要很大的数据集。而且，我们也必须对隐含其中的基本假定感到放心，这一假定要求：未来的数据和过去的数据有足够相似度，以保证非参数方法能够用于长期预测。另外，我们可以使用一个半参数方法，并对历史数据做“修正”，使得我们能够对未来的参数（例如，均值和波动率）做最好的估计。

味着用几何回报比用算术回报更有意义。因此，一个显然的选择就是使用对数正态假定——即资产价格服从对数正态分布，即几何回报服从正态分布。这时，h 期（例如，h 年）VaR 的计算公式如下：

$$\text{VaR}(h) = P[1 - \exp(\mu_h h - \sqrt{h}\sigma_h z_\alpha)] \tag{A6.2}$$

其中，P 表示我们组合的现值，μ 和 σ 分别表示组合 h 年期的年均回报的均值和波动。如果我们已经有了参数 μ_h 和 σ_h，那么我们就可以估计任何长期的 VaR。

图 A6.1 给出了一个典型的例子。这里，假定年均参数值分别为 $\mu_h = 0.075$ 和 $\sigma_h = 0.25$，组合的初始价值为 1 。它表明了 VaR 随着期长（或时间跨度）h 和置信水平的变化发生变化的情况。对于任意给定的置信水平，VaR 随着 h 的增加，先爬升至顶峰，然后持续下降，过某个点后会变成负值，这个负值会离 0 越来越远。VaR 的取值也会随着置信水平的变化而变化：在相对较低的置信水平上，VaR 的峰值出现较早，其后的下降速度也较快；但是在相对较高的置信水平上，VaR 的峰值出现较晚，峰顶也比较平缓，VaR 在最大值（VaR 的上界）附近滞留的时间较长。另外，需要注意的是，虽然 VaR 有一个自然的上界，却没有相应的下界，它将随着期长的增加而无限下降。

图 A6.1

长期 VaR

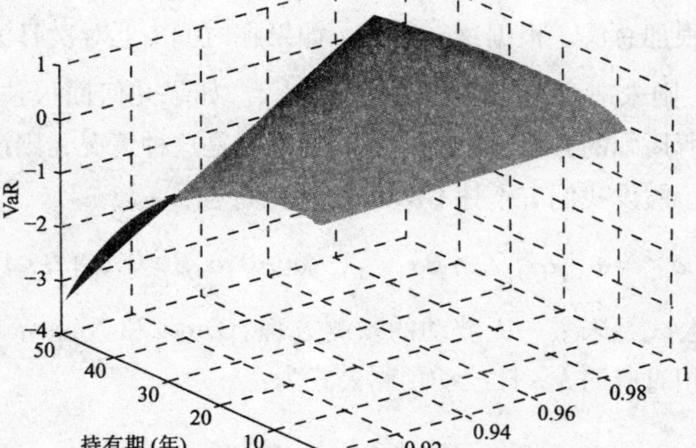

注：该图假定，$\mu_h = 0.075$，$\sigma_h = 0.25$，投资的初始价值为 1 美元。

这个图形的直观解释很简单。早期的 VaR 一般受波动参数的影响，因为该参数（通常）和均值参数有很大关系。这将导致.VaR 的增加，并且常常会使其增至它可能取值的最大值。然而，就长期而言，VaR 主要由均值参数所决定，因为该参数会随着 h 的增加而成倍增加，波动的增加速度则慢得多，它随着$\sqrt{h}$的增加而成倍增加。因此，在长期占有主导地位的均值将最终使得 VaR 走低，并且使其在以后的时间里持续下降。影响长期 VaR 的主要因素是平均回报。

因此，VaR 的平方根法则在长期不可靠的原因是：平方根法则只能使 VaR 持续上升，真正的 VaR 只会在某个时期内上升，并达到组合价值所决定的峰值，然后（假设均值为正）将会下跌，且无止境地下跌。

A6.2　参数预测的获得

然而，这一分析的前提需要我们估计未知参数 μ_h 和 σ_h，这些参数取值取决于时间跨度 h 的情况。

参数 μ_h 的估计比较简单：我们可以针对相关的持有期，用判断法（即直观考察）获得对该参数的估计，也可以首先用统计分析方法获得预期回报的预测，然后，针对给定的持有期对该均值参数做出推断——因为均值的叠加很容易，所以这种推断方法比较简单。

然而，参数 σ_h 估计有时可能比较困难。一个处理该问题的方法是，对短期波动按时间 t 的进展加总。一个明显有争议的短期波动的加总方法是平方根加总法。根据这一法则，如果在时间 t 上对次日波动率的预测为 $\sigma_{1,t}$，则未来 h 天波动的预测为$\sqrt{h}\sigma_{1,t}$。如果几何回报独立同分布，则这一众所周知的方法有效。但是，如果不是这种情况，则该方法有问题。例如，假设我们有下述 GARCH(1,1)过程：

$$\sigma_{1,t}^2=\omega+\alpha x_{1,t-1}^2+\beta\sigma_{1,t-1}^2;\quad \omega\geqslant 0,\alpha,\beta\geqslant 0,\alpha+\beta<1 \tag{A6.3}$$

这一公式是未来一天波动的预测方程。Drost 和 Nijman（1993）表明，与之相对应的 h - 日波动预测公式为：

$$\sigma_{h,t}^2=\omega_h+\alpha_h x_{h,t-1}^2+\beta_h\sigma_{h,t-1}^2 \tag{A6.4}$$

其中，$\omega_k=h\omega[1-(\alpha+\beta)^h][1-(\alpha+\beta)]^{-1},\alpha_h=(\alpha+\beta)^h-\beta_h$，

并且 $|\beta_h|<1$ 为下述二次方程的解：

$$\frac{\beta_h}{1+\beta_h^2}=\frac{a(\alpha+\beta)^h-b}{a[1+(\alpha+\beta)^{2h}]-2b} \tag{A6.5}$$

其中：

$$a=h(1-\beta)^2+2h(h-1)\frac{(1-\alpha-\beta)^2(1-\beta^2-2\alpha\beta)}{(\kappa-1)[1-(\alpha+\beta)^2]}$$
$$+4\frac{[h-1-h(\alpha+\beta)+(\alpha+\beta)^h][\alpha-\alpha\beta(\alpha+\beta)]}{1-(\alpha+\beta)^2}$$

$$b=[\alpha-\alpha\beta(\alpha+\beta)]\frac{1-(\alpha+\beta)^{2h}}{1-(\alpha+\beta)^2}$$

其中，κ 为 x_t 的峰度。很显然，这一（条件）波动预测和我们根据平方根推测法得到的（无条件）波动预测存在很大不同。

这说明，我们不应该盲目套用平方根法来估计波动率，除非回报的分布独立同分布。它还表明，如果在更长的时间区间上预测波动率，要么使用正确的预测方法（即使用正确的方法，根据单日波动估计预测出 h 日的波动），要么使用 h – 期模型。不幸的是，这两个方法都有问题：波动率的预测法不但很难导出，而且还常常不存在；如果直接使用 h – 期的数据计算频率，则会丧失很多数据，致使可用数据不足。

然而，也有与上述观点不同的论据。似乎有经验证据表明，平方根法则在长度为一个月（可考虑的合理的数据时期长度）的持有期上的确表现较好[①]。此外，还有更有益的是仿真结果，该类结果表明：平方根波动预测法在普通债权上有不错的表现；其他任意长期上的对称 GARCH 过程保证，若是 GARCH(1,1)，则平均水平为 $\omega/(1-\alpha-\beta)$ 而不是当期日波动成比例[②]。这表明，平方根波动预测法则可能并非那么一无是处，只是使用时需要加以小心。此外，平方根规则不能无条件地使用（即在非对称 GARCH 过程中），最自然的解决方法是用蒙特卡罗模拟：针对某个给定的时期长度，决定一个 GARCH 过程，并基于这个随机过程模拟出相关的 h 期波动率。

---

① 参见 Anddersen 等（2001，第 53 页）。

② 参见 Dowd（2003）。

此外，如果处理的问题具有超长持有期，则上述所有方法都没有必要。在超长持有期内，由于大量随机因素相互抵消，所以最好的办法是：首先考察波动在这一超长持有期上的平均，然后，使用稳健分析法（或其他方法）分析我们的结果相对于参数假定的敏感程度。然而，长期风险测度估计和短期风险测度估计一样，很可能会面临明显的模型风险和参数风险。

第 7 章

参数方法（II）：极端值方法

风险管理中极端事件的处理中存在许多问题，极端事件虽然不太可能发生，但是一旦发生，其代价可能非常大。这些事件通常被称为低概率、高影响的事件，其中包括市场暴跌，大型金融机构倒闭，金融危机爆发和自然灾害。鉴于此类事件的重要性，极端事件的风险测度估计是风险管理重点关注的问题。

但是，估计这种风险时，我们必须面对一个难题：极端事件的定义意味着这类事件十分罕见，所以我们估计时需要的有关极端事件的历史观察数据相对较少。极端事件的风险估计因此具有极大的不确定性，如果我们感兴趣的极端危险不仅限于观测数据范围之内，而且要远远超出这个范围，则其中的不确定性更加明显——如果我们感兴趣的风险所涉及的极端事件比我们的历史数据中任何事件的极端性都大（例如，前所未有的股市下跌），就会出现这种情况。

从业人员只能依靠人工假设来弥补数据的缺乏。不幸的是，他们做出的假设往往不可靠。在通常情况下，先随意选择分布，然后使之与整个数据集相拟合。然而这意味着，拟合出的分布往往包容较多的中央观测值，因为多数观测值都是中间观测值而非极端观测值，实际上极端观测值非常少。因此，如果我们感兴趣的是分布的中间部分，这类方法通常效果良好，但是它们确实不适合处理极端情况。

在处理极端值时，我们需要使用能够应对极端值估计的基本问题的办法：估计低频事件风险不可避免地会遇到数据不足（有限）的问题，而且我们关注的事件越稀少，这类困难越大。这些问题并非风险管理所独有，在其他学科也是如此。典型的例子是水文学研究，这一领域的工程师长期致力于堤防高度的研究，海堤和类似的屏障应该能够应对合理范围内洪水的发生。通常他们必须利用比金融风险从业人员更少的数据来实现这一目标，并估计相关的分位点——他们与之对抗的洪水水位——这种水位通常会远远超出已有样本数据的范围。因此，他们不得不面对保险精算师以及风险管理人员所面对的类似问题，尽管历史数据缺乏，但他们不得不冒犯错误的风险来处理这些问题。

极端值理论（EVT）是他们努力的结果，该理论是专门用于处理这类问题量的应用统计学的一个分支①。EVT 关注的是极端值的独特性，给出处理这类问题的理论。无疑，EVT 和我们相对熟悉的“中央趋势”的统计学完全不同，而我们中大多数人都是伴随着这类统计学长大的。中心极限定理是中央趋势统计学的理论基础，但却不适用于极端值的情况，处理极端值应该使用构成极端值理论的极端值定理。EVT 利用这些定理告诉我们应该（更确切地说是不应该!）用何种分布来拟合我们的极端值数据，并指导我们估计其中的参数。这些极端值的分布与我们熟悉的中央趋势统计学的分布完全不同。其中的参数与我们过去熟悉参数也有很大不同，估计起来也更加困难。

本章概述极端值理论及其在金融风险估计中的应用方法。与前几章一样，为了讨论上的简洁，我们将主要侧重于讨论 VaR（ES 的内容相对较少），实际上这些方法可以自然地扩展到其他一致风险测度的估计上去。

本章分为 4 个部分。7.1 节和 7.2 节讨论单变量极端值理论的两个主要分支，7.3 节讨论这些内容的某些扩展，包括多元极端值理论，7.4 节是结论。

7.1 广义极端值理论

7.1.1 理论

假设我们的损失 X 是一个随机变量，同时假设我们一开始就认为

---

① 有关极端值理论（EVT）的文献为数众多。然而，一些涉及了 EVT 的标准的金融学教科书是 Embrechts 等（1997），Reiss 和 Thomas（1997）和 Beirlant 等（2004）。关于这个问题还有很多比较好的文章，例如，Aassi 等（1998），Longin（1996，1999），Danielsson 和 Vries（1997a，b），McNeil（1998）、McNeil 和 Saladin（1997），Cotter（2001，2004）等。

它们是独立同分布于某个未知的分布 $F(x)=\text{Prob}(X\leqslant x)$。如果我们希望估计与 X 的分布相关的极端风险（即，极端 VaR），那么我们显然就会遇到不知道分布函数 $F(x)$ 的确切表达式的问题。

这时，极端值理论就可以发挥作用。考虑取自分布 $F(x)$ 的容量为 n 的样本，设 M_n 是样本中的最大值[①]。如果 n 的取值很大，则我们可以把 M_n 视为极端值。著名的 Fisher - Tippett（1928）定理告诉我们，在相当一般的条件下，随着 n 的增大，极端值（即，M_n）的分布收敛于下述广义极端值（即，GEV）分布：

$$H_{\xi,\mu,\sigma}=\begin{cases}\exp\left[-\left(1+\xi\dfrac{x-\mu}{\sigma}\right)^{-1/\xi}\right] & \text{if}\quad \xi\neq 0\\ \exp\left[-\exp\left(\dfrac{x-\mu}{\sigma}\right)\right] & \qquad\ \xi=0\end{cases} \tag{7.1}$$

其中，x 满足条件 $1+\xi\ (x-\mu)\ /\sigma>0$[②]。该分布有3个参数。前两个参数分别是极限分布的位置参数 μ 和规模参数 σ，位置参数反映了 M_n 的中心倾向，规模参数反映了 M_n 的分散情况。这些参数与我们比较熟悉的均值和标准差既有联系又有区别，以后会再讨论这个问题。第三个参数 ξ 是尾部指标，它反映了极限分布尾部的情况（或尾部的肥度）。

广义极端值（GEV）分布公式（7.1）有下面3种特殊情况：

- 如果 $\xi>0$，则 GEV 分布成为 Frechet 分布。这时 $F(x)$ 的尾部表现为幂函数，因此是肥尾分布（例如，$F(x)$ 服从列维（Levy）分布、t 分布或帕雷托（Pareto）分布等分布时，将会出现这种情况）。这种情况对于金融回报数据特别有用，因为这些数据通常有厚尾特征，而且我们经常发现金融回报数据的 ξ 的估计值为小于0.35的正数。
- 如果 $\xi=0$，则 GEV 分布成为 Gumbel 分布，这时 $F(x)$ 的尾部表现为指数函数。这些分布的尾部较瘦，与正态、对数正态等分布的尾部特征相像。

---

① 相同的理论也适用于这样的极端值，它们是（大）样本的最小值而不是最大值：为了将这一理论用于最小极端值，我们只需用 -1 乘以我们的数据，然后简单套用最大极端值的结果即可。

② 参见 Embreehts 等（1997，第316页）。

图 7.1

标准化的 Gumbel 分布和 Frechet 分布的分布密度函数

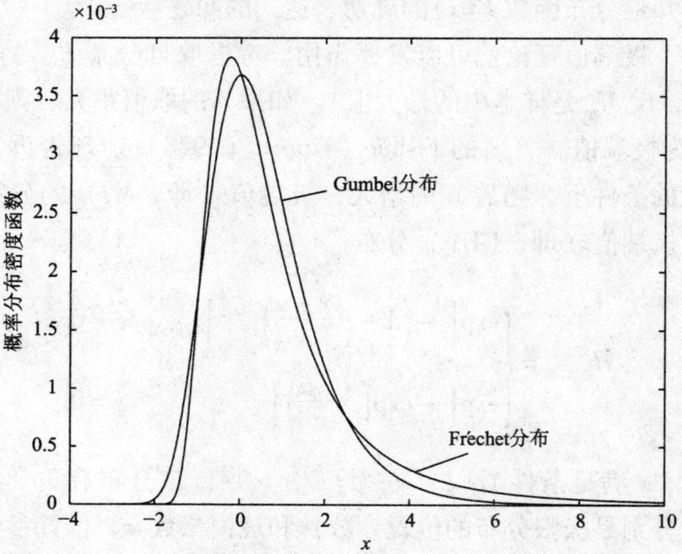

- 如果 $\xi<0$，则 GEV 分布成为 Weibull 分布，这时，$F(x)$ 的尾部比正态分布的尾部还瘦。然而，Weibull 分布对于金融回报数据的建模不是太有用，因为实证中的金融回报数据很少会有如此瘦的尾部①。

图 7.1 表明了标准化的（即，$\mu=0$，$\sigma=1$）的 Frechet 和 Gumbel 分布的概率分布密度函数，这两个分布都是右偏的分布，右面的尾巴明显较长。这意味着，服从 Frechet 分布的随机变量 X 的取值非常大的概率较高。

观察上面的图形不难发现，分布的绝大多数概率位于 $-2\leqslant x\leqslant +6$ 中。对一般情况而言，分布的绝大多数概率位于 $\mu-2\sigma\leqslant x\leqslant\mu+6\sigma$ 中。

为了得到与 GEV 分布相关的分位点，令公式（7.1）的左边为 p，并对等式两边取对数得：

$$\ln(p)=\begin{cases}-\left\{1+\xi\left(\dfrac{x-\mu}{\sigma}\right)\right\}^{-1/\xi} & \text{if} \quad \xi\neq 0\\ -\exp\left\{-\left(\dfrac{x-\mu}{\sigma}\right)\right\} & \quad\quad\ \ \xi=0\end{cases} \tag{7.2}$$

① 我们还可以用吸引域的概念来解释这 3 种情况。来自列维分布或 t 分布的极端值落在 Frechet 分布的吸引域中，所以 n 很大时，服从于 Frechet 分布；来自正态和对数正态分布的极端值落在 Gumbel 分布的吸引域中，所以 n 很大时，服从于 Gumbel 分布，等等。

从公式（7.2）中反解出 x，即可得到与给定（累计）概率 p 相关的分位点[①]：

$$x=\mu-\frac{\sigma}{\xi}[1-(-\ln(p))^{-\xi}]\quad (\text{Fréchet},\xi>0) \tag{7.3a}$$

$$x=\mu-\sigma\ln[-\ln(p)]\quad (\text{Gumbel},\xi=0) \tag{7.3b}$$

例 7.1（Gumbel 分位点）

对于标准化的 Gumbel 分布，5% 分位点为 $-\ln[-\ln(0.05)]=-1.0972$，95% 分位点为 $-\ln[-\ln(0.95)]=2.9702$。

例 7.2（Frechet 分位点）

对于 $\xi=0.2$ 的标准化 Frechet 分布，5% 分位点为 $-(1/0.2)[1-(-\ln(0.05))^{0.2}]=-0.9851$，95% 分位点为 $-(1/0.2)[1-(-\ln(0.95))^{0.2}]=4.0564$。若 $\xi=0.3$，则 5% 分位点为 $-(1/0.3)[1-(-\ln(0.05))^{0.2}]=-0.9349$，95% 分位点为 $-(1/0.3)[1-(-\ln(0.95))^{0.2}]=4.7924$。所以，Frechet 分位点对于尾部指标 ξ 是敏感的，它随着 ξ 的增加而增加。若 $\xi\to0$，则 Frechet 分位点收敛于 Gumbel 分位点。

需要记住的是，公式（7.1）至公式（7.3）中的概率指的是与极端亏损的分布相关的概率，而不是那些产生极端亏损的“母”分布的概率。例如，公式（7.3）中的 5% 是位于极端亏损的最低 5% 和最高 95% 之间的某个点，而不是“母”分布本身的 5% 分位点。因此，极端亏损分布的 5% 分位点位于极端损失分布的左边（因为它是一个极端的亏损），却位于原始母分布的右边（因为它是一个极端亏损）。

① 我们可以使用适当的规模参数来进行较长期的极端值 VaR 估计，需要注意的是，作为均值的规模参数和持有期 h 成比例，标准差规模参数和 h 的平方根成比例，而且（在某些条件下）尾部指标根本不是规模参数。总的来说，我们发现 VaR 的规模参数为 κ（即，VaR（h）= VaR（1）h^{κ}），其中 h 为持有期。Hauksson 等（2001，第 93 页）报告的实证结果表明，κ 的平均值在 0.45 左右，因此平方根规模法则（即，$\kappa=0.5$）通常不适合极端值（EV）分布。

为了看到同 M_n 的分布相关的概率与同 X 的分布相关的概率之间的区别，设 M_n^* 为某个极端值的临界值，则有：

$$\Pr[M_n < M_n^*] = p = \{\Pr[X < M_n^*]\}^n = [\alpha]^n \tag{7.4}$$

其中，α 为取值 M_n^* 的 VaR 的置信水平。为了获得 αVaR，现在我们使用公式（7.4）中的 $[\alpha]^n$ 来替换公式（7.3）中的 p 得：

$$\mathrm{VaR} = \mu_n - \frac{\sigma_n}{\xi_n}[1 - (-n\ln(\alpha))^{-\xi_n}] \quad (\text{Fréchet}, \xi > 0) \tag{7.5a}$$

$$\mathrm{VaR} = \mu_n - \sigma_n \ln[-n\ln(\alpha)] \quad (\text{Gumbel}, \xi = 0) \tag{7.5b}$$

（由于 n 是确定的，所以我们用它作为相关参数的下标，用来表示这些参数与容量为 n 的样本的最大值相关。这样做有助于避免 n 很大时将其误认为极限 VaR）。若极端亏损分布的参数 μ_n、σ_n 和 ξ_n 已知，则利用公式（7.5）可以得到相关的 VaR 估计。当然，根据公式（7.5）估计出的 VaR 只对极高的置信水平有意义，不能期望它们对于相对较低的置信水平也有意义。

例 7.3（Gumbel VaR）

设极端值分布服从标准 Gumbel 分布并且 $n=100$，则 99.5% VaR 为 $-\ln[-100\times\ln(0.995)] = 0.6906$，99.9% VaR 为 $-\ln[-100\times\ln(0.999)] = 2.3021$。

例 7.4（Frechet VaR）

设极端值分布服从 $\xi=0.2$ 的标准 Frechet 分布，并且 $n=100$，99.5% VaR 为：$-(1/0.2)[1-(-100\times\ln(0.995))^{-0.2}] = 0.7406$，99.9% VaR 为：$-(1/0.2)[1-(-100\times\ln(0.999))^{-0.2}] = 2.9237$。若 $\xi=0.3$，则 99.5% VaR 为：$-(1/0.3)[1-(-100\times\ln(0.995))^{-0.3}] = 0.7674$，99.9% VaR 为：$-(1/0.3)[1-(-100\times\ln(0.999))^{-0.3}] = 3.3165$。

这些结果告诉我们，极端值 VaR（这意味着，其他极端值 - VaR 与其一样）对尾部指标 ξ_n 的取值大小具有敏感性，这凸显出在应用极

端值理论时 ξ_n 估计的重要性。即便是 Gumbel 分布这个观点也是适用的，因为这时我们认为 ξ_n 并非显著不为0。

例 7.5（实际中的 Frechet VaR）

假设我们需要使用更为实际的参数来估计 Frechet VaR。对于美国股票市场，假设我们有满意的参数估计 $\mu=2\%$、$\sigma=0.7\%$ 和 $\xi=0.3$。假设 n 还是前面的100，将这些参数带入 Frechet VaR 估计公式（7.5a）得，99.5% VaR 为 $2-(0.7/0.3)[1-(-100\times\ln(0.995))^{-0.3}]=2.537$，而 99.9% VaR 为 $2-(0.7/0.3)[1-(-100\times\ln(0.999))^{-0.3}]=4.322$。对于第二天的交易日，这些估计告诉我们在 99.5% 的置信水平上，组合的市场损失不会超过其价值的 2.537% 等。

有趣的是，若我们使用 Gumbel 分布（即，$\xi=0$），则我们的 99.5% 和 99.9% VaR 分别为 $2-0.7\times\ln[-100\times\ln(0.995)]=2.483$ 和 $2-0.7\times\ln[-100\times\ln(0.999)]=3.612$。这些值低都于 Frechet VaR，也说明了正确估计 ξ 的重要性。

我们如何在 Gumbel 分布和 Frechet 分布之间做出选择？有多种不同方法可以帮助我们决定究竟使用哪些极端值分布：

- 如果我们相信能够确定损失的“母”分布，我们可以在“母”分布的尾部吸引域中选择极端值分布。例如，如果我们认为“母”分布为 t 分布，那么我们会选择 Frechet 分布，因为 t 分布属于 Frechet 分布的吸引域。简而言之，我们会根据“母”分布的情况，选择极端值的分布。
- 我们可以检验尾部指标的显著性，如果尾部指标不显著，则可以选择 Gumbel 分布，否则选择 Frechet 分布。然而，这使我们面临危险——因为我们的 $\xi=0$ 的判断可能出错，这会导致我们对极端值风险测度的低估。
- 鉴于模型风险的存在，所以我们必须铭记，我们的风险测度估计会随着尾部指标的增加而增加，一种更安全的做法就是不管什么情况都选择 Frechet 分布。

7.1.2 极端值估计的快捷方法

也有用极端值理论估计 VaR（或 ES）的简单快捷方法。该方法的理论依据是，如果 $\xi>0$，则尾部极端亏损的分布可以表示成一个缓慢变化的函数和指数函数的乘积：

$$F(x)=k(x)x^{-1/\xi} \tag{7.6}$$

其中，$k(x)$随着 x 的变化缓慢地变化，简单起见，假设 $k(x)$的取值近乎为常数，则公式（7.6）变为：

$$F(x)\approx kx^{-1/\xi} \tag{7.7}$$

现在考虑两个概率，一个是样本内（in - sample）概率 $p_{in-sample}$，另一个是样本外概率 $p_{out-of-sample}$。那么，公式（7.6）变成：

$$p_{in-sample}\approx kx_{in-sample}^{-1/\xi}\text{ and }p_{out-of-sample}\approx kx_{out-of-sample}^{-1/\xi} \tag{7.8}$$

于是：

$$\frac{p_{in-sample}}{p_{out-of-sample}}\approx\left(\frac{x_{in-sample}}{x_{out-of-sample}}\right)^{-1/\xi}$$
$$\Rightarrow\quad x_{out-of-sample}\approx x_{in-sample}\left(\frac{p_{in-sample}}{p_{out-of-sample}}\right)^{\xi} \tag{7.9}$$

这使得我们可以根据已知的样本内分位点 $x_{in-sample}$、已知的样本外概率 $p_{out-of-sample}$（这一概率已知是因为它直接来自我们的 VaR 置信水平）和未知的样本内概率 $x_{in-sample}$，来估计样本外分位点（记之为 $x_{out-of-sample}$）。$x_{in-sample}$可以用它的经验对应物 t/n 代替，其中，n 为样本容量，t 为大于 $x_{in-sample}$的观察的数量。由此可得：

$$x_{out-of-sample}\approx x_{in-sample}\left(\frac{np_{out-of-sample}}{t}\right)^{-\xi} \tag{7.10}$$

这一估计只需使用已有信息即可简单获得。

使用此方法，我们可任意选择样本内分位点 $x_{in-sample}$，并确定与之相应的经验概率 t/n。然后，我们根据我们选定的置信水平确定我们的样本外概率，使用适当的方法估计我们的尾部指标，最后根据公式

（7.10）估计出我们的样本外分位点①。

7.1.3　极端值（EV）参数估计

为了估计EV风险测度，我们首先需要估计相关的EV参数——μ和σ，对于Frechet分布还要估计ξ，然后将它们代入我们的分位点公式（7.5）。我们可以使用极大似然估计（ML）、回归、矩估计或半参数方法获得这些估计。

7.1.3.1　极大似然估计方法

利用极大似然估计方法最可能获得基于给定数据的参数估计量，这些估计量可以通过最大化似然函数获得。作为使用极大似然估计方法的第一步，我们必须构建似然或对数似然函数。若分布为Gumbel分布（$\xi=0$），并且有m个M_n观测值，则对数似然函数为：

$$l(\mu_n,\sigma_n) = -m\ln(\sigma_n) - \sum_{i=1}^{m}\exp\left(-\frac{M_n-\mu_n}{\sigma_n}\right) - \sum_{i=1}^{m}\frac{M_n-\mu_n}{\sigma_n} \tag{7.11}$$

而$\xi\neq0$的对数似然函数为：

$$l(\mu_n,\sigma_n,\xi_n) = -m\ln(\sigma_n) - (1+1/\xi_n)\sum_{i=1}^{m}\ln\left[1+\xi_n\left(\frac{M_n-\mu_n}{\sigma_n}\right)\right] - \sum_{i=1}^{m}\ln\left[1+\xi_n\left(\frac{M_n-\mu_n}{\sigma_n}\right)\right]^{-\frac{1}{\xi_n}} \tag{7.12}$$

它们作为目标函数，将在限制$1+\xi(M_n^i-\mu)/\sigma>0$下被最大化。极大似然估计方法有些诱人的性质（例如，有良好的统计基础，由此获得的参数估计量具有一致性，以及$\xi_n>-1/2$时参数估计量有渐进正态性，这些性质使得我们能够利用似然比统计量，对于参数进行假设检验）。然而，其缺点是参数估计量常常没有解析解，所以不可避免地要使用某些适当的数值分析方法。这项工作需要利用某种软件来完成，而且极大似然估计量有可能不具有稳健性。另外，由于极大似然估计以渐

① 另一个捷径由Diebold等（2000）提出。他们建议对方程（7.7）的两边取对数，然后使用回归方法估计对数变换后的关系。然而，使用该方法的尝试仍然较少，而且其可靠性也不确定，因为没有简单方法能够保证回归方法将产生尾部指标的“合理”估计。

进理论为基础，所以有时也会遇到样本量不足的问题。

7.1.3.2 回归方法

一个比较容易应用的方法就是回归方法，由 Gumbel（1958）提出[①]。为了说明这个方法是如何工作的，首先将我们的 M_n^i 观测值由小到大排列起来得 $M_n^1 \leqslant M_n^2 \leqslant \cdots \leqslant M_n^m$，由于它们为顺序统计量，所以当 n 很大时，下述关系式成立：

$$E[H(M_n^i)] = \frac{i}{1+m} \Rightarrow H(M_n^i) \approx \frac{i}{1+m} \tag{7.13}$$

其中，$H(M_n^i)$ 是最大值的累计概率分布密度函数，方便起见，省略了所有不必要的下标（见前面的公式（7.1））。若 $\xi \neq 0$，则由公式（7.1）和公式（7.13）可得：

$$\frac{i}{1+m} \approx \exp[-(1+\xi_n(M_n^i-\mu_n)/\sigma_n)^{-1/\xi}] \tag{7.14}$$

公式（7.14）两边同时取对数得：

$$\log\left[-\log\left(\frac{i}{1+m}\right)\right] \approx -\frac{1}{\xi_n}\log\left[1+\xi_n\left(\frac{M_n-\mu_n}{\sigma_n}\right)\right] \tag{7.15}$$

用 $[1+\xi_n(M_n-\mu_n)/\sigma_n]$ 对 $\log[-\log(i/(1+m))]$ 做回归，可得 μ_n、σ_n 和 ξ_n 的最小二乘估计。$\xi=0$ 时，公式（7.14）和下式等价：

$$\log\left[-\log\left(\frac{i}{1+m}\right)\right] \approx \left(\frac{M_n-\mu_n}{\sigma_n}\right) \tag{7.16}$$

这时，参数估计可以很容易地从回归中获得。

专栏 7.1

基于矩方法的极端值参数估计

另外一个可选的方法就是利用经验矩来估计极端值参数。令 m_i 表示我们极端值数据集的 i 阶经验矩。假设 $\xi \neq 0$，适当改写 Embrechts et al.（1977，pp. 321－323）的结论，即可证明：

---

① 参见 Gumbel（1958，第 226、260、296 页）。

专栏 7.1（续）

$$m_1 = \mu - \frac{\sigma}{\xi}(1 - \Gamma(1-\xi))$$

$$2m_2 - m_1 = \frac{\sigma}{\xi}\Gamma(1-\xi)(2^{\xi}-1)$$

$$3m_3 - m_1 = \frac{\sigma}{\xi}\Gamma(1-\xi)(3^{\xi}-1)$$

其中，$\Gamma(.)$ 为伽玛函数。用最后一个公式除前一个，即可获得 ξ 的估计量。利用前两个公式，可以将 μ 和 σ 的估计量用 ξ、m_1 和 m_2 表示出来：

$$\hat{\sigma} = \frac{(2m_2 - m_1)\hat{\xi}}{\Gamma(1-\hat{\xi})(2^{\hat{\xi}}-1)}$$

$$\hat{\mu} = m_1 + \frac{\hat{\sigma}}{\hat{\xi}}(1 - \Gamma(1-\hat{\xi}))$$

若分布为 Gumbel 分布，则可以求 $\xi \to 0$ 时的极限。这时：

$$\hat{\sigma} = \sqrt{\frac{6m_2}{\pi}}$$

$$\hat{\mu} = m_1 + \Gamma(1)\hat{\sigma} = m_1 - 0.57722\hat{\sigma}$$

以经验矩为基础的方法易于使用，但是由于 2 阶或高阶矩的抽样性质不好，所以估计结果不可靠。

然而，根据 Hosking 等（1985），我们可以将上述 m_i 替换为其概率加权矩 ω_i，其中 $\omega_i = E[X(F(X)^{i-1})], i = 1, 2, \cdots$，来获得估计量的良好抽样性。如果愿意，我们还可以使用更为一般的概率加权矩 $\omega_{i,r,s}$，其中，$\omega_{i,r,s} = E[X^r(F(X)^{i-1}(1-F(X))^{s-1}], i, r, s = 1, 2, \cdots$。

7.1.3.3　半参数估计方法

我们也可以使用半参数方法来估计参数。这类方法通常用于 ξ 的估计，其中，最流行的方法就是使用 Hill 估计量。该估计量直接用于顺序母损失观察。若 $X_1, X_2, \cdots, X_n$ 是按照从大到小的顺序排列的母损失观察，则 Hill（峰）估计量 $\xi_{n,k}^{(H)}$ 为：

$$\hat{\xi}_{n,k}^{(H)} = \frac{1}{k}\sum_{i=1}^{k} \ln X_i - \ln X_{k+1} \tag{7.17}$$

其中，k 为 Hill（峰）估计量所需的尾部阈值，该阈值必须以某种适当的方式加以选择。Hill 估计量实际上是最极端（即，尾部）的 k 个观测值的算术平均，减去第 $k+1$ 个或者仅次于尾部的观测值。众所周知，Hill 估计量具有一致性和渐进正态性，但是它的有限样本性至今尚不清楚，现在还有一些文章讨论其小样本性，而且该估计量对阈值 k 的选择敏感。然而，尽管存在这样或那样的保留意见，但是许多极端值理论从业者仍然认为 Hill 估计量并不比别得估计量差①。

实践中的主要问题是截止值（或阈值）k 的选择。尽管我们知道尾部指标估计对于 k 的选择敏感，但是却很少有理论能够给予我们帮助。关于这一问题我们常常能够得到的建议是，应该对某个范围内的所有 k 估计 Hill 估计量，使得以 k 为自变量的估计曲线或多或少开始走平的 k 值为适当的 k 值：如果曲线稳定地走平，则该平稳值就应该是我们合理的尾部指标。该建议试图从我们的样本数据中获得最大的信息，尽管这一方法欠规范。

为了具体说明这一方法，图 7.2 给出了“Hill 曲线”——该曲线的自变量为 k（Hill 估计值计算所需的尾部阈值）函数值为 Hill 估计值，计算基于 1000 个来自潜在分布的模拟观测值。从图 7.2 可以看出，Hill 估计值在 k 比较小的时候有些不稳定，但是随着 k 的增大，它们逐渐稳定并且最终稳定下来，据此人们可以断定 k 的真值该在 0.18 - 0.20 之间。在许多实际情况下，这个值是令人满意的。因此，如果我们在实际工作中遇到这种情况，我们可以容易地说服自己承认我们的估计是一个合理估计。

然而，k 的取值在远远大于 40 以后，Hill 估计值还会稳定吗？很遗憾，结论常常是否定的②。我们可以看到，如果继续扩大 k 的取值范围并延长上述曲线：尽管 Hill 估计值似乎在 k 的取值为 40 左右的时候趋于稳定。令人震惊的是，没有迹象表明 Hill 估计值最终会稳定下来，于

① 另一个是 Pickands 估计量（参见 Bassi 等（1998，第 125 页）或 Longin（1996，第 389 页）。该估计量（不像 Hill 估计量）并不需要正的尾部指标，具有渐进正态性，并且在合理的条件下还有弱一致性。

② 理想主义者也许会指出，当我们使用来自正态分布的数据时，我们应该能够预料到 Hill 估计量的这种不良表现。这也许是对的，但并不是问题的关键：Hill 恐怖曲线非常普遍，很多非正态分布也有这种现象。

图 7.2

Hill 曲线

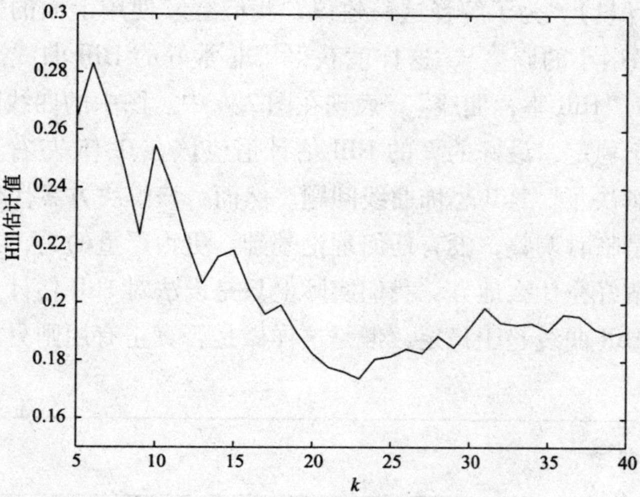

注：上述计算基于来自标准正态分布的 1000 个模拟数据。

是 Hill 曲线变成“Hill 恐怖曲线”，这使得我们无从选择 k 的取值——这意味着该曲线不能帮助我们决定 Hill 估计值应该是什么？图 7.3 给出了 Hill 恐怖曲线。

图 7.3

Hill 恐怖曲线

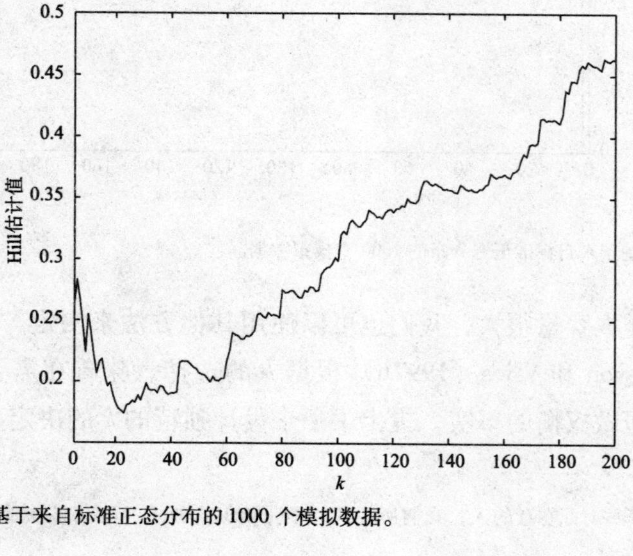

注：上述计算基于来自标准正态分布的 1000 个模拟数据。

Hill 恐怖曲线是一个实际问题。有时我们会得到这样的建议，遇到这种情况时，最好的应对方法是给 Hill 估计量打补丁（即，适当地修正 Hill 估计量）。为了解释这一建议，我们继续使用上面的数据，并对 Hill 公式做微小的调整①，这样就获得了非常好的 Hill 曲线。这一结果（也被称为“Hill 幸福曲线”）表现在图 7.4 中。图中的曲线随着 k 取值的增加趋于稳定，最好的 k 的 Hill 估计值应该在 0.15 左右。至此，我们似乎“解决了” Hill 恐怖曲线问题。然而，该解决方案代价昂贵：上述调整只是临时调整，没有任何理论基础。更为严重的是，我们甚至不知道该答案好在什么地方：我们实际上只是设法对 Hill 估计量做适当地修正，使 Hill 曲线趋于稳定，但是这样做是否真正有用则另当别论。

图 7.4

Hill 幸福曲线

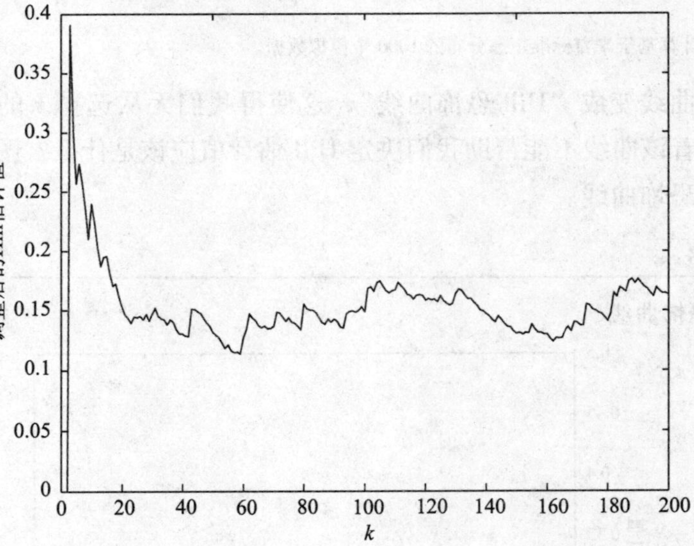

注：上述计算基于来自标准正态分布的 1000 个模拟数据。

如果样本容量很大，我们也可以使用其他方法来测定“正确的” k 值。Danielsson 和 Vries（1997b）根据 k 的选择意味着在需要有偏程度和方差之间做权衡的事实，提出了一个设计独特的 k 的决定程序（尽管

① 对于那些对此在意的人，我们所用的调整是给 Hill 公式（7.7）额外附加一个项——$0.0015k$。

相当复杂）。如果 k 的取值增加，我们就会有更多的数据位于分布的中心位置。这虽然会提高我们估计值的精度（因此降低了估计值的方差），但是却会增加我们的尾部估计值的有偏程度，因为我们的观测值越接近中心位置，我们为其赋予的权重越大。反之，如果 k 的取值减少，则会有更多的观测值移向尾部，我们的尾部估计量的有偏程度会下降，但是由于我们可用的数据减少所以估计的方差会增加。因此他们建议，通过最小化损失函数的均方误差（mean－squared－error，MSE）来选择 k，这意味着应该在 MSE 意义上对有偏程度和方差做最优权衡。办法是，对尾部分布函数 $F(x)$ 做二次逼近，并且发现一个在渐进 MSE 意义上的最优尾部尺寸，即发现一个点使得有偏程度和方差以同样的速度减少。这个最优尺寸可以使用自举抽样程序子样本获得。然而，该方法所需样本容量高达 1500 以上——因此不适合小样本的情况。此外，任何选择 k 的自动程序都倾向于忽略其他不具明确意义（但是常常非常有用）的信息，因此导致一些作者对这类方法持某种程度的保留态度。

专栏 7.2

最大吸引域条件下的 VaR 估计

目前为止我们一直假设，我们的最大值严格地来自广义极端值（GEV）。如果我们的数据仅仅近似地服从 GEV 分布（即，来自 GEV 的最大吸引域），那么将会发生什么事情？答案是，分析将会变得有些复杂。考虑分布服从 $\xi=1/\alpha>0$ 的 Frechet 分布的情况。现在右端尾部分布函数 $\overline{F}(x)=1-F(x)$ 现在变成 $\overline{F}(x)=x^{-\alpha}L(x)$，其中，$L$ 为某个变化缓慢的函数。然而，数据来自最大 Frechet 吸引域这个事实也意味着：

$$\lim_{n\to\infty} nF(c_n x+d_n) = -\log H_\xi(x)$$

其中，$H_\xi(x)$ 为标准化 Frechet 分布函数（即，位置参数为 0，规模参数为 1），c_n 和 d_n 为适当的范数（规模）参数。根据公式（7.1），当 $u=c_n x+d_n$ 取值很大时，有：

$$\overline{F}(u)\approx\frac{1}{n}\left(1+\xi\frac{u-d_n}{c_n}\right)^{-\frac{1}{\xi}}$$

由此可得分位点估计量如下：

专栏 7.2（续）

$$\hat{x}_p = \hat{d}_n + \frac{\hat{c}_n}{\hat{\xi}}\left([n(1-p)]^{-\xi} - 1\right)$$

其中，$\hat{c}_n$、$\hat{d}_n$ 和 ξ 为适当的估计量，p 为某个高概率值（置信水平）。随之而来的问题出在数据范围以外（即，经验尾部 $\bar{F}(\,)=0$）的 p – 分位点估计上。解决这一问题的标准方法是用 subsequence trick 方法：即用 k/n 代替 n。这种分位点估计公式变成：

$$\hat{x}_p = \hat{d}_{n/k} + \frac{\hat{c}_{n/k}}{\hat{\xi}}\left(\left[\frac{n}{k}(1-p)\right]^{-\xi} - 1\right)$$

$\hat{c}_{n/k}$ 和 $\hat{d}_{n/k}$ 可以使用适当的半参数方法获得，ξ 可以使用 Hill 或其他方法获得①。

7.2 POT（PEAKS – OVER – THERSHOLD）方法：广义 PARETO 分布

7.2.1 理论

现在考虑有关第二类极端值（EV）的文献，它涉及的是极端值理论（EVT）在超过（高）阈值的过度亏损上的应用。与之相关的方法是 peaks – over – threshold（简记为 POT）方法或者广义 pareto 方法，这种方法需要的参数比基于广义极端值定理的极端值（EV）方法少。POT 提供了一种自然的模型方法，来刻画超过阈值的过度数值，而广义极端值（GEV）理论虽然也使用同样方法，但只是研究大样本的最大值或最小值。

如果损失 x 独立同分布且分布函数为 $F(x)$，并且 u 为 X 的阈值，我们可以定义超过阈值 u 的过度亏损的分布函数如下：

$$F_u(x) = \Pr\{X - u \leqslant x \mid X > u\} = \frac{F(x+u) - F(u)}{1 - F(u)} \tag{7.18}$$

① 更多有关最大吸引域条件下的估计，参见 Embrechts 等（1997，第 6.4 节）。

其中，$x>0$。它给出了亏损超过阈值的条件下亏损超过阈值不足 x 的概率。X 本身的分布可以是任何常用的分布：正态、对数正态以及 t 等分布，对我们而言，这些分布通常是未知的。然而，Gnedenko – Pickands – Balkema – deHaan（GPBdH）定理表明，随着 u 的增大，分布函数 $F_u(x)$ 收敛于广义 Pareto 分布，其分布函数如下：

$$G_{\xi,\beta}(x)=\begin{cases}1-(1+\xi x/\beta)^{-1/\xi} & \text{if} \quad \xi\neq 0\\ 1-\exp(-x/\beta) & \quad\quad \xi=0\end{cases} \tag{7.19}$$

其中，$\xi\geqslant 0$ 时 $x\geqslant 0$，并且 $\xi<0$ 时 $0\leqslant x\leqslant -\beta/\xi$。这个分布只有两个参数：一个是规模参数 β，另一个是形状或尾部指标参数 ξ，这个参数可以是正、负和零，它和 EV 理论中的尾部指标相同。我们通常感兴趣的是 ξ 为正数和零的情况，特别是为正数的情况，这种情况对应着数据厚尾的情况。

GPBdH 定理非常有用，它告诉我们，（当阈值非常高时，也就是在极限意义上）超额亏损总是具有相同的形式，无论亏损本身的分布多么不同。假设阈值足够高，我们应当将广义 Pareto（GP）分布视为超额亏损中立模型。

GP 分布的使用需要选择一个合理的阈值 u，它决定了超过阈值 u 的观察的次数 N_u。u 的选择涉及到一种权衡：我们希望有一个合理的阈值来保证 GPBdH 定理应用的贴切性和合理性；如果 u 的取值过高，我们将没有足够的、保证估计可靠的并且超过阈值的观察数。我们还需要估计参数 ξ 和 β。根据广义极端值（GEV）分布的情况，我们可以选择使用极大似然方法或半参数方法来估计这些参数。

我们重新整理公式（7.18）的右边，并将 $F_u(x)$ 替换为 $G_{\xi,\beta}(x-u)$ 得：

$$F(x)=(1-F(u))G_{\xi,\beta}(x-u)+F(u) \tag{7.20}$$

其中，$x>u$。为了使用这一公式，我们需要估计 $F(u)$——这是不超过阈值的观察在所有观察中所占的比例，因此最自然的估计量为 $(n-N_u)/n$。用这个估计量替代 $F(u)$，并将公式（7.19）带入到公式（7.20）得：

$$F(x)=1-\frac{N_u}{n}\left[1+\xi\left(\frac{x-u}{\beta}\right)\right]^{-1/\xi} \tag{7.21}$$

方程（7.21）中的 x 值可以决定 VaR，反解出方程（7.21）中的 x，并适当整理可得：

$$\text{VaR}=u+\frac{\beta}{\xi}\left\{\left[\frac{n}{N_u}(1-\alpha)\right]^{-\xi}-1\right\} \tag{7.22}$$

其中的 α 当然是 VaR 的置信水平。

通过对超额亏损的 VaR 求平均，可以获得 ES。若 $\xi<1$，则我们的 ES 计算公式如下：

$$ES=\frac{\text{VaR}}{1-\xi}+\frac{\beta-\xi u}{1-\xi} \tag{7.23}$$

例 7.5（POT 风险测度）

假设我们已经根据经验数据（其单位为百分比）设定了我们的参数值（即，$\beta=0.8$、$\xi=0.15$、$u=2\%$ 并且 $N_u/n=4\%$；这里的经验数据与期货交易所合同有关）。则 99.5% 的 VaR（以百分比为单位）为：

$$\text{VaR}=2+\frac{0.8}{0.15}\left\{\left[\frac{1}{0.04}(1-0.995)\right]^{-0.15}-1\right\}=3.952$$

相应的 ES（以百分比为单位）为：

$$ES=\frac{3.952}{1-0.15}+\frac{0.8-0.15\times 2}{1-0.15}=5.238$$

如果我们将置信水平改成 99.9%，则 VaR 和 ES 分别为 5.942 和 7.578。

7.2.2 估计

为了能够获得可靠的估计结果，我们需要选择一个合理的阈值 u，它决定了超过阈值的观察次数 N_u。阈值的选择是 POT 理论的软肋：它的选择不可避免地具有任意性，因此也是武断的。另外，u 的选择还涉及某种权衡：我们需要阈值 u 足够大，以便能够保证 GPBdH 定理应用的贴切性和合理性；但是，如果 u 的取值过高，那么我们将没有足够的超过阈值的观察来获得可靠的估计。这个阈值选择问题与尾部指标估计中 k 的选择问题非常类似。如果我们运气足够好，我们也可以用类似的方法加以应对。这时，我们可以画出平均超额函数曲线（mean - excess function，简记为 MEF），并在 MEF 走平的地方选择我们的阈值。我们还需要估计与前面的 GEV 方法涉及的参数类似的其余参数，例如 ξ 和 β 等，这些参数的估计可以使用极大似然估计方法，也可以使用其他方法[①]。最可靠的方法或许还是极大似然（ML）方法，它涉及下述对数似然函数的最大化问题：

$$l(\xi,\beta)=\begin{cases}-m\ln\beta-(1+1/\xi)\sum_{i=1}^{m}\ln(1+\xi X_i/\beta) & \\ & \text{if} \\ -m\ln\beta-(1/\beta)\sum_{i=1}^{m}X_i & \end{cases}\quad \begin{matrix}\xi\neq 0\\ \\ \xi=0\end{matrix} \tag{7.24}$$

限制条件是 $G_{\xi,\beta}(x)$ 定义中的限制条件。若 $\xi > -0.5$，则极大似然估计有渐进正态性，因此处理起来相对容易。

7.2.3 GEV 和 POT

GEV 和 POT 虽然都以极端值理论为基础，但是却有不同的表现。一个直接与极端值的原始分布相关，另一个则与超过高阈值的观察的分布相关。虽然理论上讲在这两种方法之间选择的意义不大，但是实践中人们有时还是有理由喜欢其中的一个而不喜欢另一个：

- 在具体给定的条件下，其中一个方法可能会比另外一个更自然（例如，数据上的限制可能使其中一个方法比另一个更受青睐）。
- GEV 通常需要的参数比 POT 多，多数流行的 GEV 方法，例如，区块最大值方法（该方法是迄今为止我们一直使用的方法），相对于 POT 可能会造成一些有用数据的损失，因为一些区块可能包含不止一个极端值，这都是 GEV 不如 POT 的地方。

---

① 我们也可以使用以基于矩的方法来估计这些参数，例如，GEV 参数估计（参见专栏 7.2）。对于国内生产总值（GDP），参数估计量为 $\beta=2m_1m_2/(m_1-2m_2)$ 和 $\zeta=2-m_1/(m_1-2m_2)$，参见 Ernbrechts 等（1997，第 358 页）。然而，与其 GEV 等价物一样，基于矩的估计量有不可靠性，概率加权估计量或极大似然估计量通常更受欢迎。

- 另一方面，POT 需要我们处理阈值选择问题，而在 GEV 中这个问题不存在。

总之，这两种方法都有合理性，人们似乎应该选择与自己处理的问题最匹配的方法。

7.3 EV 方法的改进

前面概括性地介绍了极端值理论（EVT）及其应用，我们现在来考虑这些内容的一些改进。这些改进分别在以下 3 个标题中讨论：

- 条件极端值（EV）方法。
- 相关性（或非独立）数据的处理。
- 多元极端值理论（EVT）。

7.3.1 条件极端值方法

上面介绍的极端值理论（EVT）方法都是无条件的：它们被直接（不做任何调整）地用在我们感兴趣的随机变量 X 上。与其他无条件方法一样，无条件 EVT 在预测长期 VaR 或 ES 上特别有用。然而，有时我们希望将 EVT 用于根据某些动态结构做出调整的（即，有条件的）X，这涉及对 X 以及驱动它的随机因素的区分。当我们处理短期问题的时候，其中，X 有可以模型化的动态结构，这种有条件的或动态 EVT 最有用。一个很好的例子就是 X 受 GARCH 过程支配。这时，我们可能需要考虑 GARCH 过程，而且 EVT 不是直接应用于原始回报过程本身，而用于驱动它的随机到达的新息。

处理这种动态结构方法之一是，对 GARCH 过程做出估计，并且将 EVT 用于残差。这意味着一个两阶段的处理程序[①]：

- 使用某种适当的计量方法估计出一个 GARCH 类（GARCH－type）过程（例如，简单 GARCH 过程等）。这一过程原来是独立同分布的（iid）。然后，这个使用该 GARCH 模型提前一期预测下一期的位置和规模参数 μ_{t+1} 和 σ_{t+1}。
- 将 EVT 用于这些残差，然后导出考虑了动态（即，GARCH）

① McNeil 和 Frey（2000）对这一方法的细节做了进一步的发展。

结构和残差过程的 VaR 估计。

7.3.2　相关性（或非独立）数据的处理

迄今为止，我们一直假定驱动我们数据的随机过程是独立同分布的(iid)，但是多数金融数据都表现出某种形式的时间依赖性（或具有某种时间模式）。这种时间模式通常以聚类的形式表现出来，即高的（或低的）观察集中在一起。聚类问题非常重要的理由如下：

- 它使得前述结果赖以成立的重要前提不再成立，基于这些前提无法理解聚类的统计意义。
- 有证据表明，数据的相关性使得统计量的性能变得很差①。
- 聚类使我们结果的解释发生变化。例如，我们可能会说，存在某个分位点或 VaR 值，可以预期就平均意义而言，它们常常只被超过一次。但是，如果数据存在聚类想象，那么我们就不能预期在某个任意给定的时期这个值平均会被超出多少次：超出的频率取决于超出的聚类倾向②。因此，聚类对于我们结果的解释具有重要意义。

有两个处理数据时间倾向的简单方法。最常用的（当然也是最简单的）方法就是将 GEV 分布用于区块最大值。这是最简单也是最广泛应用的方法。它使用了这样一个观点——极大值相对于其他值更不容易聚类，时期越长，越不容易聚类。因此，如果我们选择足够长的时间区块，则可以完全消除时间依赖性。区块最大值的方法虽然极易使用，但是却会使估计的有效性在某种程度上丧失，因为我们将一些不是最大值的极端值丢掉了。缺乏清楚的区块时期长度选择的原则，是这种方法的缺点——一个新的与前面的 k 的选择相类似的带宽选择问题。

聚类问题的第二个解决方案是估计尾部的条件分布而不是无条件分布：我们首先估计条件波动模型（例如，使用 GARCH 方法），然后估计有条件的标准化数据的尾部。我们的数据时间依赖性被集中在模型的

---

① 参见 Keams 和 Pagan（1997）。

② 参见 McNeil（1998，第 13 页）。

确定部分，这样我们就可以把随机过程当成独立过程来处理①。

迄今为止，我们一直讨论处理单变量极端值理论（EVT），但是除此之外，还有多变量极端值理论（MEVT），它可以用于多元分布尾部情况的模型刻画（以某种理论上恰当的方式）。其中的关键问题是如何用模型刻画极端事件的相关结构。为此，重点仍然是要认识到这样一件事情：极端值理论和我们较为熟悉的中心值理论有所不同。众所周知，在处理中心值时，我们常常使用极限定理来证明正态分布（更一般的是椭圆形分布）假设的合理性。当我们采用这样的分布，则相关结构可以通过不同变量之间的（线性）相关系数来把握。根据这样的分布假定，只要知道方差和相关系数（或协方差），就不难确定多元分布。这就是相关系数在中心值理论中为什么如此重要的原因。

然而，该逻辑不能移植到极端值处理中。当我们处理椭圆形分布以外的分布时，相关系数不能充分说明相关结构。相反，我们需要使用copula为多变量极端值建模。多变量极端值理论（MEVT）告诉我们，多变量极端值的分布将是极端值分布copula家族的成员，我们可以使用这些极端值copula中的某一个来为多变量极端值的相关关系建模。理论上讲，我们的copula维数的大小可以不受限制，它折射出我们所考虑的随机变量的数量。然而，这里又会存在维数诅咒问题。例如，假设我们有两个独立的随机变量，假设作为单变量的极端事件在100次观察中会出现一次，那么我们应该会在100^2次（或10000次）观察中看到一次多元极端事件（即两个变量同时取极端值）的发生；如果是3个独立的随机变量，我们会在100^3次（或1000000次）观察中看到一次……随着维数的上升，我们的多变量极端事件会迅速减少：我们可用的对多变量极端事件观察相对较少，而我们需要估计的参数相对较多。很显然，我们能够处理的维数的大小是有限制的。

有人可能会根据此例得出结论：由于极端事件过于稀少，所以我们没有必要为此担心。然而，这是非常错误的。即使从理论上看，由于多变量极端事件的发生与否取决于其联合分布，所以不能认为各个极端事件的发生是相互独立的。相反，根据第5章附录的讨论，这类事件的发

---

① 还有第三个更先进但是也更困难的方法法。这就是估计一个极端指标——一种聚类测度（a measure of clustering）——并使用该指标调整我们聚类分位点。有关极端指标及其用法的更详细的内容，参见Embrechts等（1997，第8.1节）。

生依赖多元分布尾部的相关关系。事实上，正是由于这一原因，尾部相关关系成为 MEVT 关注的焦点。作为一项重要的实证事实，极端事件的发生明显（至少部分地）不是相互独立的：一场大地震可能引发其他自然或金融灾害（例如，海啸或市场崩溃）。众所周知，灾害往往是相互关联的。因此，多元极端事件的考虑对风险管理非常重要。

7.4　结　论

EVT 为极端值概率和分位点估计提供了量身定做的理想方法。它不但直观而且可信，而且易于应用，至少就其基本形式而言如此；它也能给我们提供很好的实际指导，告诉我们应该估计什么以及如何估计；它的表现记录良好。因此，它为极端值风险测度提供了理想的、量身定制的方法。

EVT 很重要，因为它告诉我们什么能做、什么不能做，最重要是不能使用依据中心极限定理获得的分布（特别是正态分布或高斯分布）来做极端值估计。如果我们打算估计极端事件的风险，我们应该使用 EVT 建议的分布，而不是任意的与 EVT 告诉我们的相反的分布（如正态分布）。

但是我们也不应该忽视 EV 方法的局限性，已知的局限性如下：

- EV 问题有内在困难，因为根据定义，我们只能使用相对较少的观测值进行估计。这意味着任何 EV 估计，相对于更加中心的分位点的估计，必然会有更大的不确定性。因此，EV 估计的置信区间相对较宽。这种不确定性不是 EVT 本身的问题，而是我们的数据不足造成的不可避免的后果。
- EV 面临相当大的模型风险。为了进行极端值估计，我们必须做各种假设，而我们的结果往往对我们的假定是否准确非常敏感。与此同时，这些假定正确与否实践中很难验证。因此，我们的估计往往是过度依赖这些无法验证其真伪的假设。EVT 还需要选择阈值之类的辅助量，而且没有简单办法帮助我们做这类决策：EV 方法的应用涉及大量的主观“判断”。由于这种不确定性，特别重要的就是一定要估计我们的风险测度估计的置信区间，并让我们的风险测度估计接受压力试验。

- 因为我们拥有的数据量很小，而且我们的理论（多数）都是渐近理论，所以EV估计对小样本影响、估计的有偏性和非线性以及其他令人不愉快的问题非常敏感。

归根结底，只有牢记我们数据缺乏的不可避免性——这会导致我们估计结果的不可靠性，才能将理论真正用好。引用McNeil的话：

我们总是在尾部展开工作……但是我们可用数据的数量是有限制的。所以我们分析的不确定性往往很高，宽大的置信区间反映出了这个问题……因此，如果打算量化稀有事件，我们应该使用EVT支持的方法而不是什么其他的专业方法。EVT提供了对极端事件的最好估计，并且给出了测度这类问题的内在不确定性的最可靠的方法[①]。

因此，EVT在风险测度中尽管有局限性但是却非常有用。Diebold等说得好：

EVT目前也就是这个水平，问题是如何用好它们。我们认为，在金融风险管理中用好EVT的关键是认识到它的局限性——以及它的长处。尘埃落定之后，EVT的贡献仍然是基本的、有用的：它可以帮助我们，根据指数理论得出和经验生存函数尾部拟合的平滑曲线……［但是］我们不应该对该理论索要的太多，只能向它索要它可以提供的东西[②]。

---

① McNeil（1998，第18页）。

② Diebold等（2000，第34页）。

第 8 章

蒙特卡罗方法

本章和下一章讨论估计金融风险测度的蒙特卡罗模拟方法（简记为 MCS）。该方法在科学和工程中历史悠久，20 世纪 40 年代首先被提出用于处理一些与核物理有关的计算。后来被广泛地用于其他问题（例如，计算数值积分）的处理。从 20 世纪 70 年代开始，金融领域开始使用这一方法，计算衍生证券价格和估计对冲比（这类参数常用希腊字母表示），近年来蒙特卡罗方法更多地用来估计 VaR 和其他的金融风险测度。该方法灵活性好且功能强大，可用于解决各式各样的困难问题。

蒙特卡罗方法的基本思想是，反复模拟我们感兴趣的金融工具的价格或回报的随机过程。例如，如果我们想估计 VaR，那么每次模拟都给我们一个证券组合在持有期结束时的可能价值。如果模拟次数足够多，则组合价值的模拟分布将收敛于未知的组合“真实”分布，我们可以使用这一持有期结束时组合价值的模拟分布来推断 VaR 。

模拟过程涉及许多步骤。首先要选择模型并刻画我们感兴趣的随机变量。模型选择完毕后，我们需要基于“判断”或可用的（无论是历史的还是市场的）数据估计其中的参数——波动率、相关系数等。然后，构建随机变量的模拟样本路。每一组随机数都会产生一组有关组合最终价格的假想性模拟。如果模拟次数足够多，则可以确信组合最终价值的模拟分布和组合的“真实”分布（它对于我们是未知的）足够接近，因此可以将其作为真实分布的近似。一旦完成上述步骤，我们就可以根据近似分布来估计 VaR。

MCS 方法可以用来处理几乎所有的复杂问题，并可轻松地处理很多因素——例如，路径依赖、肥尾、非线性以及期权——这些问题对多数其他方法而言非常困难。模拟方法在多维问题（即，输出结果取决于不止一个随机变量）的处理上也特别有用。可以肯定，随着问题的复杂程度和维度的增加模拟会变得越来越具有吸引力。

然而，这种方法在处理简单上无用武之地，处理简单问题简单方法足以——大锤开核桃没用。因此，如果我们想计算普通 Black-Scholes 买权，没有必要使用模拟方法，因为用 Black - Scholes 定价公式即可容易地求解；同样，如果我们想估计正态 VaR，选择已有的适当公式即可获得正确答案。因此，我们只在处理复杂问题时，才使用模拟方法，这类问题简单方法是无能为力的。

因为我们不但想解释蒙特卡罗方法而且还想讨论该方法在风险估计问题中的各种应用，所以方便起见，我们将这些内容分成两个部分：第一部对这个方法本身做初步解释，第二部分进一步详细讨论其在风险测度估计中的各种应用。因此，本章只做初步解释，风险测量应用的内容放在下一章讨论①。

8.1 蒙特卡罗方法的使用

为了引出我们的讨论，首先介绍蒙特卡罗方法在金融领域的一些主要应用。一个应用就是为衍生证券定价。为此，我们在风险中立条件下模拟标的资产（例如，股票）的价格 S。为实现风险中立条件，我们通常假定资产价格的变动服从广义布朗运动（GBM），并设风险中立收益率为 r 而不是 u，据此产生我们的样本路，并计算衍生证券在每一样本路径结束时的回报（例如，以 X 为敲定价格的标准 Black-Scholes 买权的回报为 $\max(S_T - X, 0)$，其中，S_T 为股票的最终价格。做了大量的 M 次模拟后，计算衍生证券回报的样本平均，按无风险利率折现后，即可得到衍生证券价格。计算程序涉及的更多相关细节下一节给出。

---

① 传统的蒙特卡罗方法以随机数（严格地说，应该是伪随机数）产生器产生的抽样为基础。但是，最近提出的较新的蒙特卡罗方法则建立在准随机数（或不一致性较低的随机数）的基础上，这两种方法都使用了实随机数：前者使用的随机数看上去像随机数，而后者使用的随机数均匀展开，但是看上去不太像随机数。但是，准随机数方法很有前途，为了叙述的简洁（同时需要注意的是，准随机数方法尚未对金融风险计量文献产生很大影响），我们在这里不讨论这一问题。更多有关准随机数方法及其在金融学上的应用，参见 Jackel（2002）。

考虑一个实际例子。这里，我们使用此方法处理标准的 Black-Scholes 买权，其中，$S_0 = X = 1$，$\mu = r = 0$，$\sigma = 0.25$，到期时间为一年，共模拟 $M = 5000$ 次。其结果表现在图 8.1 中，由此可见，模拟出的买权的价格最初是不稳定的，但是最终会趋于稳定并收敛于“真正的”的 Black-Scholes 买权价格 0.0995。另外，该图还意味着为了获得准确的结果，我们必须进行大量的模拟试验（即，M 要取很大的值）。

MCS 的第二个应用是估计期权头寸中的希腊字母参数。基本思想是，针对两个（或两个以上）相关但略有不同的标的资产价值，估计衍生证券持仓的价值。这些结果能够带给我们相关希腊字母的参数估计。例如，标准欧式买权的希腊字母参数 δ 近似地等于期权的价格差（相应于标的资产价格的微小变化）比上标的资产价格的差：

$$\delta \approx \frac{\Delta c}{\Delta S} = \frac{c(S+h) - c(S-h)}{2h} \tag{8.1}$$

其中，期权价格为 c，它是标的变量 S 的函数，而 S 值每次只做 $\Delta S = 2h$ 的变动。我们的参数估计会受这两个标的资产价格（即，$S+h$ 和 $S-h$）的影响，但是我们可以减少其混合影响和相关的计算次数，这需要使用同一个价格 S 的模拟集来决定两个标的资产价格的集合：总之，我们首先模拟出一组价格 S，然后使得 S 发生微小的变动（即，上升 h 个单位且下降 h 个单位），由此可以确定两套期权的价格，据此能够获得对 δ 的估计①。我们同样能够获得对其他希腊字母参数的估计，当然要用其他的离散近似公式②。

MCS 的第三个应用是风险测度估计。如果我们打算估计普通买权的 VaR，我们可以做多次模拟获得股票的最终价格。然而，这时我们需要使用“真实”的股票价格过程，而不是期权定价和希腊字母参数估计中使用的风险中立的价格过程（即，所用过程的漂移项不是 r 而是 μ）。现在的 T 值对应的是 VaR 的持有期的结束时刻。我们需要针对每

① 我们必须确保我们从相同的潜在模拟集获得我们的上下样本路的。如果我们分别运行出两个模拟的潜在价格路径集，并将它们带入公式（8.1）获得 delta 参数的估计，那么我们估计量的方差将为 $1/h^2$，这个方差会随着 h 的减小变得非常大。因此，这种估计显然非常不理想。另一方面，如果我们使用同一个模拟潜在价格路径集，我们的 delta 参数估计量的方差将会变成 h 的 1 阶无穷小量，这时我们的方差将随着 h 减小而减小。参见 Boyle 等（1997，第 1304－1305 页）。

② 参见 Boyle 等（1997，第 1302－1309 页），Clewlow 和 Strickland（1998，第 105 页）。

一个模拟出的股票最终价格，重新评价我们的期权的价值（例如，使用 Black-Scholes 定价方程，或使用支付函数，如果期权在 T 时刻到期），并从这个评价值中减去期权的当前值。这样，我们就获得了 M 个与单个期权一致的组合的 P/L 模拟值，用持仓的期权的数量乘以这些模拟值，我们就可以得到期权的一组（M 个）P/L 模拟值。于是，我们就可以用某种相关的顺序统计量计算 VaR，或根据 P/L 模拟值分布计算 VaR。

图 8.1

普通买权价格的蒙特卡罗模拟

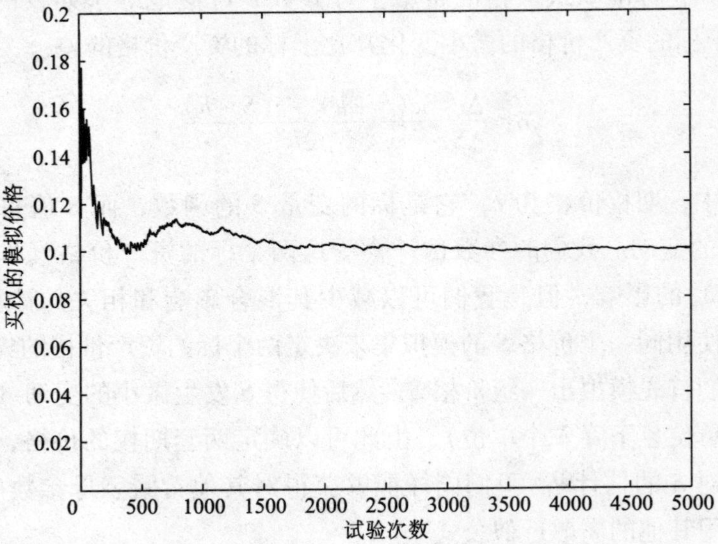

注：模拟基于的参数为 $S_0 = X = 1$，$\mu = r = 0$，$\sigma = 0.25$，到期是 1 年。

为了说明 VaR 的 MC 模拟方法，假设我们投资 1 美元在普通 Black-Scholes 期权上，其中的参数与图 8.1 的参数相同。现在假设置信水平为 95%，持有期为 5 天，对这个持仓的 VaR 做高达 5000 次的模拟（即 $M = 5000$）。计算结果在图 8.2 中给出，观察该图可以发现模拟 VaR 最初是不稳定的，但随后会渐渐稳定下来，最终收敛于真值，约为 0.245。这个图还表明，我们需要进行大量试验才能获得准确结果。而且，对于同样的精度要求，计算风险测度所需实验次数比做期权评价要多。直观地看，这是因为期权定价中，我们关心的是（支付的）分布的均值，而风险测度中，我们关心的是（P/L）分布的尾部。众所周知，对于同样的样本容量，均值估计比分位点估计来得更为精确。

图 8.2

普通买权 VaR 的蒙特卡罗模拟

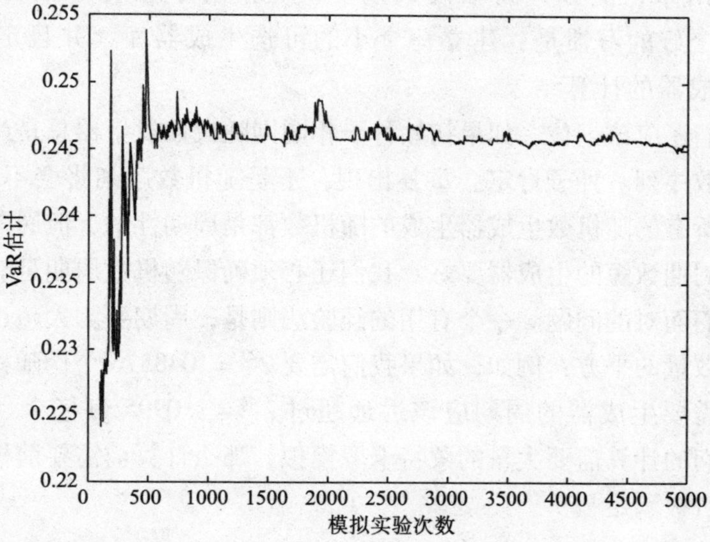

注：模拟基于的参数为 $S=1$，$X=0.5$，$\mu==r=0$，$\sigma=0.25$，到期是 1 年，$hp=5$ 天，置信水平为 0.95，投资额为 1 美元。

同样方法也可用来估计其他的金融风险测度。本质上讲，我们应该使用蒙特卡罗模拟生产 P/L 模拟分布，然后使用第三章讨论的“分位点加权平均”的方法获得我们想要的风险测度估计[①]。

蒙特卡罗模拟需要使用随机数发生器来抽取随机数。然而，严格地说，这些随机数根本不是随机数。它们是“伪”随机数——是按照某个算法算出结果，而这个算法的规则是确定的（即，规则中没有任何随机成分），确定性规则本质上不可能产生真正意义上的随机数。这些规则需要某个初值（即，“种子”数），在此基础上产生一系列看上去像是随机数的数，如果随机数发生器设计的足够好，那么这些数应该可以通过多数针对随机数的检验。有很多“准”随机数生成器（例如，线性同余生成器、多重递归生成器、

① 蒙特卡罗模拟也可以用于其他目的：例如，它可以用来估计风险测度的置信区间（见专栏 6.4）和模型风险（见第 16 章，16.3 节）。

Mersenne twisters 生成器等），选择使用时需要小心：众所周知，即便是一些标准的计算程序包携带的生成器也会有问题，例如，早期 IBM 包中臭名昭著的 RANDU 生成器。这类问题会以某种隐藏的方式表现出来，例如，高维模式重复问题。对于蒙特卡罗方法的用户，一个好的习惯是：建立一个小的可选生成器库，并且定期检查不同生成器的计算结果。

我们还应该记住，如果初始种子相同则随机数发生器总是产生同样的随机数序列。种子肯定会重复出现，于是随机数序列将会不断重复。因此，所有的随机数生成器生成的随机数都是周期性的，但周期长的生成器比周期数短的生成器要好。我们还必须确保随机数周期足够长以便应对我们面对的问题。一个有用的经验法则是，周期要大大超过所需伪随机数数量的平方：例如，如果我们需要 $2^{20}=1048576$ 个伪随机数，那么我们需要生成器的周期应该远远超过 $2^{40}=1.0995$ 万亿个（！）。因此，我们的计算需要大量的蒙特卡罗模拟，那么计算前需要前核查这个条件是否被满足[①]。

8.2 单风险因子蒙特卡罗模拟

现在讨论蒙特卡罗方法的细节，这里考虑单风险因子模拟。作为例子，假设我们想模拟的是股票的价格过程。我们的首要任务就是选择一个模型来描述股票价格随着时间变化的情况。假设股票价格遵循几何布朗运动过程：

$$\frac{dS}{S}=\mu dt+\sigma dx \tag{8.2}$$

其中，μ 是（单位时间上的）回报的期望收益率，σ 是股票价格的波动率。dx 表示维纳过程的微分，于是可以被表示为 $dx=\phi(dt)^{1/2}$，其中，ϕ 服从标准正态分布。用这个表示式替换掉公式（8.2）中的 dx 可得：

$$\frac{dS}{S}=\mu dt+\sigma\phi(dt)^{1/2} \tag{8.3}$$

① 更多有关伪随机数的生成，参见 Jackel（2002，第 7 章）。

这是数量金融使用的标准模型，至少对于股票价格是如此[①]。股票价格的瞬时变化 dS/S 随着平均漂移 μt 和 ϕ 的实现值的变化而变化。在实际应用中，我们常常会使用公式（8.3）的离散形式。如果 Δt 是时间上的微小增量，则有：

$$\frac{\Delta S}{S}=\mu\Delta t+\sigma\phi\sqrt{\Delta t} \tag{8.4}$$

ΔS 表示股票价格在时间 Δt 上的变化，而 $\Delta S/S$ 表示其变化率。公式（8.4）告诉我们股票价格的变化率服从均值为 $\Delta\mu$、标准差为 $\sigma\ \sqrt{\Delta t}$ 的正态分布。

现在假设我们想模拟某个时间长度 T 上的股票价格运动。我们通常将时间区间划分成 N 个小的时间段 Δt（即，$\Delta t=T/N$）。模拟股票价格 S 的最简单的方法就是欧拉方法：我们取一个 S 的初始价格 $S(0)$，然后根据 ϕ 的随机值借助公式（8.4）更新股票价格 S；所得的股票价格是 $S(\Delta t)$；然后我们可以根据 $S(\Delta t)$ 用同样的方式计算 $S(2\Delta t)$；将这个计算一直进行下去，最终会得到价格 $S(T)$。为了更详细地介绍计算过程，我们将公式（8.4）改写如下：

$$\Delta S=S\mu\Delta t+S\sigma\phi\sqrt{\Delta t}\quad\Rightarrow\quad S(t+\Delta t)=S(t)(1+\mu\Delta t+\sigma\phi\sqrt{\Delta t}) \tag{8.5}$$

从 $S(0)$ 出发，随机抽取一个 ϕ 的实现值——记之为 $\phi(\Delta t)$，括号中的项表明随机数涉及的时间——并且使用下面的公式获得 $S(\Delta t)$：

$$S(\Delta t)=S(0)(1+\mu\Delta t+\sigma\phi(\Delta t)\sqrt{\Delta t}) \tag{8.6}$$

接下来取另外再取一个 ϕ 实现值 ϕ（$2\Delta t$），使用下面的公式获得 S（$2\Delta t$）：

---

① 广义布朗运动（GBM）模型之所以被广泛地用于股票价格，不但因为它简单，而且还因为它具有股票价格的主要类型化特征：股票价格的非负性、随机性和向上漂移性（我们可以让 μ 取正值，使之具有这种漂移性）。但是，应该牢记 GBM 过程即便是用于股票价格本身也不是没有问题，因为它不具备股票回报峰度过大的特点。它甚至也不适合用于其他随机指标，其中，最明显的是即期利率，这主要是因为 GMB 没有考虑利率/即期利率为大家广为接受的均值回复的特点。GMB 过程也不适合标的变量有跳跃、波动率有随机性、存在不对称的壁垒或政策目标（例如，处在某中汇率制度之下的汇率）等情况。

$$S(2\Delta t)=S(\Delta t)(1+\mu\Delta t+\sigma\phi(2\Delta t)\sqrt{\Delta t})$$
$$=S(0)[1+\mu\Delta t+\sigma\phi(\Delta t)\sqrt{\Delta t}][1+\mu\Delta t+\sigma\phi(2\Delta t)\sqrt{\Delta t}] \quad (8.7)$$

两个时间增量后的股票价格依赖股票的初始价格和 ϕ 在 Δt 和 $2\Delta t$ 上的实现值。将这一计算一直进行下去可得：

$$S(T)=S(T-\Delta t)(1+\mu\Delta t+\sigma\phi(T)\sqrt{\Delta t})$$
$$=S(0)\prod_{i=1}^{N}(1+\mu\Delta t+\sigma\phi(i\Delta t)\sqrt{\Delta t}) \quad (8.8)$$

所以最终模拟价格依赖股票的初始价格、参数 μ 和 σ 以及 ϕ 的 N 个实现值。为了模拟股票价格的变化，现在使用随机数生成器生成一系列数值 $\phi(\Delta t),\phi(2\Delta t),\cdots\cdots\phi(T)$，将他们带入到公式（8.6）、公式（8.7）……，由此可得股票价格 $S(\Delta t),S(2\Delta t),\cdots\cdots S(T)$。

欧拉方法能够很好地说明蒙特卡罗方法的工作原理。一般而言，该估计有两个误差来源。第一个是离散化误差：因为布朗运动是连续过程，所以它的离散化近似必然有误差，该误差和离散的程度成比例（即，与 Δt 成比例）①。因此，它会随着 Δt 的减小而减小，并且随着 Δt 趋于0而趋于0。第二个误差源是模拟实验的次数：每次实验都会产生随机变量的一条样本路，其终点是随机变量的最终取值。如果我们做 M 次独立的模拟实验，如果随机变量的均值和标准差分别为 υ 和 ω，则我们对 υ 估计的标准误为 $\omega/\sqrt{M}$。因此，我们的估计精度会随着实验次数平方根的增加而提高：所以如果我们想将估计精度提高一倍，则需将模拟次数增加4倍，等等②。

但是，我们常常可以设法减少计算量并提高估计结果的准确度。例如，在几何布朗运动的条件下，我们可以使用伊藤引理改写股票价格的过程如下：

---

① 然而，还有更精确的方法，它至少能将误差规模减少（Δt）^{2} 的程度。参见 Broadie 和 Glasserma（1998，第182页）。

② 还有第三个可能的误差来源。在很多应用中，我们都没有衍生产品（例如，美式期权）价格的闭型解。这时我们可能会诉诸模拟方法（或其他方法，如二叉树或三叉树方法）来决定衍生产品价值，因此我们的估计将受制于所用模拟或其他方法带来的误差。

$$d\ln S = (\mu - \sigma^2/2)\,dt + \sigma dx \tag{8.9}$$

将公式（8.9）离散化并令 $t=0$，求解其中的 $S(t+\Delta t)$ 可得：

$$\ln S(\Delta t) - \ln S(0) = (\mu - \sigma^2/2)\Delta t + \sigma\phi(\Delta t)\sqrt{\Delta t}$$

$$\Rightarrow S(\Delta t) = S(0)\exp[(\mu - \sigma^2/2)\Delta t + \sigma\phi(\Delta t)\sqrt{\Delta t}] \tag{8.10}$$

反复使用公式（8.10），可模拟时间 Δt，$2\Delta t$，……上的样本路。公式（8.10）比公式（8.6）至公式（8.8）更有用，因为它更准确，而前面的公式仅仅当 Δt 趋于 0 时才有正确性。因此，如果我们只关心股票的最终价格，那么我们可以使用下面的公式从 $S(0)$ 一步跳到 $S(T)$ 上去：

$$S(T) = S(0)\exp[(\mu - \sigma^2/2)T + \sigma\phi(T)\sqrt{T}] \tag{8.11}$$

总之，如果我们只对最终价格感兴趣，该方法比欧拉方法更精确且更省时。

8.3　多风险因子蒙特卡罗模拟

MCS 可以容易地处理多风险因子问题。如果我们有两个股票价格，其离散化几何布朗运动为：

$$\Delta S_1/S_1 = \mu_1\Delta t + \sigma_1\phi_1\sqrt{\Delta t}$$

$$\Delta S_2/S_2 = \mu_2\Delta t + \sigma_2\phi_2\sqrt{\Delta t}$$

$$\Rightarrow \begin{array}{l} S_1(t+\Delta t) = S_1(t) + S_1(t)\mu_1\Delta t + S_1(t)\sigma_1\phi_1\sqrt{\Delta t} \\ S_2(t+\Delta t) = S_2(t) + S_2(t)\mu_2\Delta t + S_2(t)\sigma_2\phi_2\sqrt{\Delta t} \end{array}$$

$$\text{or}\quad \begin{bmatrix} S_1(t+\Delta t) \\ S_2(t+\Delta t) \end{bmatrix} = \begin{bmatrix} S_1(t)(1+\mu_1\Delta t) \\ S_2(t)(1+\mu_2\Delta t) \end{bmatrix} + \begin{bmatrix} \sigma_1 S_1(t)\phi_1\sqrt{\Delta t} \\ \sigma_2 S_2(t)\phi_2\sqrt{\Delta t} \end{bmatrix} \tag{8.12}$$

其中，符号的意义是显然的，不同的是这里我们允许 ϕ_1 和 ϕ_2 可以有相关性，这意味着 $E[\phi_1\phi_2]=\rho$，实际上 ρ 表示的是 S_1 和 S_2 之间的相关系数。

现在我们希望生成这些具有相关性的随机变量 ϕ_1 和 ϕ_2，常用的方法是 Choleski 分解[1]。先将 ϕ_1 和 ϕ_2 表示成 2×1 阶矩阵 ϕ：

$$\phi = \begin{bmatrix} \phi_1 \\ \phi_2 \end{bmatrix} \tag{8.13}$$

如果 ε 是由不相关的标准正态随机变量构成的 2×1 阶矩阵，我们可以将 ϕ 表示如下：

$$\phi = \mathrm{A}\varepsilon \tag{8.14}$$

其中，A 为一个 2×2 阶矩阵。如果我们将公式（8.14）两边的矩阵同时转置，然后同时右乘公式（8.14）的两边，可得：

$$\phi\phi^{\mathrm{T}} = \mathrm{A}\varepsilon\varepsilon^{\mathrm{T}}\mathrm{A}^{\mathrm{T}} \tag{8.15}$$

对公式（8.15）两边同时求期望，注意到左边的期望等于相关系数矩阵 C，可得：

$$E[\phi\phi^{\mathrm{T}}] = C = \mathrm{A}E[\varepsilon\varepsilon^{\mathrm{T}}]\mathrm{A}^{\mathrm{T}} = \mathrm{AIA}^{\mathrm{T}} = \mathrm{AA}^{\mathrm{T}} \tag{8.16}$$

即：

$$C = AA^T$$

这意味着，以 a_{ij} 为元素的矩阵 A 为相关系数矩阵 C 的矩阵平方根。若 C 正定，则用 Choleski 分解可得：

$$A = \begin{bmatrix} 1, 0 \\ \rho, \sqrt{1-\rho^2} \end{bmatrix} \tag{8.17}$$

（读者可以容易地验证这一结果，事实上将公式（8.17）转置并右自乘即可得到相关系数矩阵 C）。因此，我们一旦有相关系数矩阵，就可以利用公式（8.17）获得 Choleski 分解，然后使用公式（8.14）和分量不相关的随机向量 ε 生成我们的相关随机向量 ϕ。

上述 2-维分析可以很容易地扩展到 n 个随机变量的情况。无论涉及的资产数量有多少，我们的 $n \times n$ 阶矩阵 A 仍然是 $n \times n$ 阶相关系数矩

---

① Choleski 分解在 $\sum$ 正定时是有效的，更多有关于该方法的细节，很多书上都有（例如，Kreyszig（1999，第 896－897 页）或 Hull（2003，第 413 页））。Choleski 分解的主要替代方法是特征值分解法和奇异值分解方法，只是这些方法需要的计算量较大。但是，它们优于 Choleski 分解方法的地方是，它们在矩阵半正定时也有可靠性，这时 Choleski 分解就没有可靠性可言。

阵 C 的平方根，其定义见公式（8. 16）。

$n>2$ 时，我们所需要的全部手段还是 Chloski 分解，这一工作最好是用程序完成。如果我们有 n 个相关的随机变量 ϕ_i，令 c_{ij} 表示相关系数矩阵 C 的元素，则 A 中各个元素的计算公式如下：

$$a_{11} = \sqrt{c_{11}} \tag{8. 18a}$$

$$a_{j1} = \frac{c_{j1}}{a_{11}} \text{ for } j = 2, \cdots, n \tag{8. 18b}$$

$$a_{jj} = \sqrt{c_{jj} - \sum_{s=1}^{j-1} a_{js}^2} \text{ for } j = 2, \cdots, n \tag{8. 18c}$$

$$a_{pj} = \frac{1}{a_{jj}} \sqrt{c_{pj} - \sum_{s=1}^{j-1} a_{js} a_{ps}} \text{ for } p = j+1, \cdots, n;\ j \geqslant 2 \tag{8. 18d}$$

这意味着 Choleski 分解有很好的递归结构，因此可以直接用到程序中去。

分量相关的随机变量向量 ϕ 可以用公式（8. 14）求出，这意味着其中各个相关的随机变量 ϕ_i 的分量的计算公式如下：

$$\phi_i = \sum_{k=1}^{i} a_{ik} \varepsilon_k \tag{8. 19}$$

这也有一个很好的递归结构：ϕ_1 等于 ε_1；ϕ_2 由 ε_1 和 ε_2 决定；接下来用 ε_1、ε_2 和 ε_3 计算 ϕ_3；依此类推，可以计算其余所有的 ϕ_i。

专栏 8. 2

完全、格子线以及其他种类的蒙特卡罗模拟（MCS）

使用 MCS 方法处理多风险因素的方法有很多。其中，最复杂（通常）也是最费力的方法是完全蒙特卡罗模拟，它涉及我们组合中各个金融工具的具体评价（即价格样本路的计算）。

然而，已经有了一些相应的近似计算程序可以帮助我们减少计算量。其中一个就是格子线蒙特卡罗模拟法，该方法的本质是将蒙特卡罗模拟用到持仓的映射持仓上：我们先将各个持仓映射到格子线（坐标）因素上，在此基础上对组合的映像做完全评价。然而，该方法的计算量会伴随基本因素数的增加呈几何增长，所以，在因素数很大时，我们要么改用其他方法，要么进一步化简 Grid 计算程序。Pritsker（1997）提出了一个实现该目标的方法——修正格子线蒙特卡罗模拟方法。这是另一个完全评价实际组合的方法，其典型案例是 $\delta-\gamma$ 近似法。

专栏 8.2（续）

Pritsker 的模拟结果表明，用完全蒙特卡罗模拟程序求出的 VaR 估计，尽管结果最准确但是却最费机时。他还发现，尽管其他两个方法的计算结果都比较准确，但是 $\delta-\gamma$ 近似法的计算速度快了 8 倍。

8.4 方差—缩减法

多数蒙特卡罗计算程序的准确性会随着实验次数 M 的平方根的变化而变化，因此 MCS 和计算机本身的能力关系很大，特别是当我们对准确度有较高要求的时候。当然，所需计算量还依赖每一次试验取的随机数的个数。假设必须进行 M 次试验才能得到可接受的计算精度，假设有 n 个随机变量，那么我们至少要做 nM 个随机变量抽取。此外，如果我们还需要考虑其中的路径，因为 n 个随机变量每一个都有一条样本路，而每条样本路都需要 N 次随机抽取，所以我们至少要做 nNM 次随机抽取，这可能是一个非常大的数。例如，如果 $n=50$，$M=10000$ 并且 $N=20$——这些数字并不是典型数字——那么我们将需做 $50\times10000\times20$ 或一千万次随机抽取。我们可能很容易地发现我们必须进行数百万次计算。

然而，如果多用一些方差—缩减（variance - reduction）方法，在计算数量给定的条件下，仍然能够很大地改善计算结果的精度。

8.4.1 对偶变量法

方法之一就是使用对偶变量，该方法常用于衍生产品定价。通常，我们首先产生随机数或随机路径 ϕ，然后使用这些数/路径来生成衍生证券价格，例如，$f(+\phi)$。现在我们使用其负值 $-\phi$ 来减少随机数的数量，并获得与之相对应的衍生证券价格 $f(-\phi)$。把这些价格的平均值作为我们的衍生证券价格（即，$\bar{f}=[f(+\phi)+f(-\phi)]/2$），这样我们就可以只用一个值/样本路产生一个衍生证券价格。将整个过程重复 M 次，就可以把衍生证券的价格取为这 M 个 $\bar{f}$ 的平均值。

$f(+\phi)$ 和 $\bar{f}$ 都是衍生证券价格估计，但是后者的标准误差通常要小得多。这样做的理由，如果将 $f(+\phi)$ 视为未对冲的组合的价值，将 $\bar{f}$

视为对冲后的组合的价值，那么这样的做法就是有理由的。这两个组合有相同的收益——因此可以据此获得我们对衍生证券持仓的价格估计——只是对冲后组合的标准差更低[①]。因此，使用对偶变量不当，使我们能够以更高的精度估计衍生证券价格，也能够使我们获得更准确的希腊字参数估计。另外，将对偶方法纳入 MCS 程序很容易[②]。

8.4.2 控制变量法

另一个常用于衍生证券定价的方法就是使用控制变量。假设我们想为衍生证券 A 定价，假设存在某个与之类似的衍生证券 B，并且 B 的定价有解析解（显然，A 的定价没有解析解，否则我们就不会用 MCS 来计算它的价格）。假设衍生证券 A 是一个没有解析解的买权（例如，一个有随机波动的欧式买权，见 Hull 和 White（1987）[③]），B 是一个普通买权或者 δ 对冲期权。控制变量法背后的基本思想是，调整 B 的 MCS 估计误差来修正 A 的价格的 MCS 估计。这种方法的合理性在于，两个衍生证券的 MCS 估计误差类似，而 B 的 MCS 价格估计的误差已知。如果 A 和 B 的 MCS 估计分别为 f_A^{MCS} 和 f_B^{MCS}，并且 f_B 是 B 的价格的真值（即，解析解），则我们对于 f_A 的控制变量估计如下：

$$f_A = f_A^{MCS} - f_B^{MCS} + f_B \tag{8.20}$$

与对偶变量法一样，我们也可以用对冲的方法来解释控制变量方法的合理性：如果将 B 看作是一个对冲（它类似于 A），则控制变量技术无非是给 A 加上一个零值对冲。于是“对冲的”组合的价值和未对冲组合相同，只是对冲组合的标准误差更小。

使用控制变量技术的 A 的 MCS 价格估计，其估计效果也可以用标准统计理论来解释：如果 σ_A^2 和 σ_B^2 分别是 A 和 B 的 MCS 估计的方差，则 A 的价格控制变量估计的方差 $\sigma_{control}^2$ 满足下述关系：

$$\sigma_{control}^2 = \sigma_A^2 + \sigma_B^2 - 2\rho\sigma_A\sigma_B \tag{8.21}$$

---

① 然而，这个解释很不严密，而且在目前的特定应用中对照抽样的效果相当不同。更多有关对照抽样在方差减少方面的效果，参见 Boyle 等（1997，第 1273 页）以及 Broadie 和 Glasserman（1998，第 184 - 186 页）。

② 作为一些例子，参见 Clewlow 和 Strickland（1998，第 89 - 91 页）。

③ Hull 和 White（1987）。

其中，ρ 为 A 和 B 的相关系数。为了简化讨论，假设 $\sigma_A^2 \approx \sigma_B^2$，于是有：

$$\sigma_{control}^2 \approx 2\sigma_A^2(1-\rho) \tag{8.22}$$

这意味着控制变量法的效果和相关系数 ρ 关系很大：相关系数越大，控制变量估计的误差的方差越小。事实上，一个好的控制变量（即，$\rho \approx 1$）可以使得这个方差变得微不足道——然而，一个坏的控制变量（即，$\rho < 1/2$）却会增加我们估计的误差的方差①。

控制变量技术也可用于 γ 的估计或其他对冲；然而，基于希腊字母参数的控制变量技术的效果——例如，δ 对冲等——依赖于对冲所涉及的调整频率，所以模拟中需要考虑这一频率②。

控制变量技术的效果，在很大程度上依赖所用控制变量是否有利于我们正在处理的问题：尤其是那些易于计算且与我们的目的高度相关的变量。最有效的控制变量是那些有着特殊性质可供利用的变量，一个很好的例子就是，用几何平均亚式期权（这个期权有解析解）作为算数平均亚式期权定价的控制变量。Broadie 和 Glasserman 的研究结果表明，如果我们想给算数平均亚式期权定价，那么用标的变量作控制变量可以使方差减少 66%，用普通买权做控制变量可以使方差减少 72%，用几何亚式期权可使方差减少了 99%③。方差下降的程度，在某种程度上反映了控制变量和与之对冲的期权之间的相关性。控制变量的效果好坏，在很大程度上取决于控制变量能够在何种程度上“把握”我们感兴趣的衍生证券。使用控制变量估计 VaR 时，我们也可以使用 $\delta-\gamma$ 近似法或者其他相关的 VaR（例如，有很好的解析解或数值解的类似金融工

---

① 然而，本文标题中列出的方法效率并不高，有进一步改进的余地。如果用更一般的表达式 $f_A = f_A^{MCS} + \beta(f_B - f_B^{MCS})$ 来代替公式（8.20）（公式（8.20）只是这一表达式 $\beta = 1$ 的特殊情况），那么容易证明 β 的方差的最小化值为 $\beta^* = \mathrm{cov}(f_A^{MCS}, f_B^{MCS})/\sigma^2_{f_B^{MCS}}$。对于任意给定的条件，$\beta^*$ 可能接近 1 也可能不接近 1。β^* 不接近 1 时，这种改进方法可使方差明显缩减，效果比我们教科书中的方法好得多。其中的估计量 $\hat{\beta}^*$ 也很有吸引力，因为它是回归系数，这意味着我们可以使用标准的回归方法很容易地估计它（例如，用 $f_B - f_B^{MCS}$ 回归 $f_A - f_A^{MCS}$）。

② 如果我们有多个控制变量，我们可以对上一个注中使用的表达式做适当推广，并很容易地估计出最优化（即，方差最小化）系数 β_1^*、β_2^* 等。这个方法容易且非常有用（Boyle 等，1997，第 1276 页）。

③ 参见 Broadie 和 Glassennan（1998，第 194 页）。

具的 VaR）作为控制变量[①]。

8.4.3　重点抽样（Importance Sampling，简记为 IS）法

另一个方差减少技术是重点抽样法。笼统地说，所谓重点抽样是根据我们的目的调整概率，以反映我们关心的事件或样本路的重要性。例如，如果我们希望模拟价外期权（out-of-the-money）的价值，由于我们知道多数样本路最终都会走向零支付，所以这些样本路的计算实际上是一种浪费，因为它们对期权定价的作用不大，甚至毫无用处。为解决这一问题，我们可以尝试从最后到价的样本路中抽样：如果 F 是标的资产价格的分布函数，而 p 是期权到期时处于价内的概率，那么 $G=F/p$ 就是在权最终处于价内的条件下标的资产的条件分布函数。这时，期权价值的估计为支付的折现平均和 p 的乘积。重点抽样的核心是变换概率测度，从而获得更有效的估计量。

为了使用 IS 法来估计 VaR，Glasserman 等建议我们：首先初步估计高损失值（或 VaR），记之为 L[②]，我们可以基于 L 做二次或 $\delta-\gamma$ 逼近。获得 L 后，我们将使用一个适当改变的概率测度，一个好的备选方案就是对概率测度进行指数变换，众所周知，VaR 越接近 L，这种变换的效果越好。因为，这种概率测度的变换使得超过 L 的损失变得不再稀有，这使我们的 VaR 估计更加准确。正如我们刚才看到的那样，IS 常常使得稀有事件不再稀有，这意味着“原始”稀有事件越是稀有 IS 的效果越好——也就是说，我们的尾部越在极端，IS 带来的收益越大。IS 的这些性质，使得它在未到价期权定价、VaR 和 ES 估计上特别有用，特别是置信水平很高的时候：

- 关于期权定价，根据 Boyle 等的报告，使用 IS 可以使得股价下跌生效买权（down - and - in calls）的定价的方差有实质性减少：他们在因素最小 7、最大 1100 的范围内获得了方差的减少，其中给人深刻印象的结果是，门槛价格越比期权的当前价格低（即，期权支付的稀有事件越是稀有），IS 的效果越好[③]。
- 即便在 VaR 估计上，我们也能通过使用 IS 获得可观的收益。

---

① 参见 Cardenas 等（1999）或 Glasserman 等（1999a）。

② 参见 Glassennan 等（1999b）。

③ Boyle 等（1997，第 1287 页）。

Glasserman 等人的研究结果表明，只需将 IS 简单地用于期权组合集，即可降低因素在 6 - 54 范围内 VaR 估计的方差的减少，而且置信水平越高，方差的减少幅度越大[①]。

8.4.4 分层抽样法

还有一个有力的方差减少技术是分层抽样。假设我们想生成 100 个数 Z_1，Z_2，……，Z_{100}来逼近某个给定的分布。如果我们使用标准随机数生成器来生成这些数，那么独立抽取的随机样本会倾向于在近似分布中留下缺口，并且对尾部的表现也不充分。分层抽样法能够避免这些问题。为了使用这一方法，我们首先令：

$$V_j = \frac{j-1+U_j}{100}, j=1,\cdots,100 \tag{8.23}$$

其中，U_1，U_2，……，U_n 独立同分布并且服从［0，1）区间上的均匀分布。这一变换使得每个 V_j 分布于第 $j-1$ 和第 j 个这两个分位点之间（即，V_1 在$[0,0.01]$之间分布，V_2 在$[0.01,0.02]$之间分布等等）。由于这些数值可以解释成我们所选分布的累积分布值，所以可以用适当的逆分布函数获得我们所选分布的分层样本。例如，如果我们选定的分布为标准正态分布，则我们可以使用标准正态分布的逆变换：

$$Z_j = \Phi^{-1}(V_j) \tag{8.24}$$

由此得到的Z_1，Z_2，……，Z_n 就是标准正态分布的分层样本（即，对应每个分位点都有一个 Z 值，这就解决了样本分布有缺口和尾部观测值不足的问题）。

分层抽样肯定能够使方差减少。事实上，随机样本的方差可以分解为层次内方差和层次间方差的和，分层抽样可以消除层次间的方差。

然而，分层样本的一个缺点就是它破坏了我们模拟值 Z 的独立性，这使得置信区间的估计更为困难：因为这时我们的样本值不再独立，所以不能再像通常那样，借助样本的标准差估计和中心极限定理获得可靠的置信区间估计，而中心极限定理的基本前提就是样本有独立性。相反，我们没有什么其他方法可以借助，只好进行分组计量：如果我们的

① Glasseman 等（1999b，第 355 页）。

计算次数有限，比如说 M 次，那么我们就可以抽取 n 个样本容量为 M/n 的分层样本，并且根据这 n 个样本输出估计我们模拟的输出变量的方差；由于这些样本是独立的，所以我们对其使用中心极限定理，并且按照通常的办法来估计置信区间。这种分组计量的方法使得我们可以重新获得置信区间估计，但是相对于“正常的”分层抽样，这种抽样方法要在方差减少上付出代价。

分层抽样特别适合 VaR 或尾部分位点的估计，因为我们可以将我们的分层聚焦在我们感兴趣的分布的尾部上。如果我们估计的是 VaR，那么使用等分位点分层就变得没有意义，因为这种分层方法将会产生大量的中心抽样，而中心抽样中包含的有关 VaR 的信息并不多。因此，我们应该调整我们的分层，使得我们在尾部内或尾部周围的抽样相对较多，在中心位置的抽样相对较少——换而言之，我们应该多做分布尾部的抽样，少做分布的其他位置的抽样。由于这种模拟相对于等分位点分层抽样，能够告诉我们更多 VaR 信息，因此很可能会产生更为准确的 VaR 估计。

现在唯一需要解决的问题是如何把抽样配置给我们的层次，答案并非总是显然的。然而，解决该问题的一个办法就是，先做一次预模拟，然后根据预模拟结果选择我们的层次。我们可以使用重点抽样法来决定样本，也可以按照像 Glasserman 等（1999b，第 353 – 354 页，第 356 页）的建议使用一个或多个探索性法则（或无科学根据的直观法则）来决定样本，Glasserman 的结果表明，这些方法所能减少的方差占到了最优样本层次配置所能减少方差的相当一部分。最后一个可能的解决方案就是使用某种“学习规则”（例如，神经网络方法）。这种方法从一个给定的配置开始，然后随着模拟的展开不断更新配置并计算临时 VaR 结果，如此这般一直“调试”下去，最终会使得分层对 VaR 的聚焦越来越好。

分层抽样理论也可以用于高维问题。如果我们想产生 d 维立方体上的 n 个层抽样，我们可以将这个单位立方体划分为 n^d 个边长为 $1/n$ 的等容量小立方体，这些小立方体和我们早先将 $[0,1]$ 区间 n 等分时产生的小区间相对应。然后，我们在每个小区间抽样，以获得对 $[0,1]^d$ 的分层抽样，并使用适当的逆函数将这些抽样转换成与我们所选分布相对应的分层抽样。

图 8.3

分层抽样对拉丁方块抽样

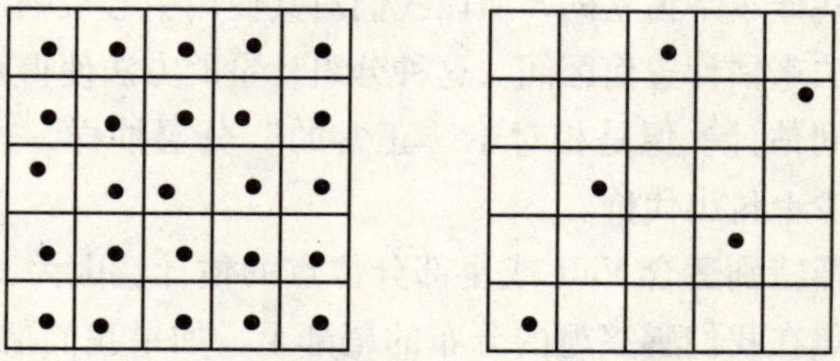

注：左边箱体中的数据点是用完全分层抽样获得的样本数据点，其中，$d=2$，$n=5$；右边的是用拉丁方块法获得的数据点。

不幸的是，多维分层抽样会随着 d 的增加变得越来越不切合实际，因为我们所需数据的数量 n^d 会随着 n 的增加迅速增加。解决这个问题办法之一就是降低层次数 n，但是这往往不是我们所希望的，因为这意味着从一开始就要丢失了很多有益的层次。

对于这个问题，一个更好的解决方案就是拉丁方块法（Latin hypercube，简记为 LH）。其基本思想是，首先选择 n 个分层样本点，然后将其置换成 n^d 个 d 维方块中的点。图 8.3 解释了这一方法，其中，$d=2$。图中给出了两个 2 维方块，每一个都划分成 5 行和 5 列。左边表现的是全层次抽样的情况，其中每个小方块抽取一次，共需要 $n^2=25$ 次随机抽取。而拉丁方块法每一行和每一列只要求抽一次样。这个结果被表现在第二个盒子中，其中有 $n=5$ 个数据点，每行和每列都只有一个数据点。

这两种情况无论哪一个，方块中的点都是按照 2 维均匀分布随机抽取出来的，不同的仅仅是小方块的选择不同。为了说明 LH 法的具体做法，令 U_j^i 独立同分布且服从 $[0,1]$ 区间上的均匀分布，其中，$j=1$，2，…，d 并且 $i=1$，2，…，n。令 π_1，π_2，…，π_d 表示从 $\{1, \cdots, n\}$ 的所有 n! 个可能的排列中独立均匀抽出的 d 个随机抽要。令：

$$V_j^i = \frac{\pi_j(i) - 1 + U_j^i}{n} \tag{8.25}$$

$V^1=(V_1^1,\cdots,V_d^1),\cdots,V^n=(V_1^n,\cdots,V_d^n)$ 这 n 个点构成维数为 d、容量为 n 的拉丁方块抽样。由于上述计算的编程非常容易，所以将 LH 分层抽样是处理高维问题非常实用的方法。

8.4.5　矩匹配法

最后一个方差缩减方法是矩匹配法（参见 Barraquand（1995））。基本思想是，调整模拟数据，使得一个或多个样本矩与我们根据假定的理论分布算出的矩相匹配（即，相等）。由于这个样本有理论上"正确的"矩，所以它不受样本误差的影响，因此非常有用，因为它保证了标的资产定价的正确性。我们可以把矩匹配法看成一种努力，一种深入挖掘我们已知的（这里是我们假定的）分布的"真实的"矩所能提供的信息的努力。也可以将矩匹配法视为对偶变量方法的推广，因为对偶变量也能保证我们随机数的样本均值为零；然而，与对偶变量法不同的是，矩匹配方法通常需要处理二阶有时甚至是更高阶矩①。

我们有各种使用矩匹配法的方法。例如，如果我们的样本值 Z_i 来自均值为 μ、标准差为 σ 的正态分布，而样本均值和样本标准差分别为 m 和 s，那么我们就可以调整我们的模拟值如下：

$$\tilde{Z}_i = (Z_i - m)\frac{\sigma}{S} + \mu \tag{8.26}$$

以保证调整后的样本值 $\tilde{Z}_i$ 的（头两阶）样本矩等于它们的总体矩。然后，用 $\tilde{Z}_i$ 代替 Z_i，并根据公式（例如，公式（8.11））产生我们的标的资产的随机过程。另外，我们也可以用下面的方法来匹配标的资产样本分布的（例如，前两阶）矩：

$$\tilde{S}_i(T) = (S_i(T) - m_{S_T})\frac{\sigma_{S_T}}{S_{S_T}} + \mu s_T \tag{8.27}$$

其中，m_{S_T}和 S_{S_T}分别是样本均值和样本标准差，μ_{S_T}和 σ_{S_T}分别是我们假定的"真实的"均值和标准差。因此，矩匹配法在选择那些变量做矩匹配和匹配哪些矩上有些歧义。

矩匹配法也有优缺点。首先考虑优点。它使我们能够有效地利用相

① 然而，这并不是唯一的替代办法。我们也可以使用布朗桥（Brownian bridge）方法，其思路是在较低维的空间中生成点，然后利用这些点产生样本路径上的最重要的点。一个例子是，先使用主成分分析方法降低我们处理的问题的维度，然后将分层抽样方法用于维数为最重要的主成分决定的维数的空间上。更多有关布朗桥的方法，参见 Broadie 和 Glasserman（1998，第 187 - 188 页）。

关变量的假设，因此使我们至少能够控制某些样本误差。此外，如Broadie和Glasserman（1998，第192页）指出的那样，对于那些完全线性地依赖有匹配平均量的金融工具，矩匹配法能够准确地为它们定价。这意味着（例如），如果零息票债券价格已经匹配，那么我们就会确切地知道息票债券和互换的价格。更笼统地说，我们可以有把握地说，回报的线性越大，误差缩减的效果越好。

现在考虑缺点。对于非线性支付，所有用矩匹配方法获得的估计都有偏差，尽管这种偏差会随着 M 的增大而趋于零。尽管对于多数金融问题来说，这种偏差可能问题不大，但是也有极端例外的情况。我们有时（但并非总是）能够使用标准的偏差调整方法修正此偏差。其他缺点是分层抽样法也有的缺点：因为这些调整要用在所有的样本路上，所以原本独立的样本值调整后就有了相关性，而这种相关性使置信区间的结构变得复杂。与分层抽样的情况一样，唯一可行的获得置信区间的方法就是，先将矩匹配法用于独立的模拟组，然后使用各个组均值估计标准误——然而这不可避免地会降低矩匹配方法的效果①。

专栏8.3

马氏链蒙特卡罗方法（MCMC）

马氏链蒙特卡罗方法（MCMC）非常有用，可以用于很多领域的问题，对于风险测度问题也非常有用，例如，高维多变量VaR估计、主观（或贝叶斯）VaR估计以及模型风险估计。马氏链是一个特殊的随机过程，随机变量（也可能是随机向量）未来的分布密度函数依赖最近的实现值，不依赖其他更早的实现值。MCMC方法是用马氏链来模拟来自某个数据集的参数（或参数向量）θ 的分布的方法：我们模拟参数空间的马氏过程。在适当的（很弱的）正则条件下，模拟参数值的分布会收敛于“真实”（多变量）分布 $P(\theta|X)$。MCMC方法因此使得我们能够对多变量分布进行模拟，无论这一分布本身被如何设定。

---

① 另一个值得一提的方法是条件蒙特卡罗模拟（CMCS）。它基于这样一种想法，随机变量 X 在某个其他随机变量 Y 给定的条件下的条件方差通常比较小，而且绝对不会不大于 X 的无条件方差：实际上，用有条件方差代替无条件方差能够减少方差，因为我们做的分析性部分加总总是比MCS的加总要少。Hull和White（1987）将这种方法用于有随机波动率的期权定价上，而Boyle等（1998，第1288-1290页）也应用这个方法给其他种类的期权定价。后者的研究结果表明，这种方法可以大大减少方差，但需要更多的计算时间，因为它需要做的分析性工作更多，所以究竟选择什么程度的附加条件为好，需要在模拟计算耗时和分析计算耗时之间的权衡。

专栏 8.3（续）

最简单的 MCMC 方法就是 Gibbs 抽样过程（sampler），为了说明它是如何工作的，假设我们有两个参数 θ_1 和 θ_2，并且希望从它们的多变量（MV）分布中抽样，至于这个分布是什么我们并不知道。我们所知道的全部信息是条件分布 $f_1(\theta_1|\theta_2,X)$ 和 $f_2(\theta_2|\theta_1,X)$。现在任意选定一组初始参数值 $\theta_{1,0}$ 和 $\theta_{2,0}$；我们根据 $f_1(\theta_1|\theta_{2,0},X)$ 获得随机抽样 $\theta_{1,1}$，根据 $f_2(\theta_2|\theta_{1,0},X)$ 获得随机抽样 $\theta_{2,1}$；重复这一过程，其中每次抽样都是根据 $f_1(\theta_1|\theta_{2,i-1},X)$ 随机抽取 $\theta_{1,i}$，根据 $f_2(\theta_2|\theta_{1,i-1},X)$ 随机抽取 $\theta_{2,i}$。由此，可以获得 m 个参数对的样本 $(\theta_{1,1},\theta_{2,1}),(\theta_{1,2},\theta_{2,2}),\cdots,(\theta_{1,m},\theta_{2,m})$。如果 m 足够大，则在适当的（很弱的）正则条件下，$(\theta_{1,m},\theta_{2,m})$ 的分布将收敛于"真实的"多变量分布 $P(\theta|X)$。如果 m 足够大，则 $(\theta_{1,m},\theta_{2,m})$ 会将我们假定的初始值彻底忘掉。所以我们通常会将 m 值取得很大，并将其中的前 n 个删掉，因为它们和初值相关。这时，样本容量应该是 $m-n$，我们可以将它们视为来自"真实"分布函数 $P(\theta|X)$ 的抽样。这一方法使得我们可以将高维问题分解为一系列低维问题（即，将 d 维问题分解为 d 个一维问题）。Gibbs 抽样过程易于应用，只是需要注意要把 n 的值取得足够大①。

8.5　蒙特卡罗方法的优缺点

8.5.1　优点

MCS 方法有很多优点：

- 程序一旦建立，非常易于使用，并有很多好的软件可供选择。
- 不像很多闭形（或解析）方法，可以轻易地包容较多的比广义布朗运动（GBM）的技术性更强或更复杂的随机过程。
- 可以处理多风险因子、相关性和肥尾的情况。
- 可以处理复杂的路径依赖问题，解析方法则不然。
- 可以用于含有异质或复杂金融工具的组合（例如，信用衍生产品、住房抵押贷款证券以及 ART 等）。
- 很容易修改。

① 更多有关 MCMC 方法的内容，参见 Tsay（2002，第 10 章）。Wang 和 Wan（2001）还给出了一个该方法在 VaR 上的应用。

- 在提高准确性和/或减少计算时间上，有相当大的改善空间。
- 能告诉我们计算结果的准确度，置信区间的估计也很容易。
- 简单地增加实验次数常常能够改善计算结果的准确性。
- 应对高维问题的能力比有限差分法强很多。

8.5.2 缺点

MCS 方法的主要缺点如下：

- 因为涉及大量计算，所以速度可能很慢，特别是有很多风险因子的时候。
- 在处理低维问题时，MCS 方法的有效性比格子（lattice）方法、有限差分方法差。
- 标准的 MCS 方法在处理有提前执行的问题上有困难。这是因为 MCS 方法在时间上有前向性，所以很难决定执行是否提前进行。从这个角度来看，时间上有前向性的方法不如诸如二项树方法、有限差分方法等时间上有后向性方法好，这些有后向性的方法在是否提前执行的判断上不存在问题（因为它们是从最后的数据向前走）。然而，现在已经开发出了多种方法使得蒙特卡罗方法能够处理有提前执行的问题，所以这些困难并非绝对不可克服①。

8.6 结论

MCS 方法有很多诱人之处：建立起来以后很容易使用；非常灵活有力；易于处理复杂的随机过程、有多风险因素和相关性的情况、存在复杂的路径依赖的问题；等等。另一方面，这类方法无论在计算时间上，还是智力/人力资源的使用上，都消耗巨大；而且在处理提前执行问题上有困难（但并非绝对不可克服）。

尽管有这样那样的缺点，但是我们还是有理由期待模拟方法未来会有更加广阔的应用前景。模拟方法在很大程度上取决于计算机的原始计算能力，过去的数十年中 IT 成本以每年 25% - 30% 甚至以上的速度下

① 这方面的一些例子，参见 Tilley（1993），Andersen（2000），Longstaff 和 Schwartz（2001）。

降，今后计算能力的改善还会更加迅速。在可预计的未来，这种趋势会一直持续下去，这反过来又会促使模拟方法变得更加快捷，更加易于使用。因此，随着时间的推移，模拟方法将会变得越来越具吸引力——而且应用范围也会越来越广。

第9章

随机风险测度方法的应用

本章继续上一章的内容，讨论模拟方法（也叫随机方法）在风险测度处理上的各种应用。模拟方法适合用来处理类型广泛的风险测度问题，常常为我们实际遇到的问题提供最好的处理方式：灵活有力，在处理复杂问题（例如“行为怪异的”随机过程、有样本路依赖的情况、有可选性的情况和高维度的情况）方面表现得特别好，常常胜过其他方法。其不足之处是，使用上较其他方法困难（除非使用某个特制的软件），计算量大，在有提前执行的问题的处理方面有困难。然而，这些问题已经比过去少了，随着时间的推移还会进一步减少：计算机软件更容易使用，随着计算机能力的提高，计算量问题将会变得微不足道，而且（如上一章的结尾所言）随机方法变得越来越能处理提前执行问题了。

本章考察一些更为重要的风险测度估计问题，它们适合使用模拟方法。这些问题是：

- 动态组合管理策略（即放松的假设认为投资组合在持有期内并未给定的情况）的风险测度。
- 固定收入持仓和利率敏感衍生产品持仓的风险测度。
- 有信用风险的组合的风险测度。
- 保险组合的风险测度。
- 退休金组合的风险测度。

处理上述案例的最好方法是，针对具体问题建立特制的解决方案，并适时使用方差－减缩方法[①]。

---

① 这里列出的主题并不全面。一些进一步的主题是期权风险（下一章考虑）、能源风险（这里只是间接涉及）以及实物房产或产风险（本书根本不涉及）。

但是，在讨论这些问题之前，最好是首先花些时间简单地讨论一些方法论问题，这涉及到适当随机过程的选择问题（9.1 节），多维问题计算量的减少问题（9.2 节）。然后，带着这些观点分别在 9.3 节至 9.8 节讨论上述各种问题。第 9.9 节是结论。

9.1　随机过程的选择

随机模拟首先要选择一个适当的随机过程。为此，先要对我们想建模的特定经验过程做类型化研究，类型化研究工作一旦完成，我们就要选择一个能够体现这些类型化事实的随机过程。这时我们应该记住，虽然模拟的过程是离散的，但是我们假设的“真正”过程却是连续的，因此我们必须采取谨慎措施以避免不必要的离散化误差。

为了说明这一点，假设我们打算为股票价格 S 建模。股票价格的主要类型化事实是，股票的价格过程随机、非负并且有向上漂移的倾向，由此可知具有这些特点的适当的随机过程是几何布朗运动：

$$\frac{dS}{S}=\mu dt+\sigma dx \tag{9.1}$$

其中，dx 为维纳过程，μ 和 σ 的含义不变。虽然这一过程是连续的，但是我们必须在离散的时间点上模拟它。因此，我们应该对公式（9.1）做离散逼近，并在此基础上模拟我们股票的价格：

$$\frac{\Delta S}{S}=\mu\Delta t+\sigma\Delta x=\mu\Delta t+\sigma\phi\ \sqrt{\Delta t} \tag{9.2}$$

然而，离散工作导致的离散误差和我们选择的离散化尺度（即 Δt 的次方）成比例。为了避免这些误差：我们可以使用伊藤公式（见前一章）处理公式（9.1），得：

$$S(t)=S(0)\exp[(\mu-\sigma^2/2)t+\sigma\phi(t)\sqrt{t}] \tag{9.3}$$

公式（9.3）可以避免离散化误差，因为它本身是严格成立的，而公式（9.2）仅仅在 $\Delta t\to 0$ 的时候才能严格成立。当然，根据公式（9.3）获得的估计还是要受到随机抽样的制约，尽管这一误差不能避免，但是我们还是可以适当地使用前一章讨论的方差减少方法缩小这一误差。

图 9.1 表明了这一随机过程的模拟样本路。该样本路能够表现出我们想通过建模实现的特征：股票价格有非负性、随机性且有明显的向上漂移的倾向。

然而，对于许多情况而言，这一过程过于简单。例如，它不能包含肥尾现象等。事实上，我们有多种不同的方法将肥尾现象纳入到我们的过程中：或者使用条件正态分布，或者使用肥尾分布（例如 t、列维分布）来代替我们的随机过程 $\phi(t)$，当然也可以使用混合过程等等。

在很多情况下，我们希望我们的随机过程有均值回复性。在利率过程建模时，这种有均值回复性的过程特别重要，并且有多种这样的过程供选择：Vasicek 过程、Cox-Ingersoll-Ross（9.4 节将做进一步讨论，简记为 CIR）过程、Ho－Lee 过程，等等。我们还可能需要更复杂的随机过程。能源领域中有一个很好的例子，这时的随机过程具有很强的均值回复性，并且由于意外中断和输送限制还会出现明显的“尖峰”。想建立令人信服的能源价格模型就需要将均值回复过程与考虑了偶然尖峰的跳过程结合起来。

图 9.1

股票价格的模拟样本路

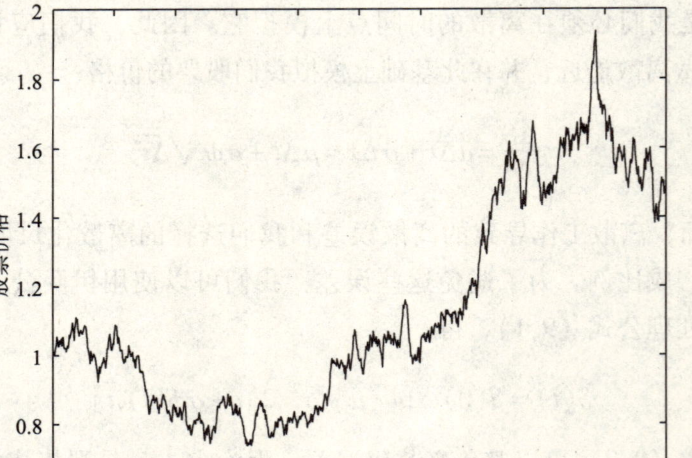

注：模拟所用的参数分别为 $\mu=0.10$，$\sigma=0.25$，观察为日观察。

一个有这些性质的好用的连续时间随机过程是 Ornstein-Uhlenbeck 跳过程[①]：

$$dx = \eta_E(\bar{x} - x)dt + \sigma_E dz_E + dq_E \tag{9.4}$$

其中，x 是能源的现货价格 E 的自然对数，$\bar{x}$ 是（对数）价格 x 的回复性长期均衡（对数）价格，$\eta_E > 0$ 表示均值回复率，σ_E 是扩散过程的波动率，$dz_E = \varepsilon_E(dt)^{0.5}$ 是具有标准正态随机变量 ε_E 的维纳过程，dq_E 是泊松过程（其取零值的概率为$(1 - \lambda_E)dt$，取其他随机值的概率为 $\lambda_E dt$）。λ_E 为跳跃发生的频率，随机跳跃因素 ϕ_E 假定服从均值为 κ_E 波动为 δ_E 的正态分布[②]。公式（9.4）的第一项是均值回复过程：它表示，在其他条件不变的情况下，价格过程 $x < \bar{x}$ 时倾向于上升，$x > \bar{x}$ 时倾向于下降。第二项是标准扩散成分，它使得价格在时间上有扩散性，第三项能使价格会发生偶然性跳跃[③]。

为了进行模拟，我们需要根据 Dias（2001）的建议将公式（9.4）严格地离散化。使用标准符号，我们的模拟公式可以表现如下：

$$\begin{aligned} x_t = {} & x_{t-1}\exp(-\eta_E) + \bar{x}[1 - \exp(-\eta_E)] \\ & + \sigma_E\sqrt{[1 - \exp(-2\eta_E)]/(2\eta_E)}N(0,1) + jumps_x \end{aligned} \tag{9.5}$$

现在，我们用下述公式按标准方式求出能源的现价：

$$E_t = \exp[x_t - 0.5\sigma(x_t)], \quad \text{where}\,\sigma(x_t) = [1 - \exp(-2\eta_E t)]\frac{\sigma_E^2}{2\eta_E} \tag{9.6}$$

适当地参数化后，我们可以用公式（9.5）和公式（9.6）模拟能

---

① 除了有均值回复性、扩散性和跳跃性以外，这个过程还有其他两个诱人的性质：它能保证价格总是正的、且允许严格的离散化处理。如果没有后两个性质，我们常常会得到负的模拟价格，这种“退化”的结果有可能使得我们的模拟程序变得不可靠。

② 如果愿意，我们可以通过给公式（9.4）追加虚拟变量或者把波动率参数或跳跃参数与季节联系起来，使之包含季节性影响。如果把我们的模型用于即日（例如，小时）期间，我们还可以对即日效应做同样的事情（例如，考虑即日高峰最容易出现的时刻等等）。更多相关内容，参见 Blanco 和 Soronow（2001 年，第 83 - 84 页）。

③ 更多有关均值回复跳过程及其在能源风险问题上的应用参见 Clewlow 和 Strickland（2000）或 Dias（2001）。

源价格[①]。

图 9.2 基于实际可行的参数集给出了能源价格模拟曲线[②]。该模拟过程表现出很强的均值回复性和偶然出现的尖峰。这一模拟价格符合 30 美元/kWh 的实际情况，短时间内可以急升到 200 美元甚至更高，它和图 9.1 中的广义布朗运动过程非常不同。

处理多元随机过程时，我们还面临另外一个问题，那就是必须考虑随机过程之间的相关性，这时需要使用相关系数法或 copula 法建模。

9.2 多元随机过程的处理

计算效率方面也有过一些必须考虑的大问题，特别是处理高维问题时。例如，我们可以考虑使用马氏链蒙特卡罗模拟方法（专栏 8.3 讨论过），它有助于用低维模型为高维问题建模。

从这个角度来看，我们模拟随机变量的主成分而不是“原始”变量是有益的。特别是当我们有大量的可能高度相关的风险因素的时候，例如，沿着即期利率（或零息利率）曲线上的一系列点。主成分模拟的效率很高，因为这时需要处理的随机变量相对较少。

9.2.1 主成分模拟（PCM）

例如，为了将主成分模拟用于固定收入组合，首先选择 n 个关键的零息票收益率并用它们构建一个向量，这些息票有不同的到期日。然后，针对每一个收益率设定一个随机过程，例如像 Jamshidian 和 Zhu（1997）建议的那样，用简单几何布朗运动：

$$dr_i/r_i = \mu_i(t)dt + \sigma_i dz_i(t) \tag{9.7}$$

其中，$z_i(t) \sim N(0,\sqrt{t})$，这些 $z_i(t)$ 通常有相关性。我们常常发现，即期收益率曲线的前三个主成分占了所有变化的 95% 甚至以上，而且

① 严格地说，$\sigma(x_t)$ 也应包含对跳跃和波动率有影响的附加项。但是，如果跳跃不太频繁，则忽略跳跃对 $\sigma(x_t)$ 的影响，不会造成太大的误差。因此，从业者可以（而且，我相信有时候会这样）在明显困难的情况下忽略这个项。

② 参数估计问题其他地方曾经讨论过（参见专栏 6.1），然而这绝不是一件小事。就目前的目的而言，我们可以采用已经给定的参数估计方法。

这些主成分可以有很好的即期收益率解释：第一个成分为上升成分；第二个成分代表倾斜或扭曲因素；第三个代表弯曲或波动因素。这意味着，我们应该聚焦于这前三个因素。

图 9.2

能源价格过程模拟

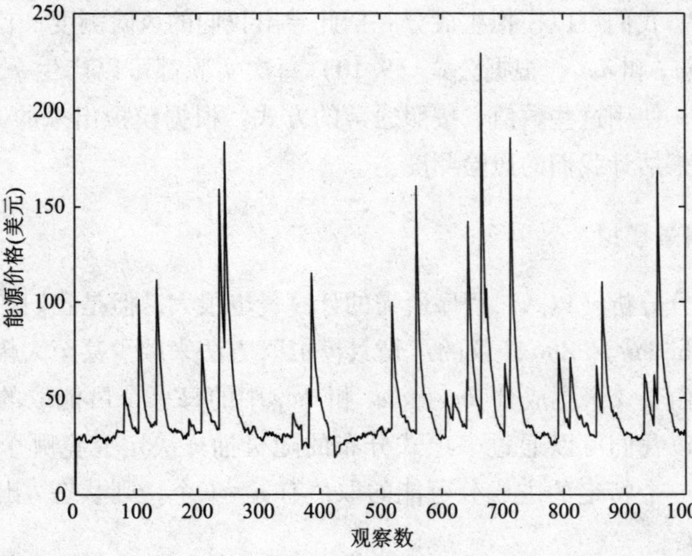

注：模拟所用的公式（9.6）至公式（9.7）的参数分别为 $E_0=\bar{E}=30$，$\eta_E=30$，$\sigma_E=\delta_E=\kappa_E=0.5$，$\lambda_E=10$。

现在我们来决定主成分。设 $C=[\rho_{ij}]_{i,j=1,\cdots,n}$ 是这 n 个关键利率的相关系数矩阵，设 $\beta_j=[\beta_{1j},\ \cdots,\ \beta_{n,j}]^T$ 为 C 的第 j 个特征向量，根据特征向量的定义有：

$$C\beta_j=\lambda_j\beta_j,j=1,\cdots,n \tag{9.8}$$

其中，λ_j 为第 j 个特征值。我们现在对 β_j 做规范化处理（这时 $|\beta_j|^2=\sum_{i=1}^{n}\beta_{ij}^2=\lambda_j$），并对 λ_j 做重新排序，使得 λ_1 大于等于 λ_2，λ_2 大于等于 λ_3，等等。于是，第 j 个主成分为 β_j。

我们现在可以使用主成分来表示 dz_i：

$$dz_i=\sum_{j=1}^{n}\beta_{ij}dw_j\approx\beta_{i1}dw_1+\beta_{i2}dw_2+\beta_{i3}dw_3,\quad i=1,\cdots,n \tag{9.9}$$

其中，$E\left[w_kw_j\right]=0\ (k\neq j)$，$dw_j=\sqrt{dt}$。假定 4 阶以及以上阶主

成分都不是特别显著，使用这个近似公式，可将公式（9.7）可以表示如下①：

$$dr_i/r \approx \mu_i(t)dt + \sigma_i\beta_{i1}dw_1 + \sigma_i\beta_{i2}dw_2 + \sigma_i\beta_{i3}dw_3 \quad (9.10)$$

于是这个问题的维数从 n 下降为 3，而且由于主成分是相互独立的，所以我们现在的相关系数矩阵只有 3 项而不是前面的 $n(n+1)/2$ 项。

现在，我们可以模拟主成分并据此导出我们的风险测度：首先，模拟 dw_1、dw_2 和 dw_3，根据公式（9.10）每次实验都可以产生一组 dr_i/r_i 值。然后，使用这些数值，按照通常的方式，根据模拟出来的 dr_i/r_i 值的分布，来估计我们的风险测度。

9.2.2 情景模拟

主成分分析（PCA）程序所需的计算量也很大，但是我们还是可以使用 Jamshidian 和 Zhu 建议的“情景模拟”方法来减少甚至大幅度减少计算量。由于 3 个主成分 dw_1、dw_2 和 dw_3 中的每一个可能取的状态都有限，所以我们可以通过多项式分布的随机抽样决定究竟哪个状态出现。如果一个特定的主成分可能的取值有 $n+1$ 个，则状态 i 出现的概率 $P(i)$ 为：

$$P(i) = 2^{-m}\frac{m!}{i!\,(m-i)!}, \qquad i = 0, \cdots, m \quad (9.11)$$

所以，如果我们有 5 个状态，则与之相应的概率分别为：

$$\frac{1}{16}, \frac{1}{4}, \frac{3}{8}, \frac{1}{4}, \frac{1}{16} \quad (9.12)$$

中间的状态比其周变状态更可能出现，周边状态比极端状态更有可能出现。所以，相关主成分虽然在中间的状态上可能“不变”，但是在周边状态则可能会出现“中等程度的上升或下降”，而在极端状态上，可能会出现“极端上升或下降”。由于第一主成分比第二主成分更重要，第二主成分比第三主成分更重要，所以应该让第一主成分比第二主

---

① 选择这个过程只是为了解释以上目的，这里不允许利率有均值回复；但是，我们可以很容易地改写这个过程，使之具有均值回复的特点，为此需要增加一个补充公式，例如，Ornstein-Uhlenbeck 过程，$dz_i = -kz_i(t)dt + dB_i$，其中 $B_i(t)$ 为几何布朗运动。

成分有更多状态，第二主成分比第三主成分有更多状态。Jamshidian 和 Zhu 建议，应该让第一、二和三主成分分别具有 7、5、3 个可能的状态。然后，我们可以针对各个主成分制定即期收益率曲线的脚本，情景数为所有不同状态数的乘积（所以，如果第一、二和三主成分分别有 7、5、3 个可能的状态，则脚本总数应该为 $7 \times 5 \times 3 = 105$）。此外，由于各个状态相互独立，所以它们的概率应该等于公式（9.11）中多项式概率的乘积。换言之，如果第一主成分有 $m_1 + 1$ 个可能的状态，第二主成分有 $m_2 + 1$ 个可能的状态，第三主成分有 $m_3 + 1$ 个可能的状态，则情景（i，j，k），即第一、二和三主成分分别取状态 i、j 和 k 的概率为：

$$P(component1 = i) \cdot P(component2 = j) \cdot P(component3 = k)$$

$$= \left[2^{-m_1}\frac{m_1!}{i!\ (m_1 - i)!}\right] \times \left[2^{-m_2}\frac{m_2!}{j!\ (m_2 - j)!}\right] \times \left[2^{-m_3}\frac{m_3!}{k!\ (m_3 - k)!}\right] \tag{9.13}$$

因此，我们基本上是根据公式（9.13）来随机选择情景，每一个情景都会给我们一个具体的即期利率曲线及其组合 P/L 的一个具体值。如果实验次数足够多，则我们应该能够根据 P/L 的实验值样本获得很好的风险测度估计。应该看到，无论做多少次试验，我们都需要进行 $(m_1 + 1)(m_2 + 1)(m_3 + 1)$ 次评价（即对每个情景做评价）。由于实验只是用公式（9.13）做情景本选择，而不是对选出脚本做评价，所以这种实验不属于计算密集型实验，这意味着即便实验次数非常多，计算速度也会很快。因此，情景模拟应该比主成分模拟的效果好很多，Jamshidian 和 Zhu 的研究也证实了这个看法①。

情景模拟方法也使得我们能够关注极端变化。例如，Jamshidian 和 Zhu 用了 105 个情景，其中一些情景出现的概率仅仅为 0.024%。由于低概率状态的混合，使得这些低概率场景可能出现。如果我们打算使用更为极端的脚本，则可以通过增加状态数来实现这个目的，这样就可以更好地处理极端结果。情景模拟也可以用于“敏感度”实验，这种实

① 然而，Abken（2000）的研究结果表明，情景模拟性能有时不稳定，而且结果与标准蒙特卡罗模拟方法、主成分方法的结果相比有明显的偏差，特别是对于那些非线性证券组合。对于某些类型的组合收敛速度也可能很慢，因此 Abken 建议，情景模拟的用户应定期对照标准模拟或主成分的结果来检查其结果。

验需要我们适当改变状态结果（或状态概率）并且观察其对 VaR 的影响。这意味着，模拟方法在压力测试中非常有用。

场景模拟也可以被扩展开来用于更复杂的组合，包括多通货组合、涉及信用风险暴露的组合（例如，互换组合）等。然而，随着风险因素的增加，我们需要控制的情景数量也随之增加。应对方法是尽可能使用独立性假定。处理多通货组合问题时，我们可以假定汇率和利率不相关，或者假定不同国家之间的第 i 主成分相关，同一个国家不同的主成分（即，第 i 和第 j 主成分，$i \neq j$）无关。处理信用风险时，我们可以假定市场和信用风险独立，或假定破产的发生相互独立。虽然一些假定可能比另一些更有道理，但是我们需要的是在速度和现实性之间谋求平衡，使用一些有助于控制情景数量增加的假定，使我们能够在给定的计算能力限制下进行大量的实验。

专栏 9.1

蒙特卡罗模拟、主成分分析和情景模拟中的情景数

考察蒙特卡罗模拟、主成分分析和情景模拟的计算量的方法之一就是考察它们需要的情景数。如果我们有 n 个风险因素，如果它们在持有期结束时能够带来（用于评价的）d 个可能的结果中的一个，则所有情景的数量为 d^n。传统蒙特卡罗方法的 n 和 d 相对较大，所以情景数几乎数不胜数。例如，即期收益率曲线问题中，$n=10$ 时的情景数量是 d^{10}。主成分模拟中 n 的数量会下降，所以我们原有的 10 个即期收益率会减少为例如 3 个主成分：因此我们的情景数为 d^3，相对于传统的蒙特卡罗方法而言，这个数即便不是微不足道，也是很小的。然而，由于主成分分析中 d 通常很大，所以主成分分析的情景数量仍然非常大。情景模拟中 n 和 d 都会下降，所以情景数会明显下降。例如，$n=3$ 且 $d=4$ 时，情景数量会下降到 $d^3=4^3=64$。显然，若其他条件不变，则情景数的下降会在很大程度上降低计算次数。这种计算量的下降，意味着我们可以在计算能力给定的前提下，进行大量的模拟实验，由此可以获得更加准确、快捷的实时估计。

9.3 动态风险

现在考虑随机模拟在风险测度领域中的一些特殊应用。其中之一就是在动态组合管理策略存在时的风险测度估计。这类问题用解析方法很难处理，但是使用模拟方法则很容易。方法很简单：首先制定管理策略，然后使用这一策略进行模拟，由此获得 P/L 个模拟样本，并根据模拟样本按照通常的方式导出 VaR 估计。

为了说明一般做法，让我们考虑两个备选动态组合管理策略：一个是止损策略，另一个是筛选管理策略。

止损策略就是这样一种策略，一旦我们的损失达到某个特定的水平，就会退出市场并将资金投入到相对安全的资产上。在这个具体的例子中，假设相对更安全的资产是无风险资产，并且最初的组合是把所有资金都投入一个单一的风险资产上，该风险资产的（算术）回报服从标准对数正态分布。止损策略采用一个新的参数——止损限制（即止损线），图 9. 3 反映了这个限制给 VaR 带来的影响。

图 9. 3

有止损策略管理的组合的 VaR

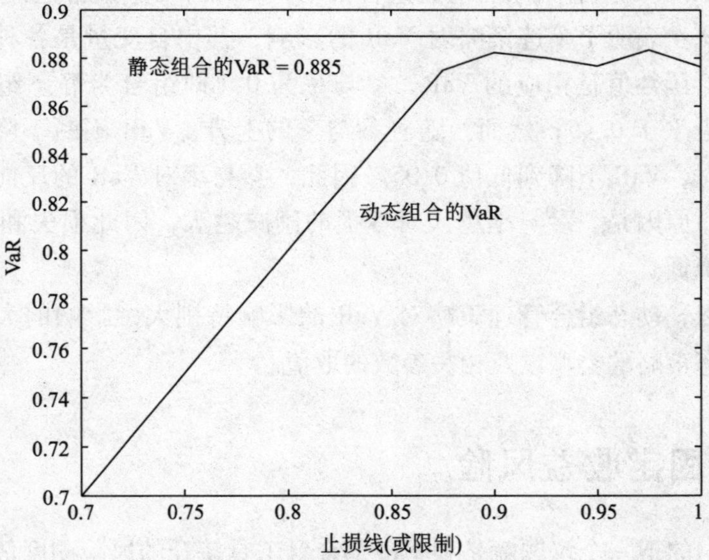

注：该图的相关数据是，投资为 1 美元，年算术回报服从均值为 0，标准差为 1 的对数正态分布，蒙特卡罗模拟实验 5000 次，每次实验的时间段划分为 100 个，VaR 估计的置信水平为 0. 95，资产的持有期为 1 天。

止损策略对 VaR 的影响依赖于止损线取值的大小：如果止损线的取值小，损失超过其限制的概率相对较高，并且在这个置信水平上最大的可能损失就是止损线的取值；如果止损线取值大，则损失不太可能超过这个值；如果这个线足够高，则 VaR 将低于这个止损线，并且其取值接近静态组合的 VaR，这个 VaR 和根本不用止损策略算出的 VaR 一样[1]。因此，止损策略有可能对 VaR 产生很大的影响，这取决于止损线定的高还是低。

如果我们有两个资产（其中一个风险较大，另一个较小），那么我们就可以使用筛选管理策略。筛选管理策略是这样一种策略，组合价值上升时，我们增加组合中风险较大的资产的比例，组合价值下降时我们减少这个比例。在这个具体的例子中，我们再次假设低风险资产为无风险资产，组合最初的投资分配比例是在风险和无风险资产之间等分。我们还假定，组合价值上升（或下降）时，组合价值增加（减少）的部分（或比例）θ 转化为对风险资产的投资（撤资）。参数 θ 有时被称为参与率，表示组合构成对组合价值变化的反应力度：θ 小意味着组合对组合价值的变化反应迟钝；θ 大意味着组合对组合价值的变化反应积极。若 $\theta=0$ 则组合策略为静态组合策略，VaR 练习中经常这样假定。

图 9.4 表明了筛选策略对 VaR 的影响，其中自变量是各种参与率的取值，函数值是相应的 VaR。参与率为 0（即组合为静态组合）时 VaR 值近乎于 0.45；然而，随着参与率的上升，VaR 不断下降，参与率为 1 时，VaR 下降到低值 0.05。因此，参与率对 VaR 的反向影响是显著的。原因是，参与率越大对亏损的削减越大，因此损失和 VaR 也相应地降低。

所以，动态组合管理策略对 VaR 的影响特别大，影响的大小主要依赖动态策略的类型以及相关参数的取值。

9.4 固定收益风险

我们的下一个议题就是利率敏感金融工具持仓的风险测度估计，利率敏感金融工具就是通常所谓的固定收益工具：它们是债券、浮动利率票据、结构票据、诸如利率互换和期货之类的利率衍生证券、互换。固定收益问题很难用解析或数值方法处理，因为它们涉及多个区间结构的即期利率，而不是区区一两个利率；而且涉及利率期权的固定收益问题特别难处理，因为其中的期权处理特别复杂（因为需要考虑波动率等

① 当然，这种限制损失的方法太过单纯，实际中还需要一些额外的假定：特别是假设不需任何额外费用，我们就可以“从市场退出”，前提是我们的资本市场具有完全的流动性。第 14 章中我们还会重新讨论流动性问题。

因素）。但是幸运的是，固定收益问题非常适用于模拟方法处理①。

9.4.1　固定收益工具的特性

固定收益风险测度估计，通常要考虑固定收益持仓的两个特性：驱动利率发生变化的随机过程的类型和期间结构。

利率过程和股价过程不同，因为利率过程通常有均值回复性——高利率倾向于下降；低利率倾向于上升。股价过程和利率过程不同，没有均值回复性：例如，在典型的随机游走或鞅条件下，对未来股价的最好预测是今天的股价，不管这个价格多么高（还是多么低）。最流行的利率过程就是 Cox-Ingersoll-Ross 过程：

$$dr = k(\mu - r)dt + \sigma\sqrt{r}dz \tag{9.14}$$

其中，μ 是长期均衡利率（或者是利率倾向于回复的那个利率水平），σ 是利率的年波动率，k 表示利率向均值回复的速度，dz 则是服从标准正态的随机变量。这个过程之所以常常被使用，是因为它能够把握经验利率过程的 3 个类型化事实②——即经验利率过程有随机性、正性和均值回复性。而且，因为我们可以准确地模拟 CIR 过程，所以可以避免离散化误差。

固定收益持仓的其他特性，虽然更加重要但是也更加难以处理。多数固定收益持仓的报酬支付涉及多个未来的时期，所以评价固定收益金融工具需要考虑即期利率在期间结构上多个不同的点。例如，如果我们有一个每 6 个月付息一次的付息债券，那么我们希望知道相关期间结构上的 6 个月即期利率的信息。虽然也有例外——主要是零息债券，其定价只用一个即期利率——但是一般情况是：为利率敏感金融工具定价，我们需要的信息是即期利率的期间结构，而不是某个单个的即期利率。

---

① 关于固定收入工具的 VaR 有很多不同的专业文献，本书由于空间限制根本无法涉及这些问题。然而，一个有用的起点就是 D'VaRi 和 Sosa（2000），Niffikeer 等（2000）以及 Vlaar（2000）。如果对按揭证券的 VaR 感兴趣，Jakobsen（1996）是一个很好的参考。

② 然而，任何简单的利率过程模型都不能够充分地反映利率的动态特征。我们往往发现，在使用某一个模型拟合了数据之后，拟合优度会随着时间的推移趋于恶化，使用这样的模型定价是有问题的，除非经常校准这些模型。更多有关于这些问题以及相关处理，参见 James 和 Webber（2000）。

图 9.4

筛选管理策略下组合的 VaR

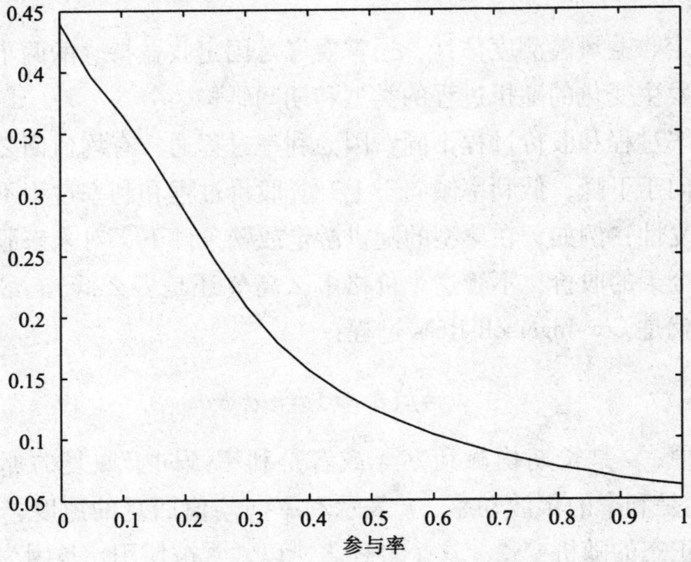

注：该图的相关数据是，投资为 1 美元，初始投资分配为在两个资产上均等投资，一个是风险资产，其算术回报服从均值为 0、标准差为 1 的对数正态分布，另一个是无风险资产；进行了 5000 次蒙特卡罗模拟实验；VaR 估计的置信水平为 0.95，持有期是 1 天。

9.4.2　固定收益风险测度估计

为了顾及固定收益证券的风险测度，我们需要模拟持有期结束时固定收益证券可能的价值分布。如果我们处理的是相对简单的固定收益金融工具，例如，债券、浮动利率票据或互换。那么最终的期间结构即可为我们提供给这类金融工具定价的足够信息，因此组合持有期结束时的最终价值也可以决定。这时，期限结构所能够提供的信息是充分的，因为我们可以使用标准的定价方法基于剩余支付的现值来评价这些工具。

然而，如果我们处理的是利率期权，例如，利率买权、卖权、下限期权（floor）、上限期权（ceiling）等，那么仅用即期利率期限结构的信息不足以评价我们的金融工具。如果评价涉及期权的持仓，那么我们还需要有关最终波动率的信息。如果我们的期权是利率期权，那么通常我们还需要最终波动率在期间内的结果（具体来说，我们需要知道多个即期利率中每一个最终的波动率）。此外，这时我们不能使用简单折现的方法给我们的工具定价，而是要使用适当的期权定价模型。

这类模型本身非常复杂、灵活，而且相关文献也很多。幸运的是，最近出现很多可用的好软件，这使得这类较好模型中的一些模型的使用变得困难。余下的主要问题就是如何获得最终波动率，我们或者假定最终波动等于利用当前波动——如果我们认为波动是随机游走或鞅（这意味着当前值是未来的最好预测），那么这个假定是可以接受的——来获得最终波动估计，或者使用 GARCH 或类似方法来获得最终波动估计。

因为固定收益问题的精度和计算次数常常非常重要，所以有必要寻找精度改进或减少计算次数的方法。因此，我们应该考虑使用方差缩减方法的问题。我们也可以用即期利率曲线的主成分模拟来代替即期利率本身，例如，使用脚本模拟。如果使用 Jamshidian 和 Zhu 的例子（见前面的第 9.2.2 节），其中有 3 个主成分，第一、二、三主成分分别有 7、5、3 个状态，那么我们应该有 105 个不同的主成分情景。这也会带给我们 105 个即期利率（或期间结构）情景，这时的模拟脚本只需用多项情景选择程序随机抽取，因此我们能够迅速地获得实时估计结果。

专栏 9.2

计息债券的 VaR 和 ES 估计

假设我们打算估计 1 美元计息债券持仓的 95% VaR 和 ES，债券的到期是 10 年，收益率为 5%，持有期为 1 年。付息应该计入我们的 *P/L* 中，为此一个简单做法就是假设利息按照即期利率追加投资进去直至持有期结束。方便起见，假设期间结构始终保持在 5% 的平均水平上，这时即期收益率都应是 5%。我们 hiatus 假定，即期利率过程为 CIR 过程（像公式（9.14）给出的那样），其中，$\mu = 0.05$，$k = 0.01$，$\sigma = 0.05$，并且我们将这个随机过程离散化成 10 段，这意味着 $dt = 1/10$ 年，实验次数 M 指定为 1000。根据这些参数，我们估计出的 VaR 和 ES 分别是 0.011 和 0.014。编码方法见 MMR 函数‘bondVaRes’。

9.5　信用风险

模拟方法也适用于信用风险组合的风险测度估计。很多组合都有信用风险或违约风险，从简单的违约风险债券组合到复杂的信用敏感利率衍生产品组合，有时组合还包含信用衍生产品[①]。信用风险至少涉及3个可能的复杂因素：

- 第一个复杂因素是，需要给破产过程建模。由于破产事件是0－1变量（即破产发生时取值1，不发生时取值0），这意味着我们处理的风险因素（或风险因素集）根本不具有正态性。涉及破产损失的 *P/L* 因此也不具有正态性，除非存在大量的、小的、独立的违约风险，否则我们不能使用中心极限定理。
- 第二个复杂的因素是，必须考虑违约风险对金融工具定价的影响。市场风险和信用风险并不独立，有违约风险的债券和无违约的风险债券价格之间差异（如果我们愿意，也可以将这种差异看作产出分布的差异）以某种复杂的方式和违约风险相关联。我们也许还应该考虑违约概率随时间变化的模式（即我们应该考虑其转移过程）。此外，我们还应该考虑收回率及其随时间变化的方式。而且，由于违约概率和收回率还依赖其他因素（例如，商业周期阶段、部门的具体变化等），所以我们应该把违约概率和收回率模型转化为相关的随机变量，并考虑与之相关的其他因素。
- 许多信用相关的持仓，都需考虑机构因素或合同因素，这些对我们在违约发生时遭受的实际损失有重要影响，它们包括：净额结算协议、抵押要求、信用触发、补偿条款、信用担保协议以及共同终止期权。这些信用增强措施虽然能够帮助相关机构管理其信用风险，但也会使风险变得更加复杂，市场风险和流动性风险估计也会因此复杂化。

因此，这些复杂性意味着只有使用模拟方法才能处理信用风险问题，其他办法常常无能为力。

由于许多模拟问题都有其特有的复杂特征，所以我们应该针对具体问题建立具体的模型。作为解释，考虑一个简单问题——有违约风险的计息债券的 VaR 估计问题。具体来说，假设我们有 1 个到期为 1 年期

---

① 由于显而易见的原因，我不可能充分利用为数众多的信用风险测度方面的文献：默顿（Merton）模型、KMV 模型、信用转移模型（例如，CreditMetrics）、潜变量模型和 Copula 模型等。然而，还是有一些不错的处理信用风险测度的文献可供利用，并且如果有人对此感兴趣，我推荐他们参考 Crouhy 等（2001，第7－11章）。

的债券，其付息发生在6月和12月。计息债券的收益率为 c，简单起见，假设这个信用等级的债券有一个平坦的即期收益率曲线，其总体即期收益率为 r。假设发行者违约时债券持有者能够收回的数额占债券当前市值的比例为 δ，发行者的违约概率为 p。如果发行者在6月违约，则持有者能够获得一定的回收值，假设这一回收值按无风险利率投资出去直至持有期结束，假定持有期和债券的到期一致。现在我们编写程序来估计债券组合的VaR，程序的细节参见函数‘defaultriskybondVaR’的程序。一旦我们给出相关的参数值：例如，$r=c=0.05$，$r_f=0$，$\sigma=0.25$，$p=0.05$，$\delta=0.5$，$hp=360$，$\alpha=0.95$，投资额为1美元，MCS实验执行1000次，则我们可以使用上述程序获得我们的VaR估计，结果为0.452。

图9.5

有违约风险的债券的VaR

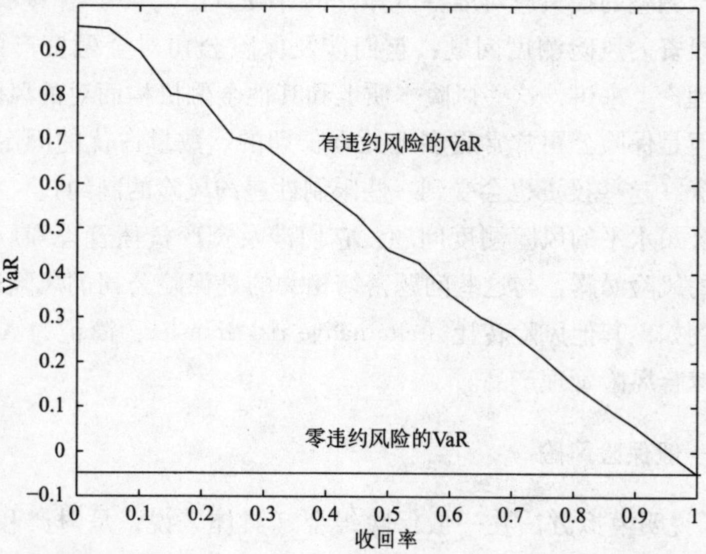

注：曲线的绘制使用了‘defaultriskybondVaR’函数，其中的参数设定为：$r=c=0.05$，$r_f=0$，$\sigma=0.25$，$p=0.05$，$\delta=0.5$，$hp=360$，$\alpha=0.95$，投资额为1美元，MCS次数为1000次。

这类方法有助于揭示，我们的风险如何随其中的潜在参数的变化而变化。例如，违约风险债券中一个关键参数是收回率：收回率越高，我们在违约时遭受的损失就越小，因此VaR也就越低。我们也可以使用自变量为收回率的 VaR 曲线来考察收回率对 VaR 的影响。该曲线表明收回率对 VaR 的影响很大，并且收回率增加时 VaR 下降。我们也可以看到，收回率为 1 时，我们的有违约债券的 VaR 和无违约债券的 VaR 相同（这和我们预计的相同）[①]。

9.6 保险风险

风险的模拟估计方法在保险问题中也有很多应用。这些问题可以概括为以下 3 类：

- 保险业务的风险测度问题：这些问题涉及保险公司的“核心”业务——保险的买卖。其中，不但包括保险组合的发生损失的风险——我们将给出几个最近的例子——而且也包括准备金或资本需求（例如，被报告被调整的损失应对准备金、被报告不被调整的损失应对准备金等）的计算。
- 投资的风险测度问题：它们涉及保险公司对金融资产的投资。理论上来讲，这些风险本质上和其他金融机构面对的风险类似，但是保险公司常常更多地处理长期的、数量占优的固定收入投资（这些投资也会受到一些限制性违约风险的制约）。
- 公司水平的风险测度问题：它们涉及资产负债管理和厂商水平的风险暴露，与这些问题密切相关的是保险公司的风险证券化，例如，其他风险转让（alternative risk transfer，简记为 ART）和综合风险管理产品。

9.6.1 一般保险风险

为了说明模拟方法在一般保险组合（具体来说，是财产和伤害保险，这在美国是人所共知的）的风险估计方面的潜力，让我们考察由大量同等形式的契约构成的一般保险组合库的 VaR 估计问题。具体而言，假设：

- 有 n 个契约，其中每一个都要支付给保险公司固定数额的保费。

---

① 我们还可以对其他参数做类似工作——违约风险 p，到期，持有期，等等。很明显，如果使用更为复杂的金融工具，还会有更多的参数或其他不同的性质需要考虑。

这些合约根据组合中每个契约的平均获益 θ（保险公司预期目标）定价。

- 保险赔付事件的发生有关联性，并且发生的概率为 p。
- 赔付事件发生时相关的损失额 L 服从对数正态分布，并且 $\log(L)$ 的均值和标准差分别为 μ 和 σ。
- 每个合同的免赔额为 D，假定不存在鼓励保险客户不向保险公司索赔损失的“无索赔”红利或类似激励手段。损失发生时，若 $L<D$，则合约持有者承担全部损失；若 $L>D$，则持有者仅承担损失额 D 的损失；而保险公司承担的损失是，$L<D$ 时为 0，$L>D$ 时为 $L-D$。

当然，现实中的保险契约更为复杂，因此保险组合的成分也多种多样，但是这个简单的例子还是可以说明这种估计方法的基本思想。

通过编写程序我们能够解决该问题的 VaR 估计，程序的细节参见 MMR 工具箱中“insuranceVaR”函数的程序。程序要点是，每次试验我们都使用来自二项分布的抽样，来决定每个契约是否遭受损失；针对每个具体的损失事件，我们根据来自对数正态分布的抽样来决定该损失的大小。并且，根据免赔额和定价政策对损失做相应的调整。图 9.6 给出了一个带参数的例子，它表现了模拟损失值的直方图和相关的 VaR 和 ES 估计——该例中直方图右边有一条长长的尾巴（这表现了对数正态分布的特征），其中 VaR 和 ES 估计分别为 17.786 和 24.601。

我们还可以为其他的相关目的使用这种方法：我们可以让参数变化，并考察其对 VaR 的影响等。

9.6.2　人寿保险风险

人寿保险领域中也有很多随机估计方法的应用。其中，风险涉及年金保险和人寿保险组合，而潜在风险是总的死亡率风险。

看一个具体的例子。假设有一个保险，它由大量（$n=10000$ 个）的卖给 65 岁人的年金构成，每份年金都承诺未来每年为年金领受者支付 1 美元的生活费。现在假设 S_t 是活到时间 t 的年金领取者的数量，其中 $t=0, 1, 2, \cdots$。所以，$S_0=n=10000$。由于年金领受者随着时间的推移不断死亡，所以 S_t 会不断下降。S_t 也等于时期 t 的支付总额。死亡过程服从二项过程，每个人活到时间 t 的概率为 p_t。若 n 的取值很大，

图 9.6

一般保险的风险测度

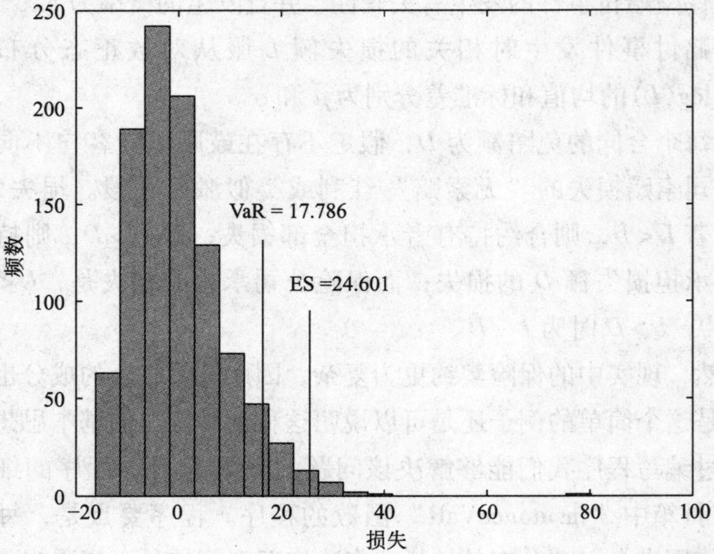

注：该图的绘制使用了“insuranceVaRes”函数，其中的参数设定为：$\mu=0$，$\sigma=1$，$p=0.2$，$n=100$，$\theta=0.1$，$D=1$，实验数 1000，并且 $\alpha=0.95$。

则 S_t 近似地服从均值为 np_t、方差为 $np_t(1-p_t)$ 的正态分布。现在需要为 p_t 建模，一个可能是假设。

$$p_t=(p_t^*)^{1-\varepsilon_t} \tag{9.15}$$

这意味着最初的预期生存率 p_t^* 受随机冲击 ε_t 的影响，我们希望它们能够落在范围［-1，1］内。$\varepsilon_t>0$ 表示死亡率有意外改善，$\varepsilon_t<0$ 表示死亡率有意外恶化。我们也假定 ε_t 服从变换了的 beta 分布。beta 分布非常灵活。它有 a 和 b 两个参数，通过给他们指定适当的值，我们可以获得希望的分布形状类型。然而，服从 beta 分布的随机变量的取值范围是［0，1］，这对我们不适合，因为我们允许死亡率的意外恶化（$\varepsilon_t<0$）发生。为此，我们对 beta 分布随机变量 y_t 做如下变换：

$$\varepsilon_t=2y_t-1 \tag{9.16}$$

这一变换不但将随机冲击的范围扩大为我们想要的［-1，1］，ε_t 总体上还能保持 beta 分布 y_t 的分布形态。

该例子假设 $a = b = 10$。现在，我们模拟保险的风险敞口，该敞口表现在图 9.7 中。该图给出了未来 50 年每一年预期支付的均值曲线以及分布的 5 分位点曲线和 95 分位点曲线。均值曲线的支付是根据已知假定算出的预期支付，两个分位点之间是支付的置信水平 90% 的置信区间。例如，$t = 25$ 时，我们可以看到预期支付为 3442，而支付的置信水平 90% 的置信区间为［2268，4966］美元。这个区间表现了该保险面临的不确定性程度。我们也可以看到，前后两端的置信区间比较窄，中间的置信区间则比较宽。这意味着最大的不确定性出现在中期支付上。我们应该记住，早期生存率的预期相当确定，远期生存率尽管面对很大的不确定性，但是却非常低。

图 9.7

年金组合的随机支付

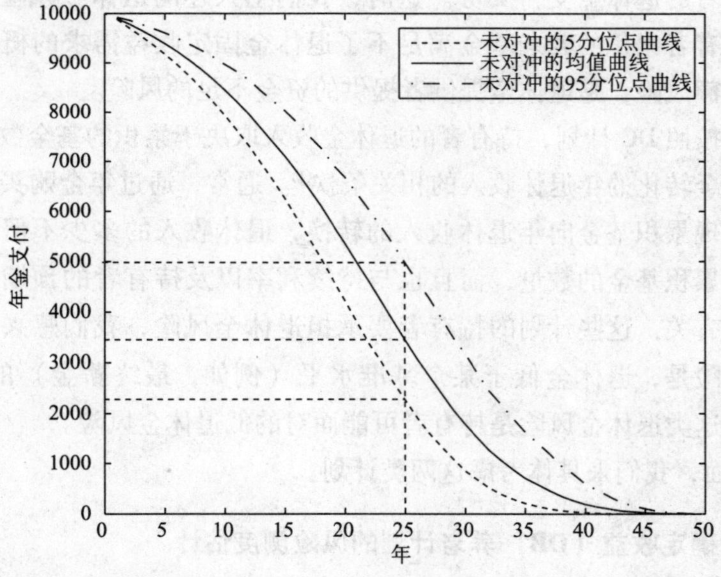

注：累积生存概率来自 *1996 US Annuity 2000 Basic Mortality Table*，基础年龄为 65 岁。根据公式（9.15）至公式（9.16）做了 10000 次蒙特卡罗模拟，参数假设为 $a = b = 10$。这个参数假设意味着 ε_t 的均值近似为 0，标准差为 0.218。

9.7　养老金风险测度

模拟方法的最后一些应用在养老金风险测度方面。这都是一些复杂问题，一般的处理方法就是建立一个模型，该模型允许养老基金随着养老基金的退休金缴款和风险回报的增加线性增长，风险回报来自养老基金过去的投资；复杂的模型还允许它受下述因素的影响：养老基金组合的管理策略（可能是动态的）、退休金缴款中止（例如，养老计划允许的持有者失业时的缴款中止）的概率。养老计划持有者退休时可能面临以下两种情况，这取决于养老计划是确定收益（defined - benefit，简记为DB）计划，还是确定缴款（defined-contribution，简记为DC）计划：

- 按照DB计划，持有者可以得到事先规定好的退休收入，数额由以下部分构成：持有者最后的薪金数额或最后几年的平均薪金数额乘以某个百分数，再加上一些可能的附加项，例如通胀调整。在这些计划中，养老计划提供者需要面对相当大的风险，由于持有者的收益是固定的，而缴款却可能满足不了计划提供者的退休金支付义务。这时，我们感兴趣的退休金风险是，持有者累积的养老基金满足不了退休金固定收益需求的概率和数额风险，是退休金提供者提供的资金不足的风险。
- 按照DC计划，持有者的退休金收入取决于累积的基金数额和基金转化的年退休收入的相关条款[①]。通常，通过年金购买可以实现累积基金向年退休收入的转换，退休收入的多少不但取决于累积基金的数量，而且也与持续利率以及持有者的预期死亡率有关。这些计划的持有者要承担退休金风险，我们感兴趣的风险是，退休金低于某个基准水平（例如，最终薪金）的风险。这类退休金风险是持有者可能面对的低退休金风险。

下面，我们来具体考虑这两类计划。

9.7.1 确定收益（DB）养老计划的风险测度估计

要确定收益养老计划的风险测度，首先应该搞清楚相关计划的确切情况，关注退休金提供者的资产和负债对此会有一定的帮助。

关于资产，我们需要针对下述事项做假定：计划的起止日期、给基金的缴款量、失业（或其他的缴款中止）风险以及养老基金的投资方

① 如果对DC养老金计划的机制和模拟感兴趣，建议查阅Blake等（2001）的文献——养老测度（PensionMetrics）。

式。这里，我们假设：

- 起始缴款 25 岁，目标是 65 岁退休时的退休金。
- 25 岁时的薪金是 25000 美元，总收入的 20% 缴款给基金，预期薪金每年增长 2% 直至退休。
- 每年的失业率为 5%，失业后会停止为计划缴款。
- 不会从雇主给他们的退休金供给中获得任何收益[1]。

我们还假定，基金被完全投资于风险资产（例如，股票），投资回报服从正态分布，其均值和标准差都是 0.1.

关于负债，我们将它考虑为退休金提供者不得不买的年金，这个年金为持有者退休时获得特定的退休收入。因此，提供者的债务为购买年金的成本加上一些附加费用（例如，通膨保值等）。因此，提供者的债务依赖最终薪金、退休收入计算公式、年金收益率以及退休条件下持有者的死亡率估计。因此，一般来说，提供者的债务能力至少受下面 5 个风险源的制约：

- 持有者退休前或退休前几年薪金的不确定性的风险。
- 退休时间不确定的风险。
- 就业的不确定性风险，它使得持有者对计划缴款的大小和年数具有不确定性。
- 退休时利率的不确定性风险。它之所以重要，是因为这个利率决定了提供给持有者养老计划规定的退休收入所需的成本：如其他条件不变，则利率越低为此付出的成本就越高。
- 持有者退休后死亡率前景的不确定性风险，它之所以重要是因为它会影响年金的成本。

为使分析尽可能透彻，我们追加下述解释性假定：

- 年金收入等于最终薪金数乘以某个和持有者的基金缴款年数相关的比例数。这意味着，如果持有者在其劳动年龄一直工作并

---

① 这些假设并不现实和准确，但我们需要使用这些或类似的假设来估计相关风险测度，而且这些相当简单的假设有助于方法的解释。实践中，我们可能需要从多个方面来修正它们：我们可能希望使用一系列有关起始日期、贡献率以及真实收入增长率等方面的替代假定。我们可能允许真实收入增长率有随机性，允许工资收入在退休年龄到来之前有高峰期并且这个高峰期和持有者所属的专业有关，允许失业风险和年龄、职业相关，允许更为现实的投资策略（例如，债券和股票混合等等）。

且一直为基金缴款，则其退休金收入应该等于最终薪金。

- 退休时的年金收益率为4%[①]。
- 没有附加项，因此提供者的债务只是购买年金所需的成本。

模型结构确定后，就可为此编程，函数“dbpensionVaR”就是这样一个程序。撇开细节，编程的基本方法是分别针对资产面和债务面建模，算出每次模拟的最终价值，将这两个方面的最终价值的差作为退休金提供者的*P/L*。一旦我们有了*P/L*的模拟值样本，我们就可以用普通的方式估计 VaR 和 ES。关于资产方面，我们需要决定退休金价值随着时间变化的情况，需要记住的是基金的价值，是今年的缴款加上去年同期基金的价值再加上去年基金价值赚取的回报；而退休基金获得的缴款取决于持有者在此期间是否有工作。因此，我们需要用随机抽取的方法决定以下内容：前期养老基金投资的回报率，以及持有者当前是否有工作。关于债务方面，我们需要决定最终薪金值和缴款年数，由此可以决定退休金享有者的权利，然后使用用年金收益率得出退休金年金的价值。

所有这些工作完成之后，我们可以选择我们的置信水平，并使用程序来估计我们的 VaR。在前面的假设下，我们算出的 95% VaR 为 259350 美元。这个结果表现在图 9.8 中，除此之外该图也给出了*P/L*的模拟值。或许这个图最突出的特点就是*P/L*序列的散布范围很宽：提供者的获益变化很大，有40万美元获益也有150万美元以上的亏损。DB 退休金提供业务风险很大。另一个突出的特点是，VaR 本身也非常高，这也部分地反映出该业务的高风险性。然而，高 VaR 中也有虚幻的成分，因为这些预期涉及未来40年以后的事情，因此应该通过折现来获得其现值。如果我们按照5%的折现率给 VaR 折现，则我们获得的真实 VaR 应该是36310美元，这只是图中原来 VaR 的14%左右。处理未来值的时候，重要地是，未来值应该折折现后使用。

9.7.2 确定缴款养老计划的风险测度估计

确定缴款（DC）养老计划在资产面上与 DB 计划大致相同；不同点是 DC 没有明确的债务结构：可用资产匹配代替特定债务，（通常）

---

① 因此，我们假设年金率和死亡率的前景有不确定性。在实际应用中，我们当然希望年金收益率有随机性，同时也希望所用收益率是正的，并且和其他同期利率一致。Blake 等（2001）讨论过处理年金收益率的正确方法。

用资产转换年金的方式实现①。这意味着，退休金的决定依赖基金的大小和年金化转换条款。

DC 计划建模的资产结构和 DB 计划相同：所以，我们依然假定缴款的起始年龄为 25 岁，退休年龄为 65，起始薪金为 25000 美元，等等。一旦他/她到了退休年龄，我们必须对累积起来的养老基金的使用做假定。一种可能就是假设累积基金以一个现行比率转换为年金，这时年金的收入获得依赖当前年金的收益率和持有者的死亡率预期②。为了最终完成模型，我们还需要在针对年金的收益率做假定的同时，做以前做过的那些假定。然而，在 DC 计划中，表示年金风险的是年金的价值本身，而不是年金的可能亏损，而且用退休金和最终薪金的商来表示风险是方便的。

图 9.8

确定收益养老计划

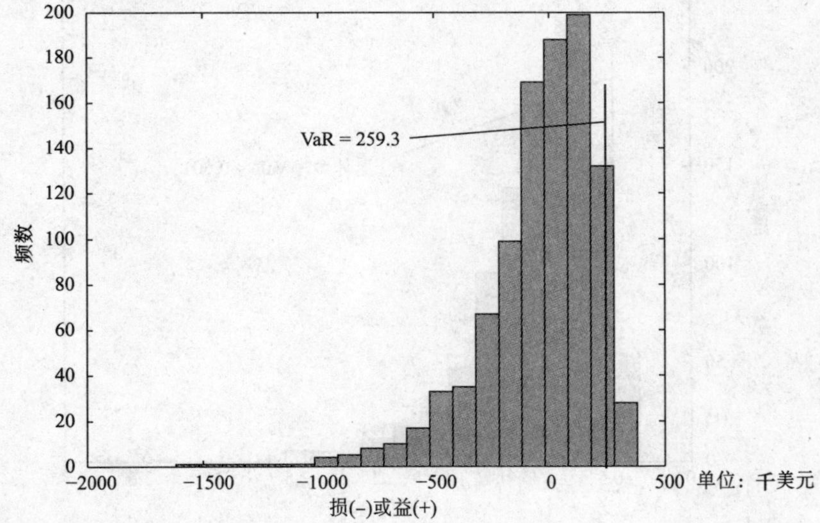

注：该图的绘制使用了"dbpensionVaR"函数，初始收入为 25000 美元，收入的增长率为 0.02，条件生命预期为 80 岁，缴款率为 0.15，$\mu=0.1$，$\sigma=0.1$，$p=0.05$，年金率为 0.04，实验 1000 次，$\alpha=0.95$。

---

① 但是，退休基金年金化的惯常做法未必是将基金转化为养老金的最好方法。Blake 等（2003）和 Milevsky（1998）详细地探讨了这些问题。

② 从养老金计划最初建立时看，养老金计划受大量风险源的影响。除了退休年龄风险和贡献率风险，还有来自养老基金投资回报的风险、来自失业可能和贡献中断可能的风险、来自年金收益率的不确定性和死亡率前景的不确定性（它将影响退休时间）的风险。这些风险承担完全由计划持有者而不是由养老金计划的供应商承担，供应者本质上不承担任何风险。

现在可以为模型编程，程序见 MMR 函数“dcpensionVaR”。编程策略是针对每次模拟实验计算养老基金的最终价值，以现行比率将模拟基金价值转化为年金值，然后用最终薪金值除以这些数值，使之正规化。这些养老金的分布可以告诉我们退休金风险测度。

经过这些计算，我们发现退休金率的样本均值和样本标准差分别为 0. 983 和 0. 406——即便不做 VaR 分析也可以发现 DC 的计划风险很大。退休金 VaR 为 0. 501——这可能是相关置信水平下（这里的置信水平是 95%）最坏的结果，这意味着退休金比例高于 0. 501 的概率为 95%，比例较低的概率为 5%。

图 9. 9

确定缴款退休金计划的 VaR

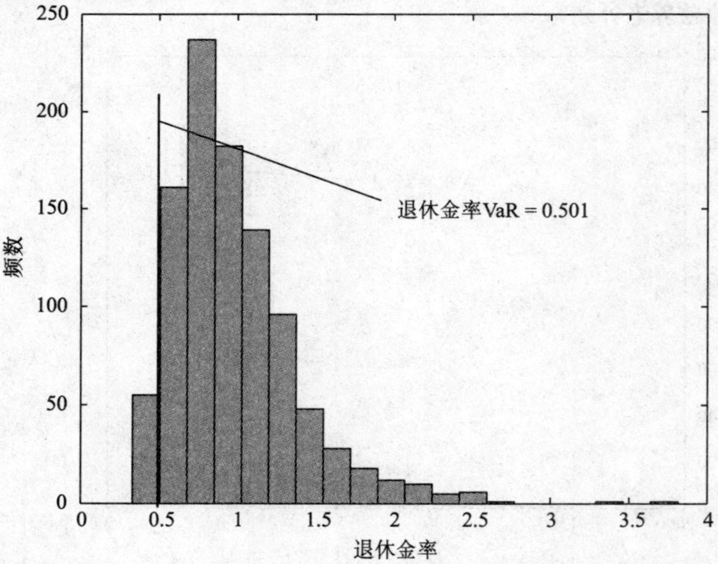

注：该图的绘制使用了“dcpensionVaR”函数，初始收入为 25000 美元，收入的增长率为 0. 02，条件生命预期为 80 岁，缴款率为 0. 15，$\mu = 0.1$，$\sigma = 0.1$，$p = 0.05$，年金率为 0. 04，实验次数 1000，并且 $\alpha = 0.95$。

9. 8　结论

本章讲了大量的模拟方法在风险测度上的应用。讨论表明，模拟方法对很多实际问题非常有效，这些问题非常复杂，解析分析方法和数值方法不起作用。模拟方法特别适合处理复杂或“暴躁”随机过程、路径依赖、非线性、期权以及高维等因素相关问题。还应该记住，这里考虑的应用只是模拟方法有效应用中很小的部分。模拟方法应用的关键是，针对具体问题具体编程加以解决。然而，这种工作可能非常耗时，特别是处理高维问题的时候。这时，我们应该考虑使用方差缩减技术和主成分模拟（例如，情景模拟）。

第 10 章

期权风险测度估计

本章讨论期权持仓的风险测度估计。这一问题之所以重要是由于下述两个理由：

- 存在大量不同类型的期权（既有普通的买权和卖权，也有各种各样的奇异期权）。许多其他类型的金融工具也嵌入了这样或那样的期权（例如，可赎回、可转换以及可赎回转换的债券等，还有某种衍生期权的期货和远期持仓），而且还有为数众多的各种类型的实物期权。
- 期权的风险非常大，我们常常希望了解我们期权持仓的损失情况。特别是当我们卖出一个期权（即空头一个期权）的时候，或一个空头 gamma 或空头 vega 的期权的时候。能否评估期权持仓的风险常常是风险管理的关键所在。

不幸的是，期权持仓的风险评估是市场风险测度领域中最为困难的领域，虽然人们已经拥有了很多不同的估计方法。这些方法分属于以下 3 个主题：

- 解析方法和数值方法
- 模拟方法
- $\delta-\gamma$ 方法及其相关办法

解析方法和数值方法是最简单的方法，应该尽量使用。不幸的是，它们适用的范围非常有限。模拟方法更加强有力，可以用于多种期权持仓。然而，期权风险测度的模拟估计是一个待发展领域，其潜力还没有充分发挥出来。$\delta-\gamma$ 及其相关方法是已知的最好的方法，也是使用范围最广的方法，但是其主要的局限性是：它们难于执行，而且潜在着很大的不可靠性。

10.1　期权 VaR 的解析方法和数值方法

对于最简单的期权，有可能导出其 VaR 的解析解（即有代数形式解）或数值解①。如果可能，那么这种方法非常有用，因为它们不但易于计算，而且计算结果准确。

图 10.1 给出的是用解析方法求解 VaR 的过程。该图由 3 个子图构成。第一个子图在左下角，它表现了与置信水平 α 相关的尾部概率 p。这个 $p=1-\alpha$ 关系式非常基础（这里隐含的假定是我们多头一个买权，但是现在我们要考虑是空头该持仓）。第二个子图在右下角，它表现了标的资产价格和 p 的关系，p 现在可以被解释为标的资产累计分布密度函数的函数值。第三个图在右上角，表现了期权价值和标的资产价值之间的关系。

图 10.1

买权 VaR 的求法的图形解释

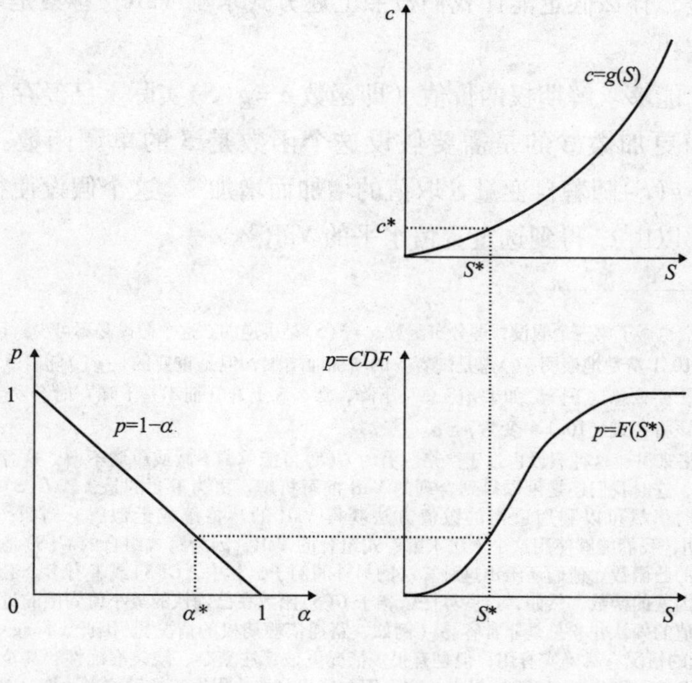

① 更多相关内容，参见 Fong 和 Lin（1999）。

读解此图，先从一个选定的置信水平 α^* 开始，然后使用第一个子图决定与之相对应的 p^*。然后，利用第二个子图决定相应于 p^* 的 S 临界值，记之为 S^*。然后，利用第三个子图决定期权的临界值 c^*，于是相对于置信水平 α^* 的 VaR 为 $c_0 - c^*$，其中，c_0 为期权的初始价值。

这些子图分别对应下述关系式：

$$p = 1 - \alpha \tag{10.1}$$

$$p = F(S) \tag{10.2}$$

$$c = g(S) \tag{10.3}$$

其中，$p = F(S)$ 是 S 的分布函数，$c = g(S)$ 为期权价值的解析解。现在我们求解这些等式，获得给定的置信水平 α^* 的 VaR：

$$c^* = g(F^{-1}(1 - \alpha^*)) \tag{10.4}$$

这里的 c^* 也是对于给定置信水平 c 的最低的可能取值。所以$c_0 - c^*$ 是给定置信水平下的最高可能损失（即，VaR）。于是，这一公式给出了我们期权持仓的 VaR 的解释解，该解就是图 10.1 给出的解。

但是，什么假定能让我们按照上述方式求出 VaR？答案是以下两个关键假定：①

- 能够求解期权的价值（即函数 $c = g(S)$ 实际上已经存在）。
- 更加微妙的是需要假设这个函数是 S 的单调函数：即函数 $g(S)$ 随着自变量 S 取值的增加而增加②。这个假设使得我们可以由 c^* 得到选定置信水平的 VaR③。

---

① 我们也做了第三个假设，即分布函数 $p = F(S)$ 是可逆的。这个假设必不可少，且相对无害。

② 图 10.1 清楚地表明 $g()$ 总是随着 S 的增加而增加，但是重要的是 $g()$ 随着 S 的上升，要么总是上升，要么总是下降。如果 $g()$ 总是下降，那么 S 上升（而不是下降）时会发生高额亏损，这时我们应该将公式（10.1）变为 $p = \alpha$。

③ 严格来讲，这种假设也过于严格。有时 $G(S)$ 可能单调不减或单调不增，这意味着该曲线呈水平状态，这时我们还是可以得到合理的 VaR 的解析解。更为重要的是，若 $G(S)$ 的表现不太坏，我们有时仍然可以利用适当的数值方法获得 VaR 的严格解或近似解。例如，Fong 和 Lin（1999）表明，我们能够使用这个方法求解跨式组合的 VaR，因为跨式组合的 $G(S)$ 是一个存在唯一的最小值的凸函数。他们还给出这种算法的另外的例子，其中，$G(S)$ 或者有多个最小值或者不止一个风险因素的函数。然而，这些算法依赖于 $G(S)$ 函数在已确认的最小值周围的近似情况，但是这些最小值的确认并非总是非常容易（例如，路径依赖期权的情况）。因此，Fong - Lin 算法对 $G(S)$ 非单调的情况有时确实有用，但是有很多情况下该算法繁杂、缺乏准确性，甚至不适用。另一种算法由 Duffie 和 Pan（1999）提出，它采用数值积分方法根据特征函数来计算 VaR。这种方法非常灵活，可以包容跳跃扩散、肥尾、分布有偏、信用类风险以及基础随意性的情况。但是，该方法不易使用，且不如模拟方法灵活。

初看起来第二个假定的作用并不显然，但是如果考察一下这个假定不成立时会发生什么，那么其重要性就会显现出来。

为此，让我们暂且假定 $g(S)$ 不是一个单调函数，而是一个先上升后下降的函数，具体情况见图 10.2。

现在选择高低两个置信水平，高的是 α^{hi}，低的是 α^{lo}，由此可得出相应的临界 S 值 $S^*(\alpha^{hi})$ 和 $S^*(\alpha^{lo})$，见图 10.2。可以看到，高置信水平产生的期权价值高于低置信水平的期权价值（即，$c^*(\alpha^{hi}) > c^*(\alpha^{lo})$）——因为曲线 $g(S)$ 非单调，所以这种情况是可能的。这意味着 $\text{VaR}(\alpha^{hi}) = c_0 - c^*(\alpha^{hi}) < c_0 - c^*(\alpha^{lo}) = \text{VaR}(\alpha^{lo})$，即高置信水平的 VaR 小于低置信水平的 VaR——根据 VaR 的定义这是不可能的。这样，我们就可以看到单调性所起的作用：它能够使得 $c_0 - c^*$ 成为 VaR。

如果我们空头一个期权，则公式（10.1）变为：

$$p = \alpha \tag{10.5}$$

于是原来图中的第一个子图被其镜像取代，变成具有正的斜率。这时公式（10.4）变为：

$$c^* = g(F^{-1}(\alpha^*)) \tag{10.6}$$

因此，我们的 VaR 由 $c_0 - c^*$ 变成 $c^* - c_0$。

图 10.2

$g(S)$ 为 S 的非单调函数的情况

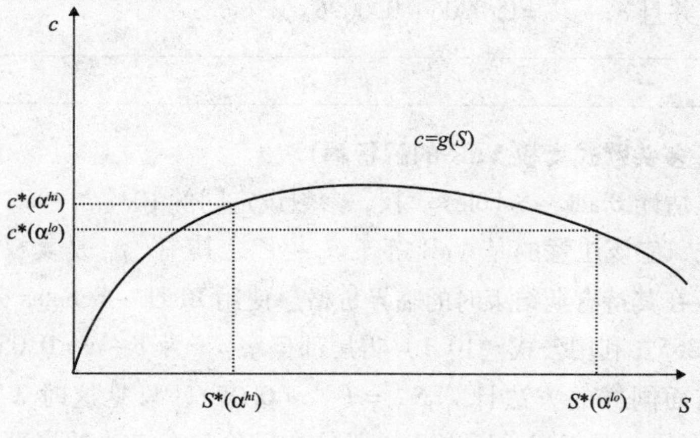

例 10.1（多头欧式买权 VaR 的解析解）

假设我们有 Black - Scholes 买权，具体参数如下：股票现值 $S_0=1$，执行价格 $X=1$，无风险利率 $r=0.05$，波动率 $\sigma=0.25$，到期（按天计算）$t=30$。已知标的资产价格服从对数正态分布，其增长倾向（漂移）$\mu=0.10$。我们希望用解析方法计算这个期权持有期 5 天的 VaR。

首先，注意到 VaR 为 c_0-c^*，其中，c_0 为期权的现价，c^* 为持有期结束时期权的临界价格。应用 Black - Scholes 定价公式可得 $c_0=0.0306$。为了估计 c^*，我们首先使用公式（10.1），得 $p=1-\alpha=1-0.95=0.05$。然后，计算持有期结束时和这个概率相应的临界股价 S^*，即用公式（10.2）的逆函数计算 $S^*=F^{-1}(p)=F^{-1}(0.05)$ 的取值。由于 S_t 服从对数正态分布，所以 $\ln S_t$ 服从均值为 $S_0+(\mu+\sigma^2/2)t$、方差为 $\sigma^2 t$ 的正态分布，其中，t 的单位为年（见第六章的公式（6.17））。注意到，如果随机变量 X 服从均值为 μ_X，方差为 σ_X^2 的正态分布，则相对于概率 0.05 的临界值为 $\mu_X-\sigma_X z_{0.05}=\mu_X-1.645\sigma_X$。现在假设 $\ln S_t^*=X^*$，代换 μ_X 和 σ_X 得 $\ln S_t^*=X^*=\mu_X-1.645\sigma_X=\ln S_0+(\mu-\sigma^2/2)t-1.645\sigma\sqrt{t}$。所以，$S_t^*=\mathrm{Exp}[\ln S_0+(\mu-\sigma^2/2)t-1.645\sigma\sqrt{t}]$，其中 t 任意。由于 $t=5/365=0.0137$，由给定参数知 $S_t^*=\mathrm{Exp}[(0.10-0.25^2/2)\times 0.0137-0.25\times\sqrt{0.0137}\times 1.645]=0.954$。现在将这个结果代入 Black - Scholes 公式得持有期结束时期权价值的临界值，即 $c^*=0.0096$，并且 $c_0-c^*=0.0306-0.0096$。

例 10.2（多头欧式卖权 VaR 的解析解）

这里估计 Black - Scholes 卖权，参数设定同例 10.1。

首先，应该注意的是 VaR 等于 p_0-p^*，其中，p_0 是卖权的现价，p^* 是卖权在其持有期结束时的临界价格。使用 Black - Scholes 公式估计 p_0 得 0.0265。利用公式（10.1）得尾部概率 $p*$ 为 $1-\alpha=0.05$。然后，使用和前面同样的方法计算 $S^*=F^{-1}$（0.05），只是这时 $X^*=\mu_X+1.645\sigma_X$（因为是卖权，所以临界股价在股价分布右边的尾部）。使用 $X^*=\ln(S_t^*)$ 得：

$$S_t^* = \mathrm{Exp}[\ln S_0 + (\mu - \sigma^2/2)t + 1.645\sigma\sqrt{t}],$$

所以 $S_t^* = \mathrm{Exp}[(0.10 - 0.25^2/2) \times 0.0137 + 0.25 \times \sqrt{0.0137} \times 1.645] = 1.0503$。现在将其代入 Black - Scholes 公式，得持有期结束时期权的临界价格 $p^* = 0.0080$。于是，VaR 为 $p_0 - p^* = 0.0265 - 0.0080 = 0.019$。

例 10.3（空头欧式买权 VaR 的解析解）

这里估计 Black - Scholes 买权，参数同例 10.1。

这时 VaR 等于 $c^* - c_0$，其中，c^* 是买权在持有期结束时的临界价格。然而，c^* 现在和期权价格分布右端的尾部相关，这个尾部和股价分布的右端尾部相关。

与例 10.1 一样，我们使用 Black - Scholes 公式估计 c_0 得 0.0306。为了决定 c^*，重复例 10.1 的分析，这时 $X^* = (m - \sigma^2/2)t + 1.645\sigma\sqrt{t}$。所以，与例 10.2 一样，得：

$$S_t^* = \mathrm{Exp}[(0.10 - 0.25^2/2) \times 0.0137 + 0.25 \times \sqrt{0.0137} \times 1.645] = 1.0503$$

然后，将其代入 Black - Scholes 公式得持有期结束时期权的临界价格 $c^* = 0.0617$。于是，VaR 为 $c^* - c_0 = 0.0617 - 0.0306 = 0.031$。

读者应该注意到，空头 VaR 比多头 VaR 高出 50% 左右。这是理所当然的事情：多头的潜在损失的上界已经被期权的价格限定，而空头的潜在损失却没有上界。

10.2　模拟方法

期权风险测度估计的更加灵活有力的方法是模拟方法。对于期权风险估计问题，模拟方法比解析方法或数值方法的使用范围宽得多，这个方法现在也可以包容美式期权的提前执行的特征，从前的方法做不到这一点。

模拟过程也很容易用程序实现，至少欧式期权如此：对标的随机变量做足够多次的模拟；决定模拟路径结束时期权的价值；根据持有期结束时期权模拟价格的直方图，构造最终期权的临界价格；由此获得我们感兴趣的风险测度估计。这里关键是，要有决定期权持有期结束时价值的方法，这需要有格子或模拟期权定价计算程序①。

美式期权的处理，需要包容这样一种可能性：持有期结束前期权被提前执行。这种情况发生时，持有期结束时期权价值是提前执行时期权价值保持到持有期结束时的价值，而不是未执行期权在持有期结束时的价值。更具体地说，假设持有期标的变量的模拟路径使得我们的期权持仓在持有期结束时有某个特定值②。如果持有期内这个期权不被执行，则持有期结束时，期权持仓的价值等于同时期的美式期权的价格。但是，如果在这个期权被提前执行，则持有期期权持仓价值将等于维持到持有期结束的期权持仓的执行值，而后者依赖持有策略，这一策略和期权执行的收入有关，它决定我们在持有期内应该做什么。方便起见忽略金钱的时间价值。考虑一个卖权。如果该买权在时刻 t 被执行，并且我们有理由假定这一被执行的期权转化成了现金，那么一个卖权持仓在持有期结束时的价值为（$X-S_t$），其中，S_t 表示时刻 t 的股价。所以，如果期权在持有期没有被执行，则我们期权的持仓在持有期结束时的价值就是同样时期的美式卖权的价值，否则就是（$X-S_t$）。

现在，我们模拟出大量的持有期内标的变量的样本路。然后，将每一条样本路划分成多个小片段，0 到 Δt，Δt 到 $2\Delta t$，……直到结束期 h。针对每一个样本路，逐段检查提前执行的情况（即，先是 0，然后是 Δt，然后是 $2\Delta t$，……），并且在此基础上决定期权是否提前执行和提前执行的时间。这个信息告诉我们，在每一条模拟样本路上，我们期权持仓持有期结束时的价值。如果模拟次数足够多，那么我们就可以把这持有期结束时，期权的模拟价值的分布作为（未知的）期权价值的真实分布密度函数，由此可得：

$$\mathrm{VaR} = P - OPV^{*} \tag{10.7}$$

① 如果期权的价格有解析解，我们就不会使用模拟方法：VaR 可以如 10.1 节解释的那样从解析解直接估计出来。

② 为此，我们还需要核实期权在持有期结束前是否被执行或何时被执行。为此，我们需要将持有期分解成为离散的片段，并在相关的树上的每个节点检查是否提前执行。这就要求，要么我们有某个能够计算每个节点上未执行期权价值的计算引擎，要么我们可以确认提前执行边界，这样就可以确定期权的价值。这些改进，虽然理论上很好但是却极大地增加计算负担。

其中，p 是美式卖权的初始价格。

这种方法可用于多种不同类型的期权风险测度的估计，无论它有无提前执行的特点，这些期权包括界限期权、亚式期权等很多其他期权。这种方法也允许其他随机过程（例如，跳过程、扩散过程等）、多标的变量（例如，期间结构）以及混杂了多种期权的组合等多种情况存在，并且可以容易地用于 VaR 以外的风险测度估计。无论期权或标的变量过程是什么，模拟的基本方法不变：模拟期权（在提前执行可能之处）的临界最终价格或原始期权持仓的临界最终价格。VaR 可由这个值和期权原始价格的价格差决定。

一些可供选择的方差缩减方法可以用来提高计算速度并改善计算精度：

- 对偶方法（Antithetics）：这个方法可在一定程度上减少方差。由于它需要的额外编码很少，所以考察这种方法是否有效这件事总是值得的。
- 控制变量法：我们应该在恰当的地方使用这种方法，但是能否找到好的控制变量在很大程度上取决于我们所处理的问题的具体情况。例如，处理反向触发失效期权时，我们就很难找到好的控制变量，因为这个期权和常见的备选控制变量（例如，普通期权、标的变量等）之间的相关性不高。另一方面，亚式期权的算术回报就有很多好的控制变量，包括亚式期权的几何收益、亚式期权算术收益的一些标准近似（例如，Thurnbull 和 Wakeman 等）、普通期权以及标的资产本身。
- 重点抽样：重点抽样方法非常适于在 VaR 和 ES 的估计中使用，特别是置信水平很高时，并且可以使方差得到很大程度的缩减。然而，缩减作用的大小取决于能否找到一个好的 VaR 的初步估计，例如一个好的二次逼近等。
- 分层抽样：分层抽样法也非常适合于在 VaR 和 ES 的估计中使用，特别是我们想在 VaR 周围（或尾部，如果我们正在估计 ES）配置分层的时候。另一方面，基本的分层抽样可能会在高维问题上遇到困难，这时我们希望使用拉丁超方块方法或布朗桥方法加以应对。如果使用分层处理，那么置信区间的估计就会变得复杂，这时需要我们用分批处理方式加以应对。

- 矩匹配方法：这类方法易于实施，且能够实现方差的大幅度减少；然而，这时的计算结果可能有偏，而且我们必须使用分批处理方法，才能估计置信区间。

这些方法很多常常可以合起来使用，这使得累积方差大幅度减少。处理有提前执行可能的问题时，特别应该考虑使用这种方法，因为这类问题的计算量常常相当大。

实践中，制约蒙特卡罗方法发挥作用的主要问题是：提前执行的存在和风险因素的众多。有意思的是，同一个资产不同类型的期权的数量倒不是问题。例如，假设我们的组合开始由一个期权构成，然后我们又往里增加了一个新的期权。如果加入的期权是欧式期权并且使用的是与前面的期权相同的标的资产，那么只要从整体上改变组合的结果，就可以将这个新期权包容进来。因此，蒙特卡罗方法在包含同一个标的资产的不同欧式期权上不存在困难。然而，如果我们不断向组合中增加新的美式期权，最终就会遇到麻烦，因为这种增加将会导致组合依赖的风险因素的增加：特别是当我们必须使用计算量敏感的方法来处理提前执行问题的时候，计算时间就会变得特别成问题。这些问题大小在很大程度上因具体问题而定（例如，取决于我们有多少不同类型的美式期权等），而更多的工作出现在与如何最好地处理这些问题相关的决定上。

专栏 10.1

期权风险测度估计的格子方法

格子或者树方法在金融领域已经使用了很多年，被广泛地用于期权定价和希腊字母的参数估计上，这些方法强有力、用途广并且可靠。它们在处理缺乏公式解的问题上非常有用，并且非常适合处理美式期权中的提前执行问题。它们也可以用于期权风险测度的估计问题。

这个方法，首先需要建立一个格子来估计我们的期权持仓在持有期结束时预期值的累积分布函数。其次，需要根据这个累积分布推断我们的期权持仓在持有期结束时的临界价值，并且通过计算我们期权持仓的现值和临界值的差来获得我们的 VaR 估计。最后，使用尾部亏损概率加权平均等方法来估计其他风险测度。

格子方法的精度有时可以借助于方差缩减技术（例如，控制变量）加以改进，并用适应网格替换原来的标准网格。适应网格使得我们能够在不减少树中其他地方

专栏 10.1（续）

的步长的情况下，改善标准格子敏感区域的测度，这有助于抑制计算量的大幅度增加。

格子方法比蒙特卡罗方法有优势的地方是，在格子上非常易于进行美式期权的提前执行检验，因为节点上的期权价值可以通过对上层两个节点用风险中立概率做加权平均获得，而模拟方法需要将期权定价程序用在每一个节点上，才能获得各个节点上的期权价值，这项工作非常繁杂。

另一方面，相对于蒙特卡罗方法，繁杂的格子方法通常不易编程，而且还可能遭遇“维度诅咒”①。

例 10.4（欧式买权的模拟 VaR）

这里用模拟方法估计例 10.1 中同一期权的 VaR。根据公式（10.7）的欧式买权版，VaR 为 $c_0 - c^*$，其中，c_0 为期权的现价，c^* 为持有期结束时期权的临界价格。与例 10.1 一样，我们再一次使用 Block - Scholes 公式估计 c_0 得 0.0306。然后，进行 5000 次模拟试验获得 c^* 的估计值 0.0116，模拟程序编码见 MMR 中的 MATLAB 函数“examole10point4”。估出的 VaR 为 0.0306 - 0.0116 = 0.0190，这个数与真实值 0.021 非常接近。如果进一步增加试验次数，则可以获得更加精确的结果。

10.3　$\delta-\gamma$ 方法及相关方法

我们现在考虑期权 VaR 估计更加传统的 $\delta-\gamma$ 方法以及与这个方法相关的方法。基本思想是，首先用一个新的期权来替代原来的期权，这个替代期权的标的变量为原来期权的标的变量。然后，用一阶或二阶近似来估计替代期权的 VaR。这个方法可以用于任何作为风险因素非线性函数的期权的风险估计；因此它们可以用来估计标的变量非线性函数的期权持仓的风险和固定收益金融工具的风险，因为固定收益工具也是债券收益的非线性函数。

---

① 更多有关适应网格的内容，参见 Figlewski 和 Gao（1999）。

10.3.1 δ—正态方法

最简单的方法是δ—正态方法，它用线性近似来替代“真实的”期权，然后用最简单的方式来处理这个近似持仓，这个处理方式和处理真正的正态或对数正态风险因素期权的处理方式一样①。

假设我们有一个价值为c的直接买进股票的买权。该期权的价值依赖多种因素（例如，作为标的资产的股票的价格、期权的执行价格、标的资产的波动），但是δ—正态方法中我们忽略了除股票价格以外的其他所有因素，并用1阶泰勒展开来逼近期权价值的变化：

$$\Delta c \approx \delta \Delta S \tag{10.8}$$

其中，$\Delta c = c - \bar{c}$并且$\Delta S = S - \bar{S}$，S为标的资产的价格，δ是期权的δ，而$\bar{S}$和$\bar{c}$则表示它们是S和c的现值。如果我们的持有期非常短（这时我们可以将δ取为常数），则作为期权VaR的VaR^{option}为：

$$\text{VaR}^{option} \approx \delta \text{VaR}^{S} \tag{10.9}$$

其中，VaR^{S}表示一个单位标的股票的VaR②。期权VaR近似地等于标的股票VaR的δ倍。如果S服从正态分布，并且持有期足够短，则我们能够忽略标的股票的预期回报，这时期权的VaR为：

$$\text{VaR}^{option} \approx \delta \text{VaR}^{S} \approx \delta S \sigma \sqrt{t} z_{\alpha} \tag{10.10}$$

其中，σ为S的年波动率。

这个方法给我们一种处理期权持仓的简单办法，这种期权保留了线性正态的好处并且没有附加任何新的风险因素。计算中引入的新的参数（期权的δ），对于任何被交易的期权都有可得性，所以δ—正态方法需要的额外数据最少③。

然而，仅当我们的组合具有近似线性时，这种1阶方法才可信，因为只有这时的线性逼近才准确可信。因此，只对非常有限的非线性期权

---

① 任何期权风险的逼近都是短持有期时效果较好。时间期间越段，dS越小，因此$(dS)^2$也就越小。

② 这里，我们假设期权持仓为多头。如果期权持仓为空头，那么期权的风险值近似等于$-\delta\text{VaR}^{S}$风险价值将约为－8VaRs。然而，这种近似仅在非常短的时间间隔上成立。随着时间间隔的增加，多头和空头VaR将变得不对称，这种近似此时就没用了，至少可以说是有问题的。

③ 我们也可以使用第1章第1.2.2小节讨论的期间近似方法，这是一种处理非线性债券组合的可比较的方式。

(即有较少的自由性或凸性的期权)才可以用δ—正态。但是，如果我们的期权有较大的自由性或有其他类型的非线性特征，则这种方法就不再可靠。

例 10.5（买权的δ—正态 VaR）

这里用δ—正态方法计算例 10.1 中期权的 VaR 的近似值。为此，我们计算这一期权的δ（等于 0.537），并将这个结果和其他参数代入δ—正态公式（公式（10.10））。这时，δ—正态近似 VaR 为 $0.537\times 0.25\sqrt{5/365}\times 1.645=0.026$。因为 VaR 的真值为 0.021，所以这个$\delta$—正态 VaR 的误差在 20% 左右。

10.3.2　$\delta-\gamma$ 方法①

10.3.2.1　$\delta-\gamma$ 逼近

如果一阶近似不够精确，则我们可以尝试使用二阶泰勒展开来把握非线性。对标准欧式买权做二阶近似得下面的结果：

$$\Delta c\approx\delta\Delta S+\frac{\gamma}{2}(\Delta S)^2 \tag{10.11}$$

这一近似考虑了γ风险，而δ—正态方法是忽略这个因素的（参见公式（10.8））②。如果γ为正，那么γ项的影响会使期权价格上升，如果γ为负，那么γ项的影响会使期权价格下降。所以，γ的绝对值很大时（即到价期权接近到期的时候），需要对δ—正态估计结果进行该修

---

① 有关 delta - gamma 以及相关方法的文章很多，因本书的空间限制我们只能讨论其中很少的部分。对此有兴趣的读者也可以参阅，Zangari（1996a，b），Cardenas 等（1997），Fallon（1996），Studer（1999），Albanese 等（2001），Mina（2001）以及 Feuerverger 和 Wong（2000）。

② 不过，从 Black - Scholes 方程可以清楚地看到，delta - 正态近似和 delta - gamma 近似也可能遇到由其他风险源引起的问题。即使标的资产价格 S 不改变，预期波动率的变化将导致期权价格的变化，因此会导致期权 VaR 的变化：这就是臭名昭著的 vega 风险问题，或者波动率波动性问题。同样，期权的价值随着时间的推移也将随着利率的变化而变化（即 Rho 效应）。原则上，这些影响的多数不太难以处理，因为它们不涉及高阶项，因此我们可以在 delta - 正态近似或 delta - gamma 近似中加上这些附加项，但是 vega 波动率问题的处理则比较棘手。

正①。然而，一旦使用二阶近似，VaR 的估计问题就会变得更加复杂，因为这时我们需要处理平方项（或二次项）。根据公式（10.11），我们可得 $\delta-\gamma$VaR 近似公式如下：

$$\mathrm{VaR}^{option}\approx\delta\mathrm{VaR}^{S}-\frac{\gamma}{2}(\mathrm{VaR}^{S})^{2}\approx\delta S\sigma\sqrt{t}z_{\alpha}-\frac{\gamma}{2}S^{2}\sigma^{2}tz_{\alpha}^{2}\quad(10.12)$$

所以，$\delta-\gamma$VaR 是标的资产 VaR 的二阶函数，这使得我们可以用标的 VaR 的二阶函数来近似地求解 $\delta-\gamma$VaR。

注意，正的 γ 使得 VaR 降低的理由如下：正的 γ 使得期权价格上升（见公式（10.11）），期权价格高意味着多头期权的损失小；损失越小，VaR 越低。

例 10.6（买权的 VaR 的 $\delta-\gamma$ 估计）

这里，我们使用 $\delta-\gamma$ 近似方法来估计例 10.1 中期权的 VaR。为此，我们使用 $\delta-\gamma$ 公式（公式（10.12）），并使用参数值和新的附加息（这些新的附加息很容易获得，它们分别是 $\delta=0.537$，$\gamma=5.542$）。因此，用 $\delta-\gamma$ 近似公式估计出的 VaR 为：

$0.537\times0.25(5/365)^{0.5}\times1.645-(5.542/2)\times0.252\times(5/365)2\times1.6452=0.022$

这与 VaR 的真值（0.01）非常接近。所以，附加了 γ 项使得原来的 VaR 估计降低，这一估计比原来的 δ—正态估计（0.026）更加精确。然而，基于已经解释过的理由，我们不能认为 $\delta-\gamma$ 估计总是比 δ—估计好。

---

① 这里也有一些困难的问题。(1) 二阶近似仍然不准确，即使对诸如普通买权那样的简单的金融工具而言。Estrella（1996，第 360 页）指出，Black - Scholes 近似的幂级数公式并不总收敛，即便收敛我们有时也需要使用非常高阶的近似才能获得足够精确的有用的结果。但是，Mori 等（1996，第 9 页）和 Schachte（1995）辩论过这个似真一参数（plausible - parameter）模拟的基础，认为 Estrella 的泰勒级数近似无用的观点过于悲观，即便他们并不质疑 Estrella 的基本观点——泰勒级数近似的结果不可靠。(2) 我们可能会处理有比简单买权且有更复杂支付函数的金融工具，它们支付情况要么使得二阶近似非常不准确（例如，敲出障碍（Knockout）期权和范围远期（range forward）期权有这种情况），或要么使得问题难于处理（例如，Jakobsen（1996）考虑房产抵押贷款（mortgage - backed）证券时遇到过这种情况）。(3) 特别是多因素情况，甚至可能难以确定二阶近似是什么：我们如何确定 gamma 交叉项、随机积分项等等？更多有关这些问题，参见 Wiener（1999）。

专栏 10.2

债券组合的久期凸（duration - convexity）近似

用于处理非线性持仓的二阶近似方法，也可以用来处理债券中的非线性问题。如果我们对债券的价格—收益关系做的二次近似，则有下述结果：

$$P(y+\Delta y)\approx P(y)+\frac{dP}{dy}\Delta y+\frac{1}{2}\,\frac{d^2P}{dy^2}\Delta y^2$$

根据标准的固定收益理论有：

$$\frac{dP}{dy}=-D^m P \quad \text{and} \quad \frac{d^2P}{dy^2}=CP$$

其中，D^m 表示修正久期，C 为其凸性。因此债券变化的百分比为：

$$\frac{\Delta P}{P}\approx -D^m\Delta y+\frac{1}{2}C(\Delta y)^2$$

这是与期权价格的 $\delta-\gamma$ 近似公式（见公式（10.11））相对应的债券价格的二阶近似公式。

10.3.2.2　Rouvinez 的 *$\delta-\gamma$ 方法*

Christophe Rouvinez（1997）提出了另外一个方法。考虑一个单一买权构成的多头持仓，整理公式（10.11）可得：

$$P/L\approx\frac{\gamma}{2}\left(\Delta S+\frac{\delta}{\gamma}\right)^2-\frac{\delta^2}{2\gamma} \tag{10.13}$$

因为 ΔS 服从正态分布，所以：

$$\frac{\gamma}{2}\left(\Delta S+\frac{\delta}{\gamma}\right)^2 \sim \chi_{1,(\delta/\gamma)^2} \tag{10.14}$$

其中，$\chi_{1,(\delta/\gamma)^2}$ 表示自由度为 1、非中心参数为 $(\delta/\gamma)^2$ 的非中心卡方分布。这样就可以推断公式（10.4）左边的临界值，并从中解出 VaR。

Rouvinez 通过求解其中基于 $\delta-\gamma$ 近似的 VaR，给出了我们相关近似式的精确回答，这是 Rouvinez 方法的一个优点。它是对前面方法的一个改进，因为它把一个近似（δ—正态 VaR）插入到另一个近似（$\delta-\gamma$ 近似）中，因此是一个双重近似。但是，Rouvinez 方法不易推广到多风险因素的情况。

10.3.2.3 Britten - Jones/Schaefer 的 $\delta-\gamma$ 方法

Britten - Jones 和 Schaefer（1999）提出了一个能够处理多风险因素情况的推广方法。笼统地说，他们的分析表明，可以用 m 个服从非中心 χ^2 分布的随机变量的和表示 m 个风险因素的 $\delta-\gamma$ 近似。他们还表明，这 m 个随机变量的和可以表示成一个单一的服从非中心 χ^2 分布的随机变量，其参数依赖于随机变量和的矩。于是，$\delta-\gamma$VaR 可以由上述单一的随机变量的分布决定。在此基础上，Britten - Jones 和 Schaefer 提供了一个基于 $\delta-\gamma$ 近似的 VaR 的（近似）解，这一方法可用于多因素问题的处理。他们的结果也证实了这样一个（明显的）直观：$\delta-\gamma$ 方法的可靠性，在很大程度上依赖于 γ 项的大小——γ 项越重要，近似结果的可靠性越差。然而，他们的方法不太容易执行，而且会使多变量问题变得更加复杂和困难。

10.3.2.4 Bouchaud - Potters 的占优因素法

另外一种多因素方法使用占优因素。假设我们的组合中有 m 个风险因素，假设大损失和一个特定因素的大变化有关，那么这一因素可以被视为占优因素。当大亏损发生时，我们也可以假定其他风险因素微不足道（但是，我们不能放宽这一假定，否则会付出复杂性增加的代价）。Bouchaud - Potters（2000b）表明，这些假定是合理的。我们还需要假定第一因素的尾部衰减速度不能比指数函数更快，而这一假设在金融市场上常常也是合理的。于是，我们组合的价值可近似地表示如下：

$$\Delta f(e_1, e_2, \cdots, e_m) + \sum_{i=2}^{m} \delta_i e_i + \frac{1}{2}\sum_{i=2, j=2}^{m} \gamma_{i,j} e_i e_j \qquad (10.15)$$

其中，$f(e_1,e_2,\cdots,e_m)$ 表示与风险因素 $e_1,e_2,\cdots,e_m$ 的实现相关的组合价值，Δ 是通常的差分算子。当 e_1 达到临界值 e_i^* 而其他风险因素都是 0 时，公式（10.15）的值就是 VaR。如果尾部呈指数衰减使得 e_1 的分布密度函数和 $\alpha_1\exp(-\alpha_1 e_1)$ 成比例，其中，α_1 是与风险因素相关的指数指标，Bouchaud - Potters 表明，e_1^* 可以从下面的公式中解出：

$$\exp(-\alpha_1 e_1^*)\left[1 - \sum_{i=2}^{m} \frac{\delta_i^2 \alpha_1^2 \sigma_i^2}{2\delta_1^2}\right] = \alpha \qquad (10.16)$$

其中，δ 和 γ 的取值为 $e_1=e_1^*$ 且 $e_i=0$（$i>1$）时的评价值，“无下标的”α 仍然表示置信水平。因此，将 $e_1=e_1^*$ 和 $e_i=0$（$i>1$）代入公

式（10.15）即可得到 VaR。Bouchard - Potters 给了我们另外一个基于占优因素假定的多因素方法，但是这一方法和前面的方法一样，并不特别容易执行，而且占优风险因素的引入更不容易。

10.3.2.5　Wilson 的 $\delta-\gamma$ 方法

这一方法之所以在这里被讨论，不但因为它被广泛引用，而且也因为它与第 13 章将要讨论的机械压力方法密切相关，这是由 Tom Wilson（1994b，1996）提出的二次最优化 $\delta-\gamma$ 方法。Wilson 首先从 VaR 的定义（VaR 是给定概率水平下的最大可能损失）开始。Wilson 认为，这一定义意味着 VaR 是某个最优化问题的解，他建议通过求解这一最优化问题来获得 VaR 估计[①]。在只有一个单一买权的情况下，他建议 VaR 可以形式地定义为下面问题的解：

$$\mathrm{VaR} = \underset{\{\Delta S\}}{\mathrm{Max}}\left[-\Delta c\right], \text{ subject to} (\Delta S)^2\sigma_S^{-2} \leqslant z_\alpha^2 \tag{10.17}$$

换而言之，VaR 是标的资产的价格变动出现在一定置信水平范围内的最大亏损值。选择的置信水平越高 z_α 越大，因此允许的最大价格变动 ΔS 也就越大[②]。目前情况下，期权价格变动 Δc 可以用其 $\delta-\gamma$ 近似代替：

$$\Delta c \approx \delta\Delta S + \frac{\gamma}{2}(\Delta S)^2 \tag{10.18}$$

一般而言，最大损失会出现在满足下述条件的任何一个 ΔS 的取值上：

$$0 \leqslant (\Delta S)^2 \leqslant z_\alpha^2\sigma_S^2 \tag{10.19}$$

这进而又意味着：

$$-z_\alpha\sigma_S \leqslant \Delta S \leqslant z_\alpha\sigma_S \tag{10.20}$$

但是，就这一具体问题而言，我们知道当 ΔS 取该范围的一个或另

---

① Wilson 本人称其风险测度为“风险资本”而不是风险值，这些概念大同小异，我本人更喜欢使用比较传统的术语。但是，在用二次规划方法（Wilson 的风险测度就是一个这方面的例子）获得的 VaR（或任何其他我们称之为 VaR 的类似东西）与传统的或“真正的”风险值之间有重要的不同，本书稍后我们将会重新回来讨论这些差异。

② 为了避免进一步的符号堆积，我忽略了伴随着 δ 的 $\sqrt{t}$ 项，该项也可以被视为规模调整后的项。

一个极端值时，即 $\Delta S = z_{\alpha}\sigma_S$ 或 $\Delta S = -z_{\alpha}\sigma_S$ 时，最大亏损出现。因此，我们将这两个 ΔS 的取值代回公式（10.17）中获得两个损失值，VaR 是两个损失值中大的那个。

现在把这个方法用在包含不只一个金融工具的组合上，这时 Wilson 方法的执行就会变得更加困难。在更加一般的情况下，二次规划 VaR（QP VaR）可以通过求解下面的二次规划化问题获得：

$$\text{VaR} = \underset{\{\Delta S\}}{\text{Max}} -[\delta^T\Delta S + \Delta S^T\gamma\Delta S/2], \text{ subject to } \Delta S^T\Sigma^{-1}\Delta S \leqslant z_{\alpha}^2 \tag{10.21}$$

其中，δ 表示由 δ 构成的向量，γ 表示由 γ 和 γ 的交叉项构成的矩阵，上标“T”表示转置，黑体字符表示矩阵。这个问题是一个标准的二次规划问题，处理这个问题的一个方法就是使用拉格朗日函数：

$$L = -[\delta^T\Delta S + \Delta S^T\gamma\Delta S/2] + \lambda[\Delta S^T\Sigma^{-1}\Delta S - z_{\alpha}^2] \tag{10.22}$$

然后，我们对 L 关于 ΔS 中的每一个元素求微分，可得下面的 Kuhn - Tucker 条件集合，它描述了最优化问题的解：

$$[-\gamma - \lambda\Sigma^{-1}]\Delta S = \delta$$
$$\Delta S^T\Sigma^{-1}\Delta S \leqslant z_{\alpha}^2$$
$$\lambda\Delta S^T\Sigma^{-1}\Delta S - z_{\alpha}^2 = 0 \quad \text{and} \quad \lambda \geqslant 0 \tag{10.23}$$

其中，λ 是与制约条件相关的拉格朗日乘子，它反应了置信水平上升时，VaR 的上升速度。于是，ΔS^* 的解为：

$$\Delta S^* = A(\lambda)^{-1}\delta \tag{10.24}$$

其中，$A(\lambda) = -[\gamma + \lambda\Sigma^{-1}]$。求解 ΔS^* 需要寻找每一个可能的 λ 值，并针对每一个可能的 λ 求 $A(\lambda)$ 的逆矩阵。我们还需要检验哪一个能够满足我们的制约条件，并且将不满足制约条件的解舍去。这样，我们就可以针对每一个特定的 λ 值，获得一个满足我们的制约条件的 ΔS^* 的可能解的集合，然后将它们代入公式（10.22）获得最大化的 L①。

---

① 然而，这个过程的执行并不容易。随着风险因素数目的增加，我们必须对越来越大的矩阵求逆，这可能导致计算问题（例如，矩阵无法求逆）。但是，如果能够做一些简化假定，一个有效的简化就是假定 A（λ）矩阵是对角阵，我们可以部分地化解这些问题。如果我们能够作出上述假定，则方程（10.24）有 $\Delta^* S$ 的关于 λ 的闭型解，这时，我们不必担心矩阵的求逆问题，计算速度也会变得非常快，尽管改进过程可能非常乏味。

不幸的是，二次规划（QP）方法存在很大的概念性漏洞。Britten - Jones 和 Schaefer 指出，QP VaR 和“真实的”VaR 之间存在一个微妙却十分重要的差异：“真实的”VaR 以组合价值变化决定的置信区域为基础，而 QP VaR（通常在多维的情况下）则以因素变化决定的置信区域为基础[①]。两者之间有根本的不同。此外，还有一个更加深层的问题：一般来说，根据因素变化决定的置信区域不可能作出关于这些因素函数的推断。Britten - Jones 和 Schaefer 指出，统计上有关随机变量函数分布方面的工作可能没有必要。随机变量函数分布方面的统计工作是不必要的。他们进一步指出：

> 仅仅是 95% 置信区域中的一个点，并不意味着它以 95% 的可能发生。虽然某个 95% 区域中的点出现的可能性微乎其微，但是却有一个与之相关的大损失。这个损失的大小不能给“真实”VaR 以任何有意义的指示。简而言之，QP 方法存在着概念性漏洞，它几乎总是告诉我们错误的结果，除了偶然能够告诉我们正确结果的一些特殊情况[②]。

Britten - Jones 和 Schaefer 进一步证明，QP VaR 通常大于“真实”VaR，究竟能够超过多少则取决于生成 P/L 的概率分布[③]。

总之，我们有一个总是超过 VaR 的风险测度，其超过量因场合的不同而不同。因此，实证中用 QP 方法得到的风险测度估计不准确这件事也就不足为奇了[④]。

10.3.2.6　关于 $\delta - \gamma$ 方法的一些结论

原则上来讲，$\delta - \gamma$ 方法非常有用。它们可以给出期权持仓 VaR 的近似估计，我们愿意使用它的理由如下：

- 它可能是最简单可用的方法。
- 我们有理由相信它在某些方面具有准确性。

---

① 参见 Britten - Jones 和 Schaefer（1999，附录 A）。

② Britten - Jones 和 Schaefer（1999，第 186 页）。

③ 在我们的持仓为有 m 个风险因素的线性持仓的简单情况下，Studer 和 Luthi（1997）表明，QP“VaR”（或用第 13 章的术语为最大损失）和“真实”VaR 之比等于自由度为 m 的卡方分布的分位点和相应正态分布分位点之比的平方根。这使我们能够根据其 QP 对等物来推断 VaR。然而，这一结论使用中有相当的局限性：在线性正态条件下并不需要这个公式，因为我们可以很容易地直接估计出“真正的”VaR；然而这个公式不能被广泛地用于更为困难的非线性/非正态的情况，尽管它应该在这种情况下有所作为。

④ 参见，Pritsker（1997，第 231 页）。

- 基于“映射”的目的（见第12章）我们也愿意使用这些方法。
- 我们喜欢用它求出某些复杂方法所需的初始解（例如，在蒙特卡罗模拟中，使用重点抽样方法）。

另一方面，$\delta-\gamma$ 可能难于执行（例如，由于 δ 和 γ 可能发生变化，我们可能并不知道正确类型的 $\delta-\gamma$（或者基于其他希腊字母参数的）近似是什么，且不可靠。因此，使用 $\delta-\gamma$ 方法时一定要慎重。

专栏10.3

VaR 的上下界的估计

应对非线性和任意性的方法是计算 VaR 的边界，Rouvinez 针对这个问题提出了大量的方法①。第一个方法就是使用契比雪夫不等式。使用通用符号，这个不等可表示如下：

$$\Pr\{|X-\mu|>s\sigma\}\leqslant\frac{1}{s^2}$$

其中，$s>1$。求解这个不等式可得：

$$\text{VaR}\leqslant\left|\mu-\sqrt{\frac{1}{1-c}}\sigma\right|$$

其中，$c=1-1/s^2$。然而，这个解不能令人满意的地方在于它考虑了 P/L 分布的左右两端的尾部，而我们感兴趣的只是取值较低的尾部。

因此，最好是使用只考虑较低值尾部的不等式，一个可能就是用 Rohatgi 不等式：

$$\Pr\{|X-\mu|<s\}\leqslant\frac{\mu}{\mu+s^2}$$

其中 $s<0$。由此可得 VaR 的上界如下：

$$\text{VaR}\leqslant\left|\mu-\sqrt{\frac{c}{1-c}}\sigma\right|$$

如果高阶矩存在，则还有二阶 Rohatgi 不等式：

$$\Pr\{|X-\mu|>s\sigma\}\leqslant\frac{k-1}{s^4-2s^2+k}$$

其中，$s>1$，k 表示峰度。这导致了下面的 VaR 上界：

$$\text{VaR}\leqslant\left|\mu-\sqrt{1+\sqrt{\frac{c(k-1)}{1-c}}}\sigma\right|$$

对于我们感兴趣的高置信水平，使用这个不等式的效果通常要比 Chebyshev 不等式好。

① 参见，Rouvinez（1997，第58－59页）。

本章讨论了期权的风险测度估计，并给出了若干结论。如果可能，我们应该尽量使用有公式的解析法，这符合这样一个原则：能够解决问题的方法中最简单的就是最好的。不幸的是，这样的方法并不多。如果不存在解析方法，我们就要尝试寻找数值方法（如果这种方法可行并且编程相对稳定）或模拟方法。模拟方法特别吸引人，因为它们灵活、有力且易于编程。对于有些问题，我们也可以使用$\delta-\gamma$及其相关方法，这些方法可能非常烦琐，而且其可靠性也常常因问题而异。

然而，实际工作中真正的问题是复杂期权组合的风险测度估计(即由多个异质期权构成的且涉及多个标的变量的组合，其中常常还有提前执行问题)。这是一个急需解决的问题，因为现实世界中的期权恰恰具有这些特征。解析方法或数值方法在处理这些问题上常常能力有限，尽管$\delta-\gamma$方法能够在某种程度上处理这些问题，但是它们常常不能令人信服：不但难于执行而且计算结果也有可靠性问题。于是，留给我们的选择只有模拟方法。理论上，模拟方法应该能够更好地处理这些问题，但是这类问题的模拟处理领域尚属待发展领域，如何将模拟方法应用到这类问题上，还有很多工作要做。目前，从业人员除了尽自己的可能把问题处理得更好些别无它途。

第 11 章

增量风险和成分风险

本章考虑风险的分解，而且特别关注两种主要类型的风险分解：

- 增量风险（incremental risk）：风险因子的变化会造成组合风险的变化。例如，当我们给组合增加新持仓的时候，我们希望知道 VaR 会发生什么变化。所谓的增量 VaR（IVaR）是指，由组合中的新增持仓造成的 VaR 的变化。
- 成分风险（component risk）：整体风险由各个成分（或组成部分）产生的风险构成。例如，如果我们有一个由特定持仓构成的组合，那么这个组合的 VaR 可以分解到各个成分，分解到各个成分的风险被称为成分 VaR 或 CVaR，它告诉我们的是，每个持仓对整体风险的贡献。

增量风险和成分风险都是非常有用的风险管理工具。风险分解报告有助于我们加深对组合风险的了解，在确定高风险源、对立风险源和自然对冲（或一个可以降低总体风险的持仓）方面特别有用。它们提供的信息可用于对冲选择、投资决策、资产配置、风险交流和披露，以及其他风险管理目的。

为了简化讨论，本章多数地方都使用 VaR 作为基准测度[①]。然而，我们的分析也会触及到一些一致风险测度的内容，但是仅限于简单讨论。

① 关于 VaR 的分解，有大量的文献。如果愿意，可参阅 Ho 等（1996），Garman（1996，a，b，c），Ltterman（1996），Dowd（1999b），Hallerbach（1999），Aranones 等（2001）、Tasche 和 Tibiletti（2003）。

11.1　增量 VaR

11.1.1　增量 VaR 的解释

如果 VaR 给我们的是组合风险指标，那么 IVaR 给我们的则是组合本身变化时组合风险变化的指标。更具体地说，IVaR 是组合新增持仓时组合风险的变化。有 3 种主要情况需要考虑，它们表现在图 11.1 中。

- 高 IVaR：IVaR 取较大的正数，意味着新增持仓极大地增加了组合风险。通常，IVaR 不仅随着相对持仓的增加而增加，而且其增速也增加。因为，随着相对持仓量的增加，新持仓使得新组合的 VaR 持续增加，IVaR 也因此持续增加，最终将会淹没组合其他持仓的影响。
- 中 IVaR：IVaR 取中等大小的正数，意味着新持仓量的增加给组合风险带来了中等程度的增加，IVaR 随着相对持仓量的增加而增加。
- 负 IVaR：IVaR 取负值，意味着新持仓降低组合的整体 VaR，表示新增持仓构成现存组合的反向自然对冲。然而，随着其相对持仓量的持续增加 IVaR 最终会增加，因为 IVaR 反映的是新组合 VaR 的增加而不是老组合 VaR 的增加。这意味着，IVaR 曲线的形状必然会与图 11.1 中的曲线类似——最初下降，触底后上升，而且上升的速度也会增加。所以，任何持仓的对冲作用只会在一定范围内有效，如果持仓过大则对冲对这一持仓不再起作用。这个最大对冲作用的（相对持仓）点被称为最佳“对冲点”，这是一个对组合风险管理有用的参考点。

11.1.2　IVaR 的强力估计：“前后”法

IVaR 估计最容易理解、也最烦琐的方法是强力法或“前后”法。图 11.2 给出了这一方法。首先映射现存组合并获得我们的 VaR，记之为 VaR(p)（关于映射，我们将在下一章详细说明）。然后，考虑候选交易 a。假如执行这一交易，则可获得一个新的组合，对这一假想组合

图 11.1

增量 VaR 和相对持仓量

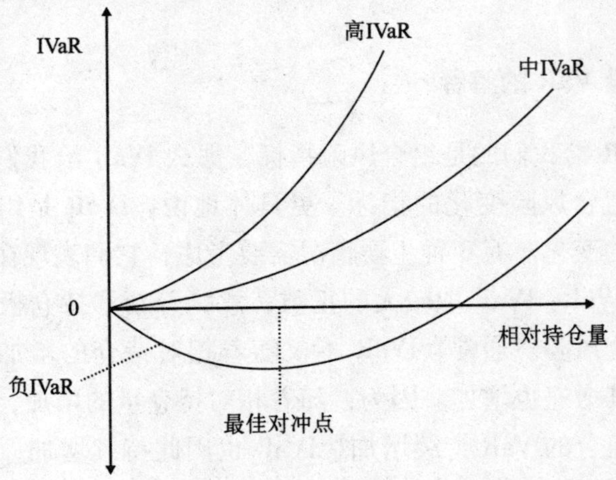

重复我们对现存组合所做的事情，由此可以获得一个新的 VaR，记为 $\mathrm{VaR}(p+a)$。关于这一持仓或交易 a 的 IVaR 可以按照下面的公式计算：

$$\mathrm{IVaR}=\mathrm{VaR}(p+a)-\mathrm{VaR}(p) \tag{11.1}$$

图 11.2

IVaR 估计的"前后"法

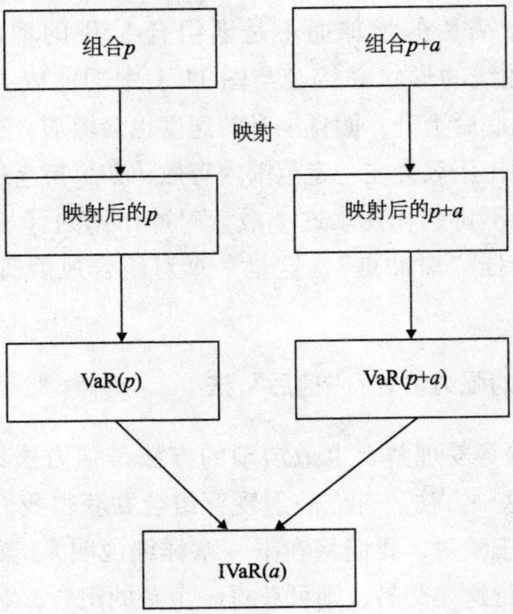

不幸的是，“前后”法有明显的缺点。如果我们的组合由大量的证券构成——特别是，当我们的组合有很大的任意性和其他形式的非线性——那么估计所有这些持仓的 VaR 要花很多时间。很多金融机构常常有上万个持仓，整个组合的 VaR 的重估是一个非常耗时的过程。重估的耗时性使得这一方法在实际交易和实时决策中作用有限。

11.1.3　使用解析解的 IVaR 估计

11.1.3.1　Garman 的“delVaR”方法

Garman（1996a，b，c）提出了一个简洁的方法来减少计算量。他建议使用基于边际 VaR（如果喜欢，也可将其理解为组合 VaR 的数学上的偏导）的泰勒展开近似来估计 IVaR。为此，再一次假设我们有组合 p，并希望估计和有了新增持仓 a 的组合相关的 IVaR。首先，将 p 和 a 映射成由 n 个金融工具组成的集合。于是，组合 p 可以用这些金融工具的持仓量向量$[w_1,\cdots,w_n]$表示（w_1 表示我们在工具 1 上的持仓量，等等），并且新组合对应的持仓向量为$[w_1+\Delta w_1,\cdots,w_n+\Delta w_n]$。如果 a 相对于 p 而言较小，我们则可以用一阶泰勒展开，来近似地表示我们新组合的 VaR，即：

$$\mathrm{VaR}(p+a)\approx\mathrm{VaR}(p)+\sum_{i=1}^{n}\frac{\partial\mathrm{VaR}}{\partial w_i}dw_i \tag{11.2}$$

其中，$dw_i\approx\Delta w_i$。这里的变化是无穷小变化，公式（11.2）右边的偏导项有时被称为 VaR 边际。于是，与持仓 a 相关的 IVaR（a）可近似地表示如下：

$$\mathrm{IVaR}(a)=\mathrm{VaR}(p+a)-\mathrm{VaR}(p)\approx\sum_{i=1}^{n}\frac{\partial\mathrm{VaR}}{\partial w_i}dw_i \tag{11.3}$$

这一公式给出了 IVaR 的边际 VaR 近似表示。如果愿意，公式（11.3）还可以写成矩阵形式：

$$\mathrm{IVaR}(a)\approx\nabla\mathrm{VaR}(p)dw \tag{11.4}$$

其中，dw 表示 $1\times n$ 阶向量$[dw_1,\cdots,dw_n]$的转置，∇VaR（p）表示由所有 VaR（p）关于 w_i 的偏导构成的 $1\times n$ 阶向量。公式（11.4）利用 ∇VaR（p）和 dw 给出了持仓 a 的增量 VaR：dw 可以从持仓映射

中获得，而 ∇VaR（p）（它仅依赖现存组合 p 的 VaR）则可以在估计 VaR（p）的同时获得。这意味着，我们只需使用原始组合的初始估计集（即，VaR（p）和 ∇VaR（p）的估计集），就可近似地计算增量 VaR，关于组合本身，我们需要的所有信息仅仅是它的（已有的）映射持仓量向量$[dw_1,\cdots,dw_n]$。这样，我们只需要知道 VaR（p）和 ∇VaR（p）的估计集，就可以随心所欲地估计多个不同的 IVaR。“delVaR”方法非常有用，因为它使我们能够实时地估计和使用 IVaR，例如，评价投资风险和设定持仓限制等。

使用 delVaR 方法可以简单地估计 IVaR。首先，映射我们的组合，并使用市场数据估计我们的 VaR 和 delVaR。这一工作只与我们已有的组合相关，与任何备选交易无关。获得组合的 VaR 和 delVaR 后，我们选定备选交易并映射该交易，这样就可以使用映射交易和 delVaR 来估计备选交易的 IVaR。

唯一的问题仍然是如何估计 ∇VaR（p），我们总是使用适当的近似方法来估计向量 ∇VaR（p）中的分量——我们可以利用持仓量 w_i 和 $w_i+\Delta w_i$ 的 VaR 并使用下面的公式，来估计$\partial \text{VaR}/\partial w_i$：$\partial \text{VaR}/\partial w_i \approx (\text{VaR}(p|w_i+\Delta w_i)-\text{VaR}(p|w_i))/w_i$，其中，$\text{VaR}(p|w_i)$表示组合第 i 个持仓量为 w_i 的 VaR。

有时 ∇VaR（p）也有公式解。例如，P/L 服从均值向量为$\boldsymbol{\mu}$、协方差阵为$\boldsymbol{\Sigma}$的正态分布时，∇VaR（p）为：

$$\nabla \text{VaR}(p) = -\mu dw + \frac{\sum w z_\alpha}{[w^T \sum w]^{1/2}} \tag{11.5}$$

公式（11.5）使得我们可以利用现存组合持仓量向量(w)和新持仓(dw)所提供的信息，以及均值向量为$\boldsymbol{\mu}$、协方差阵为$\boldsymbol{\Sigma}$(这些都是已有的或已知的)，来估计 $\nabla\text{VaR}(p)$。

delVaR 方法可以逐日循环使用。每个交易日开始时，我们估计现存组合的 VaR 和 delVaR。然后，基于初始日的 $\text{VaR}(p)$和 $\nabla\text{VaR}(p)$估计，使用公式（11.4）至公式（11.5）获得 IVaR。这种估计方法速度极快，不像“前后”法那样需要花一整天的时间进行烦琐的组合 VaR 再估计。经验表明，对于大多数金融机构，这一方法在绝大多数时间表现不错。

例 11.1（用 delVaR 方法估计 IVaR）

假设我们有一个现值为 1 美元组合，它在资产 1 和资产 2 上的投资比例分别为 0.7 和 0.3。这些资产服从相关系数为 ρ 的标准正态分布。我们希望估计第一个资产增购 0.01 美元的 IVaR。

为了回答这个使用 delVaR 的问题，我们首先需要知道 VaR 关于各个资产 i 的偏导，利用多元正态 VaR 估计式（6.25），可以算出这些偏导。代入 $\mu=0$ 和 $\sigma=1$，可得：

$$\text{VaR}=[w_1,w_2]\begin{bmatrix}1,\rho\\ \rho,1\end{bmatrix}\begin{bmatrix}w_1\\ w_2\end{bmatrix}z_\alpha=(w_1^2+2\rho w_1w_2+w_2^2)z_\alpha$$

其中，w_1 和 w_2 是两个资产的相对持仓。于是：

$$\frac{\partial\text{VaR}}{\partial w_1}=2(w_1+\rho w_2)z_\alpha=2(0.7+0.3\rho)z_\alpha=(1.4+0.6\rho)z_\alpha$$

$$\frac{\partial\text{VaR}}{\partial w_2}=2(w_2+\rho w_1)z_\alpha=2(0.3+0.7\rho)z_\alpha=(0.6+1.4\rho)z_\alpha$$

由于股票 1 的增购，所以相对持仓的变化如下：

$$dw_1=\frac{0.71}{1.01}-0.7\approx0.003\quad\text{and}\quad dw_2=\frac{0.30}{1.01}-0.3\approx-0.003$$

将这些结果代入公式（11.3）得：

$$\text{IVaR}\approx\frac{\partial\text{VaR}}{\partial w_1}dw_1+\frac{\partial\text{VaR}}{\partial w_2}dw_2=0.8(1-\rho)0.003z_\alpha$$

所以，如果 $p=0.5$ 且 $\alpha=0.95$，则 IVaR 为 $0.8\times(1-0.5)\times0.003\times1.645=0.002$。因为 VaR 为 $(0.72+2\times0.5\times0.7\times0.3+0.32)\times1.645=1.2996$，所以 IVaR 为原始 VaR 的 0.15% 左右。

现在考虑另外一个组合，其初始权重为 $w_1=0$ 和 $w_2=1$。如果其他参数相同，通过和前面相同的计算可得：$\text{IVaR}\approx-0.02\times(1-0.5)\times z_\alpha=-0.01\times z_\alpha$。这里增购资产使得我们的 IVaR 变为负值（即整体 VaR 下降），这是因为新增资产在组合中起到了风险分散的作用——这恰恰是根据组合理论能够预见到的事情。

这个例子还表明，IVaR 估计的大小和符号对 w_1 和 w_2 的取值敏感。

11.1.3.2 delVaR 方法的缺点

然而，delVaR 方法只是一个估计 IVaR 的近似方法，因此只能起到近似方法本身所能起到的作用。当我们考虑的持仓或交易量相对于原始组合较小时，这一近似方法的效果应该是良好的，由此所得的估计也应该是可靠的。然而，在下述两种情况下，这一方法的结果可能不可靠：

- 如果我们处理的交易量很大，则一阶泰勒展开不能很好地逼近新组合的 VaR，这时 IVaR 估计的近似效果可能不好。
- 如果我们一天内有大量的小交易，那么这些小的日交易的加总将使得日内组合和开盘组合差别很大，这时，后面的 VaR 和 delVaR 对前面 VaR 和 delVaR 的代理效果越变越差。由于组合成分的变化，不准确的 VaR 和 delVaR 估计将导致不准确的 IVaR，即便每次交易的交易量都很小。

这些问题的严重性大还是小取决于我们所处的环境。所以，如果我们希望把 IVaR 估计得更准一些，我们应该更频繁地对组合的 VaR 和 delVaR 进行再估计：例如，我们应该在交易日内，或者在特定的大交易后，或者在交易数达到某个特定限度后，或者定期（每个多少分钟），对 VaR 和 delVaR 进行再估计。

11.1.3.3 使用组合 VaR 的近似 IVaR

假如我们组合的某一个持仓量相对于整个组合的持仓量很小，还有一个更为简单的 IVaR 近似估计公式：

$$\mathrm{IVaR}_i \approx w_i \beta_i \mathrm{VaR}(p) \tag{11.6}$$

其中，w_i 为资产 i 在组合中的相对持仓量，β_i 是组合中资产 i 的贝塔系数[①]。这个近似式是一个使用相对权重、资产的贝塔值（与组合相对的贝塔值）和整个组合的 VaR 的近似计算公式。这个公式意味着，IVaR 也依赖资产的组合贝塔值：很显然，贝塔值越大 IVaR 也越大，反之亦然，并且如果 $\mathrm{VaR}(p)>0$，则 IVaR 和贝塔值同号。这还意味着，IVaR 和原始组合的 VaR 成比例：即 $\mathrm{VaR}(p)$ 值增加一倍，则 IVaR 也增加一倍，等等。

---

① 这一近似见 Dowd（1999b，第 32 页）。

这个公式的好处是，它需要的信息和工作量都很小。由于相对持仓和组合 VaR 都是已知的，所以唯一需要的只是新组合的贝塔，在此基础上就可以通过简单计算估计 IVaR。与前面的近似式相似，这个近似式也可以根据组合理论获得其直观形式。然而，这个 IVaR 近似式的准确性可能不如 Garman 近似式，因为它没有考虑现存组合内风险交易的影响，而 Garman 近似式则考虑了这一问题。

例 11.2（根据组合 VaR 获得近似 IVaR 估计）

假设 $w_i = 0.01$，$\beta = 0.8$。将这些数据代入公式（11.6），可得 95% IVaR 约为 $0.01 \times 0.8\mathrm{VaR}(p)$，为组合 VaR 的 0.8% 左右。

11.1.3.4　使用持仓 VaR 的近似 IVaR

假设相关的均值项都为 0（或者与 0 足够接近）。对公式（11.6）中 β_i 和 VaR（p）做进一步代换，可得 IVaR 的第二个近似公式：

$$\mathrm{IVaR}_i \approx w_i\beta_i \mathrm{VaR}(p) = w_i\rho_i \frac{\sigma_i\sigma_p}{\sigma_p^2}\sigma_p z_\alpha P = \rho_i w_i \sigma_i z_\alpha P = \rho_i \mathrm{VaR}(i) \tag{11.7}$$

其中，VaR（i）是组合中第 i 个持仓的 VaR。公式（11.7）将 IVaR 表示为 ρ_i 和 VaR（i）的乘积，其中，ρ_i 表示持仓 i 的回报和组合总体回报之间的相关系数。对于任意给定的持仓 VaR（表示为 VaR（i）），IVaR 和相关系数成比例——所以正的相关系数意味着 IVaR 为正，相关系数为零意味着 IVaR 为零，相关系数为负意味着 IVaR 为负。IVaR 也与持仓 VaRVaR（i）成比例。

与前面一样，这一公式的优点是需要的信息很少（即只需要持仓 VaR 和单个相关系数），工作量很小且容易理解。然而，它忽略了现存组合内新增持仓风险的影响。

到此为止，我们已经有了两个简单的 IVaR 估计的近似公式：一个使用组合 VaR，另一个使用持仓 VaR。这两个方法都强调相关系数在 IVaR 决定中的重要性：在后一个公式（公式（11.7））中，IVaR 对相关系数的依赖是直接的；在前一个公式（公式（11.6））中，IVaR 对贝塔系数的依赖是直接的。同样，这些结果和组合理论告诉我们的事情一致——这是我们能够预见到的，因为这些近似都是在均值—方差（即椭圆分布）的框架内得到的。

然而，只有在多变量椭圆分布框架中，仅当组合变动不大时，这些近似公式才可靠。如果我们面对的是非椭圆分布，我们可以考虑的切实可行的方法是：或者使用“前后”法（这需要面对计算量问题），或者使用带“因素修正（fudge factor）”或临时性调整（例如，使用多变量 Cornish – Fisher 调整）的椭圆 IVaR 近似公式，如果我们有理由认为这些调整对我们处理的组合起作用。

11.2 成分 VaR

11.2.1 成分 VaR 的性质

现在，我们考虑成分 VaR（简记为 CVaR），首先考虑我们希望 CVaR 应该满足的一些性质。需要考虑的主要性质有两个：

- 增量性：成分 VaR，至少在一阶近似的意义上，应该等于 IVaR——组合中相关成分的增减造成的 VaR 的增减。
- 可加性：成分 VaR 的算术和应该等于组合整体的 VaR。这样，无论如何分解 VaR，都能保证所有部分（即成分的 VaR）可以累加成总体 VaR。

我们可以按照下面的方法得到成分 VaR。首先选择分解准则，决定是按照工具的种类、资产组，还是部门等等来分解组合。组合 VaR 将是各工具（或资产组）的持仓的齐次线性函数①。这种齐次线性使得我们可以使用欧拉定理，这意味着：

$$\mathrm{VaR} = \sum_{i=1}^{n} w_i \frac{\partial \mathrm{VaR}}{\partial w_i} = \nabla \mathrm{VaR}(\mathrm{p})\mathrm{w} \tag{11.8}$$

如果我们定义成分 i 的成分 VaR，记之为 CVaR_i，为：

① 称 $y=(x_1,\cdots,x_n)$ 为线性齐次函数，若输入乘以某个正常数 λ，则输出也会乘以同样的倍数（即 $\lambda y=(\lambda x_1,\cdots,\lambda x_n)$）。

$$\mathrm{CVaR}_i = w_i \frac{\partial \mathrm{VaR}}{\partial w_i} \tag{11.9}$$

将其代入公式（11.9）可得：

$$\mathrm{VaR} = \sum_{i=1}^{n} \mathrm{CVaR}_i \tag{11.10}$$

这使得 VaR 被分解为成分 VaR，这些成分 VaR 满足上述增量性和可加性[①]。CVaR 的关键是公式（11.9），它将成分 VaR 表示成持仓量 w_i 和边际 VaR（即 VaR 关于 w_i 的一阶偏导）的乘积。

成分 VaR 使得我们能够看清楚我们组合内的风险分布，并且考虑到包括相关系数在内的所有相关风险因素。如果我们将公式（11.9）表示成下面的差分近似形式，即可以看到这一点：

$$\mathrm{CVaR}_i \approx w_i \frac{\Delta \mathrm{VaR}}{\Delta w_i} = \frac{\mathrm{IVaR}_i}{\Delta w_i / w_i} \tag{11.11}$$

这意味着，CVaR 等于 IVaR 除以相对持仓量变化的百分比。这也意味着，CVaR 近似地与 IVaR 成比例，因此相关系数或贝塔系数对 CVaR 的影响方式与对 IVaR 的影响方式相同。并且，与增量 VaR 的讨论一样，我们也可以将 CVaR 区分为下面 3 种主要情况：

- 高风险贡献：高 CVaR 表示该成分带来的风险大，因此对总体 VaR 的贡献大。
- 中风险贡献：中等的正 CVaR 表示该成分带来的风险中等。
- 负风险贡献：负 CVaR 表示该成分是一个自然对冲，它部分地抵消了组合其他成分的风险。

正如已指出的那样，CVaR 构成了风险的名义（即美元）分解：持仓 i 贡献给组合多少美元的风险等等，并且（如公式（11.10）所示）CVaR 的和就是 VaR 本身。

然而，实践工作中出于方便明了的考虑，常常使用不同形式的 CVaR（以百分比的形式表示的 CVaR）：常说持仓 i 对组合风险的贡献是 $x\%$ 等等。这种形式的 VaR 被称为贝塔版 VaR（VaR－beta），贝塔版的定义式如下：

---

① 后者是明显的，另一个则是一个有益的练习。

$$\text{VaR} - beta_i = \frac{\text{CVaR}_i}{\text{VaR}} \approx \frac{\text{IVaR}_i/\text{VaR}}{\Delta w_i/w_i} \qquad (11.12)$$

这是经济学家熟知的 VaR 关于相对持仓量的弹性。贝塔版 VaR 的和自然为 1。

我们还应该记住，公式（11.8）至公式（11.12）中的 CVaR 分解有一个重要的限制：CVaR 分解是一个线性边际分析。成分风险的和之所以能够成为整体 VaR，是因为齐次线性通过欧拉定理在起作用，我们为实现可加性付出的代价是，我们必须假定每一个成分 VaR 只是持仓量和边际 VaR 的简单加总。其局限性在于成分 VaR 与持仓量成比例：如果我们的持仓量变化了 $k\%$，那么我们持仓量也要变化 $k\%$。严格来讲，只有在每个持仓的变化相对于整个组合来说很小的时候，这种线性比例性才能保证；而且，这里的持仓量与整个组合显著相关，所有用类似方式估计出的 CVaR 能够很好地描述持仓对组合的影响。如果我们希望了解"真正的"情况，则必须使用 IVaR，就是求有持仓变化与无持仓变化的 VaR 的差。这样的 IVaR 才是持仓对组合影响的准确估计。不幸的是，这种准确性是有代价的：我们失去了可加性，而且成分 VaR 的和不再等于总体 VaR，这使我们无法将 IVaR（或 CVaR 等其他称谓）视为总体 VaR 的分解。总之，仅当我们的持仓在容量上与总体组合显著相关时，我们才能近似地估计持仓对组合 VaR 的影响①。

这可能带来风险归属和资产配置上的问题。如果我们希望使用成分 VaR 来配置资产，我们则希望我们的成分 VaR 是准确的并且满足可加性，但是一般来说我们不可能使这两个条件同时满足。这使得我们面临一个困难的选择：要么保证可加性，但是却要将我们的资本需求建立在不准确的成分风险测度的基础之上；要么保证 IVaR 估计的准确性，却失去相应的可加性。在后一种情况下，我们估计出成分 VaR 的和可能大于整体 VaR，这时自下而上的资产配置方法将导致过度的厂商水平的资本需求；或者，相反，我们的成分 VaR 的和小于总体 VaR，这将导致不足的总体水平的资本需求。无论那种方式，我们都有可能遇到总体水平上的资本需求问题，这个问题目前尚无很好的理论解决方案。

如果风险分解的可加性是本质性的（我们使用风险的分解估计来

---

① 参见 Boyle 等（1997，第 1304 页）。

配置资本时，会遇到这种情况），那么我们需要某种经验法则。例如，我们可以先做一个初始的“公平”评估，并发现估出的 CVaR 的和总小于总体 VaR。那么我们可以使用某种方法（例如，按照与 CVaR 原始估计成比例的方法）来弥补持仓的不足。尽管由此产生的风险分解不完全准确，但是仍能让我们对组合内的相对风险有一个基本的认识。这样的风险配置大概有某种程度二阶无效，虽然二阶影响或多或少地存在，但是应该（或者我们希望它）很小。我们应该正确看待这个问题，因为原始的风险配置本身就可能非常不正确：实际上，现实中可能存在二阶影响被噪声淹没的情况，这时二阶影响只是一种学术上的东西。如果经验法则合理，我们有理由相信实践中加总问题不如理论上的大。

专栏 11.1

IVaR 和 CVaR 估计

我们可以使用任何标准的方法来估计 IVaR（和 CVaR），其中包括参数估计方法、非参数估计方法（例如，HS 法）或模拟方法。

- 若能求解 delVaR，则应该使用参数方法。
- 使用“前后”法时，可以用 HS 方法来估计“组合调整前”和“组合调整后”的 VaR。

我们也可以在“前后”法中使用模拟方法，但是如果使用不当，则可能导致计算结果不准确。如果我们获得“组合调整前”和“组合调整后”两条样本路，这时的 IVaR（或 CVaR）估计量的方差很像期权 δ 估计量的方差：随着增量的减小方差会变得非常大[①]。解决办法是：模拟出一个价格样本路集合，据此估计“组合调整前”和“组合调整后”VaR。这时估计误差是一阶的，所以它会随着增量的减小而减小。我们也可以使用模拟方法来估计原始组合的 VaR 和 delVaR，然后将这些估计值代入公式（11.1）获得我们的 IVaR 估计。这些估计值可进一步代入公式（11.11）—公式（11.12）获得 CVaR 和贝塔 VaR 估计。

11.2.2　成分 VaR 的使用

11.2.2.1　“深入分解（drill－down）”能力

成分 VaR 在解释 VaR 成分分解的方式上非常有用。它也能使我们在多个不同水平上分解风险，一个水平的成分 VaR 加总恰好等于上一

① 参见 Boyle 等（1997，第 1304 页）。

个水平相应单位的总风险。我们可以将厂商水平的风险分解为大业务单位的成分风险；也可以将这些风险进一步分解为较小业务单位（例如，各个分店）的成分风险；如此这般可以将风险一直分解到各个办公桌（或交易者）水平。图 11.3 给出了这种深入分解的结构。其中的关键是成分风险恰好可以累加（即便只是近似分解或/和使用经验法则对其做累加），我们可以分解我们的风险来获得任意选定水平的成分风险：我们可以分解我们的风险到大的、小的业务单位的成分风险上或任何其他水平的成分风险上，包括办公桌或交易者水平，或金融工具水平。因此，成分风险的可加性提高了风险的深入至任何水平上的分解能力——分解风险数的能力、确认成分风险的能力。例如，金融机构可以使用深入分解来确定任意水平上每一个单位（每个交易者、金融工具、资产类、分店、区域等任何单位）对总体风险的贡献。自不必说，深入分解能力有很大的应用价值——有助于确定必须注意的持仓或单位、识别隐性风险源、设置限制、作出投资和交易决策、决定资本准备金、建立薪金时间表等等。

图 11.3

多水平风险分解和深入分解能力

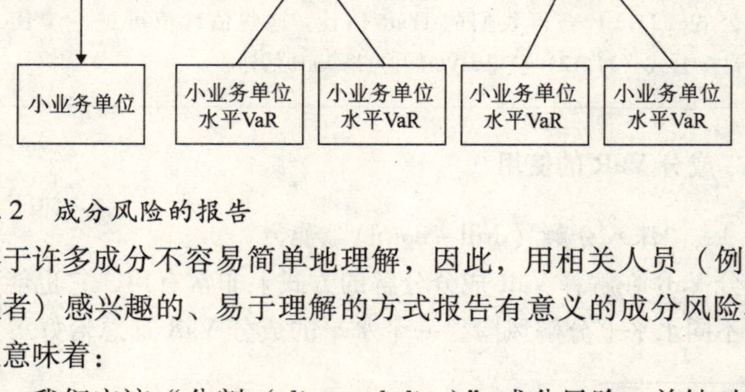

11.2.2.2　成分风险的报告

鉴于许多成分不容易简单地理解，因此，用相关人员（例如，上级管理者）感兴趣的、易于理解的方式报告有意义的成分风险非常重要。这意味着：

- 我们应该“分割（slice and dice）”成分风险，并针对每个对象、业务单位等报告相应的分割出来的部分。

- 报告应该尽可能简洁明了，分解出来的信息应该尽可能直白。报告应该尽可能避免不必要的信息，因为它可能分散我们想表达的关键意见。
- 报告应该明确关键假定，并说明假设不成立时的可能后果。

为了说明报告应该是什么样子，表 11.1 给出了一个组合的风险分解报告，这个组合在银行、化工、能源、公共事业和建筑业上进行了投资①。尽管报告非常基础，但是它还是能够传达出很多有益的信息。这个报告的分解是部门水平的分解，其中第二列给出了各部门的投资额。第三列给出各部门独立计算的（单一的）VaR（简称为独立 VaR），第四列给出了成分 VaR。这时，和多数实际情况一样，成分 VaR 小于各部门独立的 VaR。成分 VaR 的和给出了考虑到各部门多样化投资影响的组合的总体 VaR，等于 30.395。与此相对应的是未多样化的 VaR 的和，为 36.534，各个数字代表的 VaR 是不存在分散化影响且各部门相关系数为 1 时组合的 VaR。这两个 VaR 之比为 83.19%，而分散化效果——表示各部门的风险分散化带来组合 VaR 减少的程度——等于 100% 减去这个比例，为 16.81%。就其中的各个部分而言，从建筑部门到化工部门，贝塔版 VaR 从 12.85% 到 31.4% 不等。这意味着，建筑部分对组合风险的贡献最小，化工部门对组合的贡献最大。贝塔版 VaR 都是正数，这意味着没有一个部门的投资是自然对冲。最后，报告还强调了本报告依据的关键假定（这里是多元正态），并标明了假定不成立时可能的结果（这时可能的结果是风险低估）。

表 11.1

样本风险分解报告

部门	投资额	独立 VaR	成分 VaR	贝塔版 VaR
银行	100	5.373	4.343	14.29%
化工	100	10.559	9.463	31.14%
能源	100	9.063	8.334	27.42%
机器	100	5.826	4.350	14.31%

① Aragones 等（2001）提供了一些进一步的例子，并就他们如何讨论的问题做了很好的讨论。

表 11.1（续）

部门	投资额	独立 VaR	成分 VaR	贝塔版 VaR
建筑	100	5.714	3.905	12.85%
总计		36.534	30.395	100.00%
独立 VaR 加总		36.534		
混合 VaR		30.395		
比例		83.19%		
组合分散化效果		16.81%		
关键假定		风险因素服从多元正态分布		
基本假定不成立时的可能后果		风险（VaR 和 IVaR）低估		

CVaR 除了可以按部门分解之外，还可以按资产种类（例如，股票、物品等）、市场风险因素、各个交易或持仓、业务单位、资产管理或交易者、办公点、进程（例如，风险沿着时间轴被配置的进程）、交易伙伴的类型（例如，政府交易伙伴、互换交易伙伴等）、交易者身份等来分解。这些分类都有其特殊的目的。

CVaR 和 IVaR 信息也可能以“热点（hot spot）”、“最佳对冲（best hedge）”、“最佳复制组合（best replicating portfolio）”、“隐含观点（implied view）”的形式被报告：

- 热点报告，根据 CVaRs 大小来排名——CVaRs 排名第一的称为热点，或最大的组合风险源——据此可以迅速指示出风险来源。
- 最佳对冲报告，给出最佳对冲方法——针对每一个金融工具或资产的最小化风险的交易方法（多头或空头）。若持仓的 IVaR 为负，则进一步买进（多头）是最佳对冲；若 IVaR 为正，则卖出（空头）为最佳对冲。最佳对冲报告可以作为组合管理非常有用的基准①。
- 最佳复制组合（best replicating portfolio，简记为 BRPs）是这样一些持仓数较少的组合，它们能够最好地复制我们的“实际”组合：我们选择少量的（例如 n）个资产，使用回归的方

① 参见，例如，Littennan（1996，第 40 页）。

法估计 BRP，并报告 BRP 的 n 个取值的范围。最佳复制组合在决定宏观对冲组合上非常有用——可作为整个组合的对冲组合。

- 这也有助于理解我们面对的风险：如果我们有非常大的组合，理解其未来的变化方向是困难的，但是如果我们能够使用只有少量资产构成的组合来复制这个组合，则有助于我们认识当前的风险。因此，处理非常大和非常复杂的组合时，BRP 报告特别有用。
- 隐含观点是关于组合未来回报的一种看法，其中的回报就是使得当前组合成为最优组合的回报。隐含观点和实际观点之间的比较有助于发现组合改善的方法。也有助于对（其构成受委托决策制约的）组合进行宏观管理。一个很好的例子（Litterman 提出）就是，大型金融机构的组合受到大量不同市场上交易者操作的影响，可以每天结束估计组合的隐含观点，并拿它与实际观点（例如，内部预测）相比较[①]。于是，两者之间的差异可采用使隐含观点向实际观点看齐的方法来调和。

11.3　一致风险测度的分解

在前面的讨论中，我们的风险测度都是 VaR。然而，我们可以（并希望）将类似的分析用于一致风险测度。例如，我们可以沿着与公式（11.1）类似的思路来定义一致增量风险测度，并且在一定的合理条件下，使用欧拉定理将一致风险测度分解为其边际等价物。例如，如果我们的风险测度是 ES，则欧拉定理告诉我们：

$$ES = \sum_{i=1}^{n} w_i \frac{\partial ES}{\partial w_i} \tag{11.13}$$

根据 Tasche（2000），我们也可以将边际 ES 表示如下：

$$\frac{\partial ES}{\partial w_i} = E[X_i \mid X > \text{VaR}] \tag{11.14}$$

① 参见，Litterman（1996，第 41 页）。

这意味着成分 ES（记之为 CES_i）为：

$$CES_i = w_i E[X_i | X > \mathrm{VaR}] \qquad (11.15)$$

所以，一致风险测度的分解和前面考虑的 VaR 分解非常类似[①]。

① 更多有关一致风险测度分解的内容，参见，例如，Tasche（2000）、Yamai 和 Yoshiba（2001a）、Fischer（2003）。

第 12 章

持仓到风险因素的映射

投资组合的回报（或 P/L）来自各个持仓的回报，目前我们能够想到的只是直接对后者进行模拟：假设持仓 i 的回报为 r_i，并且我们可以直接模拟这一过程来获得 r_i。然而，用这种直接的方法来模拟每一个资产的回报，并非总是可能或者可取。为了理解这一问题，我们首先在各个持仓（或金融工具）和风险因素之间作一个区分：每个持仓都是一个同类型金融工具的集合，而我们的风险因素则是随机（即，有风险的）变量，它们决定了我们所有持仓的回报。到目前为止，我们通常假定每个持仓都有其自己的风险因素，持仓被投射到这个（或这些）风险因素上。然而，实践中我们常常不把我们的持仓投射到其自身独有的风险因素上，而是投射到一些基准风险因素上。通常，我们将 n 个具体的金融工具投射到较少的 m 个参考性金融工具上，这样我们的风险因素就是驱动这 m 个参考性工具回报的风险因素。这意味着，我们需要使用参考性工具来描述我们的持仓，即用标准构件的组合来近似地描述我们的实际组合。用标准构件（或潜在的风险因素）描述实际组合的过程被称为映射。

需要映射的理由有 4 个。首先，因为我们缺乏足够的持仓数据，所以希望映射我们的持仓。我们可能需要处理一个跟踪记录很少的新兴市场工具，这意味着我们缺乏足够的数据来处理它；我们也可能需要处理一个根本没有跟踪记录的新型衍生产品工具。这时，我们可以把持仓映射到一些有足够数据的可比性持仓上。

第二个理由是，映射可以减少我们协方差矩阵的阶数。如果我们的模型以方差—协方差矩阵为基础，那么我们就需要进行映射。如果我们的组合有 n 个不同的金融工具，则我们需要数据来处理 n 个独立的方差

和 $n(n-1)/2$ 个相关系数——总计需要 $n(n+1)/2$ 组数据。如果向组合中加入新的金融工具，则估计新增相关系数所需数据会呈几何级数增加。随着 n 的增加，所需数据的数量也会变得巨大，这给相关数据的收集带来困难。因此，实践中应该限制所需协方差阵的阶数。无论什么情况，像其他地方已经解释过的那样（例如，见第四章的附录 4 和第五章），我们通常都不愿意用阶数很高的矩阵，即便我们有足够的数据来得到这一矩阵：我们需要将我们的协方差矩阵的阶数降低到合理的水平，以避免出现计算问题。

第三个原因与前一个原因密切相关：如果我们试图处理的风险因素有相关性（或者更糟，完全相关），这时协方差矩阵可能存在秩的问题。我们的算法要么不可行——如果运气确实不好——要么得出我们未必能够意识到的病态估计。为避免这些问题，必须保证我们使用的因素之间的相关性不是太强，这需要我们选择适当的风险因素集合，并将我们金融工具映射到这些风险因素上。

使用映射的最后一个理由是，它可以极大地减少风险估计所需要的计算时间：将有大量繁杂持仓的组合变成一个基于基本风险因素的、整理过的风险等价持仓集，这使得我们的计算速度更快，尽管会付出丧失一些精确度的代价。

映射过程通常涉及 3 个阶段。第一个阶段是构造一个基准工具或风险因素集合，并搜集方差和相关系数估计所需要的数据，基准工具可以包括关键的债券、股票、商品等。建立了基准工具集或因素集并搜集到必要的数据后，我们需要导出每一个持仓的综合替代物。这一综合替代物就是实际的映射。最后阶段，需要使用映射出的工具（即，综合替代物）来代替我们持有的实际工具，并估计替代物的风险。换而言之，我们把这一仅由基准工具组成的综合组合当成我们实际持有的组合，并把对替代物的风险测度估计当成我们实际持有组合的风险测度估计。

12.1 核心金融工具的选择

映射的一般做法是，选择一个参考性工具集——包括关键货币市场和证券工具、主要货币等——可以把它们作为类型广泛的实际持有的工具的替代物。理想的工具集是，内容足够丰富、能够为我们组合中的工具提供很好代理同时数量不太多的工具集，这样使得我们可以避免高维问题以及其他相关问题。

最知名的系统——由 RiskMetrics 首创[①]——使用下面的或与之类似的工具集：

- 股票持仓用相应数量的、按核心货币衡量的股指来表示。
- 固定收入持仓用有限几个具有特定到期期限的、按给定货币衡量的现金流组合来表示[②]。
- 外汇持仓用一定数量的几种“核心”货币来表示，外汇远期持仓用按其本国货币衡量的、相应数量的固定收入持仓来表示。
- 商品持仓用选出的一定数量的交易所标准期货合约来表示。

RiskMetrics 为了能够映射范围很广的持仓，使用了很大的工具集。然而，绝大多数机构的投资组合相对特殊一些，因此，只用 RiskMetrics 建议的核心工具的一部分，可以降低维度，提高计算速度。如果愿意，还可以向其核心工具集中添加新的工具（例如，带有新的到期的固定收入工具或特定板块的股指）。

专栏 12.1

主成分映射

我们也可以使用主成分分析（PCA）来获得的核心因素。根据第 4 章附录四的解释，主成分是一个“解释”一组时间序列变化的虚设变量。我们这里的时间序列组是价格或回报。我们通常会发现，少数的主成分足以解释我们的价格或回报序列中的很大一部分。这种方法可以在很大程度上降低我们系统的维度。

PCA 方法通常适合处理由具有较大相关性的、大量不同的工具构成的组合，较大的相关性意味着存在公共影响因素。或许，最好的工具是货币市场工具和债券构成的组合，其中的持仓之间通常会表现出很高的相关性。这时，PCA 在参数削减上能够起很大作用。例如，假设我们的债券组合由 50 个不同的工具构成，如果（不使用任何映射）直接处理这些工具，则需要使用 50×50 阶协方差矩阵，其中的方差和相关系数参数有 $50 \times 51/2 = 1275$ 个。但是如果使用 PCA，债券价格所有的变动几乎

---

① 如果希望进一步了解映射风险测度（RiskMetrics）方法，参阅 Phelan（1997）或《风险测度技术》（1996 年，第 6.2 章），它们都对风险测度的映射系统及其背后的相关问题进行了广泛讨论。

② 风险测度的模型中，持仓也因其信誉的不同而不同，即分为政府持仓（它被假定没有违约风险）和非政府持仓（它被假定有违约风险）。这样的分类显然不能很好地处理信用风险，然而我们总是能够针对信用风险问题做认真的调整，如果我们打算这样做的话。

专栏 12.1（续）

可以用 3 个主成分替代，并且所需方差—协方差矩阵中参数只有 3 个主成分方差。因此，我们的方差—协方差参数从 1275 个减少为 3 个！一旦有了主成分，每一个工具都可以映射到主成分上，因此可以把它们当成是主成分的线性组合来处理。

12.2 持仓的映射和 VaR 估计

现在考虑具体持仓的映射和 VaR 估计。尽管有很多不同的金融工具，但是如果将它们映射为映射组合并估计映射组合的 VaR，则原始组合的 VaR 估计工作可以极大地简化，如果能够认识到绝大多数工具可以分解到少数几个更基本、原始的工具上。不必尝试去映射并估计每一个特定类型的工具，取而代之将每一个工具分解成一些基本构件——这项工作被称为转换工程——它们可以告诉我们与原始组合等价的映射组合是什么。这样，我们就能够完成原始工具组合的映射工作。

12.2.1 基本构件

12.2.1.1 基本的外汇（FX）持仓

有 4 种基本的构件类型，其中，最容易的是基本的 FX 持仓（例如，不计息外汇持仓）。若涉及的外汇是映射系统中的核心货币，则这种 FX 持仓特别容易处理。这时，方差—协方差分析所需要的汇率的波动率和相关系数是现成的。如果我们的外币持仓有 x 个单位，并且汇率为 E，则用本币表现的外汇持仓——如果愿意，可以称之为映射持仓——为 xE。由于不需要支付外汇利率，所以唯一的风险源为 E。

于是，我们可以按照通常的方法来计算 VaR（或者任何其他的风险测度）。例如，假设我们认为相关持有期上的汇率服从均值为 0、标准差为 σ_E 的正态分布，则 VaR 可以表示如下：

$$\mathrm{VaR}^{FX} = xE\sigma_E z_\alpha \tag{12.1}$$

即，VaR 为本币表示的持仓量（xE 个单位）乘以汇率标准差（σ_E），再乘以标准正态随机变量（z_α）。

如果货币不是映射系统中的核心货币，那么我们就需要使用相当数量的核心货币来代替它们。通常的非核心货币，要么无足轻重（例如，匈牙利福林），要么与其他主要货币密切相关（例如，荷兰盾，它与市场的关系非常密切）。如果将关系密切的货币作为独立的核心工具，则可能导致严重的多重共线性问题：方差一协方差矩阵可能不再正定，等等。将非核心货币映射为一揽子货币，原则上与下一节讨论的把个股映射为股指类似。

12.2.1.2　基本的股票持仓

第二类原始持仓是股票。假设我们在厂商 A 的股票上的投资数量为 x_A，但是却没有与这一特定厂商相关的波动率和相关系数数据。但是，我们有理由假定：厂商股票的回报与其市场回报相关并且满足下述关系：

$$R_A = \alpha_A + \beta_A R_m + \varepsilon_A \tag{12.2}$$

其中，α_A 是和厂商相关的常数，β_A 是厂商回报的市场特定成分，ε_A 是厂商特有的随机因素。于是厂商回报的方差为：

$$\sigma_A^2 = \beta_A^2 \sigma_m^2 + \sigma_\varepsilon^2 \tag{12.3}$$

其中，σ_A^2 为 R_A 的方差，等等。于是，厂商回报的方差由厂商市场部分 $\beta_A^2\sigma_m^2$ 和厂商特有成分 σ_ε^2 构成。再一次使用 0 均值的正态性假定，可得股票持仓的 VaR 为：

$$\text{VaR}_A = x_A \sigma_A z_\alpha = x_A \sqrt{\beta_A^2 \sigma_m^2 + \sigma_\varepsilon^2} z_\alpha \tag{12.4}$$

σ_m^2 和 β_A 可以利用公开数据估计，因此 $\beta_A^2\sigma_m^2$ 是可得的。如果我们还有估计厂商特有部分 σ_ε^2 的数据，这当然好，那么我们可以直接估计公式（12.4）。

但是，如果我们没有估计 σ_ε^2 的信息，那么我们应该怎么办？答案取决于我们组合的分散化的情况。如果我们组合的分散化情况很好，那么厂商特有的风险在很大程度上被组合整体吸收，这时，我们可以将 σ_ε^2 视为 0，并在此基础上估计 VaR：

$$\text{VaR}_A \approx x_\alpha \beta_A \sigma_m z_\alpha \tag{12.5}$$

总之，我们将股票回报映射到市场指数上，并使用公式（12.5）

来估计映射后股票回报的 VaR。需要指出的是，所需的波动率信息只是市场波动率信息，所需的厂商特有的信息只是厂商的市场贝塔值。这种市场贝塔映射使我们能够以非常少的市场特有信息来近似地估计股票的 VaR。

市场贝塔方法可以很自然地推广到多个股票构成的组合上，并且不必使用协方差阵就能估计这个组合的 VaR。为了说明这一点，假设我们的组合有 A 和 B 两只股票，这里再一次假设它们的预期回报为 0，于是我们的映射组合的 VaR 为：

$$\mathrm{VaR} = x_A\beta_A\sigma_m z_\alpha + x_B\beta_B\sigma_m z_\alpha = (x_A\beta_A + x_B\beta_B)\sigma_m z_\alpha \qquad (12.6)$$

这里没有协方差矩阵，因为两个资产都被映射到同一个单一的风险因素上，即市场风险。这一方法非常方便，至少在处理股票组合的时候。不必使用组合中各个股票的波动率和相关系数，意味着我们只需使用各个股票的贝塔值信息就可以达成我们的目的。所以，市场贝塔方法能够在很大程度上减少 VaR 估计所需的信息和计算。

"市场贝塔"方法唯一的问题是，如果我们持有的组合的分散化程度不高，则使用公式（11.5）会低估真正的 VaR，因为它忽略了厂商的特有风险。然而，如果愿意，我们还是可以使用某种调整来改进 VaR 估计——专栏 12.2 将解释这种调整——它考虑到了非分散化程度。

专栏 12.2

针对厂商的特有风险，调整股票的 VaR

用市场贝塔方法估计股票 VaR 的缺点是会造成 VaR 的低估，因为其中厂商的特定风险被忽略了。调整这种偏差的一个方法就是使用调整因子乘以基于贝塔 VaR（即 $x_A\beta_A\sigma_m z_\alpha$），这一调整因子反映了组合分散化不足的程度。该调整因子是：

$$\varphi + \frac{(1-\varphi)\sigma_p^u}{\beta_A\sigma_m}$$

其中，σ_p^u 表示风险完全没有被分散（即，完全相关）时组合的方差，φ 为分散化指标，用下式表示：

$$\varphi = \frac{\sigma_p^u - \sigma_p}{\sigma_p^u - \sigma_m}$$

专栏 12.2（续）

其中，σ_p 是组合的方差估计。如果组合完全分散化，则 $\sigma_p = \sigma_m$，于是 $\varphi = 1$。调整因子因此也等于 1，这时的 VaR 恰好就是用公式（12.5）算出的 VaR。另外一个极端的情况就是组合完全没有被分散化，这时 $\sigma_p = \sigma_p^u$，因此 $\varphi = 0$。这时的调整因子为 $\sigma_p^u/\beta_A\sigma_m$，于是 VaR 为 $x_A\sigma_p^u z_\alpha$，这一结果可以根据无分散化假定容易地验证。最后是组合分散化不足的情况，这时 φ 在 0 和 1 之间取值，我们的 VaR 也应该在 $x_A\beta_A\sigma_m z_\alpha$ 和 $x_A\sigma_p^u z_\alpha$ 之间。对于完全分散化和完全没有分散化的组合，我们的调整因子可以产生正确的 VaR。但是，对于中等程度分散化的组合，我们的调整只是某种程度的调整，它不能保证产生完全正确的 VaR。

剩下的问题是，在特定资产的波动率和相关系数信息严重缺乏的情况下，σ_p^u 和 σ_p 如何估计的问题。然而，如果组合根本未被分散化，则 σ_p^u 恰为各资产标准差的算术平均。因此，我们可以用这样的平均来估计 σ_p^u。σ_p 的估计稍微麻烦一些。组合的方差可以改写如下：

$$\sigma_p^2 = \sum_{i=1}^{n} w_i^2\sigma_i^2 + \sum_{i=1}^{n}\sum_{j=1}^{n} w_i w_j \sigma_{ij}^2$$

其中，w_i 表示股票 i 在组合中的权重。方便起见，假设组合在各个资产的权重相同（即，$w_i = 1/n$），则组合的方差可以表示如下：

$$\sigma_p^2 = \frac{\sigma_i^2}{n} + \frac{(n-1)\sigma_{ij}}{n}$$

这意味着，如果我们拥有组合中各个股票的平均波动率和平均协方差，就可以近似地估计组合方差 $\sigma_p^2$①。

12.2.1.3　零息债券

第三类原始工具是零息债券。方便起见，假设我们处理的工具没有违约风险，这时我们的任务是映射无违约零息债券到一个无违约的参考性工具集上。我们还假设我们使用的是 RiskMetrics 类的核心（或参考）

① 还有其他方法来减少 VaR 低估的程度，它随着投资组合的分散化的不完全程度的增加而上升。一个解决办法是使用多个的价格指数。代替使用股市的总体指数，我们可以使用更加特定的指数，例如能源类股指、制造业股指等等。这些特定的行业指数能更多地反映各个股票回报的变化，从而减少不明风险的残留，因为厂商特定的 σ_ε^2 总是低于 σ_m^2，所以这时 VaR 低估的程度较小。

资产集：1 月期的零息债券、3 月期的零息债券，等等。这意味着，我们应该拥有与这些零息债券有关的波动率以及相关系数的数据。我们缺乏的是我们持有的特定零息债券的波动率和相关系数的数据。如果我们持有债券的期数为 10 月期，与这一期数最近的参考债券是 3 月期债券和 12 期债券，那么我们应该如何估计 10 月期债券的 VaR？

答案是将 10 月期债券的 VaR 视同于其映射对应物——由一些 3 月期和 12 月期债券构成的组合——的 VaR。因为我们已经知道这些参考债券的波动率和相关系数参数数据，所以后面的这个 VaR 是我们可以估计的。

有多种映射 10 月期债券的方法。例如，《风险测度技术文献》第四版（1996）建议，作为标准映射持仓应该与原持仓等值且同方差，并且其现金流也应有相同的性状①。另外，我们也可以使用映射持仓和原始持仓同期且等值标准，来映射我们的债券。与之关系密切的标准集是，映射持仓和原始持仓等值且 PV01（Present Value of a basis point change 的缩写，它是指 1 个基点（0.01%）变化的现值）相等。为了解释固定收入映射的机制，我们使用后一种映射准则具体演示映射过程②。

首先假设 10 个月的即期利率 r_{10} 是 3 个月和 12 个月的即期利率的线性组合，其权重由相关的期限来决定。例如，如果 $r_3 = 4.5$ 并且 $r_{12} = 5\%$，则 r_{10} 为：

$$r_{10} = \left(\frac{12-10}{12-3}\right) \times 4.5\% + \left(\frac{10-3}{12-3}\right) \times 5\% = 4.88889\% \qquad (12.7)$$

现在我们给 r_3 和 r_{12} 增加一个基点，并计算它们对 r_{10} 的影响。这给出了两个 r_3 的变化，一个变化是给左边的参考利率（r_3）增加一个基点造成的变化，另一个变化是给右边的参考利率（r_{12}）增加一个基点造成的变化。使用含义明显的符号，有下述关系：

$$\Delta r_{10}^{L} = 0.00222\% \text{ and} \Delta r_{10}^{R} = 0.00778\% \qquad (12.8)$$

假设我们的原始现金流是 10 个月后的 100 万美元，则每个变化带给这 100 万美元的现值的影响为：

---

① 参见《风险测度技术文献》（1996，第 117 – 121 页）。

② 下面的讨论基于 Dowd 和 Rowe（2004），它还详细讨论了映射问题，并提供一些明了的例子。我要感谢 Dave Rowe 以及该文章所在章的编辑 Carol Alexander 和 Sheedy 为此作出的贡献。

$$PV01_3 = 1000000\{\exp[(r_{10}+\Delta r_{10}^L)3/12] - \exp[-r_{10}3/12]\}$$
$$= -17.78 \quad (12.9a)$$
$$PV01_{12} = 1000000\{\exp[(r_{10}+\Delta r_{10}^L)10/12] - \exp[-r_{10}10/12]\}$$
$$= -62.23 \quad (12.9b)$$

现在我们希望找到参考点现金流 C_3 和 C_{12}，它们有与公式（12.9）的计算结果一样的 PV01，这些现金流为：

$$C_3 = -\frac{-17.78}{\exp[-(r_3+0.01)3/12] - \exp[-r_3 3/12]} = \$\ 719217 \quad (12.10a)$$

$$C_{10} = -\frac{-62.23}{\exp[-(r_{10}+0.01)10/12] - \exp[-r_{10}10/12]} = \$\ 654189 \quad (12.10b)$$

所以，100 万美元对 10 月期利率变化的敏感度，与 719217 美元对 3 月期利率变化的敏感度以及 654189 美元对 12 月期利率变化的敏感度一样。换言之，10 个月后 100 万美元的现金流可以等价地映射到后两个现金流 C_3 和 C_{12}上。

上述计算过程被概括在表 12.1 中，这个表基于 Excel 电子表格 "Mapping and VaR of zero coupon bond"，该文件包含在本书所附 CD 中。

现在使用 3 月和 12 月现金流的波动率和相关系数信息来计算 VaR。例如，假设 3 月和 12 月的日波动率分别为 1.25% 和 1%，并且它们的相关系数为 0.8。如果我们继续使用 0 均值正态假定（不同的是，这里的假定是多变量假定），则通过简单计算可得 VaR 为 650.88 美元，具体计算见表 12.1。

表 12.1

零息债券向参考现金流点的映射

参考和支付期间	左参考期间	支付期间	右参考期间
月单位时间	3	10	12
年单位时间	0.25	0.83	1.00
零息利率			
零息观察利率	4.50%		5.00%

表 12.1（续）

参考和支付期间	左参考期间	支付期间	右参考期间
按期间填写的插值现金流利率		4.88889%	
1 个基点变化的参考利率影响			
左参考变化影响	0.01000%	0.00222%	
右参考变化影响		0.00778%	0.01000%
债券现金流			
原始现金流		$ 1000000	
总现金流现值		$ 960078.01	
1 个基点变化的现值影响			
左参考利率的影响		- $ 17.7791	
右参考利率的影响		- $ 62.2253	
按期间填写的参考利率影响	- $ 17.7791		- $ 62.2253
映射出的现金流	$ 719217		$ 654189
比较用实际现金流		$ 1000000	

12.2.1.4 基本的远期/期货持仓

第四个构件是远期/期货持仓。与任何金融工程教科书解释的一样，远期合约是约定在未来某个特定时期、以事先议定的价格（交货时将按照这个价格执行）、购买某个特定商品或资产的协议；而且期货合约是有组织的交易所中的标准化合约。这些合约之间有很大不同，但是对于我们的目的来说，这些差异并不重要。因此，我们可以同时处理这两种合约，并笼统地谈论一般的远期/期货合约。

为了解释与之相关的 VaR 估计，假设我们的远期/期货合约带给我们的日回报依赖于结束日远期/期货合约的价格运动。如果我们有 x 份价值 F 的合约，则这个持仓的价值为 xF。如果 F 服从标准差为 σ_F 的正态分布，我们持仓的 VaR 的近似表达式为[①]：

① 这种近似的一个理由是，无论使用何种合约，投资者都可能面临抵押金或保证金要求，而这些有担保金持仓的维持费用通常对利率非常敏感。远期市场的第二个近似来自二级远期市场的流动性不足。远期 VaR 以交易不活跃市场的市场价格为基础，任何远期的价格/VaR 估计在相当程度上受流动性风险的影响。

$$\mathrm{VaR} \approx xF\sigma_F z_\sigma \tag{12.11}$$

这里再一次假设预期收益为 0。

这时，我们需要估计 F 和 σ_E，通常我们使用线性插值来处理这些问题①。

12.2.2　更复杂的持仓

说明了构件之后，我们现在可以映射更为复杂的持仓。为此我们使用转换工程——由此可得由原始构件构成的持仓的综合等价物。

12.2.2.1　付息债券

付息债券可以被视为到期日不同的零息债券的组合。因此，关于付息债券的映射，我们可以通过将它们视为零息债券组合并分别映射各个零息债券来实现。于是，付息债券的 VaR 等于由零息债券构成的映射等价组合的 VaR。换言之，我们将付息债券的每一次付息映射到与之临近的参考点上（每个付息都被视为一个刚刚考虑过的零息债券），然后将付息债券作为一个零息债券组合来评价，其中，每个零息债券都有不同的到期日。

表 12.2 给出了一个例子，它以本书所附 CD 中的 Excel 工作簿 "Mapping and VaR of coupon bond" 为基础。该例中有一个债券，其支付期分别在第 4、10、16、……、40 个月以及 46 个月。我们参考债券的期间分别为 3、12、24、36 个月。这个债券的面值为 100 万美元，年利率为 6%：这意味着，除了最后支付日之外的每个支付日需要支付 3 万美元，而在最后一个支付日则要支付 103 万美元。因此，4 个月和 10 个月的支付分别被映射到 3 个月和 12 个月的参考点，16 个月和 22 个月的支付分别被映射到 12 个月和 24 个月的参考点，等等。对于给定的参考期即期利率集，表 12.2 表明了映射支付是如何获得的。具体结果如下：3 个月的 56952 美元，12 个月的 77127 美元，24 个月的 48088 美元，36 个月的 258256 美元，48 个月的 843749 美元。

---

① 远期/期货持仓比固定收益持仓更容易映射，因为在这里，我们假定一般的远期/期货持仓不涉及即期利率（或时值）问题。虽然这一假设未必总是合理，但我们总可以借助一定的修正来处理这些问题。这样，我们就能够使用与固定收益持仓的映射相同的方法来处理这类映射。

然后，我们按照处理标准组合的思路使用方差—协方差方法估计组合的 VaR。

12.2.2.2　其他的标准工具持仓

其他一些工具也可以用同样方法映射，它们来自金融工程的理论成果：

- 远期利率协议（简记为 FRA）：远期利率协议与这样的投资组合等价——多头一个特定到期的零息债券，空头一个不同到期的零息债券。因此，我们可以将这种协议当成一个有不同到期的零息债券的多—空头组合，并在此基础上估计 VaR。
- 浮动利率工具：由于浮动利率票据可以按照各个派息支付进行等值再定价，所以我们可以用零息债券作为等价物，这种零息债券的到期等于下次派息支付的时间。因此，我们使用到期为下次派息支付日的零息债券来映射浮动利率工具。
- 普通利率掉期：普通利率掉期与这样的组合等价——该组合由一个固定派息债券的多头和一个浮动利率债券的空头构成，反之亦然。
- 结构性票据：也可以被映射，可以将其视为利率掉期和常规浮动利率票据的组合①。
- 外汇远期：外汇远期和多头一个外币零息债券和空头一个本币零息债券的组合等价，反之亦然。
- 商品、股票和外汇掉期：它们中的一部分可以分解为一定形式的远期/期货，另一部分可以分解为其他形式的远期/期货。

这个清单可继续扩大，但是无论如何扩大，其中关键点是很明确的：除了留待下面讨论的内容之外，我们可以使用少量的构件和基本的金融工程理论来映射很多不同的工具。

有所保留的内容是什么？是任意性。所有讨论过的工具其共同点就是它们的回报都是潜在风险因素的线性或近似线性函数。因此，映射非常简单，我们的结果也应该有相当的合理性。当然，我们应该始终对下

① 基本的结构性票据工具中存在极少的嵌入式选项，对此我们可以予以忽略。然而，更为复杂的结构性票据中可能存在很多选项，为妥善处理，这类持仓需要处理其中的嵌入式选项。

表 12.2

付息债券的映射

参考性工具期间和支付期间	参考性工具期间	支付期间	参考性工具期间	支付期间	参考性工具期间	支付期间	参考性工具期间	支付期间	参考性工具期间	支付期间	参考性工具期间	支付期间	参考性工具期间
以月为单位的现金流时间	3	4	10	12	16	22	24	28	34	36	40	46	48
以年为单位的现金流时间	0.25	0.33	0.83	1	1.33	1.83	2	2.33	2.83	3	3.33	3.83	4
零息利率													
零息观察利率	4.50%			5.00%			6.00%			6.50%			7.00%
按日期填写的现金流插值零息利率		4.5555%	4.8889%		5.3333%	5.8333%		6.1667%	6.4167%		6.6667%	6.9167%	
参考利率一个基点变化的影响													
左参考利率一个基点变化的影响	0.0100%	0.0089%	0.0022%	0.0100%	0.0067%	0.0017%	0.0100%	0.0067%	0.0017%	0.0100%	0.0067%	0.0017%	0.0100%
右参考利率一个基点变化的影响		0.0011%	0.0078%		0.0033%	0.0083%		0.0033%	0.0083%		0.0033%	0.0083%	
债券现金流(单位:美元)													
派息		30000	30000		30000	30000		30000	30000		30000	30000	
本金												1000000	
加总		30000	30000		30000	30000		30000	30000		30000	1030000	
现金流现值		29547.9	28802.3		27940.8	26957.3		25979.5	25012.9		24022.1	790112.4	
一个基点变化的现值影响													
左参考利率变化的影响		−0.8755	−0.5334		−1.2418	−4.1182		−4.0409	−1.1811		−5.3377	−50.4778	
右参考利率变化的影响		−0.1094	−1.8668		−2.4835	−0.8237		−2.0206	−5.9051		−2.6690	−252.3567	
映射到参考日期的现金流影响	−1.41			−7.34			−8.53			−63.74			−255.03
映射现金流	56992			77127			48088			258256			843749
由于比较的实际现金流		30000	30000		30000	30000		30000	30000		30000	1030000	

述情况有清醒地认识：因为映射是近似映射，所以有误差。但是，只要我们工作认真，在线性风险的条件下，我们可不必为此担心。然而，一旦我们组合中有明显的任意性，我们的持仓（通常）将是线性很差的潜在风险因素的函数，这种非线性会严重破坏标准映射方法的准确性。

为了更能准确地映射期权持仓，我们使用非线性或 $\delta-\gamma$ 近似，该方法第 10 章讨论过。原则上讲，只要期权价值能够用二阶函数或 $\delta-\gamma$ 方法合理近似，这种方法就是可行的。然而，实际中这种近似可能难以使用，其精确性也可能有问题。此外，各种不同的近似方法可能导致非常不同的结果，所以使用某个近似方法时，我们必须保证我们的持仓确实适合这种方法。

第13章

压力试验

本章讨论压力试验——这是一种试图估计我们的组合面对假想事件时的脆弱性的工序。金融机构已经以这种或那种形式进行压力试验很多年了，特别是用这种方法估计利率风险暴露。早期的压力试验比较简单——只比“信封背面的简单估算（back envelope exercises）”稍微复杂一点——但是这一方法已被改进了很多年，这在很大程度上要感谢电子表技术和计算能力方面的改善。尽管压力试验在很多方面还有其局限性，但是相对于其前身，还是变得复杂多了。

人们过去常常倾向于认为，相对于其他风险估计方法（例如，衍生产品中的希腊字母参数估计方法或更广义的 VaR 估计），压力试验是次要的。这种看法主要源于这样一个事实——压力试验方法本身有原始性。此外，1996 年以前，多数压力试验只限于办公桌水平，在公司整体水平上进行压力试验的厂商相对较少。然而，此后公司水平的压力试验已经变得更加普遍和先进，而且在有信用和流动性冲击的领域和市场压力试验也已经成为日常工作。正如 Schachter 所指出的那样：

“1997 年 10 月发生的事件是压力试验方法发展的一个分水岭。重视压力试验的管理机构和银行因为这一事件而大量增加。在某些方面，这一事件甚至引发了人们对压力试验的强烈爱好。压力试验背后的理论仍在盲目发展，甚至比风险值（VaR）研究有过之无不及，而 VaR 本身已经是一个成熟的风险管理工具[①]”。

所以，压力试验现在越来越多地受到关注，这种关注在很大程度上是由于受到了一种过时观点——压力试验可以帮助金融机构避免一些近

① Schachter（1998，第 5F－10 页）。

年来出现的惨痛损失——的影响。

压力试验也获得了其他领域的支持。其中之一就是监管系统，它很早就认识到压力试验的重要性。例如，1996 年的巴塞尔协议规定，基于其内部模拟决定资本准备金的银行应该建立“全面严格的”压力试验程序，这一程序应该能够检验过去的重大干扰对投资组合的影响，应该能够基于自己投资组合的特点进行银行自己的压力试验。压力试验也被组织化的证券交易所用来决定保证金的需求，芝加哥证券交易所使用的 SPAN 压力试验系统就是一个很好的例子（见第 2 章）。

不久前，压力试验还受到来自意想不到领域——一致风险测度理论——的发展的推动。正如我们在第 2 章讨论过的那样，这一理论告诉我们压力试验的结果可以视为一致风险测度，这意味着压力试验结果现在已经成为“值得尊重的”风险测度。由于该测度理论还告诉我们，VaR 不是“值得尊重的”风险测度，这意味着在这两种风险测度标准上出现了一个明显的逆转。10 年前，VaR 占统治地位，而压力试验则被视为是非常次要的东西。压力试验的结果虽然非常有用，但是却缺乏真正的知识基础，而 VaR 被认为是“适当的”风险测度。现在人们知道，所有这一切都是错误的：VaR 根本不能被视为“值得尊重的”真正的风险测度，压力试验结果作为风险测度，其表现始终值得人们尊重。所以，VaR 是一个虚假的风险测度，压力试验最终获得了其应得的认可。

压力试验对于危机环境下我们可能遭到的亏损的量化工作特别有益，危机环境下“正态”市场关系会遭到破坏，VaR 和 ES 风险测度可能导致非常错误的结果。压力试验可以从大量不同的危机现象中发现我们的弱点：

- “正态”相关关系被破坏：由于危机环境下相关性会遭到极端值的干扰，所以实际损失可能远远大于基于“正态”相关假定的 VaR 告诉我们的损失。
- 流动性突然减少：危机环境下市场的流动性会突然变得非常差，买卖价差和指令执行时间可能急剧增加，风险管理策略（例如，基于动态交易的交易策略）可能变得十分不稳定，从而导致比预期大得多的损失。
- 集中风险：压力试验有时会告诉我们，关于某个单一交易对象或风险因素的风险敞口远远大于我们的实际认识，因为它考虑到了不寻常的危机条件。VaR 和 ES 风险测度可能忽视这种情况，因为它们不重视危机条件。

- 宏观经济风险：压力试验也适合测定我们对于宏观经济因素（例如，商业周期、特定国家的经济条件等）的风险敞口。

尽管压力试验基于的原理很简单，但是却涉及大量不同的范畴。这取决于：事件类型（即，正态、极端、条件、突变、流动等事件），相关的风险类型（例如，市场风险、流动性风险、信用风险以及这些风险的组合），风险因素（例如，股票风险、收益曲线风险、外汇风险、倒闭风险等），国家或地区（例如，北美、加拿大等），压力试验采用的方法（例如，情景分析、因素推动、极大损失最优化等），模型假定（例如，关于收益曲线、风险因素分布以及倒闭参数等假定），账簿（例如，交易账簿、银行账簿、资产负债表表外账簿等），相关工具（例如，基本的股票和债券、期货、期权等），实验水平（例如，桌面水平、业务单位水平、公司水平等），数据需求（例如，桌面水平数据、公司水平数据等）以及组合的复杂性。因此，压力试验的原理简单，但是实际的实施却非常复杂。

在某种意义上，压力试验也构成了对以概率论为基础的风险测度（例如，VaR、ES 等）的自然补充。我们曾经说过，VaR 只告诉我们给定概率下的最大可能损失，但是并未告诉我们超过 VaR 的损失（简称为超额损失）发生的情况。ES 稍好一些，因为它告诉超额损失的期望值，但是它只是告诉我们期望值，并未告诉我们超额损失的具体分布。相比之下，压力试验能够告诉我们更多有关坏状态（或超额损失）的信息——实际上，压力试验的目的很明确，就是要告诉我们这方面的信息。然而，压力试验（通常）不告诉我们，也没打算告诉我们，坏状态出现的可能性。所以，VaR 和 ES 的好处在概率方面，坏处在“情景（what if）”方面，而压力试验与之相反，适合处理“情景”问题却不适合处理概率问题。这两种方法（一类是诸如 VaR、ES 等的概率风险测度，另一类是压力试验）自然构成相互补充，每一个都在对方不擅长的地方有突出表现。

广义而言，我们可以把压力试验方法区分为两个大类：

- 情景（或“what if”）分析，评价特定情景（例如，股市的某种下跌）对我们组合的影响。其中的重点就是情景指定和相关的后果研究。

- 机械压力试验，它需要我们对一些（常常是大量的）数学或统计学界定的可能性（例如，某些标准差造成的市场风险因素的增减）进行评价，以决定最坏的事件组合以及由此带来的损失。

我们不久将会考虑这些问题。我们的讨论先从压力试验的好处和难处开始。

专栏 13.1

压力试验的使用

如果使用得当，压力试验可以成为非常有用的风险管理工具，而且压力试验在风险管理中的应用方式也多种多样。首先作为信息来源，其分析结果可以辐射到所有我们感兴趣的领域。压力试验的结果可能成为特别有效的风险信息交流手段，因为其特殊的实验方式非常容易理解且不需要任何概率符号，这在概率性风险测度的使用中不可或缺。然而，重要的是不要向信息接收方提供大量不必要的数据，所以最好只向各个水平的管理者或决策者提供与他们有关的信息。按照这种方式，压力试验可以针对厂商对风险的重视程度，帮助他们评估风险，确认厂商风险敞口的主要促成因素和一些表面上看不出来的隐秘风险源。若想提供最新的信息，则需要按照某个合理的频度（每个星期或月）不断地进行压力试验。

压力试验有助于决策，特别是设定持仓限制、资本配置和基金风险管理。压力试验在资本配置和持仓限制设定上的作用不言自明，在基金风险管理上的作用则是：识别厂商可能出现资金问题的环境，使得管理者能够提前采取适当的行动。

最后，压力试验也可以帮助厂商进行系统设计，以防范不良事件的发生，例如，压力试验可以提供模型假设检验，这有助于防范压力事件发生的系统设计和应急计划的制订。

13.1 压力试验的优点和难点

13.1.1 压力试验的优点

- 由于压力事件（通常）不太可能发生，所以用于 VaR（或 ES）估计的数据不多，无法揭示更多的问题，因此这给压力试验以机会。

- 经常用于 VaR 的短持有期往往太短，所以很难充分展现压力事件的全部影响。重要的是，要在较长的持有期上执行压力事件。
- 如果压力事件是稀有事件，则它们可能落到 VaR 的尾部区域。关于这些事件，VaR 不能告诉我们任何事情。如前所述，ES 的表现会稍好些，因为它告诉我们尾部损失的期望（即，平均）值，但是 ES 关于未来的坏事件不能告诉我们更多。
- 通常为了有助于评价非线性持仓作出的假定，在压力存在的情况下，可能不成立，所以有完全再评价的压力试验可能比其他方法，例如，二阶近似 VaR，能提供更多的信息。
- 压力试验能够考虑性质独特的压力情景（例如，radicalized correlations 等），所以有助于揭示出 VaR 往往会忽略的风险敞口。

我们可以给出很多例子，说明压力试验能够突显出概率方法或其他方法容易忽视的风险暴露。一个重要的例子出现在金融机构薄弱环节的确定上——压力试验有助于确定那些能够使金融机构陷入破产的（严重性和事件组合等条件下）情景类型。美联储主席格林斯潘说：

“估计风险资本的必要水平时，需要关注的首要问题是解决那些有时能够使机构破产的干扰——它们是亏损分布的负尾部，是现代风险管理关注的中心。因此，把压力情景组入形式化风险建模过程似乎是第一重要的事情[①]”。

压力试验能够比其他方法更准确地确定这些情景，所以能够使风险管理者对他们必须担心的情况（情景）能有更清楚的认识，这使得避免这些事件发生所需的对冲策略或其他风险管理策略的制订变得更容易。

压力试验在流动性风险的确定和定量方面的表现也很好：压力试验能够确定别的方法不容易看出来的流动性风险因素。流动性效应——例如，利率和抵押需求或信用触发器之间的联系、买卖价差的影响以及执行时间的增加——可能非常微妙，VaR 系统不能真正地驯服它们，精心设计的压力试验却能很好地做到这一点。因为，流动性压力试验中包含了偿付实验，这在决定如何处理相关风险上至关重要。

---

① Greenspan（2000，第 2 页）。

压力试验在确定大的市场变动带来的后果上非常有用。例如，当期权持仓涉及的杠杆给定时，对冲厂商能够应对很小的市场变动，但是却可能被剧烈的市场变动毁掉，发现这种风险敞口的唯一方法就是使用基于市场剧烈变动假定的压力试验（例如，假定变化幅度为 5 - 10 倍标准差的变化）。我们还可以使用压力试验考察其他一些剧烈市场变动的潜在后果，包括流动性枯竭的后果或可能的基金后果——价值为正的衍生产品组合突然变成巨大负债时，就需要我们增加保证金或满足保证金增补要求。

压力试验在考察波动率变化的后果上表现也不错。基于历史数据的波动率的估计可能不可靠，依靠这种结果有时可能导致超过我们预期的更大损失。为了说明这一点，考虑这样一种情况，一个大的汇率危机发生之前，我们已经过了相当长的一个时期，那么基于历史数据对有关的多币种组合作出的 VaR 或 ES 估计指示出的汇率风险相对较小：由于汇率在相当的时间内表现稳定，所以历史方法不可能指示出大的汇率风险。随后汇率发生剧烈变动，市场上任何犯错误的人都会遭受巨大损失。但是，这一弱点能够很容易地被压力试验识别出来。其他市场上也会出现波动率突变的情况，特别是股票市场和大宗商品市场。

同样，我们也可以使用压力试验来考察我们对相关性假定的依赖程度。由于组合的风险依赖于我们对于组合内各个持仓的相关性的预期，相关性大的变化使得我们组合面临的风险暴露比我们认为的要大得多。历史性的相关本身非常不稳定，相关性最急剧的变化常出现在诸如市场崩溃之类的危机中。如果我们想从这类事件中幸存下来，重要的是不仅要研究我们对大市场变动的风险暴露，而且还要考察“正常的”相关性的破坏以及对我们特别不利的市场会带给我们什么损失，唯一的方法就是使用情景分析测度这种风险敞口。

最后（但是并非最不重要），压力试验在帮助我们发现风险管理设定中的其他弱点上非常有用。通过实际的压力试验，风险管理者和高级管理人员可以看到坏场景带来的后果，这有助于他们发现曾经低估或忽视的弱点。如果使用得当，压力试验不但能够指示出机构的弱点所在，而且也能指示出应急计划的弱点。事实上，对于风险管理而言，风险管理者对隐蔽性弱点的了解以及对最终试验出的亏损数的了解同样有价值[①]。

13.1.2　压力试验的难点

压力试验看起来容易做起来难。压力试验以大量的决策为基础，而这些决策又与下述事项有关：情景和/或应力风险因素的选择、风险的组合方式、需要考虑的取值范围、时限选择等。

压力试验依赖情景的选择，所以依赖试验执行者的经验和判断。这是一个很大的缺点，众所周知，我们希望避免的负面事件常常难以预测。因此，选择“正确的”情景虽然很重要，但是有时却非常困难。过去几年，有许多大公司遭受严重损失或破产的案例，它们多起因于一些公司管理层预料不到的事件（当然，也有一些案例起因于可以清楚预料的事件）。当组合结构复杂时，需要考虑的风险因素是什么也很难决定。因此，压力试验的效果和实验执行者的技能、意识甚至直觉都有很大关系——总之，好的风险管理既是科学也是艺术。

压力试验的另一个问题是，很难用一致、合理且不被大量不同可能性压倒的方式完成各种情景。这里有 3 个主要的问题：

- 我们需要完成情景的能力，因为某些情景会产生非常复杂的后果：一个触发性事件的发生可以影响到一些变量；这些被影响到的变量不但会影响其他一些变量而且还会相互影响；被变量影响到的变量还会进一步影响其他变量，等等。触发事件可能迅速引发出大量的可能情况，而且如果我们不小心，这些可能情况的数量会变得无法控制。
- 在情景的执行过程中，我们常常（未必总是）希望考虑不同风险因素之间的相互作用。虽然，假设所有的相互关系都以最危险的方式发生变化，并在此假设下进行情景分析有时是有益的。但是，事实上我们并非总是希望做这种假定，相反我们常常希望考虑不同变量间的相互关系。我们的压力试验可能表明

---

① 为了更好地使用应力检验，一个好的做法就是使用指定具体的阈值，将亏损超过阈值的问题视为严重问题。这个阈值可以设立在机构资本上，也可以设立在相关业务部门的资本配置上。如果应力检验得出的亏损超过了这个阈值，有关机构将认真地审查产生这个过高亏损产生的环境，密切关注导致这个亏损的协同变化，并评估这一结果的可能后果。在此基础上，可以做出明智的决策：这个风险是否屏蔽掉了，如果没有，应该如何屏蔽等等。

一个资产价格额上升而另一个下降时最大可能亏损会出现，可是这两个资产价格之间有很强的正相关性。这时，由于压力试验无视这两个价格同时升降的可能性，所以由此得出的亏损估计会远远高于真正可能出现的亏损。因此，压力试验中我们必须决定：相关性何时存在？相关性存在时，其存在方式是什么？

- 在情景设计时，我们还要认识到，价格相互之间不能独立变动的情况经常出现，这是违反无套利条件的。为了能够合理地进行压力试验，我们必须消除所有和无套利条件不一致的价格联动。

压力试验也会遇到各种计算问题。

（1）其中第一个问题是，需要考虑金融工具的价格对标的资产的不同敏感度。这里的要点是，用标准差的某个倍数给所有价格施压，会忽视每个持仓对潜在风险因素的敏感性。例如，远未到价的期权的价格对（按绝对值计算的）标的价格的变化不敏感，但是到价期权的价格却对标的价格非常敏感。因此，期权价格变化的概率（这个概率为波动率的 α 倍）在到价时比远未到价时要高的多。因此，这种变化的概率因持仓不同而差异很大时，用同等数量的标准差来给所有价格施压毫无意义。解决方法就是不要用某个特定倍数给各个具体的价格施压，而是给潜在的风险因素施压。

（2）压力试验的计算量可能非常大，而计算量会制约压力检验的频度。通常的情况是，压力试验只有用计算量很大的方法（例如，模拟方法）才能对期权持仓做出充分的再评价。很多厂商也会因这种或那种的系统不兼容性而面临计算问题。

（3）在压力试验中，市场和信用风险因素的整合非常困难。最近有关金融机构的国际清算银行的调查报告表明，没有一个被调查厂商的系统的压力试验能够完全整合了市场和信用风险因素①。多数时间，和信用相关因素对交易工具价格影响的考虑差不多，整合要花很多时间。

还有一个概率问题：由于压力试验给不出任何有关可能性的信息，所以我们总是面临压力试验结果重要性的判断问题。假设压力试验结果

---

① 参见，Bis（2000，第15页）。

表明某个特定事件能够导致我们企业的破产。这个结果值得重视吗？答案是关于这一问题我们什么也说不出来。如果相关事件有一个明显的发生概率，那么很显然这一结果重要且值得重视。但是，如果这个事件发生的概率微不足道，则没有必要去关注它：理性人不会浪费时间和资源来处理这种危险性，因为这一事件太不可能发生，因此没有必要为此担心。为了有效地使用压力试验，我们必须对相关事件发生的可能性有某种程度的认识，即便这种认识非常不系统、不规范①。

专栏 13.2

压力试验和概率风险测度的整合

风险管理通常面临两种不同类型的风险估计——概率性风险估计（例如，VaR 或 ES）和通过压力试验获得的亏损估计——它们之间缺乏明显的组合方式。那么，如何将概率性风险估计和“某某条件下会有某某亏损”之类的估计组合起来？传统的回答是我们做不到：我们必须分别做这两种估计，而且最好用一个估计集来检查其他可能出现的问题。

关于这个问题 Berkowitz（2000a）提出了一个解决方案：他建议我们给压力试验的情景指定概率，这样就可以将压力试验整合到形式化风险建模过程中。那么，由此获得的风险估计结果可以将上述两个传统的市场风险估计结合起来，这样每个压力试验结果都有一个相应的概率，它给了风险管理者一个单一整合的风险估计：(1) 按照通常的方式执行压力试验。(2) 执行第二个判断过程，给每个情景指定概率。(3) 执行传统的形式化风险建模过程，使用适当的风险测度技术描述我们的风险，产生一个 P/L 数据集以及与之相应的概率。(4) 我们使用这个数据集和相关概率，用通常的方式估计我们想要的风险测度（例如，VaR、ES 等）。

当然，这些估计包含了压力试验和情景概率评价中的主观判断因素，然而，特别是由于一致风险测度估计的优点——将压力试验中的主观判断整合到建模过程中应该比完全无视它们要好。

① 评价压力情景的似真性（或者，更为形式地说是场景出现的概率）并不困难，至少原则上如此。Breuer 和 Krenn（2000，第 16 页）提出了一个简单的方法。如果我们用压力因素构成的 n 维 r_{stress} 来规定我们的应力场景，那么用这个向量和压力因素协方差阵 $\sum$ 就可以定义场景 r 构成的 n－维椭球 $(r-r_{stress})^T\sum^{-1}(r-r_{stress})$。如果 r 服从正态分布，那么正态分布包含在这个椭球中的那些点将告诉我们应力脚本 r_{stress} 出现的概率；即使 r 不服从正态分布，我们常常可以将包含在这个椭球中的正态点的众数作为一个非公式性似真性测度。

13.2 情景分析

现在考虑压力试验的两个主要方法中的第一个——情景分析。

13.2.1 情景选择

情景分析的第一步是选择需要考虑的情景，情景可以有3种主要的形式。

13.2.1.1 类型化情景

一种类型的情景是类型化情景——模拟一个或多个利率、汇率、股价或商品价格的运动。这些情景的变化可以相对温和，也可以非常极端，考虑的运动可以用绝对变化、百分比变化或标准差单位（即，价格变化除以相关价格的历史标准差）表示。Derivatives Policy Group（1995）提出了一些可能的情景，包括正负100个基点的平行收益曲线、正负25个基点的平行收益曲线、正负10%的股指变化、正负6%的货币变化、正负20%的波动率变化。如果机构关心的是极端事件，则还需要考虑相对稀有的事件，包括相关标的价格的5个或10个标准差的稀有事件。我们也希望考虑其他因素的影响，例如，收益曲线的斜率或形状的变化，相关性的变化，信贷利差的变化（例如，泰德价差（TED，U. S. Treasury futures contracts and Eurodollar interest rate differential between，美国国债与欧洲美元期货合约之间的息差）的升降）。

类型化情景在资产负债管理中已经用了很长时间，它们适合处理组合对少数风险因素的风险敞口。通常的方法是，首先设想（假定）各个风险因素的取值，然后使用定价公式（例如，持仓的简单线性公式、债券的期间近似或期间—凸近似、期权的 $\delta-\gamma$ 近似等）决定组合价值随市场风险变化的情况。我们可以假定汇率上升 $x\%$ 或下降 $y\%$ 等等。每一个特定的风险变化组合都可以带来一个新的特定的风险值，由此可以决定组合的损益。如果结合变换的可能性进行分析，那么，即便是粗略的概率指定，也能较好地描述我们的组合面临的风险。然而，这种方法的主要局限性是，当风险因素较多的时候，它很容易变得无法控制。如果风险因素过多或者某个风险因素的情景过多，则风险管理者将会得到数以千计的亏损数据，它们中的每一个都是针对不同风险因素变化的组合。这样的信息太过庞大，致使管理者无法据此获得对组合风险的整体认识。

13.2.1.2 实际中的历史事件情景

我们也可以根据实际发生的历史事件来选择我们的情景。历史情景既可以以相对温和的市场变动（这样的变化有相当的可能重复发生）为基础，也可以以更加极端的市场变化（这类事件发生的可能性不大，但是一旦发生，亏损非常大）为基础。历史情景相对其他情景有下述两个优点：

- 事实上，由于这类事件历史上曾经发生过，所以任意性比较小，并且相对于其他情景更具可信性。历史情景更不可能建立在不可能的背景之上。
- 它们容易理解。诸如“如果 1987 年 10 月那样的股市崩盘明天再发生，将会造成 X 美元的损失”之类的陈述容易理解，这类陈述在风险信息交流中非常有效。

由于纯粹的历史情景选择——包括所用数据的期间、所需的价格或价格指数、是否以及如何自举抽样等等——不可避免地有其主观性，所以我们可以利用精心制作的情景目录，该目录不要只包含少数特有的稀有情景，这会使我们的选择过程更加系统。这样的目录包括：

- 适度市场情景：例如，对最近市场回报情景的自举抽样、市场波动率的变化、源于财政盈余的债券市场紧缩、欧元的变化、泰德价差扩大或缩小等最近的市场经验。
- 极端市场情景：例如，股市大危机的再现（例如，1987 年 10 月 19 日，23% 的道琼斯股指暴跌）、汇率危机（例如，1994 年 12 月的比索贬值、1997 年的东亚货币贬值、1998 年 8 月卢布 40% 的贬值等）、债券市场崩溃（例如，1994 年美国的利率翻倍），大国的冲击（例如，1995 年的拉美危机、1997 年的亚洲金融危机、1998 年 8 月的俄罗斯金融危机、1999 年巴西金融危机）、或大金融机构的经营失败或濒临失败（例如，长期资本管理公司、安然、帕尔马拉特等）。

一个好的情景选择指南是，选择与历史数据中最坏情况的数量级相同的情景。这时，应该牢记这些事件很难实现预测。应该牢记的是，市场经验表明价格的最大下跌幅度因市场不同差异巨大，而且即便是同一个市场，市场价格的最大跌幅远高于次大跌幅。

专栏 13.3

成功情景分析指南①

许多公司可以通过加强压力试验装置来改善压力试验：允许大的风险因素变动，这使得压力变得真正有力；适当地考虑压力事件的速度和期间；决定关键假定，并衡量厂商对这些假定的脆弱性，以避免重要假定不显现的危险；考虑风险因素之间的联系（例如，市场风险、信用风险和流动性风险之间的联系）；频繁执行压力试验，确保试验的结果的更新和切题。在合理的情景设想和历史情景之间保持平衡，在压力试验结果和概率风险测度之间保持平衡，这也非常重要。

成功的压力检验还要求企业避免或至少减少了一些共同缺陷：高级管理人员可能没有“接受”压力试验训练，因此对试验结果不重视；试验结果可能被无权采取补救措施的管理者评价；用户可能会混淆“设想（what if）”情景和最坏情况的情景。高级管理人员也应尽量避免下述危险，从而避免损害压力试验过程的完整性和信誉：把压力检验当成一种政治武器来使用，或试验结果被热衷其他目标的公司内部相关部门忽视。金融机构有可能避免这些隐患，如果它们能够确保：高级管理人员接受压力试验训练，所有相关各方都参与情景选择，根据相关各方的情况向它们具体报告试验结果。

13.2.1.3 没发生过的假想事件

情景也可能来自合理的理论假想事件，它们并没有历史先例。这些情景虽然与历史上的某些事件相似，但是却不是历史事件的重复。这些情景包括自然性的（例如，加利福尼亚州大地震）、政治性的（例如，爆发战争或君主垮台）、法律性的（例如，对某个衍生产品合约合法性的裁决）、经济或金融性的（例如，大金融机构的倒闭或新的金融危机）、信用相关的（例如，主要交易对手的信用评级降低）、流动性相关的（例如，信贷息差大幅度增加）情景。我们常常可以通过了解历史事件并探求其可能的结果来决定这类情景。

我们也可以观察历史记录，由此获得什么事件可能出现的启示。最

① 与此相关的更多内容，参见 Wee 和 Lee（1999，第 16－17 页）。

近的国际清算银行的压力试验报告提到一个很好的例子——“安全投资转移（flight to quality）”[①]。这类情景涉及信贷息差的冲击，例如，泰德价差冲击。然而，1998 年末期经历的安全投资转移涉及信贷价差和流动性因素之间的联系，所以现在金融机构使用的安全投资转移情景在流动性方面考虑得更多，更强调流动性相关的息差的变化，例如，最近新发行的和以前发行的美国国债之间的息差变化。

13.2.2　情景影响评价

决定了所有的特定情景之后，我们需要考虑每一个情景对组合内所有金融工具价格的影响。任务的关键是认识我们的各个持仓对标的风险因素的敏感度，我们在压力试验中假想的变化是风险因素的变化。对某些持仓来说，这项工作很容易。因此，直通式外汇持仓的变化和汇率的变化一一对应，分散化股票组合的价值变化和股指的变化一一对应。许多其他持仓的变化也与标的风险因素的（或前后）变化一一对应。某些其他持仓则缺乏简单的敏感度，但是我们通常可以近似地处理它们。例如，我们可以根据 δ、γ、vega 及其他风险参数的估计，所有这些参数估计都是可得的，来近似地获得期权价格对标的风险因素变化的敏感度。当涉及债券的时候，我们可以使用期间近似或期间—凸性近似代理这些债券对市场利率变化的敏感度。

一旦我们决定了情景对所有相关价格的影响，我们就可以决定情景对组合整体价值的影响。组合的亏损可以通过求组合的已有价值和情景执行后价值的差来决定。

评估我们组合的情景影响时，我们也需要考虑我们参与的市场的假想事件的影响。极端压力下继续假定市场表现正常特别不明智。例如，在股市正常的条件下，我们期望看到卖单只需数分钟左右的时间就可以执行；然而，1987 年 10 月 19 日的股市不堪重负，这些卖单的执行需花数小时的时间。卖单要么因时间或价格限制而过期，要么以比期望价格低得多的价格执行。当卖者最依赖市场流动性的时候，市场流动性却因此而枯竭。因此，那些以动态对冲或组合快速调整为策略的厂商，特别应该注意市场流动性方面的极端影响。除此之外，还应该警惕与波动率

---

① 参见，BIS（2001，第 12 页）。

及相关性有关的假定，这些平时合理的假定在市场存在压力时可能不成立，这使得厂商面临超过其预期的风险敞口。

如果使用期货合约对冲流动性持仓，那么公司也应该注意其对冲持仓在资金方面的影响。期货持仓的损益以日为基础结算，而其他持仓（例如，远期）却一直持续到最后。所以，即便是精心设计的对冲，也可能遇到收付款时间不匹配的实际问题，尽管这种支付在理论上没有问题。如果对冲数额很大，那么临时资金的用量也会很大。事实上，1993－1994 年德国工业巨头 Metallgesellschaft 的失败，就是因为没有考虑到这一关键因素。

专栏 13.4

VaR 框架中的压力试验

传统压力试验的主要问题是它会丢掉一些有价值的信息，特别是关于波动率和相关性的信息。为了克服这一缺点，Kupiec（1999）提出了一种新的条件压力试验方法或压力 VaR 方法——该方法试图在压力试验中使用上述有价值的信息。假设我们有一组服从（例如）正态分布的风险因素。我们把这组因素分成两个部分——第一部分由 k 个压力因素构成，记之为 $\tilde{R}_{it}$，它们被施加的压力值为 R_{1t}，第二部分由非压力因素构成，记之为 $\tilde{R}_{2t}$。如果方差协方差矩阵 Σ 在压力下不发生改变①，则为试验因素服从的条件分布为：

$$\tilde{R}_{2t} \mid \tilde{R}_{1t} = \tilde{R}_{1t} \sim N(\mu_c, \sum_c)$$

其中，$\mu_c = \Sigma_{21}\Sigma_{11}^{-1}R_{it}$，$\Sigma_c = \Sigma_{22} - (\Sigma_{21}\Sigma_{11}^{-1}\Sigma_{12})$，$\Sigma_{11}$ 等为矩阵 Σ 的分块子矩阵，压力因素的取值 R_{it} 为给定值。由条件分布密度函数可知，组合价值的压力情景的变化服从均值为 $X_{1t}R_{1t} + X_{2t}\mu_c$、方差为 $X_{2t}\Sigma X_{2t}^T$ 的正态分布，其中，X_{1t} 和 X_{2t} 为与上述两组因素对应的持仓。一旦风险因素的联合分布给定，则压力试验的情景损失值分布（而不是一个单一的损失值）也就相应决定。如果愿意，我们还可以关注情景损失分布的分位点，这时我们获得的结果被称为压力 VaR：它是给定置信水平下最坏的结果。

此外，我们还可以考虑条件损失的分布的均值，这时，我们的压力损失为 $X_{1t}R_{1t} + X_{2t}\Sigma_{21}\Sigma_{11}^{-1}R_{1t}$。这个预期损失不同于我们在传统压力试验下得到的预期损失，因为前者考虑到了风险因素的相关性：传统压力试验中，我们只对压力因素施压，并不对非压力因素施压，因此所得的期望损失为 $X_{1t}R_{1t}$。Kupiec 的结果表明，他提议的测度比忽略了风险因素的相关性的传统预期损失要好。

① 这一假定与早先的正态分布假定一样都只为方便：它们并非必要，如果我们不怕做一些稍微困难的分析，我们可以在某种程度上放宽这些假定。

例 13.1（波动率对 VaR 的影响）

假设我们在某个持有期上定义了正态 VaR，其中，*P/L* 参数为 $\mu=0.1$，$\sigma=0.25$。如果我们波动率的预测改为 0.5，则我们的 95% VaR 会发生什么变化？

为了回答这一问题，我们首先应用正态 VaR 公式 $\text{VaR}=-\mu+\sigma z_{\alpha}$。它告诉我们 95% VaR 为 $-1+0.25\times1.645=0.311$。如果我们的波动率增加一倍变成 0.5，则我们的 VaR 变成 $-1+0.5\times1.645=0.723$。更为一般的说法是，如果波动率增加 $\Delta\sigma$，那么我们的 VaR 增加 $\Delta\sigma z_{\alpha}$。这说明了 VaR 估计对波动率假设的敏感度。

例 13.2（相关系数变化对 VaR 的影响）

假设我们有双变量正态 VaR 持仓，其中的 *P/L* 参数为：

$$\mu=[0,0],\text{波动率 }\sigma=\begin{bmatrix}1 & 0\\0 & 1\end{bmatrix},\text{相关系数 }C=\begin{bmatrix}1 & 0.1\\0.1 & 1\end{bmatrix}$$

（这意味着相关系数为 0.1），并且持仓量为 $x=[0.5,\ 0.5]$。如果我们的相关系数预计从 0.1 变成 0.9，那么我们的 95% VaR 会成为什么？

首先是相关系数为 0.1 时的 VaR 为：

$$-\mu x^{T}+x\sigma\rho\sigma^{T}x^{T}z_{\alpha}=-[0,0]\begin{bmatrix}0.5\\0.5\end{bmatrix}+[0.5,0.5]\begin{bmatrix}1,0\\0,1\end{bmatrix}\begin{bmatrix}1,0.1\\0.1,1\end{bmatrix}\times\begin{bmatrix}1,0\\0,1\end{bmatrix}\begin{bmatrix}0.5\\0.5\end{bmatrix}\times1.645=0.9048$$

其次是相关系数为 0.9 的 VaR 为：

$$-[0,0]\begin{bmatrix}0.5\\0.5\end{bmatrix}+[0.5,0.5]\begin{bmatrix}1,0\\0,11\end{bmatrix}\begin{bmatrix}1,0.9\\0.9,1\end{bmatrix}\begin{bmatrix}1,0\\0,1\end{bmatrix}\begin{bmatrix}0.5\\0.5\end{bmatrix}\times1.645=1.5628$$

所以 VaR 上升了 0.6058，即上升了 72.72%，这反映了 VaR 对相关系数假定的敏感性。

例 13.3（期权持仓价值的压力试验）

假设我们将 1 美元投资在 Black - Scholes 买权上，该期权的价格参数是：标的资产价格 $S=1.2$，敲定价格 $X=1$，无风险利率 $r=0.04$，波动率 $\sigma=0.25$，以年为单位的执行期 $T=0.5$。现在的问题是：

（a）如果下一个交易日结束时标的资产的价格下跌 25%，我们期权价值将如何变化？

（b）如果标的资产的价格为 0.8 而不是 1.2，那么结果会有什么不同？

（a）我们先使用 Black - Scholes 买权价格公式计算一份期权的价格，得 0.232。因此，我们组合中有 1/0.232 = 4.314 份期权的数量。如果标的资产的价格在下一个交易日结束时下跌 25%，则期权价格会下跌至 0.034，所以我们的期权持仓的价值下跌至 4.314 ×（0.232 - 0.034）= 0.854，即下跌 85%。

（b）现在，我们根据 0.8 的标的资产初始价格重复上述分析。使用 Black - Scholes 公式，期权的初始价格为 0.010，并且我们组合中期权的数量为 1/0.010 = 100。如果标的资产价格在下个交易日结束时下跌 25%，则期权价格将下跌至 0.0001，所以我们期权的价值将下跌 100 ×（0.010 - 0.0001）= 0.99，即 99%。

这一例子给我们的启示有二：第一，期权持仓的敏感度会因标的资产持仓的不同而有很大差异；第二，期权持仓对标的资产价格冲击的敏感度取决于期权到没到价。

13.3 机械压力试验

现在考虑机械压力试验。它们试图避免情景分析的主观性，将压力试验方法建立在更加坚实的基础上：它不主观地选择情景，而是使用数学或统计学决定的可能情况集生成情景。

然后，从这些情景中找出最危险的事件组合，并计算由此导致的损失。因此，机械方法较传统情景分析方法更彻底、更系统，当然计算量也更大。机械压力试验方法还有与情景分析不同的地方，它们能够指示出不同结果出现的可能性，而这些信息在决定采取何种态度对待这些结果时是有用的。

13.3.1　因素推动分析（factor push analysis，简记为 FP）方法

其中最简单的方法就是因素推动分析，它推动各个证券的价格，最好是推动相关标的的风险因素，向最不好的方向变化，并得出这种变化对组合价值的综合影响[①]。我们已经见过这种类型的方法，例如，第 10 章的计算 VaR 的 Wilson$\delta-\gamma$ 近似法。我们首先设定置信水平，即置信水平参数 α。然后考虑每个风险因素本身，用乘以其标准差的方法推动它，并在新的风险因素的取值下，对组合价格进行再评价；我们对所有风险因素做同样的事情，并选出一组对组合价格影响最坏的风险因素的变动。通过采集组合中各个工具价格的最坏变动可获得最坏情况的情景。最大损失（ML）等于组合当前价值减去在最坏情景下股票的价值[②]。

因素推动分析的编程相对容易，至少对于简单持仓如此，并且有利于暴露出我们在什么地方会有怎样的脆弱。它不需要特别苛刻的假定，可以与非线性 P/L 函数（例如，P/L 函数为潜在风险因素的二次函数）一起使用，并且能够修改（例如，使用 Choleski 分解）以适应任何我们关心的相关系数假定。此外，与 SPAN 风险测度系统产生的风险测度、由最坏情况情景分析产生的风险测度一样（更不用说 ES），前面所提到的最大损失（ML）风险测度的主要诱人之处就是它有一致性[③]。

如果再追加一些假定，因素推动分析有时还可以告诉我们有关相关损失的可能性的信息。如果我们只有一个风险因素，并辅以适当的参数假定（例如，正态假定），则 α 可以帮助我们推断出尾部概率，并且置信区域边界上的最大损失就是我们的 VaR。如果我们有多个风险因素，并对其辅以适当的假定（例如，多元正态假定，相关系数假定），α 还能帮助我们获得一些概率方面的信息，但是相应的分析也会复杂化，并且我们会发现位于置信区域边界上的最大损失只是 VaR 的保守估计

---

① 更多有关这一方法的内容，参见，Rouvinez（1997）和 Studer（1999）。

② 为了正确地进行因素推动分析，我们也应该考虑相关限制，例如，零套利条件，而且我们还可能使用映射后持仓、delta - gamma 近似等等。

③ 第 2 章已经对统计处理分析性（SPAN）和最坏情况场景分析方法做过进一步的讨论。

(即，过度估计)[①]。然而，我们也可以调整 α 的值使得 ML 正好等于 VaR。如果做了这样的调整，我们就可以将 ML 作为 VaR，并把因素推动方法当作另外一个 VaR 估计方法使用[②]。

然而，FP 建立在一个并非总是合适的假定之上——最大损失出现在潜在风险变量取极端值的时候（即，最大损失出现在风险因素上下变化幅度达到其标准差的 α 倍的时候）[③]。而且，这一假定仅适合简单类型组合（例如，简单的股票或外汇持仓），这时持仓的价值是（常常是单个）风险因素的单调函数，然而有很多金融工具不能满足这一假定。多头一个跨式组合（这一组合针对同一标的资产，同时多头一个买权和卖权）的情况是一个很好的例子。该组合的获利依赖标的变量的大幅度变动，无论它上升还是下降——变动越大组合收益越大，并且跨式组合的最大损失的出现就是标的价格根本不变的时候。然而，针对跨式组合持仓简单地使用因素推动方法可能导致对最大损失的错误认识，因为因素推动认定的最大损失出现的情况恰恰是它实际上获益的情况。也有充分的理由相信这类问题实际上非常严重。引用 Tanya Beder 的话：

“根据我们的经验，市场发生极端变化时，组合未必产生其最大损失……组合很像阿喀琉斯的脚跟，巨大损失的发生只需要金融工具之间或市场的微小变化。针对极端市场变化做压力试验，无助于揭示这类组合的最大损失风险。此外，回顾组合在时间上的预期表现可以发现：同样一个压力试验，其压力虽然对今天的影响很小，但是对未来的影响巨

---

① 参见 Studer（1999，第 38 页）。这个问题与前面讨论过的 Britten - Jones 和 Schaefer（1999）（这是一篇针对 Wilson 的 QP 方法（参见，Wilson（1996））的评论文章）提出的问题一样——即，这些结果无论出现在置信区间内还是外，都不能告诉我们这些结果出现的概率，因此 Wilson 的极大似然估计（ML）实际上高估了 VaR。

② Rouvinez（1997）提出根据因素推动思想获得 VaR 估计的另一个方法。如果我们从“风险因素的独立变化”的假定出发，那么这些变化的平方和服从 χ^2 分布，而且（零均值假设下）VaR 等于 χ^2 分布的相关分位点（记之为 β）乘以投资组合的标准差。由于 β 通常比标准正态分布的分位点 α 大，所以这种方法通常会导致比 delta - 正态方法更大的 VaR 估计。更多和该方法有关的内容，参见 Rouvinez（1997，第 60 - 62 页）。

③ 机械应力检验的另外一个问题是，最大亏损可能来自于一些事件的同时发生，而这种情况现实中是不会出现的。例如，我们可能会发现最大亏损发生在市场下跌和市场波动率下跌同时发生的时候。这种组合按理不可能出现，所以与之相关的亏损不值得担心。因此，在执行机械压力检验时，我们必须发现并删除这种不合理的组合。

大。特别是以期权为基础的组合常常具有这一特点，其变化特点是时间依赖而不是组合成分依赖①。”

使用因素推动分析方法时，首先应该确认：我们的组合遭受的最大损失会发生在风险因素发生最大变化的时候。

13.3.2　最大损失最优化方法（简记为 MLO）

为了解决这一问题，应该搜寻中间区域上的损失和风险变量的极端值，这一方法被称为最大损失最优化方法（MLO）。该方法在搜寻中间区域上的损失和风险变量的极端值上与因素推动法不同，其他方面与因素推动分析基本一样。因此所需计算也更多，风险因素和被搜寻的中间值越多，所需计算时间越长。所以，究竟是选择 FP 还是 MLO 取决于我们组合的回报的特点。如果组合由直接持仓构成，它们中每一个的极端损失都发生在标的风险因素的极端值上，那么 FP 和 MLO 将得出同样的结果，这时我们将选择计算更简单的 FP 方法。但是如果组合的直接回报的特征不明显（例如，带有某种期权持仓），则应改用 MLO 方法。MLO 也有助于我们把握其他可能被我们忽略的不同风险之间的相互作用，该方法对复杂的期权（其风险以预期不到的方式相互作用）有用。作为一般规则，如果组合是复杂组合或是有很强的非线性性的衍生产品持仓，最好不要冒险，使用 MLO 方法更安全一些②。

13.3.3　CrashMetrics 方法

CrashMetrics 方法属于最大损失优化方法，目的是估计最坏情况下的损失③，想法是使用某些特定的合理方法来估计合理的最坏情况带来的结果。为了说明这一点，假设我们多头一个单一期权的持仓，于是可以使用 $\delta-\gamma$ 近似方法得出期权的 P/L：

$$\Pi=\delta\Delta S+\frac{\gamma}{2}(\Delta S)^{2} \tag{13.1}$$

---

① 参见 Beder（1995，第 18 页）。

② 实际计算中可能使用各种替代性方法。最显然的方法就是网格搜索法，其中，我们将风险因素的可能变化离散化，并对该 n－维网格进行搜索以发现能够给我们带来最大亏损的风险—因素组合。但是，我们也可以使用模拟方法或数值方法，例如，多维单纯形法，这些方法也能在相当程度上提高计算精度和/或减少计算时间。

③ 参见 Hua 和 Wilmott（1997）。

其中，ΔS 表示股价变化，δ 和 γ 是期权的 δ 和 γ 参数。$\partial\Pi/\partial\Delta S=0$ 且 $\partial^2\Pi/\partial\Delta S^2>0$ 时，该期权出现最大损失，这时 $\Delta S=-\delta/\gamma$。这意味着最大损失等于：

$$Loss^{\max}=-\Pi^{\min}=\frac{\delta^2}{2\gamma} \tag{13.2}$$

如果能够将这一关系模型化，我们可以针对多期权组合获得类似的表达式，推广这一方法后还可以处理其他希腊字母因素、买卖价差，等等。这种特殊类型的应用有待批评，因为其结果的好坏在很大程度上依赖对希腊字母近似的好坏。然而，一般来说，CrashMetrics 方法依赖某些特定的 MLO 算法，其优点就是有相对的透明度。

例 13.4（CrashMetriecs）

这里，我们希望使用 CrashMetriecs 方法来估计普通卖权最坏情况的边际或现金流出。该期权的价格 $S_0=1$，敲定价格为 $X=1$，无风险利率为 $r_f=0.05$，到期（以日为单位）$T=30$。

为此，我们使用标准公式估计期权的希腊字母，得 $\delta=0.537$ 和 $\gamma=5.542$。最坏情况的现金流出为 $\delta^2/(2\gamma)=0.540^2/(2\times5.542)=0.026$。

13.4 结论

压力试验有很多诱人之处。首先，它们可以给我们提供很多有关最坏情况时我们遭受损失的信息——事实上，压力试验的目的很明确，就是为了向我们提供有关最坏情况下损失的信息。它提供的信息构成了对概率风险测度（特别是 VaR）信息的自然补充。其次，压力试验的结果在风险管理决策——设定资本金需求、设定持仓限制，等等——中非常有用。最后，压力试验能够暴露出我们风险管理系统的弱点（例如，风险度量模型假定不适用或应急计划失败）。如果不进行压力试验，那么我们遭遇这样那样的问题只是时间问题：例如，标的资产价格崩溃使得我们的 δ 对冲遭受巨大的 γ 负面冲击，相关系数突然改变使得我们面临超出我们想象的风险敞口。对于健全的风险测度和管理，压力试验必不可少。

但是，压力试验也有其局限性，而其中最重的局限性与该方法的主观任意性有关。Schachter 指出：

压力试验只提供了为数不多的情景和无法估计的情况，其结果是没有完整、可靠的资料供科学评估。此外，假想出的压力情景并未得到以市场为基础的确认。也就是说，即便假想情景中特定的事件真的出现了，我们通常也没有办法将这个情景中的“正确”和“错误”的东西用于其他假想情景以改善它们。而 VaR 模型不存在这些局限性，因为它们有统计学基础。借助 VaR 模型可以构造 VaR 估计的统计性置信区间，可以针对 VaR 模型的预测做出有意义的“事后检验[①]”。

因此，Schachter 认为，压力试验有主观性，并且其结果不能证实或证伪。这一观点似乎正确。

虽然压力试验有主观性，但是一致风险测度理论告诉我们，据此产生的亏损估计还是可以视为真实的风险测度。总之，该方法虽然有主观性，虽然其检验即便可能也很困难，但是仍是值得尊重的方法——再啰嗦一遍，VaR 不值得尊重。无疑，这一结论使很多风险管理者（特别是有数量背景的管理者）不舒服，但是风险管理总是以定性分析和判断为基础，压力试验结果作为风险测度最近获得尊重这件事恰恰证实了这一点。

① 参见 Schachter（1998，第 5F－8 页）。

第 14 章

流动性风险估计

到目前为止，我们一直假定市场具有流动性——也就是说，我们可以免费清算或以现行市场价格卖出自己的持仓，这一现行价格取为买卖价差的中间价。这种假设非常方便，并为按市价给组合计价的常规做法提供了一个很好的根据。然而，实践中这一假定往往值得怀疑，而且如果该假定不成立，则我们需要修改估计市场风险的方式，以允许流动性影响的存在。

本章考虑流动性问题及其对市场风险测度估计的影响。流动性问题之所以影响市场风险测度，不仅因为它会影响到我们的标准风险测度，而且也因为有效的市场风险管理需要具有估计和管理流动性风险的能力。因此，我们需要有估计流动性风险的能力——如果愿意也将其称之为风险流动性（liquidity at risk，简记为 LaR）。而且，由于流动性问题在市场危机中的表现特别突出，所以我们也需要考虑如何估计与危机相关的流动性问题。本章的主题如下：

- 流动性和非流动性的性质以及相关的成本和风险。
- 流动性或半流动性市场的 VaR 估计——流动性调整的 VaR（简记为 LVaR）。
- 流动性风险的估计。
- 与危机相关的流动性风险的估计。

当然，尽管本章考虑的重点仍然是 VaR，但是应该记住，同样的方法也可以用于一致风险测度估计（例如，使用第 3 章的“分位点加权平均”方法）。

14.1 流动性和流动性风险

流动性是指，交易者拥有以微小的（或0）成本和风险以没有任何不便利的方式，来交易或结算一个持仓的能力。流动性是一种市场性质，它依赖于市场中交易者的数量、交易量和频率、执行交易所需时间以及交易成本（有时还有风险）。除此之外，它还依赖交易的商品或工具，比较标准的工具（例如，外汇或股票）比非标准工具或特制工具（例如，场外交易（OTC）衍生产品）有更大的流动性。不同市场的流动性存在很大的不同：外汇市场和大型股票市场之类的市场（一般）有很高的流动性；其他市场的流动性则比较差，特别是很多 OTC 工具，它们通常要被持有至其到期，所以一旦购买，很少被再次交易。然而，即便是“大型”标准化市场也没有完全的流动性——其流动会随时间推移变化[①]，危机时流动性可能大幅度下降——所以我们不能将流动性视为理所当然的事情。

流动性的不完全意味着我们不太可能按市价交易。相反，市场上交易价格有两个——一个是卖价，即交易者的卖出价；另一个是（较低的）买价；交易者的买入价。通常引用的“市场”价格只是买卖价的平均价，这是一个虚拟价格。买卖之间的价差就是流动性成本。在估计市场风险测度时，我们原则上应该允许这种成本存在。

该买卖价差也有与之相关的风险，因为价差本身就是一个随机变量。这意味着存在某种与我们能够获得的价格相关的风险，即便这个价格是虚拟中间价。在同等条件下，如果价差上升，则结束我们持仓的成本将上升，所以除了“市场”价格的风险，价差上升的风险也应该是我们风险测度考虑的内容。

我们还应考虑进一步的情况。如果我们的持仓相对于市场规模较小（例如，我们在一个很大的市场中，只扮演一个很小的角色），我们的

---

① 如果有良好的交易数据，那么我们可以估计市场流动性，这些数据的可用性现在变得越来越好。利用这些数据，Froot 等（2001）用跨境（cross - border）交易对回报做回归，并使用所得的回归系数来估计“流动性指标（liquidity index）”，它使我们能够估计交易对价格的影响。结果表明，1998 年夏季市场流动性遭到严重打击，此后花了很长时间才恢复：例如，2000 年跨境资本的流动性仍然低于 1997 年，2000 年一些新兴市场的流动性甚至低于 1998 年的动荡时期。

交易对市场的影响微乎其微。如果该价差由我们无法控制的市场力量决定，那么我们可以把买卖差价作为外生给定的量。但是，如果我们的持仓相对于市场较大，我们的行为将对市场产生明显的影响，我们既可影响“市场”价格，又可以影响买卖价差。例如，如果我们突然出售一个大的持仓，可以预期“市场”价格将会下降，并且价差会扩大①。这时的“市场”价格和买卖价差就有了某种程度的内生性（即，它们对我们的行为敏感），因此在估计流动性成本和风险的时候，我们应该考虑市场对我们行为的反映。若其他条件不变，则可以预期：我们进行的交易越大，我们对市场的影响越大。

总之，我们不但需要考虑流动性成本和流动性风险，而且还需要考虑外生性和内生性的差别。现在考虑一些基于这些因素的 VaR 估计的调整方法。

14.2 流动性调整的 VaR 估计

有很多估计流动性调整的 VaR 的方法。这些方法的复杂程度和执行难度（或其他）因具体情况的不同各有不同，没有哪个方法总是最好的。然而，复杂方法未必比基本方法更有用，而且所谓“最好的”方法，即便能够建立起来，也未必比“低级”方法的集合更好。相反，实际中我们想要的是易于实施的（即，可用电子表格来执行的）方法，这种方法的潜在假定很明确：实际上，我们想要的是允许我们能够修正原始 VaR 的“插件”，因为原始 VaR 根本不考虑任何流动性。这样，我们就可以很容易地评价我们 VaR 估计的所用假定的实际影响 。此外，“低级”方法的集合还有一些兼容性上的优势，其中不同的方法考虑的是流动性的不同侧面，因此将它们组合起来在某种程度上可以获得对流动性的“全面”调整。正因为如此，一个很好的方法未必总是比两个“劣”方法的结合更有用。

① 关于这个主题有大量的金融经济学文献，但大致来说，这些文献表明有两个理由可以解释市场价格为什么会向着对交易者不利的方向变化。第一个是，已经提到的流动性影响，即在一个有限的市场上，价格必须上升才能减少其他交易者的购买。另一个是，大宗交易常常会显露出一些信息，它们会让其他交易者调整其原来的看法。大量卖出可能会激励其他交易者调低他们对相关金融工具前景的评价，这会进一步压低价格。

无论我们使用哪种模型，我们都需要检查其敏感性——流动性调整如何随置信水平、持有期等其他参数的变化而变化。首先，我们应该对它们有一些基本的概念（例如，流动性调整应该随持有期的增加而下降，等等），并且我们需要确认我们所用的模型对符号和近似程度有"正确"的敏感度。其次，我们也应该确保我们的模型能够被现实数据校准（例如，买卖差价参数应该有实证上的合理性，等等），能够经受适当的压力试验和事后检验。此外，我们应该记住，不同方法常常适合不同的问题，我们不应该寻求某个单一的排他性的"最好"方法。说到底，流动性问题不像看上去那么简单，人们在如何处理这些问题上尚未达成共识。因此，关于风险测度，或许最好的建议就是取长补短，用不同方法来发现不同的流动性问题。

14.2.1　常数买卖价差方法

一个很好的切入点就是使用买卖价差[①]，并且把流动性风险组入 VaR 计算的最简单的方法就是使用买卖价差项，并假设它为常数。如果我们做了这样的假定，那么流动性成本就等于价差的一半乘以被结算的持仓的容量。使用明显的符号，这意味着我们在"标准的" VaR 中添加下述流动性成本(LC)：

$$LC = \frac{1}{2} spread^{*} P \tag{14.1}$$

为了进行比较，我们使用下述传统的对数正态 VaR 作为比较基准：

$$\mathrm{VaR} = P[1 - \exp(\mu_R - \sigma_R z_\alpha)] \tag{14.2}$$

其中，回报是使用买卖价差的中点作为价格计算出来的。流动性调整 VaR，即 LVaR，为：

$$\mathrm{LVaR} = \mathrm{VaR} + LC = P\left[1 - \exp(\mu_R - \sigma_R z_\alpha) + \frac{1}{2} spread\right] \tag{14.3}$$

---

① 当然，如果我们有实际现货交易价格，而不是买卖喊价的平均，那么我们就可以推断交易者获得的实际回报，这时的传统 VaR 方法将不必使用任何进一步的调整来考虑无处不在的流动性因素。因此，我们将对实际回报模型化（考虑它们和市场交易量的依赖关系），推断相关的条件分布（例如，t 分布），并将相关的参数值带入适当的参数 VaR 计算公式中。更多有关其做法，参见 Giot 和 Grammig（2003）。

为了表述得更清楚，令 $\mu_R=0$，于是 LVaR 和 VaR 之比为：

$$\frac{\text{LVaR}}{\text{VaR}}=1+\frac{spread}{2[1-\exp(-\sigma_R z_\alpha)]} \tag{14.4}$$

这意味着，流动性调整的比例有下述特点：（1）随着价差的增加而上升，（2）随着置信水平的增大而下降，（3）随着持有期的增加而下降。（1）和（3）显然是“正确的”，但是（2）和人们的预想可能相符，也可能不相符。

虽然这个方法很容易实施并且只需要少量信息，但是其中的常数价差假设很不合理，并且没有考虑其他流动性因素。

例 14.1（常数买卖价差）

假设 $\mu=0,\sigma=0.25/\sqrt{250}, spread=0.02$ 并且 $\alpha=0.95$。使用公式(14.4)，则 LVaR 和 VaR 之比为：

$$\frac{\text{LVaR}}{\text{VaR}}=1+\frac{0.02}{2[1-\exp(-0.25\times1.645/\sqrt{250})]}=1.3895$$

因此，这里的 LVaR 比 VaR 上升了 40%。所以，即便很小的价差也会带来对 VaR 惊人的、大的调整。

14.2.2 外生买卖价差方法

一个更高级的替代方案是，假设投资者面临随机性买卖价差。如果我们的持仓相对于市场足够小，我们可以认为我们的买卖价差对于任何特定的持有期都是外生给定的量（即，价差独立于我们的交易）。我们可以根据实际情况，将这个买卖价差设定为任何与之相匹配的随机过程①。例如，我们可以认为我们的买卖价差服从正态分布，即：

$$spread\sim N(\mu_{spread},\sigma^2_{spread}) \tag{14.5}$$

其中，μ_{spread}表示价差的均值，σ_{spread}表示价差的波动率。另外，我们还可以使用某个肥尾分布来模拟价差峰度过大的情况。

现在我们可以使用蒙特卡罗方法来估计 LVaR：我们可以模拟 P 及其价差，并将这一价差结合到 P 中，并由此获得流动性调整的价格。

---

① 更多有关买卖价差以及一些与这种行为相关的实证结果，参见 Mrranaga 和 Ohsawa (1996)。

然后，根据模拟出的流动性调整的价格来估计流动性调整 VaR。

实践中，可以使用 Bangia 等（1999）提出的快捷方法[①]。他们建议，我们使用下述方式指定流动性成本(LC)：

$$LC = \frac{P}{2}(\mu_{spread} + k\sigma_{spread}) \tag{14.6}$$

其中，k 为待定参数。k 的取值可以用蒙特卡罗试验来确定，但是他们认为特定值（$k=3$）比较合理（例如，实证中经常会看到，价差似乎有较高的峰度，且与回报负相关，等等）。于是，流动性调整 VaR，即 LVaR，等于传统的 VaR 加上流动性调整项（方程（14.6））：

$$\text{LVaR} = \text{VaR} + LC = P[1 - \exp(\mu_R - \sigma_R z_\alpha) + \frac{P}{2}(\mu_{spread} + 3\sigma_{spread})] \tag{14.7}$$

可以看到公式（14.7）包含公式（14.3）作为 $\sigma_{spread}=0$ 时的特殊情况。因此，它在保留了很多公式（14.3）的很多性质的同时，推广了公式（14.3），使之能够处理价差存在波动的情况。于是，LVaR 和 VaR 之比为：

$$\frac{\text{LVaR}}{\text{VaR}} = 1 + \frac{LC}{\text{VaR}} = 1 + \frac{1}{2}\frac{(\mu_{spread} + 3\sigma_{spread})}{[1 - \exp(-\sigma_R z_\alpha)]} \tag{14.8}$$

由此可见，波动率的存在相对前面的情况增加了流动性调整的力度。

例 14.2（外生买卖价差 VaR）

假设这里的其他参数和前面的例题相同，只是多了 $\mu_{spread}=0.02$ 和 $\sigma_{spread}=0.005$。于是 LVaR 和 VaR 的比例为：

$$\frac{\text{LVaR}}{\text{VaR}} = 1 + \frac{1}{2}\frac{0.02 + 3 \times 0.005}{[1 - \exp(-0.25 \times 1.645/\sqrt{250})]} = 1.6816$$

允许价差具有随机性使得流动性调整力度从 40% 提高到 70%。

① Saout（2002）进一步发展了他们的框架，并给出了一些实证结果，这些结果和这里给出的说明类似，表明流动性调整可能在很大程度上改变了我们的 VaR 估计。

专栏 14-1

清算策略

交易者如果打算在某个时期内结算持仓，有很多方法可以实现这一目的。在通常情况下，迅速销售的策略将需要高额交易成本——销售速度越快，交易者带给市场的压力越大，他/她得到的价格越差，寻到高价买主的时间越短，等等——但是，这也意味着交易者降低其对价格变动的风险敞口的速度越快。另一方面，较慢的销售策略可以降低交易成本，但是风险敞口的时间也会较长。因此，有需要权衡交易成本和风险敞口成本。

我们应该如何在交易成本和风险敞口成本之间权衡？Almgren 和 Chriss① 提出的解决方案是，首先，识别出这一权衡并估计出一组有效交易策略（efficient trading strategies），这种策略能够针对任何给定的预期成本，在任何给定的时间点上，产生最低剩余风险敞口。一旦我们确定了这些有效交易策略，我们就可以从中选出一个最适合我们的风险规避要求的。若我们的风险规避性比较强，我们就会选择一个能够快速降低我们风险敞口的策略，但代价是接受更高的预期成本；如果我们的风险规避性比较差，我们就会选择虽然有较高的风险敞口但却相对比较便宜的策略。

14.2.3 内生一价格方法

前述方法，假定价格是外生的，因此忽略了我们交易影响市场价格的可能。然而，这种假设往往不合理，而且有时我们希望我们的调整能够反映我们交易对市场的影响。如果我们是卖出，则我们的卖出行为会使价格降低，那么市场价格的这种反应，相对于外生市场价格来说，就会产生了额外的损失，所以我们需要将这额外多出的部分添加到我们的 VaR 中。流动性调整力度的大小，依赖市场价格对我们交易的反应的敏感程度：反应越敏感，损失越大。

我们可以用多种方法来估计这个额外损失②。但是，最简单的方法就是使用一些基本的经济理论。我们从价格对需求的弹性 η 的概念入手，称价格变化的百分比和需求变化百分比之比为弹性，即：

---

① Almgren 和 Chriss（1999）。另见，Lawrence 和 Robinson（1995b，c），Bertsimas 和 La（1998）。

② 这类方法的其他变种由 Berkowitz（2000a）和 Cosandey（2001）。

$$\eta = \frac{\Delta P/P}{\Delta N/N} < 0;\Delta N/N > 0 \tag{14.9}$$

其中，N 为市场规模，ΔN 为我们的交易规模。因此，$\Delta N/N$ 为我们的交易规模在市场规模中所占的比例。因此，交易对价格的影响为：

$$\frac{\Delta P}{P} = \eta\frac{\Delta N}{N} \tag{14.10}$$

因此，我们可以根据有关 η 和 $\Delta N/N$ 的信息来估计 $\Delta P/P$，这两个信息可以综合经济判断和市场判断加以估计。于是，LVaR 为：

$$\text{LVaR} = \text{VaR}\left(1 - \frac{\Delta P}{P}\right) = \text{VaR}\left(1 - \eta\frac{\Delta N}{N}\right) \tag{14.11}$$

这里，价格变化起的作用是负作用。因此，LVaR 与 VaR 之比为：

$$\frac{\text{LVaR}}{\text{VaR}} = 1 - \eta\frac{\Delta N}{N} \tag{14.12}$$

这一公式给了我们一个非常简单的流动性调整办法，这种调整依赖两个比较容易校准的参数。它们不依赖 VaR 本身的情况：不管 VaR 是正态、对数正态，还是其他什么情况，调整方法都一样。

LVaR 和 VaR 之比，完全依赖需求弹性 η 和我们的相对规模 $\Delta N/N$[①]。

这种做法非常容易实施。而且，当我们关注的 VaR 必须考虑我们的交易活动带来的市场内部影响的时候，例如，我们在一个相对较小的市场上拥有较大的持仓，这种方法被大量使用。然而，该方法的关注点过于狭隘，完全忽略了报价、买卖报价价差和交易成本等因素。

另一方面，该方法只注重内生流动性，而前面的方法只关注外生流动性，这意味着两者很容易组合在一起：事实上，我们把一个调整添加到另一个调整上。因此，这两种非常简单的方法可以结合在一起形成流动性调整，这一调整兼顾到外生和内生两种流动性的风险。这种组合性调整用下式给出：

$$\left.\frac{\text{LVaR}}{\text{VaR}}\right| combined = \left.\frac{\text{LVaR}}{\text{VaR}}\right| exogenous \left.\frac{\text{LVaR}}{\text{VaR}}\right| endogenous \tag{14.13}$$

---

① 该比例也与置信水平独立，这种情况是否是我们的要求取决于我们对下述问题事先的看法：流动性调整“应该”和置信水平有怎样的关系。

例 14.3（基于弹性的流动性调整）

假设我们的持仓规模占市场规模的 20%，所以 $\Delta N/N = 0.2$，假定价格需求弹性 $\eta = -0.5$。于是 $\Delta P/P = \eta\Delta N/N = -0.5 \times 2 = -0.1$。利用公式（14.2）可得 LVaR 和 VaR 之比为：

$$\frac{\text{LVaR}}{\text{VaR}} = 1 - \frac{\Delta P}{P} = 1 + 0.1 = 1.1$$

这里，LVaR 较 VaR 高出 10%。

使用本例和前一个例子的参数，我们也可以估计组合的调整如下：

$$\left.\frac{\text{LVaR}}{\text{VaR}}\right|_{combined} = 1.6815 \times 1.1 = 1.8487$$

14.2.4 流动性折现方法

Jarrow 和 Subramanian（1997）提出了一个更加复杂的方法。他们考虑了这样一个面对流动性最优化问题的交易者——交易者必须在某个给定时期内清算其持仓从而使得其预期效用实现最大化，并寻求达成这一目的的最好办法。他们的方法给人留下了深刻的印象，因为该方法包括了内生和外生流动性、买卖价差成本、内生持有期以及最优清算策略等多种因素。

他们的分析表明，我们应该用三种方法修正传统的 VaR。首先，不要用某个任意给定的持有期而是使用最佳持有期（该持有期应该通过求解交易者预期效用最优化问题获得），要考虑到流动性因素和交易者的交易策略对价格的影响。其次，应该考虑到销售过程中的预期亏损，并给交易者的损失赋予平均流动性折现（或从我们的价格中减去它）。最后，波动率项应该涉及下述波动率：结算时间的波动率、流动性折现因子的波动率以及标的资产市场价格的波动率。

为了叙述得更严格一些，假设交易价格服从参数为 μ 和 σ 的几何布朗运动。现在的时间为 0，时刻 t 上的价格为 $p(t)$，几何回报 $\log(p(t)/p(0))$ 服从正态分布。然而，交易中获得的实际价格则需要对 $p(t)$ 打折扣：更具体地说，交易中获得的价格为 $p(t)c(s)$，其中，$c(s)$ 为随机的交易量依赖的比例折现因子，s 为交易量，$0\leqslant c(s)\leqslant 1$。若其他条件不变，则 $c(s)$ 随 s 的上升而下降。时刻 t 的任何交易指令都受一个随机执行延迟 $\Delta(s)$ 的制约，因此指令将在 $t+\Delta(s)$ 时刻被执行。若其他条件不变，则执行延迟将随着 s 的上升而上升：通常，s 越大，执行时间越长。假设交易者有 S 股，并且希望最大化其当前持仓的价值。假设这一持仓在某个时期 t 结束时结算，结算需要考虑所有的相关因素，包括折现银子 $c(s)$ 和执行延迟 $\Delta(s)$。求解这一问题可获得下述流量调整 VaR 公式：

$$\text{LVaR}=P\{E[\ln(p(\Delta(S))c(S)/p(0))]+std[\ln(p(\Delta(S))c(S)/p(0))]z_\alpha\}=P\left\{\left(\mu-\frac{\sigma^2}{2}\right)\mu\Delta(s)+\mu\ln c(s)+\left[\sigma\sqrt{\mu\Delta(s)}+\left(\mu-\frac{\sigma^2}{2}\right)\sigma\Delta(s)+\sigma\ln c(s)\right]z_\alpha\right\} \tag{14.14}$$

其中，所有参数含义清楚无需解释。该表达式在三个方面不同于通常的 VaR。首先，通常的 VaR 计算公式中，结算期 t 被替换成现在的卖出 S 股时执行延迟的预期 $\mu_{\Delta(S)}$。显然，S 越大，执行延迟预期越长。其次，LVaR 考虑到了卖出这些股票时的预期折现 $\mu_{\ln c(S)}$。最后，给通常 VaR 公式中的波动率加上了和 $\sigma_{\Delta(S)}$ 以及 $\sigma_{\ln c(S)}$ 相关的附加项，它反映了执行和折现量的波动率。注意，若我们的流动性缺陷消失，则有 $\mu_{\Delta(S)}=t$，$\sigma_{\Delta(S)}=0$ 和 $c(S)=1$（这意味着 $\mu_{\ln c(S)}=\sigma_{\ln c(S)}=0$），这时我们的 LVaR（公式（14.14））退化为通常的 VaR，所以通常的 VaR 公式是公式（14.14）的特殊情况——公式（14.14）应该如此。

为了使用这个 LVaR 计算公式，需要估计通常布朗运动中的参数 μ 和 σ，估计 $\mu_{\Delta(S)}$、$\sigma_{\Delta(S)}$、$\mu_{\ln c(S)}$ 和 $\sigma_{\ln c(S)}$，所有这些参数都很容易估计。因此，这一方法执行起来不太困难：只需将这些参数代入到公式 (14.13) 中即可获得 LVaR①。

例 14.4（考虑流动性折现的 VaR）

作为解释，让我们使用 Jarrow－Subramanian 方法来估计持有期为 1

① 还有教科书没有涉及的其他方法。例如，Krakovsky（1999），Frey（2000）以及 Cherubini 和 Della Lunga（2001）研究了衍生工具风险测度如何受潜在市场流动性影响的问题。Hisata 和 Yamai（2000）研究了内生流动性风险下的最佳清算问题。上文提到的 Giot 和 Gramming 的研究，也考虑了最佳清算问题。

天的 95% VaR。假设我们估出的参数值分别为 $P=1, \mu=0, \sigma=0.20/\sqrt{250}, \mu_{\Delta(S)}=5/250, \sigma_{\Delta(S)}=1/250, \mu_{\ln c(S)}=-0.125, \sigma_{\ln c(S)}=0.10$。将这些参数代入公式（14.14）得 LVaR：

$$\left(-\frac{0.20^2}{2\times250}\right)\frac{5}{250}-0.125+\left[\frac{0.20}{\sqrt{250}}\sqrt{\frac{5}{250}}-\left(\frac{0.20^2}{2\times250}\right)\frac{1}{250}+0.10\right]1.645$$
$$=0.0432$$

使用公式（14.2）可得通常的 VaR 为 0.0206，所以 LVaR 和 VaR 之比为 0.0401/0.0206[①]。

14.3　风险流动性（liquidity at risk，简记为 LaR）估计

现在我们来考虑风险流动性（LaR），有时也称为风险现金流（cash flow at risk，简记为 CFaR），LaR（或 CFaR）涉及潜伏于给定时期中的未来现金流中的风险，这一风险可以用类 VaR 的方法来定义。所以，LaR 是某个给定期间内基于某个置信水平的最大可能的现金流出：例如，置信水平 95% 的 1 日 LaR 是次日在 95% 的置信水平上最大可能的现金流出，等等。从现金流的角度来看，正的 LaR 意味着可能的坏的结果是存在现金流的流出；负的 LaR 意味着可能的坏的结果是现金流的流入。LaR 相当于现金流上的 VaR，但是 VaR 处理的是损益风险，而 LaR 处理的是流入流出风险。

现金流风险和流动性相关亏损风险之间，虽然有很大的不同但是却[②]密切相关的，所以我们可以将 LaR 分析的结果纳入到流动性相关亏

---

① 使用这些参数，至少 LVaR 与 VaR 之比也会随置信水平的提高而上升。

② 现金流风险和现金流风险带来的亏损风险之间的联系非常重要，如果哪个人对此有任何怀疑，请再次考察 1993 年德国金属（Metallgesellschaft）的崩溃。20 世纪 90 年代初，MG、MG 精炼和销售（MG Refining 和 Marketing）的美国分公司售出了大量与石油价格相关的长期担保，并使用期货和互换进行了对冲，由此引起了油价风险。然而，当 1993 年石油价格下跌的时候，它们的对冲持仓遭受了重大损失，MGRM 面临着巨额的与此相关的追加金和抵押金要求。由此造成了大量的现金流流出，最终导致了该公司约 13 亿美元的亏损。MG 案例清楚地表明，现金流动问题很容易导致“真正的”损失——而且还潜伏着巨大损失。

损风险分析中。事实上，LaR 是一个重要的流动性风险管理工具[①]。

理解 LaR，重要的一点是要懂得其中相关量和 VaR 存在很大不同。为了说明这一点，考虑这样一个具体情况：我们有一个很大的有市场风险的持仓，并且做了一个同等数量的期货对冲。如果对冲有效，那么基础风险或纯剩余风险将会非常小，我们的 VaR 估计也会对这一较低的基础风险做出反映，因此 VaR 本身也相对较小。然而，期货对冲也增加了我们面对追加保证金请求的可能性，这种暴露和期货持仓的规模有关，这一规模又和我们原始持仓的总规模相关。所以，VaR 很大程度上依赖被对冲或被保护的持仓，而 LaR 则依赖相对较大的总持仓。如果对冲有效，那么基础风险（或 VaR）和对冲持仓的总风险（或 LaR）关系不密切，所以 LaR 很容易比 VaR 高出一个数量级。另一方面，也有很多市场风险持仓虽然有正的 VaR，但是其现金流的风险却很小，甚至没有（例如，组合为多头欧式期权持仓的时候，在期权被卖出或到期之前不存在现金流问题），这时 VaR 将大于 LaR。所以，LaR 可能远大于、也可能远小于 VaR，这取决于我们所处的具体环境。

可以预计，LaR 有可能对任何影响未来现金流的因素、活动以及风险等都敏感。包括：

- 借贷，它对未来现金流的影响显而易见。
- 对有市场风险的持仓的保证金要求，它受每日市场情况的影响。
- 抵押责任，例如掉期，它根据市场的运动情况产生相应的现金流的流入和流出。若诸如经纪人之类的交易对手根据波动率的变化做出反应，则抵押义务可能因此发生变化。若信用敏感持仓（例如，有违约风险的债务、信用衍生产品等）的抵押需求因信用事件的发生（例如，信用评级降低）而发生变化，抵押义务也会发生改变。
- 由期权执行引发的意外现金流，包括可转债转换权的执行和可

① 如果我们打算管理它们，那么这些风险估计至关重要：它能指示出我们潜在的流动性需求，我们因此可以做出安排来满足这些需求（例如，调整信用贷款的最高限额等等）。关于流动性风险，估计未来可以预见的整个商业限期——次日、下周、下个月等——的 LaR 也很重要。对未来的现金流量需求不预测，是公司所能犯的最严重（在很多情况下也是最基本的）的错误。因此，一个好的 LaR（或与之等价的金流量风险）系统，是风险管理领域的本质性工具。

赎回债务赎回权的行使等。

- 风险管理策略的变化。例如，将期货对冲转换到期权对冲这种对冲策略的转变，会对现金流风险产生很大的影响，因为期货持仓有保证金需求且受市价计价的影响，而期权则没有这些问题。

其他两点也值得强调。第一，现金支付义务常常在公司状况不好时被要求履行，因为这类要求常常由不良事件引发。典型的例子就是公司信用评级的下降。这种下降导致了公司债券融资成本的增加，引发现存持仓（例如，掉期持仓）的抵押需求的提高，这都可能迫使公司履行现金支付义务。在许多市场上这是不争的实事：企业在其最脆弱时被击倒。第二点是，从市场风险的角度来看，非常类似的持仓（例如，期货对冲和期权对冲）可能有非常不同的现金流风险。造成现金流风险不同的原因，与市场风险的特征关系不大，与信用风险的特征关系很大。而且，现金流风险是信用风险管理的测度，因为是信用风险的差异造成了现金流风险的差异。

我们可以用与 VaR 等风险测度估计方法相同方法的来估计 LaR①。Singer（1997）提出的方法是，只用现有 VaR 估计工具来估计 marginable（即，在那些损益可以直接转换成现金流的）证券的 VaR，从而使我们能够直接根据 VaR 来估计 LaR。于是，我们可以把这一具有可比性的 LaR 估计和机构内其他来源的流动性风险结合起来，来做出针对厂商水平的流动性风险的综合测度。这一方法的漂亮之处在于，它充分利用了厂商内部具有的风险测度能力，并且有效地将它们融入到流动性风险的估计中②。

然而，这一方法相当粗糙简陋，在公司面临特别复杂的流动性风险的时候不可靠。这时，从头开始建立流动性风险测度模型往往更好一

① 我们也可以使用传统的非电子表格方法（例如，缺口分析等方法）来估计流动性风险，这些方法最初在计算机尚未取得实质性进步之前开发出来，用于评价银行的利率风险。这种方法在大致情况的描述方面很有用，但它绝对不能代替其他更复杂的方法。

② 另一种方法是使用场景分析方法。我们可以确定流动性场景，例如下述情况造成的上涨：利率的巨大变化、交易对手的违约、回售债务的赎回、回购及衍生工具的保证金需求，互换和期货持仓的资金追加要求，等等。然后，我们希望（最好是能够）得出每个场景的可能后果，并由此认识每个情景的流动性后果。这些工作非常有用。但是，它与所有的情景分析一样，只能告诉我们情景出现时会发生什么，不能告诉我们由于情景出现的可能性或 LaR 本身的任何东西。

些。为此，我们可以从考虑相关现金流的类型入手，其中包括：

- 已知的确定现金流（例如，来自政府债券等收入）：因为我们事先已经知道了现金流的情况，所以很容易处理。
- 无条件的不确定现金流（例如，来自有违约风险的债券等的收入）：这些现金流是不确定性现金流，我们可以用分布密度函数来为它们建模（例如，选择适当类型的分布函数，并指定参数等）。
- 有条件的不确定现金流：这些现金流依赖其他变量的情况（例如，若现金流依赖某项投资是否存在，我们则可用以投资为条件的条件概率分布密度来为它们建模）；这些引发现金流的变量可能是利率、重大项目决策等。

一旦确定了这些因素，我们就可以使用某个适当的计算引擎进行估计，而引擎的选择依赖我们处理的现金流的类型。例如，如果我们的现金流非常简单，那么我们可以使用历史数据模拟法（HS）、方差—协方差方法或某些特制的期间结构模型；然而，由于某些现金流可能还依赖其他一些因素，例如，信用评级降级、违约等离散随机变量，所以很难在保证足够精度的条件下将这些方法组入 LaR 估计。这时，最好是使用模拟方法，它非常适合处理离散变量和大厂商的复杂现金流。

14.4　危机时的流动性估计

我们现在考虑危机时的流动性。众所周知，金融市场有时会经历重大危机——其中包括 1987 年的股市崩盘、1992 年的欧洲汇率机制危机、1998 年夏季的俄罗斯违约危机。通常，某个事件的发生会导致价格的大幅度下跌，从而引发大量的交易者不愿购买的卖单，而且买卖价差也大幅度增加。与此同时，大量卖单淹没市场，指令的执行速度急剧下降。过去只需几分钟执行时间的卖单，现在可能需要数小时来执行，并且最后成交的价格往往大大低于卖家的预期。市场流动性枯竭，并且这种枯竭常常发生在市场经营者最需要它的时候。正常条件下成立的有关市场——特别是有关市场流动性——的假定，危机发生时可能不再成立。这意味着，危机流动性估计不能只考虑常态市场条件：估计危机流动性风险时，应顾及危机特点——高额亏损、大幅价差等①。

一个执行方法是借助“CrashMetrics”②。根据第十三章的讨论，我们可以持有一个单一的衍生产品工具，该工具的损益 Π 做下述 $\delta-\gamma$ 近似：

$$\Pi=\delta\Delta S+\frac{\gamma}{2}(\Delta S)^2 \tag{14.15}$$

其中，ΔS 为股价的变化，等等。$dS=-\delta/\gamma$ 时，最大损失出现，为：

$$L^{\max}=-\Pi^{\min}=\frac{\delta^2}{2\gamma}$$

于是，最坏情况的现金流出为 $m\delta^2/(2\gamma)$，其中，m 为保证金或担保要求。我们也可以推广这种方法使之能够处理下述对象：希腊参数（例如，vega、θ、ρ 等）、多中期权的组合、交易对手风险，等等。基本思路是，先决定不良情况带来的结果，再评价其流动性后果。当然，这一基本思想也可以用其他方法来实现。例如，我们可以把给定置信水平下的预期结果作为不良情况带来的结果，并且把给定置信水平下的 ES 估计作为不良情况结果估计。于是现金流出为 m 乘以 ES③。

然而，这些建议（即，以希腊字母参数和 ES 为基础的方法）仍然过于简单化，处理不了复杂的风险因素。对于复杂风险因素——例如，常见的信用相关风险——我们希望有一个能够处理下述复杂因素的更高级的模型：

- 信用活动的离散性。
- 信用事件的相关性。
- 市场风险和信用风险的相互作用。例如，信用事件和市场风险因素之间的部分互动方式。
- 信用增强手段带来的并发症。例如，净额结算协议/协定、定

① 更多有关这些方法的内容，参见 BIS（2000）。

② 参见，Wilmott（2000，第 58 章）。

③ 还有其他估计危机 LaR 的方法。代替只盯住与危机有关的高额亏损的方法，我们还可以从大的买卖报价价差和/或危机相关的高买卖报价价差的角度考虑风险。例如，我们可以估计这些价差（或价差风险），并将这些估计结果带入到第 14.2 节讨论的流动性调整 VaR 模型中。

期结算、信用衍生工具、信用担保以及信用触发器（credit trigger）[1]。

处理这些复杂因素的最佳方法是使用针对具体问题特制的模拟方法。

作为概率性流动性风险估计方法的替代方案，最明显的就是脚本分析方法，最后一章将讨论这个问题。这里，考虑一个能够影响金融机构流动性的大事件——例如，市场崩溃、金融机构倒闭、政府垮台、战争爆发等。情景分析在这种时候有优势，它可以根据我们需要的详细程度来完成脚本，因此可以对上一段谈到的复杂的相互作用做恰当考虑。这类工作概率性方法难以胜任，因为概率方法本质上不能顾及任何特定的脚本。然而，所有脚本分析的执行都有很大的主观性，估计结果也严重依赖其中相关假定的质量。

① 更多有关这些方法及其流动性含义，参见 Wakeman（1998）。

第 15 章

市场风险模型的背后检验

风险模型一旦构建完成，重要的是在付诸实际应用之前，必须对模型做认真的检查，之后才能定期执行这个模型。即便如此，风险模型也还需要定期验证。模型验证的一个关键方法是背后检验（backtesting）——使用定量方法，或者考察 VaR 预测模型的预测结果和模型的基础假设是否一致，或者为一组 VaR 模型排名。一些模型验证的更一般、更定性的内容留待下一章讨论，本章着重讨论定量方法（即，能够公式化的背后检验）。

本章涉及 6 个主要议题：

- 基础数据问题：服务于背后检验的数据收集和预处理（或分析）等。
- 基于超额损失频率的统计性背后检验，所谓超额损失频率是指损失超过 VaR 的次数。
- 基于所有超额损失的整体分布或 *P/L* 整体分布的统计性背后检验。这类检验方法需要的信息比基于频率的检验方法多，结果通常更加可靠。
- 与其他替代模型比较，并做相应地排序。
- 用其他的替代持仓及其数据做背后检验。
- 评估背后检验的执行准确度：使用模拟方法（包括自举抽样法）来评价检验结果的精度。

本章讨论的重点是，讨论数量方法在背后检验中的应用。所用统计检验方法将在附录中做更详细地讨论。

15.1 初步数据的问题

背后检验，首先需要有适当的数据。这一问题不像最初看上去那么容易，因为 P/L 数据通常需要根据财务的审慎原则计算，这意味着资产价格常常被低估，并且波动率的变化也相对平滑。然而，从风险测度的角度来看，我们需要的不是满足财务审慎要求的数据，而是能够很好地反映波动率的数据。

除此之外，我们还需要清除 P/L 数据中与市场风险承载没有直接关系的成分。这些成分包括：收费、买卖价差造成的交易上的隐含 P/L、其他形式的风险承载造成的 P/L（例如，伴随高信用风险的债券的高收益）以及为了能够实现 P/L 并预防未来风险做出的储备。最后，我们还需要考虑我们内部的基金制度——它是机构交易的基础——的影响，考虑与 P/L 以及风险测度有关的日内交易带来的影响。因此，为了比较 P/L 和市场风险，我们或者应该清洗 P/L 数据（尽可能）使之能够反映持仓每天收盘时的 P/L 情况，或使用根据每天持仓交易的再评价获得的假想 P/L 数据。

（合理）清理数据后，我们可以画出类似图 15.1 的背后检验图，这种图可能非常有用。该图可以针对机构或商业单位的水平画出，它表明了（连续的）日 P/L 与相关的风险测度值（例如，置信水平 5% 和 95% 的 VaR）。这些风险值将“正常”收益或损失与超越收益或损失的取值区分开。它表现了这些序列数据随时间变化的情况，并且很好地显示出异常值或意外值行为的直观——上界上侧表示的是非常高的收益，下界下侧表示的是非常大的损失。它也能显示出例外值有多少个、取值多大，而且通过观察这个图还能知道意外的出现是否具有固定模式。它也可以很好地指示出下述情况：

- 超越值过多意味着我们的风险测度估计过低。
- 尾部观察过少或根本没有意味着我们的风险测度估计过高。
- 风险线表现出平滑性或过度平滑意味着风险测度可能没有得到充分的更新。
- P/L 在很多时间都接近 0 意味着交易发生发生的次数较少，即持仓缺乏流动性。
- 风险线发生突变意味着，要么波动率发生了变化，要么风险估计的方式发生了变化。

图 15.1 是一个特定的背后检验图，其中包括假想投资组合的日 P/L 数据序列、分置于 P/L 序列两侧的 5% 和 95% 水平的 VaR。这 3 个系列是

图 15.1

背后试验图

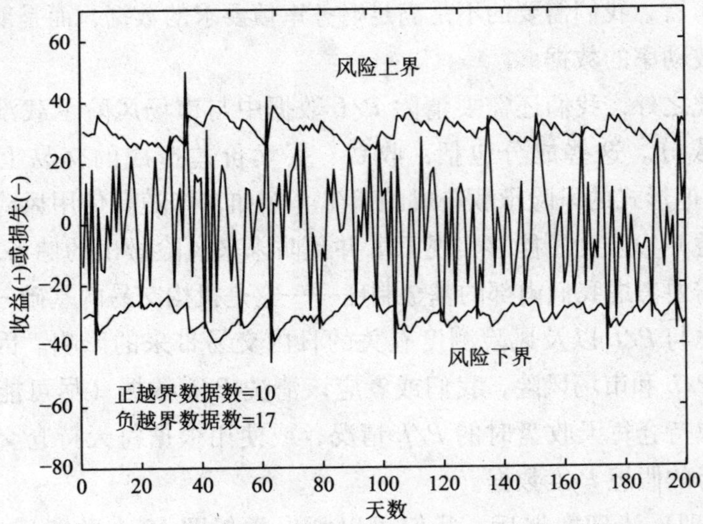

相当稳定的，没有表现出明显的畸形。对于给定的 200 个样本和相应的 VaR 置信水平，我们预测出的正负意外值各 10 个，事实上有 10 个正意外值和 17 个负意外值。负意外值的数量远远高于我们的预期。实际工作中，这些现象是风险从业者应该进一步研究的现象。

一个好的解决方法是，使用 *P/L* 直方图和 QQ 图之类的图形来补充，前者常常能够清楚地显示 *P/L* 的经验分布，这有助于显示 *P/L* 经验分布与风险模型之间是否有一致性。考察 *P/L* 的概括性统计量也是一个好的解决方法，它们分别是均值、标准差、偏度、峰度、波动性等常见统计量，以及超越样本观测值的数量和大小等基本统计量。这些信息非常有用，有助于从业者了解自己的数据，并对可能遇到的问题有一个直观的感觉。

15.2　基于频数检验的背后检验

完成了这些数据预分析工作之后，我们就可以着手进行公式化的统计性背后检验。该工作以标准的假设检验为基础。首先，指定我们希望检验的原假设，并选择原假设被拒绝时，将被接受的备择假设。然后，选择一个置信水平，并估计原假设成立时的某个事件的概率。通常，如果估计出的概率值（或 p－值）超过与选定置信水平相关的概率值，我们将接受原假设，否则将拒绝原假设。置信水平越高，我们越有可能接受原假设，越不可能将正确的模型错误地加以拒绝（即，犯第一类错误）。不幸的是，这还意味着我们更可能错误地接受另外一个错误的模型（即，犯第二类错误）。因此，任何检验都涉及这两类错误之间的一个权衡。理想的做法是，根据这些错误（理论上，还有这些错误的成本）的情况选择一个适当置信水平，在它们之间取得适当的平衡。然而，实践中常见的是任意选定一个置信水平，例如 5%，并将其应用于我们所有的检验。这种置信水平使得模型不可避免地带有某种不确定性，并且意味着只在证据很充分时，才能拒绝模型。

图 15.2

第一个损失值出现时间的概率

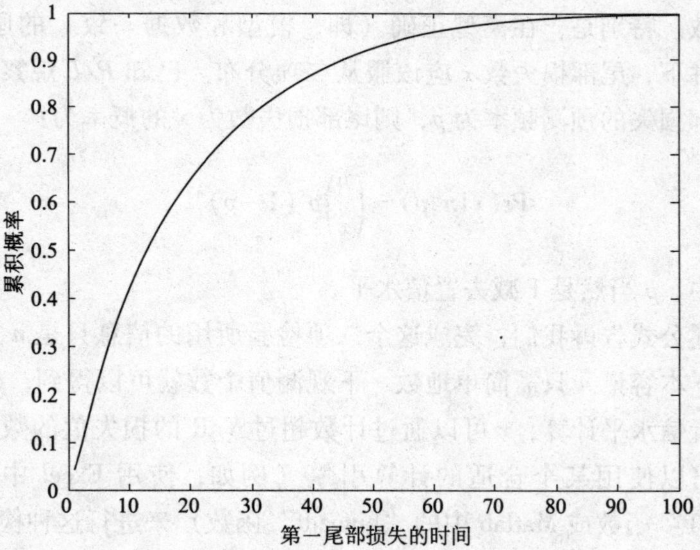

注：估计中 p－值指定为 5%。

专栏 15－1

第一超越值出现时间的检验

一个简单的背后检验是，关注第一个超越值出现的时间。不具备长期数据时，例如，我们刚引入新模型或刚对现模型做了大的改动，这种方法特别有用。如果超越值出现的概率为 p，则在时期 T 内观察到第一个超越值出现的概率为 $p(1-p)^{T-1}$，并且在 T 时刻第一个超越值出现的概率为 $1-(1-p)^{T}$，它们服从几何分布。

专栏 15-1（续）

这些概率很容易计算，图 15.2 给出了一条曲线，它表现了截止时刻 T 观测到第一个超越值的概率，其中的置信水平为 5%。该图表明，观测到第一个超越值出现的概率随时间 T 的增加而增加——例如，若 $T=5$ 则有第一次超越值观察的概率为 22.6%；$T=50$ 时该事件发生的概率为 92.3%。

然而，这种检验属于低水平的基本频率检验，它使用的资料较少：它只使用了上次尾部损失的信息，并忽略了我们可能拥有的其他信息。

15.2.1 基本频率背后检验

使用范围最广的检验或许是 Kupiec（1995）提出的基本频率检验。思想是，检验实际观测到的尾部损失的频率是否与根据模型预测出来的频率一致。特别是，在模型正确（即，模型和数据一致）的原假设成立的条件下，尾部损失数 x 应该服从二项分布。已知 P/L 观察有 n 个，并且尾部损失的预测频率为 p，则尾部损失数为 x 的概率为：

$$\Pr(x|n,p)=\binom{n}{x}p^{x}(1-p)^{n-x} \tag{15.1}$$

其中，p 当然是 1 减去置信水平。

上述公式告诉我们，完成这个二项检验所用的信息只是 n、p 和 x。其中，样本容量 n 只需简单地数一下观测值个数就可以得到，p 显然可以根据置信水平计算，x 可以通过计数超过 VaR 的损失值的数量得到。当然，可以使用某个合适的计算引擎（例如，使用 Excel 中的“BINOMDIST”函数或 Matlab 中的“binocdf”函数）来进行这种检验。

为了说明这一点，假设我们有 n=1000 个来自某个组合的 P/L 随机抽样。我们选取的置信水平为 0.95，所以我们模型预测的概率 $p=1-\alpha=0.05$。我们的原假设为 H_0: $p=0.05$，这意味着超额观测值预期有 $np=50$ 个。现在，假设样本中的超额观测有 55 个，与这个超额数对应的经验频率分为 0.055。由于 $\hat{p}>p$，所以有理由将单边备择假设定为 H_1: $p>0.05$。接下来，需要检验的概率值（或 p 值）是原假设成立时事件 $x\geqslant 55$ 成立的概率值。p-值非常容易利用公式 $1-\Pr[x\leqslant 54]$ 计算，对于给定的 n 和 p，计算算结果为 0.25。所以，在给定的置信水平 5%

下，我们可以毫不犹豫地接受模型[①]。

x 和二项检验 p 值的关系如图 15.3 所示。可以看到，p 值随 x 的增大而减少，尾部损失数超过某个分水岭后模型就不再可信。这个分水岭由我们选定的置信水平决定。这里设定的置信水平取 5%，$x \leqslant 62$ 时，p 值将超过置信水平，$x > 62$ 时，p 值将低于置信水平。因此，$x \leqslant 62$ 时我们接受模型，$x \geqslant 63$ 时我们拒绝模型。

上述讨论的一个前提是，x 为超过预期超额损失个数。若 x 低于 np，则最自然的备择假设是 $H_1: p < 0.05$，那么与原假设相关的 p 值为 x 小于等于实际观测到的超额损失的个数的概率。和前面讨论一样，我们可以得出下述结论：$x \geqslant 39$ 时接受原假设，$x \leqslant 38$ 时拒绝原假设[②]。

如果愿意，也可以使用有双边备择假定的二项检验，也可以使用基于模型预测获得的尾部损失数置信区间做这类检验[③]。我们可以使用尾部损失服从的二项分布函数的逆函数来构造超额数的置信区间（例如，使用 MATLAB 中的“binofit”函数）。已知观测数 $n = 1000$ 并且 $p = 0.05$，则估计出的置信水平 95% 的置信区间为［37，65］。因此，x 落在这个范围内时接受原假设，否则接受备择假设。

这些例子还强调了备择假设的重要性。表 15.1 概括了 3 种情况。在第一种情况下，备择假设是 $H_1: p > 0.05$，并且我们接受模型的 x 的取值范围是［51，65］。备择假设的选择暗含了下述判断：x 的观测个数超过预测个数的 p 的真实值不会低于 0.5。在第二种情况下，备择假设是 $H_1: p < 0.05$，接受模型的 x 值取值范围为［39，49］；这反映了我们的下述的相反判断：p 的真值不超过 0.05。在第三种情况（我们对 p 的真值采取了一个更加开放的态度）下，备择假设是 $H_1: p \neq 0.05$，x 取值的可接受范围是［37，65］。因此，x 取值的可接受范围依赖于我们的备择假设（即，我们对备择假设的选择会影响我们检验的结果）。例

---

① 正文中使用超额亏损数 x 进行二项检验，然而我们也可以等价地选择使用超额亏损频率 x/n。前者风险管理中常见，而后者统计学教科书中常见。然而，这两种方法是等价的，因为其中的 n 是常数。如果采用后一种方法，我们会检验超额经验频率（0.055）是否与预期频率（0.05）在统计意义上显著不同，而这样得到的检验统计量和本书正文中所述的一致。

② 临界分割点为 $x = 39$，因为 $\Pr[x \leqslant 39] = 5.98\%$，并且 $\Pr[x \leqslant 38] = 4.33\%$。

③ 我们还可以反过来做这个检验，这时我们计算观察得到尾部亏损数目周围的置信区间，并观察这个置信区间是否包含预测到的尾部损失数。但是，不管怎样，我们都会得到我们同样的零假设 p－值。

如，如果我们观察到的 x 值在 63 到 65 之间，那么，备则假设为 $H_1: p > 0.05$ 时我们将拒绝原假设，而备则假设为 $H_1: p \neq 0.05$ 时，我们却会接受原假设。造成这种情况的原因是，单边检验只有一个被上（或下）5% 的两个尾部决定的拒绝域，而双边检验却有由上 2.5% 和下 2.5% 的尾部决定的两个拒绝域。

图 15.3

二项检验

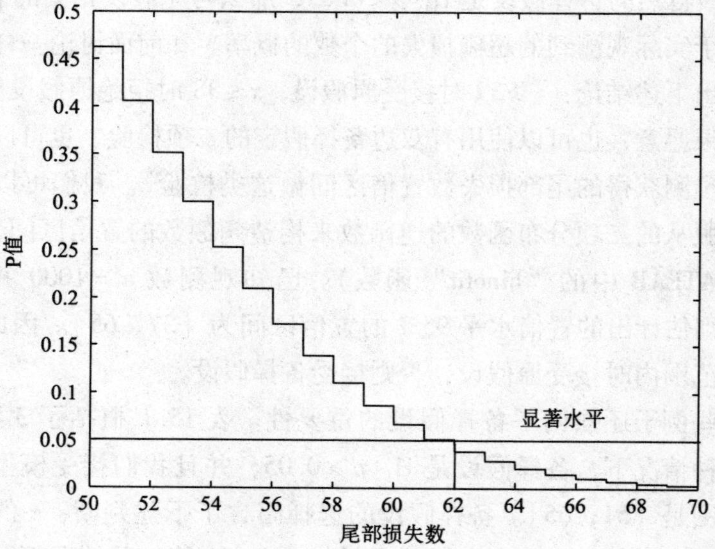

表 15.1

备则假设和和二项检验的接受/拒绝域

H_1	接受域	拒绝域	评论
$p > 0.05$	$x \in [51, 62]$	$x \geqslant 63$	根据 $x > 50$ 的事实排除了 $p < 0.05$ 的情况。
$p < 0.05$	$x \in [39, 49]$	$x \leqslant 38$	根据 $x < 50$ 的事实排除了 $p > 0.05$ 的情况。
$p \neq 0.05$	$x \in [37, 65]$	$x \leqslant 36$; $x \geqslant 66$	不对 p 的可能情况做限制。

这些基本的频率检验的优点是，直观性强、应用简单且不需要太多信息。然而，它们的特异性不好（即，识别坏模型的能力不强），除非使用很大容量的样本。这是因为它可能损失掉一些有价值的信息，而这种信息损失使得这类方法只使用 n、p 和 x 这 3 个信息的优点减色，损

失掉的信息有以下两类：

- 因为过度关注样本期内的超额数的频率，所以忽视了超额数出现的时间规律。然而，这些信息可能是重要信息，因为很多风险模型预见到超额数都是独立同分布的——也就是说，很多模型预见到的尾部损失数的概率恒定且不依赖前期是否出现过超额损失[①]。
- 频率检验损忽视了风险预测模型预测到的尾部损失大小的信息。

因此，基本频率检验的可靠性应该比能够考虑上述信息的检验方法差，实事也大致如此。

例 15.1（单边频率检验）

假设我们有 500 个 *P/L* 观察，VaR 的置信水平 α 设定为 95%。因此，$n=500$，并且 $p=1-\alpha=0.05$，于是预期亏损数为 $np=25$。使用 MATLAB 中的"binocdf"函数可得 30 和 30 以上超额损失发生的概率为 1 - *binocdf*(295000.05) =0.1765，而 40 和 40 以上损失的概率为 1 - *binocdf*(395000.05) =0.0027。所以，30 的超额数是合理的，但是 40 是不合理的。

同样，超额数为 20 或 20 以下的概率为 *binocdf*(205000.05) = 0.1789，10 和 10 以下的概率为 *binocdf*(105000.05) = 0.0005。这时 20 是合理的，而 10 是不合理的。

例 15.2（双边频率检验）

n 和 p 同前例，已知观测到的超额损失数 x 为 30。求超额损失数的置信水平 95% 的置信区间？

使用 MATLAB 中的"binofit"函数，并令 $x=30$ 和 $n=500$，可得 95% 水平的超额数概率的置信区间为[0.0408,0.0845]。由于这一区间包含了作为模型前提的 $p=0.05$ 的取值，所以在 5% 的水平上接受这一模型。因此，超额数置信区间为 $500\times[0.0408,0.0845]\approx[20,42]$，置信区间包含了模型预测的超额数，这意味着模型在 5% 的水平上可接受。

---

① 超额事件独立同分布（iid）的预期，自然地出现在持有期和观察期一致的时候（例如，我们恰好有一个持有期为一天 VaR，而我们的观察数据也是每天观察到的 *P/L* 数据）。但是，如果前后连续的期间相互重叠，那么独立同分布的预测就不成立了。我们将在 15.3.3 节进一步讨论这个问题。

专栏 15－2

监管所需的背后检验

根据1996年修订的1988年的巴塞尔协议——它规定商业银行的资本金充足率标准，要求10国集团国家的商业银行必须进行一系列标准化的背后检验。这些规定的主要特点是：

- 银行必须根据每天的 *P/L* 观察值校准 VaR 测度，VaR 测度的置信水平取定为99%。
- 银行必须使用两种不同的 *P/L* 序列：次日净交易带来的实际 *P/L* 以及前日持有次日结转的持仓可能出现的理论 *P/L*。
- 背后检验每天必须执行。
- 银行必须确认超过 VaR 的超额亏损的天数。

这些背后检验的结果被用于风险模型，并决定那个乘数（或发狂）因子被使用：如果前250天的意外情况数小于5，则乘数因子取为3，如果意外情况数为5则取为3.40……意外数10或10个以上的时候乘数因子取为4。

除此以外，这些背后检验管理还有一些弱点，包括：

- 所用频率检验有一些已知的缺陷（例如，无视意外情况出现的模式和大小，除了使用大样本否则检验缺乏可靠性等）。
- 异常情况（例如，市场崩溃或自然灾害）下，模型可能通不过监管背后检验，使银行遭受不必要的损失。
- 根据意外（差额损失）数决定资本乘数的方法有任意武断性，人们担心高乘数因子会妨碍银行的健康发展和最优执行。

然而，即便这些问题得到解决或改善，也还存在其他更深层次的问题：任何监管方法不可避免地是粗糙和僵化的，有时甚至会适得其反，这肯定会带来落后于最优市场实践的不良后果①。

15.2.2 背后检验的条件检验（Christoffersen 检验）

假设我们的风险预测模型预测到超额损失服从独立同分布，作为考虑这种情况的一个方法，Christoffersen（1998）提出了条件背后检验方法。其想法是将特定的待检验预测分离出来，然后对它们逐一检验。第一个是刚刚考察过的预测，即模型产生的超额亏损频率的“正确”预

① 更多有关监管背后检验的内容，参见 Crouhy 等（1998）。

测，这里我们将它成为正确无条件覆盖预测。另一个预测是超额亏损相互独立预测。这一预测非常重要，因为它告诉我们超额亏损在时间上没有聚类。如果有证据表明超额聚类的确存在，那么即便正确无条件覆盖预测能够通过检验，模型也是错误的。

为了理解 Christoffersen 方法，我们首先将前面的基本频率检验或覆盖检验改写成似然比（LR）函数的形式。如果 x 为我们样本中的超额亏损的个数，n 为样本中的观察数，则观察到的超额亏损发生的频率为 x/n。如果预测到的超额亏损出现的概率为 p，则前面的检验也可以表示为 LR 检验。更具体地说，在正确无条件覆盖假设/预测下，检验统计量为：

$$LR_{uc} = -2\ln[(1-p)^{n-x}p^{x}] + 2\ln[(1-x/n)^{n-x}(x/n)^{x}] \quad (15.2)$$

它服从 χ^2（1）分布。由公式（15.2）可以看出，这一检验可以归结为经验频率 x/n 和预测频率 p 是否充分接近的检验。

接下来考虑独立性预测，设 n_{ij} 为从昨天的状态 i 转为今天的状态 j 的天数，这里状态分为超额亏损状态和非超额亏损状态，π_{ij} 为从昨天的状态 i 转变为今天的 j 的概率。在独立性假设下，检验统计量为：

$$LR_{ind} = -2\ln[(1-\hat{\pi}_2)^{n_{00}+n_{11}}\hat{\pi}_2^{\ n_{01}+n_{11}}] + 2\ln[(1-\hat{\pi}_{01})^{n_{00}}\hat{\pi}_{01}^{\ n_{01}}(1-\hat{\pi}_{11})^{n_{10}}\pi_{11}^{\ n_{11}}] \quad (15.3)$$

该统计量也服从 $\chi^2(1)$ 分布。由于根据下面的公式获得概率估计：

$$\hat{\pi}_{01} = \frac{n_{01}}{n_{00}+n_{01}}, \hat{\pi}_{11} = \frac{n_{11}}{n_{10}+n_{11}}, \hat{\pi}_2 = \frac{n_{01}+n_{11}}{n_{00}+n_{10}+n_{01}+n_{11}} \quad (15.4)$$

因此，在正确覆盖和独立假定下——正确条件覆盖假定——检验统计量为：

$$LR_{cc} = LR_{uc} + LR_{ind} \quad (15.5)$$

该统计量服从 $\chi^2(2)$ 分布。Christoffersen 方法使我们能够同时检验覆盖和独立性两个假设。而且，如果模型不能通过这两个假设组合在一起的检验，那么我们还能检验每一个假设是否成立，这有助于帮助我们发现模型的哪个方面出了问题（例如，是正确覆盖出了问题，还是独立性出了问题）。

例 15.3 似然比（LR）超额亏损频率检验

假设我们有 $n=500$，$p=1-a=0.05$，$x=30$。我们希望用 LR 检验来评价正确无条件覆盖假定（即，模型能够产生正确的超额值频率假定）。为了执行这一检验，我们将这些参数代入到公式（15.2），由此可获得我们的统计量取值：

$$
\begin{aligned}
LR_{uc} &= -2\ln[(1-p)^{n-x}p^{x}]+2\ln[(1-x/n)^{n-x}(x/n)^{x}]\\
&= -2\ln[(1-0.05)^{500-30}0.05^{30}]+2\ln[(1-30/500)^{500-30}(30/500)^{30}]\\
&=0.9921
\end{aligned}
$$

因为公式（15.2）的统计量服从$\chi^2(1)$分布，并且其取值大于等于 0.9921 的概率为 0.319，所以原假设可以接受：我们不能拒绝模型可以产生正确尾部亏损的频率。

例 15.4 LR 独立性检验

参数同例 15.3。假设我们被告知所有超额亏损都出现在我们的样本期内，并且极端值表现出很强的聚类性。相关信息告诉我们，$n_{00}=469$，$n_{01}=1$，$n_{10}=1$，并且 $n_{11}=29$，这意味着：

$$
\hat{\pi}_{01}=\frac{n_{01}}{n_{00}+n_{01}}=\frac{1}{470}=0.0021,\ \hat{\pi}_{11}=\frac{n_{11}}{n_{10}+n_{11}}=\frac{29}{30}=0.9667,
$$

$$
\hat{\pi}_{2}=\frac{n_{11}}{n_{10}+n_{11}}=\frac{1+29}{469+1+1+30}=\frac{30}{500}
$$

将这些值带入公式（15.3），由此可得 LR 检验统计量的取值为：

$$
LR_{ind}=-2\ln[(1-30/500)^{469+29}(30/500)^{1+29}]+2\ln[(1-0.0021)^{469}0.0021^{1}(1-0.9667)^{1}0.9667^{29}]=207.36
$$

由于这个统计量服从$\chi^2(1)$分布，所以相关的 p 值很小，这意味着该模型被强烈拒绝。这一答案对样本期内超额亏损的极端聚类情况做出了正确的反应。

专栏 15－3

独立性检验

许多超额亏损风险预测模型都做了独立同分布的预测，有各种方法来检验这一预测。其中一个方法是 Chritoffersen 提出的 LR 检验。我们也可以估计观察 z_t（见 15.3.2 节）的自相关结构，如果这些观察相互独立，那么其自相关结构应该（联合）不显著，于是独立性检验可以转化为经验自相关的联合不显著性检验（例如，使用 Box－Pierce 的 Q 统计量，这一统计量非常容易计算，参见 15.3.2.2 节）。其他可能的方法是使用游程检验（runs test），或估计一个 0－1 回归模型——这个模型的依赖变量，在超额值出现时取 1，不出现时取 0——并在此基础上检验解释变量的联合不显著性（例如，使用 *F* 统计量或 LR 统计量）①。0－1 回归方法比基本的游程检验（runs test）方法更加强有力，因为它考虑到条件变量的影响，然而而后者却没有。最后一个可能的方法是，如果我们有足够的数据，我们可以使用 BDS 方法（参见 Brock 等（1987））来检验独立性：BDS 检验的有效性非常好，但是却需要大量的数据。

15.3　基于分布等性（equality）的背后检验

迄今为止考虑的所有检验都有一个共同特点：它们只关注超额值的频率，因此不考虑超额值大小方面的信息。然而，这些与超额值大小有关的信息可能在提高模型的准确度方面有用，因此考虑到这些信息的检验应该比只用频率信息的检验更可靠。我们还必须追问剔除掉非尾部信息是否有用，如果没用，那么我们需要考虑 *P/L* 的全部分布，而不仅是尾部分布。这意味着，我们应该对预测出的（或者全部 *P/L* 的，或者仅仅是尾部亏损的）分布进行比较。

因此，我们需要认真地考虑这类检验究竟需要怎样的信息。如果 VaR 为参数 VaR，那么我们需要 VaR 预测模型的全部设定（即，模型假定的参数形式特点方面的信息，以及每组估计涉及的参数值的信息）。若 VaR 为非参数 VaR，则需要所有的（*P/L* 或尾部亏损的）预测集合。然而，这意味着，原则上我们需要有针对样本中每一天做出的预测集合：第一天的预测集和第二天不同，等等。很显然，我们接下来会

① 关于如何去做，Engle 和 Manganelli（1999）提供了一个很好的例子。

遇到一个相当尴尬的问题。实际上，我们拥有全部预测出来的分布——第一天的分布，第二天的分布，等等，并且拥有一组 P/L 实现值，其中原假设下的每次抽取都来自预测出来的同期分布。因此，对于样本中的 n 个观察，我们拥有 n 个不同的预测出来的分布，我们的抽样对于每个分布只抽取一个观察。除非在一些极特殊的情况——预测出来的分布完全一样，否则亏损的实现值绝对不会来自某个单一分布。

因此，每天的预测都不一样时，我们如何比较 P/L 值和预测值？

15.3.1 基于 Rosenblatt 变换的检验

答案是变换我们的数据，这使得我们能够直接处理它们的分位点预测值或累计概率预测值。所以，如果 x_t 为第 t 天的 P/L 值，如果与之相关的累积分布密度预测为 $F_t(.)$，而这些分布函数会随着时间（日）的推移而变化，那么转换后的数据为 $F_t(.)$ 在 x_t 点的函数值，即：

$$p_t = F_t(x_t) \tag{15.6}$$

例如，如果我们的风险模型是标准正态模型，那么 1.645 的 P/L 值将被映射为 0.95，－1.645 将被映射为 0.05；等等。这种变换被称为 Rosenblatt 变换，它使得我们的数据在相同的概率测度上被标准化（即，标准化为预测累计分布密度函数值），使得我们的数据有了直接的可比性。

为了说明这一点，假设我们的风险测度模型假定 P/L 服从正态分布，而且我们的观察值和预测值分列于表 15.2 中。表中的第一列是日期，对应于各个日期都有 P/L 值和参数预测。第二列是 P/L 的实现值，后两列分别为 P/L 的均值预测值和标准差预测值。第五列是按 P/L 实现值计算出的正态累计分布密度函数的函数值，这个累计分布密度函数的参数是前面预测出的参数，这些累计分布密度函数值即为我们的 Rosenblatt 变换值。举例来说，若我们观测到的 P/L 实现值为 12.507，均值和标准差的预测分别为 10 和 20，则映射出的累积分布函数值为 0.550。它与其他样本有可比性。这种变换，使用具有相关的参数赋值的累计正态分布密度函数，将每一个 P/L 的实现值转换为累积分布函数的函数值。当然，如果我们不对预测模型做正态假定，我们将用使用模型的累积分布函数（例如，如果我们的模型以 t 分布为基础，则使用

t 累计分布函数；如果我们的模型为非参数模型，则使用经验累积分布函数）替代这里的正态累计分布函数。

表 15.2

一个 Rosenblatt 变换的例子

观测日期	*P/L* 实现值	均值预测	标准差预测	正态累计分布函数值
1	12.507	10	20	0.550
2	15.041	9	21	0.613
3	−14.222	11	22	0.126
4	36.391	9	23	0.883
5	9.172	10	22	0.485

Rosenblatt 变换，为应用分布等性检验评估模型的恰当性奠定了基础。特别是在模型恰当的原假设下，我们预测出的最低的 10% 的变换值应该落在［0，0.10］内，次低的 10% 的变换值应该落在［0.10，0.20］内，依此类推。所以，模型恰当的原假设下，使用 Rosenblatt 变换得到的变换值应该服从标准均匀分布（即，U(0,1)）。

即便我们感兴趣的是尾部亏损分布而不是 *P/L* 分布，这一方法同样可以使用。假设我们已经把所有的 *P/L* 数据都做了 Rosenblatt 变换。映射后观察预测在原假设下将服从 U(0,1)分布，但是我们现在将超过 VaR 的超额亏损以外的所有观察消除掉。如果模型良好，那么左边的经验分位点应该近似地服从［0，$1-\alpha$］上的均匀分布。我们现在可以将尾部观察映射为这些尾部观察的分位点，而不是整个 *P/L* 分布的分位点，其结果是尾部损失的分布在原假设下将服从于 U(0,1)分布。例如，假设 $\alpha=0.95$，我们第一个取出的 *P/L* 超出值观察值为 −28（即，亏损了 28），它（在原假设下）来自均值和标准差分别为 10 和 20 的正态分布。于是，这个观察的累计分布函数（cdf）值为 0.0287，其他观察也将位于［0，0.05］，并且在原假设下服从［0，0.05］上的均匀分布。然而，原始 *P/L* 分布的 0.0287 分位点对应（Rosenblatt 变换后的）尾部损失分布的分位点为 $1-0.0287/(1-\alpha)=1-0.0287/0.05=0.426$，它服从于 U(0,1)分布。总之，无论我们处理的是整个 *P/L* 分布，还是仅仅尾部的分布，我们都可以对序列做 Rosenblatt 变换，变换后的数据在原假设下服从标准均匀分布①。

在此基础上我们可以使用有关这一预测的检验来评估我们的模型，这个有关预测的检验可以使用有关经验分布是否服从均匀分布的分布等性检验来进行。我们也可以使用附录中讨论的某个适当的分布等性检验方法来检验这个预测②。

15.3.2　使用 Berkowitz 变换的检验

我们可以通过序列的二次变换来改善检验方法。Berkowitz（2001）建议，不用原假设下预测分位点 p_t 服从［0，1］上的均匀分布的检验方法，而是对 p_t 做变换，使之在原假设下服从正态分布。为此可以使用逆正态变换，该变换的理论依据是：若 p_t 服从 U［0，1］，则 $z_t = f^{-1}(p_t)$服从 $N(0,1)$。这样，Berkowitz 变换将均匀序列变换为标准正态序列，这使得我们可以使用标准正态的检验方法来检验模型的恰当性。这个建议有吸引力的一个地方是，一旦数据被转成正态数据，我们就可以用比"数据均匀性直接检验"方法更强有力的统计方法处理问题。特别是，这种变换使得我们可以使用不是几个而是一整套检验方法处理问题，这样能够更清楚地确定模型错误的根源。这也能够使我们检验相同框架内出现的任何独立性预测，即便对于原检验假设以外的情况，这种检验方法也可用。

假设目前有一个独立同分布的(iid)预测，这时原假设是 z_t 独立同分布于 $N(0,1)$。Berkowitz 建议，将这个原假设嵌入到均值和标准差可能不同的、非常一般的 1 阶自回归过程中，并在此基础上进行我们的检验。这个自回归过程如下：

$$z_t - \mu = \rho(z_{t-1} - \mu) + \varepsilon_t \tag{15.7}$$

原假设于是变成 $\mu = 0$，$\rho = 0$，ε_t 的方差 $\sigma^2 = 1$ 的情况。公式（15.7）相关的对数似然函数为：

---

① 还有一个问题。这就是，应该使用整个 P/L 分布，还是应该只使用尾部分布。原则上，应该根据手头上的问题的具体情况来定。然而，很多风险管理问题中我们更感兴趣的是尾部观察而不是中央区域观察，这时集中考虑尾部往往更加有利，因此应该使用尾部亏损的分布。

② 但是，这些检验不能用于任何"独立同分布"假设的检验，如果出现这种假设。这类检验需要使用其他方法，例如专栏 15.3 或第 15.3.2 讨论的那些方法。

$$-\frac{1}{2}\ln(2\pi)-\frac{1}{2}\ln[\sigma^2/(1-\rho)^2]-\frac{[z_t-\mu/(1-\rho)]^2}{2\sigma^2/(1-\rho)^2} \quad (15.8)$$

$$-\frac{(T-1)}{2}\ln(2\pi)-\frac{(T-1)}{2}\ln(\sigma^2)-\left[z_{t-1}-\sum_{t=2}^{T}\frac{(z_t-\mu-\rho z_{t-1})^2}{2\sigma^2}\right]$$

因此，原假设似然比检验统计量为：

$$LR=-2[L(0,1,0)-L(\hat{\mu},\hat{\sigma}^2,\hat{\rho})] \quad (15.9)$$

其中 $\hat{\mu}$、$\hat{\sigma}$ 和 $\hat{\rho}$ 为相关参数的极大似然估计。原假设下 LR 服从 $\chi^2(3)$ 分布，即自由度为 3 的卡方分布。因此，我们关于原假设成立与否的检验方法是：先对参数做极大似然估计，然后导出 LR 统计量的取值，最后比较这个值与 $\chi^2(3)$ 临界值的大小。这个检验的特异性很强，因为备择假设具有很好的一般性。

然而，这个检验方法也有弱点：它不能应对 z_t（或 ε_t）的正态性方面的问题；只是检验相对较少的原假设——$\rho=\mu=0$ 和 $\sigma=1$。这是一个问题。因为，我们很可能会遇到 $\sigma=1$ 但是 ε_t 非正态的情况。另外，如果我们模型产生的预测有偏或峰度过大（这两种情况是风险测度模型的普遍现象），该方法可能无法有效应对，因为它只能检验 $\sigma=1$ 是否成立，不能检验 $\varepsilon_t \sim N(0,1^2)$ 是否成立。换而言之，存在有偏或肥尾现象时，Berkowitz 的 LR 检验方法有盲点①。幸运的是，这一问题可以用向 LR 检验添加 ε_t 的正态检验（例如，Jarque－Bera 检验）的方法加以弥补：Jarque－Bera 检验可以直接发现 LR 无法发现的 ε_t 的非正态问题。

还有其他检验 z_t 的标准正态方法。例如，我们可以将关键预测分解开，并逐一检验：

- 均值预测：使用教科书中的 t－检验方法来检验这一预测。
- 方差预测：使用方差比检验来检验 z_t 是否有单位方差：如果 s^2 是正态随机变量的方差估计，σ^2 是假设的方差的“真”值（这里它等于 1），那么 $(n-1)s^2/\sigma^2$ 在原假设下服从自由度为 $n-1$ 的 χ^2 分布。
- 偏度预测：使用渐进正态性检验来检验偏度：若分布为正态分

① Dowd（2004a）给了一个可能的例子，并使用 Berkowitz 背后检验对这个问题进行了较长的讨论。

布，则 n 很大时，样本偏度近似地服从 $N(0,6n^{-1})$ 分布。

- 峰度预测：使用类似的方法来检验峰度：若分布为正态分布，则 n 很大时，样本超额峰度近似地服从 $N(0,24n^{-1})$。
- 偏度峰度预测：使用 Jarque – Bera 检验，同时检验这两个预测：相关细节参见本章附录；该检验被称为正态性综合检验。

这些以矩为基础的检验非常有用：模型不能通过这些检验中的任何一个，就意味着模型缺乏恰当性，这在模型诊断中非常有用。如果模型不能通过均值检验，那么我们可以得出模型预测在某个特定方面有偏的结论；如果模型不能通过方差检验，那么我们就可以得出模型预测的分散过高（如果样本方差小于1）或过低（如果样本方差大于1）的结论。如果模型不能通过偏度检验，那么我们就可以得出模型预测有偏的结论；如果模型不能通过峰度检验，那么我们可以得出模型预测的峰度过大或不足的结论，这取决于峰度是大于3，还是小于3。

当然，我们也可以检验任何可能出现的独立性预测，这时可以使用专栏 15.3 中谈到的任何方法。

这些检验不需要任何“困难”的计算（回归也是如此），非常容易执行（例如，在电子表格上执行）。

例 15.5（方差比检验）

假设我们有一个来自正态分布的容量 500 的样本，样本方差为 s^2，原假设是方差 $\sigma^2=1$。在原假设下，统计量 $(n-1)s^2/\sigma^2=(n-1)s^2$ 服从自由度为 $n-1$ 的 χ^2 分布。已知备择假设是双边假设，并且置信水平为5%。如果 $499s^2$ 位于自由度 499 的 χ^2 分布的 2.5% 和 97.5% 之间（它们分别为 438.9980 和 562.7895），我们接受原假设。因此，如果 s^2 介于 438.9980/499 = 0.8798 和 562.7895/499 = 1.1278 之间，我们接受原假设。

例 15.6（JB 检验）

假设我们有一个容量为 500 的样本，原假定是样本来自正态分布。样本偏度和峰度分别为 −0.075 和 2.8888。使用附录中的公式（A15.4）可得 JB 检验统计量：

$$JB = \frac{500}{6}\left(0.0758^2 + \frac{(3-2.888)^2}{4}\right) = 0.7364$$

与这个统计量相对应的$\chi^2(2)$分布的累积分布函数值为 0.3080。该结果表明，分布为正态分布。

15.3.3　预测期重叠

我们曾经多次提到，有些风险模型得出结果预测——无论是超出值、Rosenblatt 变换后的数据 p_t，还是 Berkowitz 变换数据 z_t——是独立同分布的预测，有些则不然。

具体地说，预测期不重叠时，预测结果有独立性。典型的情况是，风险管理者在交易开始之前预测这一天的日 VaR；*P/L* 实现值来自组合的日收盘价值，管理者会把该天的 VaR 预测值做比较。这种预测—实现的循环将在下个交易日重复。使用我们前面的记号，p_t 和 z_t 应该是独立同分布的。一般来说，如果我们有一些任意给定的预测期——一天、一周，等等——如果预测变量在下一组预测完成之前实现，并且每个预测—实现的循环都会在下一次循环开始之前完成，这时模型预测服从独立同分布。

现在考虑另外一种情况，模型在为期两天的时间段上做 *P/L* 预测，并且这个预测在交易日开始的时候进行。每天实现的随机 *P/L* 为 X_1、X_2、X_3 等等。因此，p_1 和 z_1 将取决于 X_1 和 X_2，p_2 和 z_2 将取决于 X_2 和 X_3，等等。因为 p_1 和 p_2（或 z_1 和 z_2）都受 X_2 的影响，所以不能期望它们有独立性。如果我们预测期是 3 天，每一对连续的结果都受两个 X 实现值的影响，如果我们的预测期是 4 天，则每一对连续的结果受 3 个 X 实现值的影响，等等。因此，当预测期（或预测—实现周期）有重叠时，独立同分布性质不再成立。

预测期的重叠以各种方式影响背后的实验。正如刚才提到的，这意味着检验内容虽然不包含独立同分布预测，但是包含其他预测——p_t 服从 U(0,1) 分布，z_t 服从 N(0,1) 分布，所以我们是在独立同分布不成立的条件下检验均匀性和正态性的。这些检验比独立同分布的情况更难处理。或许，检验最好执行方式是，假设相关结构具有某种特定的形式——具体形式取决于我们正在处理的问题。例如，可以是公式（15.7）那样的 AR(1) 过程，当然某些情况下我们也会偏好其他过程，例如，

MA 过程。然后，选择一个（或几个）检验统计量，估计它们的样本值，并且比较这些值和它们的临界值的大小，而临界值则由某个特制的蒙特卡罗程序决定。然而，除非我们能够预测出相关结构——这种预测有时能，有时不能——明智的方法是给出多个可供选择的相关结构，然后考察那个结构的检验结果更稳健①。

15.4 备选模型比较

通常，我们不但对某个单一的模型感兴趣，而且对不同模型间的相互比较也感兴趣②。为此，我们可以使用预测评价方法：首先使用某个亏损函数给各个模型打分，然后根据得分为模型排序——得分越小模型越好。这些方法的目的不是对模型的恰当性进行统计检验，而是排序③。由于它不是统计检验，所以预测评价方法不受标准检验方法（例如，基本频率检验）特异性不好的影响：这使得它们在背后检验中更有吸引力，因为现实应用世界可得的数据集通常是小数据集。此外，它允许我们根据具体情况来构建亏损函数：例如，相对于低额损失，我们可能更关心高额亏损，因此希望在亏损函数中给高额亏损赋予高的权重。

排序过程有 4 个关键要素和一个单一的结果——即每个模型的最终得分。

---

① 一个可选方法是用另一个方法来变换我们的数据。如果我们假设 z_t 为服从 N(0,1) 的 AR(1)过程，那么 ε_t 的方差为 $(1-p)^2$。然后，我们使用 p 的估计值 $\hat{p}$ 来获得残差估计 $\hat{\varepsilon}_t = \hat{z}_t - \hat{p}\hat{z}_{t-1}$，并检验 ε_t 是否独立同分布且服从正态分布。

② 我们还可以使用选定的标准统计量，根据模型的性能测度，给模型排序。我们可以考虑一组模型，并把各个模型的风险测度和整个组的平均结果做比较（这将使我们对哪个模型产生的风险测度较高或者易变有所认识），我们还可以把模型产生的风险测度和根据每个模型预计出来的值做比较（这将使我们对模型的比较精度有所认识）。Hendricks（1996）讨论了该方法，并列出了 9 个可能的比较统计量，包括平均相对偏差，均方根相对偏差，经验尾部亏损频率，平均亏损和 VaR 的比率以及最大亏损和 VaR 的比率。

③ 这里自然会出现一个问题。为什么不可以根据统计检验的 p－值来给模型排队？答案是，如果能，当然很好，但是我们不能（至少我们不应该）。p－值的目的在于评价假设，不同的 p－值之间一般不能直接比较，因为被择假设通常都是非配套的。调节统计检验使模型具有可比性是一项微妙工作。更多有关如何去做的内容，参见 Christoffersen 等（2001）以及 Giacomini 和 Komunjer（2002）。后一篇文章还讨论了如何将预测结合起来提高预测性能的问题。然而，即便这些方法能让我们两两地比较模型，也不能保证我们的比较有一致性：例如，经过所有的检验我们可能会得出结论，模型 A 比 B 好，模型 B 比 C 好，而模型 C 比 A 好：这时我们虽然得到一个两两比较集，但是却不能得到总排名。

第一个要素是，容量为 n 的配对样本——每一期的亏损（或 P/L）以及与之相关的 VaR 预测。

第二个要素是，亏损函数。它给每个观察赋予一个得分，得分大小取决于观察到的损失（或收益）和该期 VaR 预测的比较。所以，如果 L_t 是 t 期的亏损，并且 VaR_t 是该期的预测 VaR，我们的 t 期观察的亏损函数如下：

$$C_t = \begin{cases} f(L_t, \mathrm{VaR}_t) & \text{if} \quad L_t > \mathrm{VaR}_t \\ g(L_t, \mathrm{VaR}_t) & \quad\quad L_t \leqslant \mathrm{VaR}_t \end{cases} \tag{15.10}$$

其中，$f(L_t, \mathrm{VaR}_t) \geqslant g(L_t, \mathrm{VaR}_t)$，这意味着尾部亏损不会获得比其他非尾部观察更小的取值①。

第三个要素是基准值，它告诉我们得什么分的模型是“好”模型。

第四个要素是评分函数，其输入值为亏损函数的函数值和基准值。例如，如果我们的基准值取为原假设（假设模型是“好的”）下 C_t 的期望值，那么 Lopez（1998）建议我们使用下面的概率平方得分（QPS）函数：

$$QPS = \frac{2}{n} \sum_{t=1}^{n} (C_t - p)^2 \tag{15.11}$$

QPS 的取值范围为［0，2］，QPS 值越接近 0 模型越好。因此，我们可以使用 QPS（或类似评分函数）来给模型排序，模型越好得分越低②。

为了使用这类方法，我们需要特定亏损函数的形式，并且已经有一些不同类型的特征函数被提出。其中最简单的或许是 Lopez（1998，第 121 页）提出的 0－1 亏损函数，如果观察为尾部亏损则函数取值 1，否则取值 0，具体公式表示如下：

$$C_t = \begin{cases} 1 & \text{if} \quad L_t > \mathrm{VaR}_t \\ 0 & \quad\quad L_t \leqslant \mathrm{VaR}_t \end{cases} \tag{15.12}$$

---

① 如果愿意，这个亏损函数还可以包含背后检验者在亏损结果关心方面的不对称性（例如，他可能对超过 VaR 的亏损和低于 VaR 的亏损采取不同的处理）。这非常有用，因为它使我们能够同时考虑高亏损的经济后果和统计结果。

② QPS 标准也有诱人的性质，它（通常）会鼓励 VaR 建模者讲真话：如果 VaR 建模者希望尽量减少他们的 QPS 得分，他们（通常）会“如实地”报告他们的 VaR。背后检验者和 VaR 建模者不是同一个人的时候，这个性质特别有用，因为背后检验者总怕 VaR 建模者错误的 VaR 预测影响其背后的检验效果。

这种 Lopez I 型亏损函数适合（只）关心尾部亏损的用户使用。这个亏损函数的基准 p 为期望值 $E(C_t)$。

例 15.7（Lopez I 型背后检验）

参数同例 15.1：$n=500, p=0.05$ 以及 $x=30$。使用 Lopez I 型背后检验，QPS 值为 $2/500(30(1-0.05)^2+470(0.05)^2)=0.1130$。另一方面，假设我们的 x 值和预期值 $np=25$ 相等，则 QPS 值为 $2/500(25(1-0.05)^2+475(0.05)^2)=0.0950$。因此，Lopez I 型背后检验告诉我们，我们模型的表现相对于超出值个数等于预期数的模型较差。然而，它不能告诉我们模型的表现好到什么程度，差到什么程度。

Lopez 亏损函数的缺点是，尾部亏损大小的忽略。为了弥补这一缺陷，Lopez 提出了第二个建议是，使用下面的尾部亏损大小调整的亏损函数：

$$C_t=\begin{cases}1+(L_t-\mathrm{VaR}_t)^2 & \text{if} \quad L_t>\mathrm{VaR}_t\\ 0 & \phantom{\text{if}} \quad L_t\leqslant \mathrm{VaR}_t\end{cases} \tag{15.13}$$

该亏损函数考虑了公式（15.12），没有考虑的尾部亏损的大小：在其他条件不变的情况下，尾部亏损高的模型的公式（15.13）计算结果高于尾部亏损低的模型。然而，这一亏损函数中作为直接条件的基准值不再存在，所以需要使用某种方法（例如，蒙特卡罗方法）对此进行估计①。此外，尾部亏损大小的亏损函数（公式(15.13)）也丧失掉一些直观性——这是它的缺点，因为货币单位元的平方不再是元。

Blanco 和 Ihle（1998）提出了一个解决这一问题的方法，他们建议使用下面的亏损函数：

$$C_t=\begin{cases}(L_t-\mathrm{VaR}_t)/\mathrm{VaR}_t & \text{if} \quad L_t>\mathrm{VaR}_t\\ 0 & \phantom{\text{if}} \quad L_t\leqslant \mathrm{VaR}_t\end{cases} \tag{15.14}$$

这一亏损函数给每个尾部亏损观察赋予一个等于尾部亏损除以 VaR 的权重。它有一个不错的直观，能够保证尾部亏损越大，其赋值 C_t 越

① Lopez（1998，第 123－124 页）提出了一个办法。他建议，我们假设观察到的回报独立同分布（IID）；然后利用这种假设得出经验损失函数和最终得分。如果多次重复这一操作，我们就可以使用平均最终得分作为我们的基准估计。

大，并且它不像平方尾部损失函数那样破坏直观性。这个预测评价方法的基准值也很容易导出：基准值等于 ES 和 VaR 的差除以 VaR。然而，Blanco – Ihle 亏损函数也有一个问题：因为公式（15.14）把 VaR 作为分母，所以如果 VaR 为0，则这个函数没定义，而且 VaR 接近0 或为负时这个函数给出的答案没有意义。因此，除非我们能够保证 VaR 足够大正数，否则结论不可靠①。

因此，我们寻找一个以亏损大小为基础的亏损函数，这一函数不但要避免 Lopez II 型亏损函数中的平方项，而且还要避免 0 分母问题。一个可能的选择是使用尾部亏损本身：

$$C_t = \begin{cases} L_t & \text{if} \quad L_t > \mathrm{VaR}_t \\ 0 & \quad\;\; L_t \leqslant \mathrm{VaR}_t \end{cases} \tag{15.15}$$

图 15.4

背后检验的一般框架

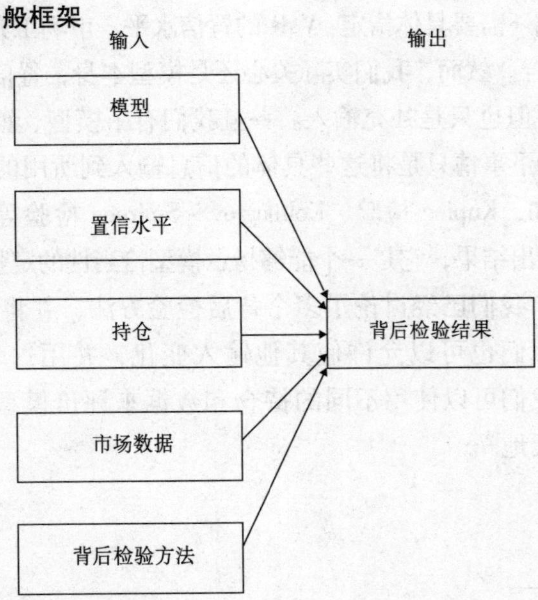

① Blanco 和 Ihle 还提出了第二种方法，它同时考虑尾部亏损的大小和频率。如果我们设 $C_t^{frequency}$ 为 LopezI 亏损频率函数（公式（15.12）），设 C_t^{size} 为 Blancao – Ihle 亏损大小函数（公式（15.1）），那么他们建议的另一种损失函数为两者的加权平均，所用权重反映了我们对这两个损失源的关心程度。这虽然是一个有魅力的想法，但是它却不能产生可靠的排名：$C_t^{frequency}$ 和 C_t^{size} 并非由相同的基础指标决定，所以一些不相关的变换（例如，重新定义货币单位：比如说把以元为单位改成分）会改变我们的得分。采取加权平均的想法是好的，但是需要更可靠的实施方法。

尾部亏损的期望值自然是ES，所以我们选择ES作为基准值，并且使用下面的平方评分函数：

$$QS = \frac{2}{n}\sum_{t=1}^{n}(C_t - EP_t)^2 \tag{15.16}$$

该方法用尾部亏损对其期望值的偏离罚分，因此直观上有其合理性。此外，因为这一函数是二次函数，所以能够给高额尾部亏损赋予比“普通”亏损的大得多的权重，因此对高额亏损的惩罚更严厉。

15.5 使用备选持仓和数据的背后检验

我们还可以做备选持仓输入的背后检验，由此获得更多有关风险模型的恰当性的、更多的信息。需要记住的是，任何背后检验方法的目的都是市场风险模型评价。不过，图15.4描述的是背后检验的一般框架，为了评价风险模型我们还需要具体指定：VaR的置信水平、市场工具的持仓、市场价格/回报的集合。然而，我们实际关心还是模型本身，置信水平、持仓以及数据尽管必要但也只是补充输入。一旦我们有了模型、置信水平、持仓和市场数据，余下事情只是将这些具体的信息输入到所用的具体的背后检验方法——例如，Kupiec检验、Kolmogrov - Smirnov检验等——中。这些输入将会产生输出结果，它是一个能够指示模型恰当性的定量指标。

目前为止，我们已经讨论了多个背后检验方法，并将其他输入视为给定。当然，我们也可以允许使其他输入变化，并用这种方法评价模型：特别是，我们可以使用不同的持仓和数据来评价模型[①]。这开辟了背后检验的新天地[②]。

---

① 我们还可以使用备选置信水平进行背后检验。但是要小心，因为模型在一个置信水平上表现得好并不意味着在其他置信水平上表现得也好（例如，尽管EV模型在极高置信水平上表现良好，但是没有理由认为它在较低置信水平上信心水平上也表现良好）。

② 借鉴与风险因素函数的分布性质有关的为数众多的应用统计学文献，我们还有可能获得大量其他的背后检验方法。这些文献使用了种类繁多的假设、数据结构以及技术工具。其中包括：时间序列/横截面模型、一般混合模型、向量自回归移动平均外生变量（vector autoregressive moving average exogenous variable，简记为VARMAX）模型、Kalman滤波模型和神经网络模型。更多相关内容，参见Tilman和Brusilovskiy（2001）。

15.5.1　使用备选持仓的背后检验

一个检验途径是使用备选持仓。这些持仓包括：

- 我们当前实际持有的组合。
- 过去某个时期我们曾经持有的不同持仓。
- 业务单位水平的持仓以及机构整体水平的持仓：我们可以把股权持仓和固定利率持仓分解开，并在此基础上做背后检验，等等。也可以根据我们的需要在任何业务单位的水平上进行背后检验，该水平可以具体到各个交易者或资产管理者，也可以具体到我们持有的各个金融工具上。
- 用于基准背后检验的代表性持仓：这时，我们选择一组重要的或有代表性的持仓作为基准持仓，并对这些基准持仓的模型做背后检验。这些基准持仓可以是普通的股市持仓、外汇持仓等等。这类基准持仓的背后检验在比较方面非常有用。
- 基于下述模拟实验的组合：首先，随机选出大量经过背后检验的组合，然后考察其平均结果（例如，Hendricks（1996，第 44－45 页））。该方法的好处是，使我们可以在某种程度上避免受某些依赖特定组合的结果的影响。

15.5.2　使用备选数据的背后检验

我们还可以使用备选市场价格数据集来进行背后实验，特别是：

- 我们可以改变背后实验方法所用的历史时期，这样做通常是为了检查我们的结果是否只对特别选出的历史时期有效。
- 对于任意给定的时期，我们可以对数据做自举抽样，并且使用自举抽样数据而不是原来的数据：自举抽样带来的好处是，我们可以拥有更大的数据集。
- 我们也可以使用蒙特卡罗等方法产生模拟数据，并根据现存的市场价格或者我们对相关参数值的信念决定相关参数。

所以，有很多增加数据量的方法，这能够扩大我们背后检验的范围。

15.6 背后检验结果的精确度评价

这些背后检验方法都有一个共同问题，就是它们都做了大量的权重估计，无论是排序的形成还是p值的计算。然而，权重的真值始终是未知的。这带来一个明显的问题：我们可能因估计不好权重导致对模型的误判，或拒绝正确模型，或接受错误模型，或对模型做出不正确的排序。那么，如何判断评价估计的精度，了解真实的p值或排名呢？

如果使用统计性背后检验方法，那么一个解决方法就是使用自举抽样方法来估计“真实”尾部概率的置信区间。为了说明这一方法，我们使用一个基于模拟数据的假想例子。假设我们有一个生成的日 P/L 数据的组合，并且有一个在 P/L 服从正态分布的假定下导出的VaR模型，置信水平取为99%。因此，在模型正确的原假设下，超额亏损的概率为0.01。假设我们有一个样本容量 $n=500$ 的日 P/L 数据，并且这些“历史”数据来自一个比正态分布更加厚尾的分布。因此我们的模型不正确，因为它假定 P/L 服从正态分布。我们的模型告诉我们样本的超额亏损预期数应为 $np=5$，但是实际上为8，基本频率检验告诉我们亏损数大于等于8的概率为6.71%。如果我们将其视为零假设概率估计，并且使用标准的置信水平（例如，5%），我们将倾向于接受模型，即便这种接受有些勉强，而且结论也不正确。

现在假设，为了避免使得这种模型通过检验，我们用自举抽样p值代替前面的p值。我们从原始的 P/L 数据中抽出了1000个 P/L 的自举抽样样本。对于每一个这样的自举抽样样本，我们维持原来的正态分布假定估计VaR，并计算样本中的超额亏损数 x。于是，我们用1000个 x 值可以获得零假定概率估计，并且获得零假定概率的置信区间估计。这些 x 值的均值为7.93，置信区间为［3，14］。与这一自举抽样对应的零假定概率估计是，均值为13.7%，置信水平95%的置信区间为［0.00%，44.0%］。这意味着，我们以前的p值估计非常不准确。

这一置信区间还告诉我们，我们不能确定“真正的”原假设概率是大于等于5%（这时，我们将接受原假设）还是小于5%（这时我们将拒绝原假设）。于是，这一置信区间提供的信息将导致我们修改原来的模型评价：我们不能（错误地）得出模型“正确”大的结论，假如我们使用“原始”频率检验的结果，我们将会得出“真正的”原假设概率应该在 0－44%之间的结论。由于这个范围包含了我们的显著性水平 5%，所以我们不能明确得出（即，模型通过/通不过检验）模型是否有效的结论。然而，这个更加温和的结论说明，我们的数据尚不能帮助我们获得不确定性结论，它有助于我们避免对模型的错误评价。

这表明，我们并非总能得出清晰的结论。相反，正确的结论有时只能是我们不能确定模型是否能够通过检验或通不过检验。如果数据告诉我们的是这样的结论，那么我们只能认为目前的证据尚不能允许我们对模型做出是与否的清楚结论，这种做法相对错误地给出明确结论而言更妥当一些。

我们也可以使用模拟方法从其他方面评价我们的背后检验。例如，我们可以对背后检验做背后检验，以便考察我们背后检验是否可靠。为此，我们需要建立一个合理的备选假设范围：如果我们关注（而不是被动接受）的是模型的肥尾情况，我们可以设定一个可能的备选肥尾分布的范围，等等。一旦根据具体情况选定了原假设和备择假设，我们就可以使用蒙特卡罗模拟来评价我们所用的各个背后检验的可靠性：估计它们的 I 类和 II 类错误的发生率，等等。这些检验结果指示我们，我们工作环境中各种不同的背后检验的可靠性。我们可能发现，一些备受尊重的背后检验在我们的特定环境下表现得并不如其他方法好。这将使得我们能够对不同背后检验的表现有所认识，并在此基础上选出对我们来说最好的背后检验①。

15.7　总结和结论

本章的要点归纳如下：

- 背后检验的第一个要求是，清理数据并对数据做预分析。这种分析应该使用背后检验图和一些概括性统计分析。
- 最简单的检验都以超出值出现的实际频率和理论预期频率的比

① 最后，我们通过对它们进行压力检验，并据此测量我们背后检验结果的精确度。我们可能会使用某种合理的方法改变输入数据或相关校准，并观察这些变换对我们检验结果的影响。如果我们的检验结果对这些变化有很强的稳健性，那么我们将对检验结果有更大的信心；如果缺乏稳健性，那么我们必须更加小心地对待这些结果。

较为基础——包括，基本的二项检验（或 Kupiec）、Chirstoffersen 检验等。然而，相对于我们通常可以得到的样本容量，这些检验的特异性并不好，并且它们忽视有关尾部损失的潜在的有价值的信息。

- 因此，最好是使用那些能够兼顾超额值损失的频率和大小的检验方法，或使用尾部损失的整个 P/L 谱（至少是缘于 P/L 谱）的结果。为此，我们使用 Rosenblatt 和 Berkowitz 变换，这给我们的数据带来了可比性和柔韧性。这样，就可以使用分布等性检验来评价潜在的原假设。这类检验，不但特异性比以频率为基础的检验强得多，而且可用方法也很多。
- 我们还可以根据备选模型的执行情况对它们做比较和排名，所用方法是亏损得分预测评价法（例如，Lopez 方法等）。
- 除了改变背后检验方法本身之外，我们还可以用改变其他输入方法做背后检验：具体来说就是，改变所用持仓和市场数据。这种附加的背后实验能够告诉我们很多不容易看到的有关模型恰当性的信息。
- 有时数据不允许我们对模型的恰当性做明确性结论（即，有时正确的结果是，模型既非“有罪”也非“无辜”，而是“无法证明”）。因此，我们应该在背后检验中引入自举抽样，这样就能获得对 p 值估计分布的更好认识。我们也可以使用模拟方法对背后检验本身做背后检验，以考察在具体环境中我们所用背后检验方法的效果。

所有这一切都表示，我们不应该依靠任何一种单一的背后检验方法，如果某个特定程序能够提供明确的结果，无论是积极或消极的，我们都应该使用其他背后检验方法来确认或否认：明确的结论更需要强有力的证据来支持。无论何种情况，最好的做法就是使用一组可行的背后检验，据此获得我们对风险模型优缺点的更好认识。

归根结底，背后检验不仅要对风险模型做全面评价，而且还要加强对模型的工作方式的认识，以便了解模型的长处和局限性。

附录

两分布异同的检验

这里我们讨论一个分布与另外一个分布的异同的检验所涉及的原则。这一问题是背后检验的中心问题，这一问题出现在我们打算检验经验分布和理论分布是否相同的时候。有两个一般性方法可以用于此目的：

- 关注某个特定的参数（例如，均值、中位数、方差等），然后基于两个分布在这一参数上相等的假定进行检验。
- 也可以检验一个分布整体上与另一个分布是否无差异。

前者称为“参数等性（parameter - equality）”检验，后者称为“分布等性（distribution - equality）”检验，以示区别。

A15.1　参数等性检验

在风险管理中，通常将参数等性检验用在超出值发生的频率上，而且第 15 章的 15.2 节花了一定的篇幅讨论过以频率为基础的检验。另外，我们也将参数等性检验用于其他参数，其中包括：

- 均值：假设其他因素表现正常，我们可以使用教科书提供的方法（例如，t 检验和 F 检验）来检验两个均值是否相等。例如，如果我们使用 t 检验来检验均值的“真值”为μ，那么在原假设下，我们的统计量$(m-\mu)/s\sqrt{n}$服从自由度为$n-1$的学生 t 分布，其中，m和s分别为样本均值和样本标准差，n为样本容量。
- 中位数：我们可以使用某种方法检验两个分布的中位数是否相等，这些方法包括二项符号检验（其思想基础是，样本中的所有观察在中位数上下应该各占一半左右）、Wilcox 符号秩检验（其思想基础是，中位数上下的秩和应该相似）、Van der Waerden 检验（这种检验方法以变换成正态分布随机变量的秩为基础）以及 Kruskal – Wallis 检验。

- 方差：如果原假设下潜在分布为正态分布，我们可以使用方差比检验来检验经验方差和理论方差是否相等。这一检验的思想基础是，$(n-1)s^2/\sigma^2$ 在原假设下服从自由度为 $n-1$ 的 χ^2 分布。如果是其他假设，我们还可以使用 F 检验、Siegel – Tukey 检验、Bartlett 检验、Levene 检验、Brown – Forsythe 检验，等等。
- 峰度和偏度：如果原假设下的潜在分布为正态分布，也可以使用 χ^2 检验来检验经验峰度和偏度是否与原假设的理论峰度和偏度一致。关于这些检验的进一步说明，可参阅非参数统计学方面的教科书。

上述检验中的一部分已经在第 15 章讨论过了，我们也曾经讨论过如何使用这些方法来检验 z_t 序列（即 Rosenblatt/Berkowitz 变换后的数据）是否服从 $N(0, 1)$。然而，所有参数等性检验都有其局限性，它们会损失潜在于其他参数中的有用信息。其中一些检验还要依赖于辅助决策或假设，而这些辅助决策和假定并非总是恰当（例如，频率检验以一个有任意性的“目标”频率为条件，方差检验需要做正态假定，多数教科书上的检验都需要独立性假定，等等）。

还有一种检验方法就是游程检验（runs test），它要检验一个时间序列中的游程值是否和独立性假定下的期望值相同。这类检验非常容易使用。假设我们的数据有时间顺序，并且用 0—1 形式来表示（例如，我们可以给超额亏损观察赋值 1，给非超额亏损赋值 0）。一个游程是指一个连续不变的数字序列，并且序列中的游程数 R 为序列中符号变化数加 1。如果 m 是取值为 1 的观察数，n 是取其他值的观察数，那么在独立性原假设下，游程数得分的均值和方差分别为：

$$\mu_R = 1 + \frac{2mn}{m+n} \tag{A15.1a}$$

$$\sigma_R^2 = \frac{2mn(2mn-m-n)}{(m+n)^2(m+n-1)} \tag{A15.1b}$$

如果样本容量非常大，则 R 近似地服从正态分布，并且我们可以利用渐近正态性来检验原假设。例如，如果我们有一个双边假定，我们可以使用原假设下置信水平 90% 的置信区间来执行这一检验，该置信区间为：

$$[\hat{\mu}_R - 1.645\hat{\sigma}_R, \hat{\mu}_R + 1.645\hat{\sigma}_R] \qquad (A15.2)$$

其中，$\hat{\mu}_R$ 和 $\hat{\sigma}_R$ 为 μ_R 和 σ_R 的估计值。

A15.2　分布等性检验

“分布等性”（或“全分布等性”）检验方法常常有更好的表现，因为它们比参数等性检验方法利用的信息更多，可供选择的方法更多①。

A15.2.1　χ^2 检验

分布等性检验的经典检验是 χ^2（或卡方）检验。这种检验可用于检验经验分布函数和理论分布函数差异的显著性。该检验用于装箱（或分类）数据。因此，如果数据来自连续分布，我们需要给这些数据装箱，即将其分为 k 类。在此基础上可以计算检验统计量：

$$\sum_{i=1}^{k} \frac{(O_i - E_i)^2}{E_i} \qquad (A15.3)$$

其中，O_i 为装入箱子 i 中的数据数，E_i 为箱子 i 中的数据数的期望值②。在原假设下，该检验统计量服从 χ^2_{k-c} 分布，其中，c 为假定分布中需要估计的参数（例如，位置参数、尺度参数等）的个数。因此，如果检验统计量超过与我们选定的置信水平相对应的临界值，那么我们就拒绝原假设。

χ^2 检验的主要缺点是，检验结果依赖数据的装箱方式，装箱方式有

---

①　这里的分布等性检验的讨论属解释性讨论，并非完整讨论。而且，我们还省略了其他一些检验，但是它们和这里讨论的检验关系密切，其中包括，例如，Cramer – van Mises 检验（它与 Kolmogorov – Smirnov 检验、Anderson – Darling 检验关系密切）、Shapiro – Francia 检验（它与 Shapiro – Wilks 检验关系密切）。

②　后者可这样计算：用我们数据集的观察数乘以右边箱体分布函数的函数值和左边箱体分布函数的函数值之差。

很大的任意性（即便有最优装箱方式的话，最优装箱方式也都与当前的分布有关）。因此，使用这类检验时，必须仔细考虑检验结果对数据装箱方式的敏感性。第二个缺点是检验依赖渐进性，仅当样本容量很大时，渐进性才会起作用①。

A15.2.2 Jarque－Bera 检验

如果分布是正态分布，我们也可以使用 Jarque－Beta（JB）检验，这种检验方法在计量经济学中广为应用。JB 检验统计量为：

$$JB = \frac{n}{6}\left(s^2 + \frac{(k-3)^2}{4}\right) \tag{A15.4}$$

其中，n 为样本容量，s 和 k 分别为样本偏度和峰度。在原假设下，JB 检验统计量渐进地服从自由度为 2 的 χ^2 分布。JB 检验统计量不但非常容易计算，而且临界值也很容易获得。JB 检验在风险管理中非常有用，因为我们常常用它做（例如，回报分布）肥尾检验。此外，正如第 15 章曾经论述过的，它在背后检验中也很有用，因为我们可以用它来检验 Rosenblatt－Berkowitz 变换后的序列 z_t 的正态性。

A15.2.3 Kolmogorov－Smirnov 检验

Kolmogorov－Smirnov（KS）检验是一个最古老而最著名的分布检验。它关注的重点是理论累计分布密度函数（即分布函数，记为 cdf）和经验累计分布密度函数的差异，用于检验来自连续分布的数据（所以，不涉及分组问题）。为了使用该检验，我们首先需要构造理论累计分布密度函数（cdf）和经验 cdf②。而 KS 检验统计量为两个分布在每个数据点 X_i 上的函数值的距离的最大值，即：

$$D = \max_i |F(X_i) - \hat{F}(X_i)| \tag{A15.5}$$

在此基础上，可比较 KS 统计量的取值和临界值之间的大小，可据

① 卡方检验也能够在相当程度上改进。例如，Anderson（1994）表明，如何将这些检验用于一系列（例如，关于偏度、峰度等的）备选假定，并且仍然保持这些检验的特异性。

② 前者来自假定分布；为了构建后者，我们将数据从小到大排序，于是与第 i 个观察的分布函数相关的函数值，小于等于这个观察的观察数除以总的样本容量 n。

此决定是否拒绝原假设。

为了说明这一点，图 A15.1 给出了理论分布和来自正态分布的数据的经验分布。这里的原假设（即数据来自假定的正态分布）正确，我们可以看到两条曲线非常接近。KS 检验的 p 值为 0.792，意味着原假设被接受。

图 A15.1

Kolmogorov-Smirnov 检验

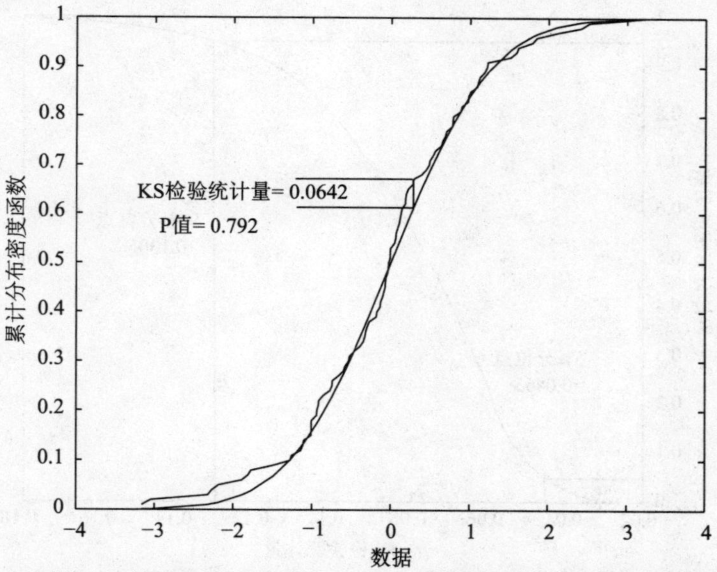

注：经验分布是比较粗糙的曲线，它根据 100 个来自标准正态分布的随机数计算得出，理论分布是正态分布的分布函数（cdf）。

这一检验很容易实现。不但统计量很容易计算，而且临界值也很容易通过蒙特卡罗模拟获得。计算 KS 统计量置信区间的编码策略，参见 MMR 工具箱函数“ks_ test_ stat”中的解释：

- 假设一个理论分布，它可以是标准正态分布。
- 从这个分布中取出大量的（m 个）样本容量为 n 的样本。
- 针对每一个样本分别获得经验 cdf 序列和理论 cdf 序列，取经验序列和理论序列间的差的绝对值的最大者，作为 KS 检验统计量的取值样本。
- 将 KS 检验统计量取值样本按照从小到大的顺序排序，由此获得 KS 检验值分布的上下分割点。例如，如果我们想得到水平

90%的置信区间，则我们根据分布的最高和最低的5%的部分选择相应的分位点。这些分位点给出了KS统计量在原假设下的置信区间。

图A15.2给出了样本容量100的KS检验统计量的cdf曲线，5%的分位点告诉我们KS检验90%的置信区间为［0.0455，0.1305］。

图 A15.2

KS检验统计量的累积分布函数

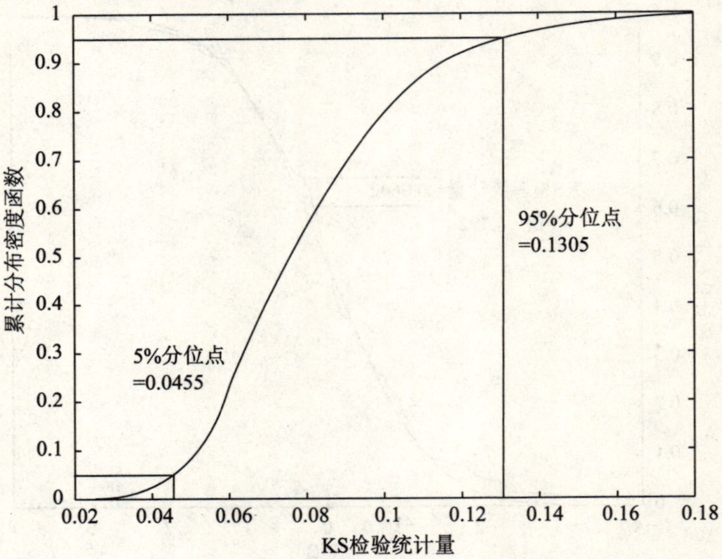

注：该图以用MMR工具箱中的“KS_ test_ stat”函数做的10000次模拟为基础，样本容量为 $n=100$。

一旦获得与这里使用的函数类似的函数，无论实际情况如何，我们所要做全部工作就是将样本容量带入进去，这一函数能给出与特定样本容量相关的置信区间。

KS检验的优势在于，它不依赖数据分类，结果准确，并且不受分布制约，即其临界值的获得和分布函数 $F(x)$ 的具体假定无关。其缺点则在于：

- 它仅适用于连续分布。
- 它对分布中心附近的差异更为敏感，而对尾部不敏感。使用KS检验对风险模型做背后检验时，很显然这是一个缺点，因为我们对尾部区域的兴趣远大于对中心区域。

- 严格来说，只有在分布参数已知时，KS 检验才可靠，而当参数需要估计时，则不可靠。如果我们使用的是有参数估计的风险模型，这就会成为一个缺点。

A15. 2. 4　Lilliefors 检验

正如刚才所指出的，KS 检验的局限性之一就是：在分布函数中的参数需要估计的时候，方法变得不可靠。但是，如果理论分布函数是正态分布，一个避免该问题的备选方案就是 Lilliefors 检验。它不把 KS 检验直接用到原始数据上，而是用到其标准化后的数据上，这里的标准化则是根据样本均值和标准差做出。换而言之，我们的数据标准化工作使用下面的公式：

$$Z_i = \frac{X_i - m}{s} \tag{A15.6}$$

其中，m 和 s 分别为数据的样本均值和样本标准差。然后，用数据 Z_i 进行 KS 统计量计算。我们可以使用蒙特卡罗方法获得临界值（或置信区间），这与 KS 检验确定临界值的方法一样。

因为考虑到了参数需要估计时的情况，所以 Lilliefors 检验避免了 KS 检验的主要局限性。但是，这一方法也只在理论分布为正态分布时才可靠，而且，与 KS 检验一样，Lilliefors 检验对中心差异的敏感度超过尾部。

A15. 2. 5　Kuiper 检验

第二个与 KS 检验密切相关的检验是 Kuiper 检验，其统计量为一个分布超过另一个分布的最大值的和：

$$D^* = \max_i \{ F(X_i) - \hat{F}(x_i) \} + \max_i \{ \hat{F}(X_i) - F(X_i) \} \tag{A15.7}$$

Kuiper 检验可以按照与 KS 检验同样的方法进行：不但检验统计量很容易计算，而且所用临界值也可以按照与 KS 检验所用蒙特卡罗方法几乎一样的方法简单获得，唯一的不同点就是这里所用的检验统计量计算公式是公式（A15. 7）而不是公式（A15. 5）。

为了说明 Kuiper 检验，图 A15. 3 给出了与图 15. 2 中 KS 曲线类似的 Kuiper 曲线。该图表明，虽然该统计量本身比 KS 检验统计量稍微大一些（正如我们预期的那样），但是 Kuiper 检验统计量的 cdf 和 KS 检验统计量的分布函数类似。Kuiper 检验统计量的 90% 置信区间为 [0.0731，0.1627]。

Kuiper 检验优于 KS 检验的地方是：它对尾部偏差更为敏感。该方法被认为对于数据转换有更强的稳健性，并且发现循环等其他数据特征方面也有表现良好。但是，也有证据表明，该方法属数据密集型方法，即为获得可靠结果需要庞大的数据集支持①。

A15.2.6 Anderson – Darling 检验

另一个有用的检验方法是 Anderson – Darling 检验②（简称 AD 检验），检验统计量定义如下：

$$A^2 = n\int_{-\infty}^{\infty}\frac{[\hat{F}(x) - F(x)]^2}{F(x)[1 - F(x)]}dF(x) \tag{A15.8}$$

$$= -n - \frac{1}{n}\sum_{i=1}^{n}(2i-1)[\ln F(X_i) + \ln(1 - F(X_{n+1-i}))]$$

而 AD 检验是 KS 检验的改进版，并可以用与 KS 检验同样的方法进行。

AD 检验的尾部表现比 KS 检验好，可以适用有参数估计的情况。它比 KS 检验更为敏感，无论是何种数据集，无论是何种分布假定，都有很好的表现。然而，与 KS 检验不同，AD 检验并非分布自由检验，因此其临界值依赖于对分布函数 $F(x)$ 做出的假定，所以需针对具体分布确定具体的临界值，若 n 很小，则还需要做相关调整。

A15.2.7 Shapiro – Wilks 检验

最后一个检验是 Shapiro – Wilks 检验，这是另一个有用的综合性正态检验。假设我们的数据采用有序形式（这意味着，统计量为顺序统计量），则 Shapiro – Wilks 检验统计量 W 为：

---

① 参见，Crnkovic 和 Drachman（1996，第 140 页）。他们还建议，可以使用“担心函数（worry function）”——它反映用户风险规避的情况——给观察加权，同时建议 Kuiper 检验（并暗示其他检验也是如此）可用考虑了其风险规避情况的加权观察。

② 更多有关这个检验的内容，参见 Stevens（1974）。

图 A15.3

Kuiper 检验的分布函数

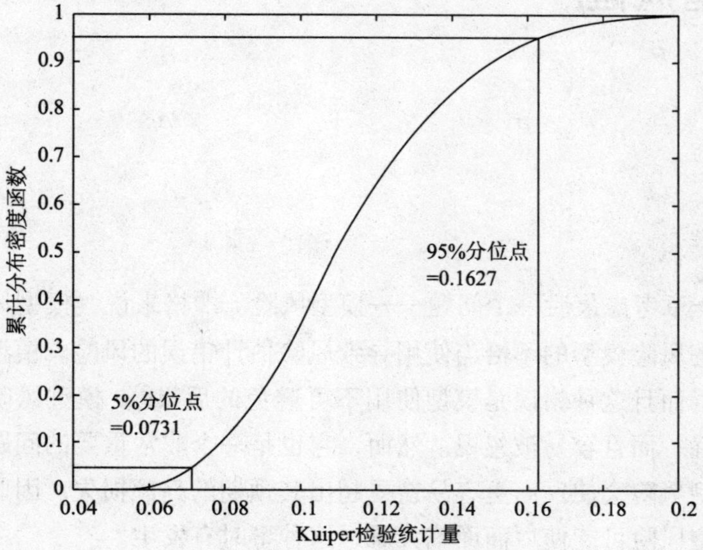

注：该图以用 MMR 工具箱中的"Kuiper_test_stat"函数做的 10000 次模拟为基础，样本容量为 $n=100$。

$$W_i = \frac{\left(\sum_{i=1}^{n} a_i X_i\right)^2}{\sum_{i=1}^{n}(X_i - \overline{X})^2} \qquad (A15.9)$$

其中，a_i 为常数，其大小需根据我们处理的问题的具体情况决定。Shapiro－Wilks 检验已被广泛接受。但是，a_i 的取值和临界值需要参考已经出版的文献或专业软件的情况。

第 16 章

模型风险

本章考虑最后一个问题——模型风险。严格来说，模型风险是指由我们的风险模型的不恰当使用导致风险估计错误的风险。模型风险非常微妙，而且这种错误是模型使用不可避免的后果①。模型风险往往具有隐蔽性，而且容易被忽视。然而，它也是一个非常重要的问题，因为忽视模型风险会使厂商更容易遭受超出其预期的高额损失。因此，不考虑到模型风险可能使厂商面临灾难，这种事时有发生。

我们首先回顾模型方法，然后考虑模型风险的后果、来源、估计方法和应对方法。

16.1 模型和模型风险

模型的公式化框架，使得我们能够决定输出结果的具体取值（例如，资产价格、对冲比、VaR 等），然而这些结果以那些相关影响因素的假定为基础。主要的模型类型有三，其中最重要的是“基础”模型，它们是一个把输出和输入结合起来的公式化系统，这一系统以有关动态过程、变量间的相互关系等内容的假定为基础。例如，Black - Scholes 期权定价模型，它把期权价格和标的资产价格、执行价格等因素联系起来，它以资产价格服从对数正态分布的假定为基础；参数 VaR 模型，它把 VaR 和 *P/L* 或回报的分布联系起来。其次是“描述性”模型，它可以被视为是基础模型的快捷方式。这些模型，虽然比较肤浅但是往往更直观、更容易处理。例如，债券价格模型，它以有关收益率变动的假

① 关于这一主题还有一些不同的观察角度，参见 Derman（1997），Cairns（2000），Lhabitant（2000）以及 Kato 和 Yoshiba（2000）。

定为基础——它关注的是简单报酬情况，因此可以避免期限结构带来的复杂性。基础模型和描述模型都试图对原因和结果做出解释，尽管它们涉及的深度有所不同。最后是统计模型，它们试图使用某种统计性的最佳拟合，而不是通常的因果解释，来把握变量之间的关系。

模型评价的第一要点是：明确它究竟表现了哪些事情，而且绝对不能误解其表现的事情。Emanuel Derman 的话很有说服力：

即使是最好的模型也只是有关某个现象的模型，并不是真实的事物。模型就是一个玩具，尽管有时会有非常好的表现，这时人们将它称为理论。一个好的科学玩具不能面面俱到，更不能认为它有完全的现实性。它应该用尽可能自然的方式表现系统内最本质的变量，表现它们之间的关系，并且允许原因效果研究的使用。好的玩具，并不想再现实际对象的所有特征，只想向其潜在的读者说明原始对象中对它们最重要的东西。孩子的玩具声音嘈杂且灯光闪烁，而成年人的玩具却可能包含一个能够工作的微型蒸汽机。同样，好的模型其目标应该仅仅做好有限的几件事[①]。

因此，一个模型，就其本身的性质而言，是一个高度简化的结构，我们不应该指望它能提供面面俱到的完美答案。因此，某种程度的错误是可以预料的，我们可以将发生这种错误的风险视为一种形式的模型风险。然而，“模型风险”实际上比表面上看起来更复杂：并非所有的输出错误都是模型缺陷造成的（例如，模拟方法的误差常常源于抽样的偏差），而且一些理论上并不恰当的模型有时却会产生很好的结果（例如，简单的期权定价模型常常在模型假设不成立时，有很好的表现）。

本章我们重点考虑模型会犯何种错误。为此，首先应该搞清楚模型的构造是什么。为了深入了解我们的金融模型，Derman 建议我们应该做好以下几件事情：

- 了解相关证券及其交易市场。
- 解析出最重要的变量，并区分出原因变量（或外生变量）和结果变量（或内生变量）。
- 决定哪些外生变量是确定的，哪些是随机的；决定用何种方式将外生变量组入模型；决定外生变量以何种方式影响内生变量。

---

① Derman（1997，第 85 页）。

- 决定哪些变量可测，哪些不可测；决定可测变量如何测；考虑不可测变量是用其他变量代理，还是根据其他变量求出。
- 考虑模型的求解问题，并寻找最简单的解；考虑使用近似解代替严格解的好处和坏处。
- 考虑编程难度、计算时间等因素，在此基础上为模型编程。
- 做模型检验和模型背后检验。
- 执行模型，并评价其执行效果。

金融模型的模型风险往往可以归结为某种形式的定价风险或估值风险：在模型中的某时、某处发生定价错误的风险。因此，如果处理的是简单工具，则模型风险问题很少发生：例如，我们可以用折现的方法很容易地为债券定价。然而，如果是奇异解，那么模型风险可能成为很大的问题，因为不可观测变量（如：波动率）、风险因素间的相互作用、校准问题、数值近似、缺乏透明度的相互作用等因素交织在一起，使得定价变得更加困难。计算债券的价格是一回事，计算复杂期权的价格则是另一回事。此外，处理金融风险的模型时，我们会面临整合不同持仓或业务单位的风险的额外任务，这将引发一系列问题（例如，潜在的不一致问题、加总问题，等等），尽管这些问题“单纯的”定价模型中并不存在。因此，任何风险模型都涉及模型风险问题，定价模型的模型风险可能更加严重。

16.2 模型风险的来源

16.2.1 错误的模型设定

模型风险的来源很多，最重要的是模型设定错误。这种错误出现的方式很多：

- 随机过程的错误选择：错误地假定服从厚尾分布的随机过程服从几何布朗运动，错误地假定服从对数正态分布的 P/L 服从正态分布，等等。事实上，“正确的”过程很少能够容易地识别出来。
- 风险因素的缺失：忽略了诸如随机波动之类的风险因素，或利率期限结构上的考察点不够多。

- 变量关系的错误设定：错误地设定变量之间的关系（例如，忽略相关系数，或搞错相关系数）。
- 交易成本、危机和流动性因素的忽略：许多模型忽略交易成本，假设市场有完美的流动性。这种假设的确便于建模，但是却可能在交易成本很大或市场的流动性有限时导致重大错误。

1987 年 10 月的崩盘，由于组合保险策略难以执行，所以这些问题表现得非常突出——那时，因为无法跟着市场下跌平仓，动态对冲策略难以执行。非流动性的缺乏将导致比预期亏损更大的亏损——这是模型风险的典型表现。

有证据表明，模型的设定错误带来的风险可能很大。Hendiricks（1996）将多个 VaR 估计方法用于 1000 个随机选出的外汇组合的样本上，研究估计结果的差异，发现这些结果的差异有时是本质性的。更令人担忧的是，Beder（1995）抽查了一些商业机构，将它们共同使用的 8 种 VaR 估计方法用在 3 个假想的组合上，发现对同一个组合的不同 VaR 估计的差距有时高达 14 倍——无论按照什么标准，这都是一个令人担忧的数字。因此，实践中（不只是在理论上！）VaR 估计非常依赖估计方法和估计方法背后的假设，Berkowita – O'Brien（2002）对这一点也加以了研究和讨论（见专栏 16.1）。

专栏 16.1

银行的风险测度模型有多好？

鉴于投资风险测度模型的建设成本很高，人们希望银行实际使用的模型应该是非常好的模型——但是，事实上有关这个问题的证据并不特别令人放心。Berkowita-O'Brien（2002）考察美国 6 大领先银行使用的 VaR 模型。研究结果表明，这些模型的估计结果往往过于保守，有时非常不准确：银行有时会遇到一些远远超出其模型预期的高额亏损，这意味着这些模型在处理厚尾或极端值风险方面能力很差。而且，这些银行模型也很难应对波动率的变化。

此外，银行模型和带有一个简单的单变量的 GARCH 模型的比较研究表明，后者尽管只能提供大致相当的高亏损覆盖率，但是往往能够产生较好的 VaR 估计，并能较好地处理波动率的变化问题（例如，1998 年 8 月至 9 月的情况）。这些结果意味着，银行的结构风险模型包含了如此之多的近似和其他的执行上的折中，致使它们和 GARCH 之类的比较简单的模型比起来无任何优势可言。这也可以被解释成下述建议：银行如果抛弃结构风险模型使用简单得多的 GARCH 模型，也许日子会过

专栏 16.1（续）

得更好①。

这些结果还表明，银行内部模型中的巴塞尔资本充足率管理规定可能带来适得其反的效果。银行模型的 VaR 估计可能过于保守，这部分由于规则为了资本充足率的目的，使得子组合 VaR 增加：它忽视子组合混合在一起产生的多样化收益，因此导致了保守的（即，过高的）VaR 估计。银行模型可能也难以跟踪波动率的变化，因为巴塞尔规定要求 VaR 估计能够反映至少一年的市场波动率，这使得人们难以应对市场波动率的大幅度突变。

16.2.2 错误的模型的应用

好模型的错误使用会带来模型风险。再次引用 Derman 的话：

模型及其求解方法背后总是隐含一些假设。但是，人类有限的远见和伟大的想象力使得模型不可避免地按照其建造者从未考虑的方式使用。特别是在我们足够的时间保证我们的界面安全保险的贸易环境中，这一点显得尤为重要。然而本质上我们不可能预测到所有的事情。因此，即便模型正确，即便模型求解也“正确”，还是会出现问题。模型越复杂出现问题的可能性越大②。

我们可以列举出多种出现问题的情况：我们可能用错了模型（例如，本应使用 Heath - Jarrow - Morton 等模型为利率期权定价，却错误地使用了 Black - Scholes 定价模型）；虽然开始时我们拥有的是正确的模型，但是却没有紧跟市场实践随时更新模型，或没有及时用高级模型取代原有模型；我们可能会使用能力较差的随机数发生器进行蒙特卡罗模拟，或者模拟次数不足，等等。Dernan 接着说，“唯一可行的免受其害的方法是让用户保持足够的信息和耐心去了解模型和模型的求解方法，其中更重要的是知道会出什么样的错误”③。

① Lucas（2000）、Lopez 和 Walter（2001，第 25 页）也给出了类似的结果，发现基于完全方差—协方差矩阵估计的复杂风险模型，其表现并不比简单的单变量 VaR 模型好，后者只需要估计波动率即可。

② 参见 Derman（1997，第 86 页）。

③ 参见②。

16.2.3　执行风险

因模型的执行方式的不当也会带来模型风险。公式化模型，没有也不可能针对各种可能情况提供完整的模型执行设定，因为有大量的金融工具和市场，它们有不同的体制性质和统计性质。然而，为完成模型还需要做一些执行决策：价值评价决策（例如，是用市场标价还是用模型标价、是否使用平均买卖价差，等等）、是否以及如何清理 *P/L* 数据序列以及如何映射相关的金融工具，等等。有关执行风险的进一步的内容，参见 Marshall 和 Siegel（1997）的研究。他们基于一组通常假定（即，1 天的持有期、95% 的 VaR 置信水平、衍生工具 δ 估值以及 RiskMetrics 映射系统等），考察各种商业系统针对特定持仓的 RiskMetrics 方差—协方差方法的实施情况，并试图在此基础上量化执行风险。研究发现，任何两组 VaR 的估值总有差异，差异幅度有时高达 30% 左右。他们还发现，差异和复杂性之间有正相关关系：金融工具越复杂，差异的幅度越大。这表明，风险评估系统模型可以简单执行的看法天真且不正确。虽然软件是确定的（即，所有的系统输入都有完整的描述，能够很好地决定输出结果），仅从部分聪明用户的角度、这些用户行为的随机性的角度来看，软件和嵌入其中的模型就不那么确定和简单了。或许，工作中对于我们来说最重要的观点是：模型和模型执行比较复杂时，将其视为具有完全确定性的黑箱并不明智，这将会导致实际执行风险和模型风险①。

16.2.4　模型风险的其他来源

16.2.4.1　不正确的校准

即便模型的其他方面都很好，但是不正确的校准，例如，参数估计可能有错误、模型未保持及时的更新、估计使用的样本期间不合适等，也可以产生模型风险。如果这样的模型随后被用于交易工具的定价，那么不正确的校准可能导致重大损失。国民西敏寺银行（NatWest Bank）1995－1997 年间高达 9000 万英镑的亏损，就是一个很好的例子。此间，

① 参见 Marshall 和 Siegel（1997，第 105－106 页）。

交易员将他们的波动率估计输入长期债券场外利率期权定价模型，这些过高的估值导致虚假利润的发生，造成了实际交易的亏损。其后不久，巴克莱德胜银行（BZW）也因货币期权定价错误遭受了1500万英镑的亏损，东京三菱银行也因错误使用单因素 Black－Toy 模型进行掉期交易而导致了8300万英镑的亏损。后者发生亏损的原因是，虽然模型已根据到价掉期的市场价格做了初步校准，但是却被用于未到价掉期和百慕大（Bermudan）掉期的定价。不幸的是，该模型不是为这类期权设计的，更不幸的是该定价错误居然好几年都没有暴露出来。

风险模型，特别涉及波动率和相关系数估计的模型，很容易发生校准问题。波动率意外的上升往往使企业遭受高于模型预期的高额损失，因为“实际的”波动率高于原先估计的波动率，一个广为宣传的例子就是长期资本管理公司（LTCM）1998年夏季遭受的损失。相关系数意外的变化也可能导致类似的问题：这时，投资组合的分散效应大量丧失，“真正的”风险可能远远高于基于先前相关系数估计做出的风险估计。

16.2.4.2 编程问题

此外，编程不好，例如，程序本身的错误或缺陷、用了不恰当的随机数生成器的模拟、受离散化误差影响的模拟，逼近程序的不准确或收敛值不合理、舍入误差可能累计等，也会带来模型风险。若程序被原作者以外的人修改过，或者程序和用户界面或其他系统（例如，数据传送专线）不兼容，或者程序非常复杂难解（例如，为提高计算效率改写了程序，使其变得难解），我们也会遇到类似问题。我们也可能遇到简单的计数问题，Derman（1997，第87页）报告了一个可转债模型，它能很好地为嵌入到可转债中的期权工具定价，但是有时却会错误地计数剩余期的派息数额。

16.2.4.3 数据问题

最后，模型当然也会因输入质量不好的数据而提供错误的答案。只有输入的数据模型的输出的结果才可能好——俗话说得好，“吃垃圾，吐垃圾”。数据出问题的原因很多：可能是数据结构方面的问题（例如，使用市场标价还是使用模型标价、是否使用实际交易数据或日收盘数据、采用何种方式处理买卖价差等），可能是时间处理方式的问题（例如，使用日历时间，还是使用交易时间，如何处理假期等），可能是非同步数据方面的问题，也可能是其他方面的问题。

专栏 16.2

内生的模型风险

一种特别微妙且困难的模型风险，来自交易者或资产管理者对模型本身的反应（例如，他们对 VaR 限制或 VaR 激励做出的反应）。交易者可能对用于 VaR 估计的参数——特别是波动率或相关系数参数——的误差有正确认识，并据此判断持仓风险的低估或高估。如果投资者设置了 VaR 限制或风险调整薪酬——这种调整把薪金和 VaR 标出的风险联系起来，交易者就会有动力去发现并且交易这些风险被高估或低估的持仓。这种事情恶性发展势必使得实际风险高于 VaR 估计所显示的风险，这时我们的风险估计将会下偏。即便交易者对这些参数值并不了解，VaR 估计也可能有偏。原因是，如果交易者使用估出的方差、协方差矩阵来选择要交易的持仓，那么他或她将倾向于选择风险估计较低的持仓，并据此改变持仓大小，这意味着使用原来的方差—协方差矩阵往往使人低估改变后的持仓风险。

Pearson（1999）对这种偏差做了某种程度的合理估计。例如，如果交易者在 VaR 估计描述的风险制约下追求的预期收益的最大化，那么当方差—协方差矩阵的阶数 K 很大（50 或以上）并且样本容量小时偏差会很大。例如，使用指数加权的移动平均估计量时，无论 K 大不大，偏差口都会很大。这些结果表明，如果企业想使用 VaR 估计来控制或激励交易，那么它需要特别小心，因为这时会受到很大的内生模型风险的制约。

16.3　模型风险的量化

如果有模型风险，那么尝试量化它常常是有益的。如果对我们不清楚的东西做出某种适当的假定，我们就可以量化模型风险。然而，介入这个问题之前，无论在何种深度上，首先要认识到任何模型风险的量化其局限性不可避免。虽然我们可以（沿着我们讨论的路线）使用某种具体的方法来得出我们不能确定的性质，但是无论何种特定不可避免地要涉及一些我们认为理所当然的假定，然而这些假定可能成立，也可能不成立。这意味着，任何模型风险估计都以一些假设为前提条件，因此它的真实性是未知的。于是，任何模型风险的估计都是某种特定形式的估计，它不可避免地要忽略模型风险的其他方面。因此，模型风险的任何估计都可能造成模型整体风险的低估。结论有些令人沮丧：模型风险的量化估计低未必意味着模型的整体风险低；但是，高一定意味着模型整体风险高——很可能比我们估计的高。结果很悲观：看上去好的未必好，看上去不好的有可能更糟。

现在，我们考虑一些解决办法。模型风险能够按照这种方式，在某种用适当形式表示的不确定性条件下，被估计①。我们将针对以下 5 种情况分别加以说明，这 5 种情况是根据其复杂程度按照从小到大的顺序区分的。

情形 1：单个未知参数

这里只有一个未知参数。这时的风险模型通常只有一个参数——波动率。为了说明这一点，假设我们相信 P/L 服从均值为 0、标准差未知的正态分布。但是，我们有一个基于容量为 n 的样本对标准差有一个估计。统计理论告诉我们，如果我们有一个来自正态分布的容量为 n 的随机样本，那么 $(n-1)s^2/\sigma^2$ 将服从自由度为 $n-1$ 的 χ^2 分布。因此，适当整理可得置信水平为 90% 的置信区间如下：

$$\frac{(n-1)s^2}{\chi^2_{0.95}} < \sigma^2 < \frac{(n-1)s^2}{\chi^2_{0.05}} \tag{16.1}$$

已知样本标准差为 s，则真实标准差 σ 的置信区间为：

$$\sqrt{\frac{n-1}{\chi^2_{0.95}}} \times s < \sigma < \sqrt{\frac{n-1}{\chi^2_{0.05}}} \times s \tag{16.2}$$

由此可得 VaR 的置信区间为：

$$-\sqrt{\frac{n-1}{\chi^2_{0.95}}} \times sz_\alpha < \text{VaR} = -\sigma z_\alpha < -\sqrt{\frac{n-1}{\chi^2_{0.05}}} \times sz_\alpha \tag{16.3}$$

这一置信区间给了我们一个模型风险估计，该方法中的参数（即，参数风险估计）采取了不确定的形式。

① 更多和这些 VaR 有关的问题，参见 Dowd（2000a）或 Siu 等（2001）。

情形 2：两个未知参数

上个例子非常简单，更为现实的情况是我们通常有多个参数的值不确定。为了扩展前面的例子使之更加合理，我们考虑均值 μ 和标准差 σ 都不确定的情况。这时，似乎不太可能获得公式（16.3）那样的解析解，因此我们用模拟方法替代。我们可以根据手头的资料合理地假设，我们已经有了均值 μ 和标准差 $\sigma/\sqrt{n}$ 皆未知的正态分布的均值估计 m。因为对于任意给定的 μ 和 σ，VaR 估计为 $\text{VaR} = -\mu + \sigma z_\alpha$，所以我们可以使用模拟程序，根据我们的样本估计值 m 和 s 获得 μ 和 σ。更具体地说，我们需要进行大量的 M 次模拟试验，其中每个实验都由两个阶段构成。第一阶段，我们基于 $(n-1)s^2/\sigma^2$ 服从自由度为 $n-1$ 的 χ^2 分布的事实，根据已知的 μ 值和模拟出的 χ^2 变量的值，从而模拟出 σ 的值。第二阶段，我们使用这个 σ 值，从均值为 μ 且标准差为 $\sigma/\sqrt{n}$ 的正态分布中抽取出一个 μ 的对应值。然后，使用每一个 μ 和 σ 的模拟值来获得相应的 VaR 实验估计值。大量的试验为我们提供了大量的 VaR 估计，由此可以获得 VaR 模拟估计的分布，在此基础上可以推断出 VaR 的置信区间。这类估计方法非常容易编程，可以轻松应用于多个未知参数的情况：关键是要根据我们认为已知的分布密度函数来模拟未知的参数，这一分布密度函数描述了我们对它们的主观不确定性（如果愿意，也可以是贝叶斯不确定性）。

情形 3：相关系数未知

这种方法也可容易扩展到多个因素问题上，这里有一个或多个未知的相关系数。我们可以将上述蒙特卡罗方法扩展成一个更加细致的多持仓版本：均值来自正态分布，方差和协方差来自 χ^2，而模拟相关系数则根据估出的方差和协方差加以推断。原则上，这种类型方法可以推广到 n 个资产的情况，这使得我们能够估计出方差—协方差模型的模型风险。

情形 4：参数和分布混合（mixing）风险

更一般地来讲，我们可能对参数值和分布都不清楚。这时，我们除了要继续对相关参数的分布密度函数做出假设以外，还要确定 P/L 的分布，同时还要选择一个混合变量用来决定实验中应该选择哪个 P/L 分布。例如，我们可以假设以 p 的概率从正态分布中抽取，以 $(1-p)$ 的概率从自由度为 5 的 t 分布抽取 P/L。每次实验，我们首先对混合分布抽样——我们这里的混合分布是二项分布——以确定我们的 P/L 数据是从正态分布中抽取，还是从 t 分布中抽取。抽取结果一旦给定，我们就可以选择适当的分布，按照以前同样的方法抽取相关参数的随机值，最后抽取出一组 P/L 模拟值，并且由此获得 VaR 估计值。我们将这一实验执行多次，获得一组相应的 VaR 估计值，并且使用它们估计 VaR 的置信区间，它可以告诉我们模型风险的估计。

随着对我们方法的一般性的扩展，我们最终会遇到一个问题：一般而言，我们既不知道我们从中抽取参数的分布的真实情况，也不知道这些分布的参数。除了 P/L 为正态分布的特殊情况——这时，均值服从正态分布，方差和协方差服从 χ^2 分布——很难对这些分布的具体情况做出判断。

然而，即便我们不认为实际处理的分布为正态分布，但是我们仍然可以相信正态分布会低估模型风险。这时，我们还是可以使用基于正态分布的模型风险估计来确定模型风险估计的下界。

在一般情况下，我们只能相信我们的假定是合理的，并对此保持乐观态度。一个无法回避的事实是，我们必须在某些地方做出某种假定，而我们结果的好坏将取决于我们的假定。

16.4 模型风险的管理

既然不能消除模型风险，那么留给我们的唯一选择是学会与它共存（或管理它）。管理方法有很多，它们分属以下 3 大类：构建并且使用模型，这是具体的风险测度/管理从业者使用的方法；听取风险从业者的汇报，这是管理人员使用的方法；使用组织手段，包括为发现和抵御模型风险设立适当的机构或程序。

16.4.1 管理模型风险：风险从业者的一些执业准则

有很多方法可以保护从业者免受模型风险的侵害：

- 注意模型风险：首先，很简单，从业人员应该对模型风险和模型局限性有所意识。他们也应该注意比较不同模型之间的优劣，知道到哪种模型适合解决哪种问题，并发现使用不当的模型。
- 确定、评估和检查关键假设：用户应明确列出作为模型基础的关键假定，评价模型结果对这些假定的依赖程度，并尽可能检验这些假设（例如，使用统计检验的方法）。

- 使用答案已知的问题对模型进行检验：使用那些答案已知的简单问题来检验模型，这一直是一个好办法，而且很多问题都可以概括成简单的、答案已知的具体问题。如果模型对一个答案已知的问题做出了错误的回答，那么我们马上就会知道模型有什么不对头。
- 选择最简单的合理模型：如果从业者总是选择尽可能简单的合理模型来处理眼前的问题，那么模型的风险敞口就会降低。无论是模型选择还是其他什么事情，Occam 剃刀的基本原则同样有用：过分复杂绝非美德。弃用简单模型选择复杂模型必须要有明确的理由。
- 对模型做背后检验和压力检验：从业者应该使用压力检验（见第 13 章）和背后检验（见第 15 章）的方法来检验模型。
- 定量估计模型风险：从业者应该尽可能地对模型风险做定量估计（例如，使用模拟方法），同时要考虑到（这一点前面曾经提到过），任何模型风险的定量估计几乎可以肯定都存在低估问题，因为并非所有风险模型都可以量化。
- 不轻视小问题：从业者不应该对结果的微小差异置之不理，小差异往往是随后出现的较大问题的预警信号。
- 将结果绘制成图并使用非参数统计方法：图形化的结果有很强的暴露问题的能力，简单的直方图或曲线经常能够显示出现其他方法看不出来的错误。例如，一个曲线可能有错误的坡度或形状，这是显示潜在问题的奇怪特征。概括性统计和简单的非参数检验有助于增强我们对数据和结果的直观感觉。
- 定期重估模型：应该定期校准和重估模型，而且所用方法也要不断更新。

16.4.2　模型风险管理：一些高级管理人员指南

高级管理人员应确保自己获得恰当的信息，以便能够对模型风险做出反应：确保他们在没有风险建模专家的时候，对相关问题有一些基本的认识，使之能够听懂其风险管理人员的谈话内容。他们应尽量避免将风险模型视为黑箱，懂得什么问题需要问，懂得如何对问题的答案做出判断。最重要的是，要学会从别人的错误中汲取经验和教训：衍生产品的错误广为人知，这些问题多源于模型风险、忽视警告性信号以及风险系统不起作用等方面的问题。

高级管理人员也应听取并重视其他风险管理者的意见。他们应该提高警惕，不能对交易商过度信任，或者对它们出现的问题视若无睹。很多时候，“明星”交易商带来的损失大于其获得的收益，然而管理人员尽管得到报告后，却对此视而不见，因为他们被这些人曾经获得过的高利润搞昏了头。人类常常相信自己希望相信的事情，这种错误倾向也是许多衍生产品灾难发生的关键原因，1994 年的橘郡（尽管利率上升已经造成了该郡投资组合风险敞口的增加，但是监事会却忽视这个警告）、1994 年的巴林银行（巴林银行的高级管理人员忽视了关于尼克利森活动的多次警告）都发生过这种事情，这样的案例还有很多。管理人员必须培养出一种重视风险管理的文化——绝对不能把风险管理视为他们未来奖金获得的障碍。

为了防止模型风险，高级管理人员也应警惕一些可能造成严重后果的特殊类型的情况。一种情况是“模式蠕变（model creep）”。这种情况发生在下述场景下：模型最初针对某一个问题设计并在这个问题上有很好的表现，但是随着环境的多样化变化模型渐渐变得不再合适，甚至变得完全不合适。这时，一个完美的模型最终也可能变成一个主要的肇事者。这不是因为模型本身有错，而是因为用户不了解它的局限性。

同样，管理人员也需要了解产品周期和产品开发方面的限制。例如，一个新模型最初形成时，其卓越的定价功能常常能够使得最初使用这个模型的交易者获得巨额利润。然而，最初的高利润会诱使其他公司在其模型充分起作用之前提前进入市场：过早进入的企业，由于无法与成熟的经营者展开有效竞争，所以有可能遭受巨大损失。同样，经理们都应该具有抗拒条件具备之前让风险模型匆忙上马的诱惑的能力：好风险模型的开发常常需要较长的时间，特别是要开发数据和配备基础设施，这是模型必需的先行条件。

高级管理人员也应该很好地了解交易策略对风险估计的影响（也就是说，他们应该注意内生模型风险问题；见专栏 16.2）。Shaw 指出：

许多因素模型都不能把握典型的买卖策略，这可能是投资银行面对的最大风险。从朴素的收益因素模型的观点来看，新发债券和已发债券之间的巨大利差是无风险！波动率风险因素模型认为，按照“正确”比例——即，内置在因素模型中的比例——用 3 个月期隐含波动率对冲掉的一年期（或更长时期）隐含波动率是无风险的。通常（而不是例外）交易商从事的价差交易会导致因素模型的失败，因为它们使用因素类型模型来决定买卖的贵贱！（这里的楷体字是 Shaw 的强调）[①]

换句话说，管理者需要了解模型选择对交易策略的影响以及交易策略对模型输出的影响。

更为重要的是，高级管理人员需要警惕有人玩花招——交易者可能隐瞒亏损并与 VaR 模型“博弈”使之对自己有利，等等。同样重要的是，管理人员不要低估其属下玩弄和摆脱系统的能力：Cap Gemini 1997 年的调查发现，虽然 3/4 的管理者认为他们的机构对巴林银行丑闻有免疫力，但是几乎相同比例的交易员对此持相反态度，85% 的交易商认为他们有能力对其管理者隐瞒实情。这意味着，许多公司远不像其经理认为的那样安全。为防范此类问题，管理者也需要认识到：如果他们是有效的管理者，那么他们的风险管理者必须有与交易商匹配的、足够的知识和技能。这意味着，他们必须能够获得适当的报酬，否则那些具有必要技能的人就没有动力做交易以外的任何事情。

高级管理人员也可以通过鼓励多学科团队建模来减少其在模型风险问题上的脆弱性。他们不应该把模型视为风险模型建模者提交给编程者的难解的公式，这会使问题的难解程度进一步加剧。相反，他们应该将其视为一个多学科小组共同完成的作品，这个多学科小组包括数学家、统计学家、计算机科学家、金融专家、会计师、交易商、模型用户等等。应鼓励这些不同群体的人们相互理解，形成建设性批评的氛围。

16.4.3　模型风险管理的机构组织方法

16.4.3.1　模型的审核、检查和检讨程序

厂商自己也可以通过设置适当的组织机构来应对模型风险。一个基本防护措施是，建立一个完善的系统，在模型批准使用之前审核它们，即便是开始使用，以后也要定期审查。Crouhy 等提出了一个很好的模型

---

① 参见 Shaw（1997，第 215 页）。

审核方法，它涉及以下 4 个步骤[1]：

- 文档审核：风险管理人员应审核全部的模型设定，包括数学、组件、计算机代码以及执行功能的设定（例如，所用的数值方法和定价算法）。这些资料应足够详尽，以便风险管理能够据此复制模型。
- 合理性审核：风险管理人员审核相关金融工具或投资组合模型的合理性。
- 基准模型：风险管理应建立一个基准模型，并使用自己有充分理解的近似或模拟方法来检验这一基准模型。
- 检查结果并检验待审核模型：最后阶段要求风险管理者使用基准模型检验待检验模型的执行情况。除此以外，还应检查模型的0 套利性（例如，期权平价），然后借助模型压力检验决定参数合理的取值范围。

所有这些步骤都要避免受到来自前台办公系统的不当压力，而且不要让交易商审核它们自己的定价模型。既然风险模型有必要审核，那么就会遇到一个让谁来审核的问题。部分肯定的答案是，大部分风险管理模型的审批工作必须委托风险管理职能部门来完成。如果是大公司，我们可以设想在风险管理职能部门中设置一个单独的部门来执行这项任务，也就是说，除了在风险管理部门中设置一个风险模型建立单位外，还要另外设置一个模型检验单位。此外，实践中定期进行风险审计是个好办法——对公司的风险管理做全方位审计，其中包括对外部熟练交易者使用和执行的模型进行的审计[2]。这种审计也将带来有益的反馈，特别是当公司错过市场最优执行时机的时候。

同样重要的是保持良好的记录，这意味着中间部门（或风险管理部门）应该对模型的执行情况有充分的记录。风险管理人员无论何时都要充分利用该模型，实时访问交易数据以及其他数据，这是检查模型和验证结果所必须的。最理想的应该是，让中间部门有足够的信息，以便能够在任何时间使用合适的（即，最新、更新的）数据集检查任何模型或模型结果。该信息集应该包括一个模型的执行日志，该日志应特

---

① 参见 Crouhy 等（2001，第 607 - 608 页）。

② 这种审计，不仅是一个好习惯而且还有助于高级管理人员确认他们是否已经尽职尽责——在出现了 Sarbanes - Oxley 等公司管理改革的美国，这种审计是企业运营方面的重要工作。

别注意记录模型遇到的问题以及（如果有的话）由此造成的后果。最后，应定期（和不定期）检查所用模型，并确保使用最新数据校准模型，而且模型升级也要与市场的最优执行同步，及时发现并废除过时的模型。

16.4.3.2　独立的风险监督

在更基础的层面上——这对于健全的风险管理绝对重要——企业应设立一个适当独立的风险监督部门（independent risk oversight，简记为 IRO）或中间办公部门。这个部门，其职能应该包括风险测度和风险管理，应与执行系统（例如，国债、交易、投资组合管理、资产负债管理等）独立，而且其负责人，即首席风险官（chief risk officer，简记为 CRO），应当直接向首席执行官报告情况，报告最好有董事会或其他管理机构参加。中间部门应该具有高级管理人员的明确授权，而且其政策应反映企业对待风险的态度——企业风险偏好，等等。这个部门也应该有自己指定的预算，这有助于防止中间办公部门因受到诱惑而屈从组织机构内其他部门的过度冒险行为，CRO 及其下属的薪酬不应当与其他单位的执行情况（例如，交易利润）挂钩。

这一风险监管单位应有权阻止组织内的任何交易或资产管理活动，并且管理所有的定价或风险模型的使用。它也应拥有独立于其他业务单位（特别是决策部门）的风险监测权。执行这些任务时，应力求在风险管理的极严（即，禁止一切没有明文规定允许的事情）和极宽（即，允许一切没有明文禁止的事情）之间取得平衡，目标是确保相关的各个方面都要充分参与公司内部的、关于风险测度/管理的对话。中间办公部门也应负责全方位的风险估计，包括压力检验、背后检验和（至少部分的）应急计划制定，确保所有模型都能够胜任它们的任务（即，审核、检查和监测所用模型），并向整个组织报告和传播相关的风险信息，保护和维护公司风险评估和风险管理系统的完整性①。

---

①　除了良好的模型审核程序和独立的风险监督之外，厂商还有处理模型风险的其他方法。例如，一个明智的做法是，厂商为了应对可能的模型风险应保有一定的储备金。由于这些配给持仓的储备反映了相关的模型风险测度，所以模型风险高的持仓的储备大于模型风险低的持仓。这些储备不仅提供给厂商一个能够吸收来自模型风险的可能损失的缓冲，而且还有助于确保模型风险成本的核算以及给相关持仓的配给。企业还可以考虑使用为持仓设限制的方法来对抗模型风险。如果一个持仓被发现有很大的模型风险，那么公司可以使用紧缩的持仓限制来制约其对模型风险源的风险暴露。

16.5 结论

模型风险是市场风险测度中最重要、最值得重视的领域。我们把很多事实上并不知道的事情当作已知的事情来从事风险管理：我们经常把自己的模型当作事实上正确的模型使用，把参数当作已知参数使用，等等。严格来说，事实上我们知道的东西很少。相反，我们永远只能靠假设工作，除此之外别无选择。然而，这很容易使我们落入陷阱，这一陷阱源于我们一开始就把假设的事情当作真实的事情看待。我们特别容易落入这一陷阱，因为人类有为其信念寻找证据的倾向：我们都希望我们的世界和我们想的一样，我们常常无视那些意味着我们犯错误的不利证据。当现实冷酷地摆在我们面前，并告诉我们很不幸我们的想法有时可能与实际不符的时候，这种心理习惯使我们变得非常脆弱。模型风险给我们在风险管理中做的一切事情都蒙上阴影。然而，智慧告诉我们，我们应该经常自己问自己，如果我们的假设不成立，那么会发生什么。当然，说起来容易，做起来难，金融市场总和模型风险的后果的忽视以及自以为可以逃脱的想法搅在一起，有这种想法的人中不乏一些得意洋洋的大牌明星。总之，模型风险就像是著名的宴会幽灵——一个不容忽视的不速之客。

参考文献

Abken, P. A. (2000) 'An empirical evaluation of value at risk by scenario simulation.' *Journal of Derivatives* Summer issue: 12–29.

Acerbi, C. (2002) 'Spectral measures of risk: a coherent representation of subjective risk aversion.' *Journal of Banking and Finance* 26: 1505–1518.

Acerbi, C. (2004) 'Coherent representations of subjective risk aversion.' Pp. 147–207 in G. Szegö (ed.) *Risk Measures for the 21st Century*. Chichester: John Wiley and Sons, Ltd.

Acerbi, C. and D. Tasche (2002) 'On the coherence of expected shortfall.' *Journal of Banking and Finance* 26: 1487–1503.

Adelman, I. (1990) 'Factor analysis.' Pp. 90–94 in J. Eatwell, M. Milgate and P. Newman (eds) *The New Palgrave Time Series and Statistics*. London and Basingstoke: Macmillan.

Albanese, C., K. Jackson and P. Wiberg (2001) 'Hedging with value-at-risk.' Mimeo. University of Toronto.

Alexander, C. (1998) 'Volatility and correlation: measurement, models and applications.' Pp. 125–171 in C. Alexander (ed.) *Risk Measurement and Analysis, Vol. One: Measuring and Modelling Financial Risk*. Chichester: John Wiley and Sons, Ltd.

Alexander, C. (2000) 'Orthogonal methods for generating large positive semi-definite variance–covariance matrices.' University of Reading ISMA Centre *Discussion Paper in Finance* 2000–06.

Alexander, C. and A. Chibumba (1997) 'Orthogonal GARCH: an empirical validation in equities, foreign exchange and interest rates.' Mimeo. University of Sussex.

Almgren, R. and N. Chriss (1999) 'Value under liquidation.' *Risk* 12 (December): 61–63.

Anderson, G. (1994) 'Simple tests of distributional form.' *Journal of Econometrics* 62: 265–276.

Andersen, L. (2000) 'A simple approach to the pricing of Bermudan swaptions in the multifactor LIBOR model.' *Journal of Computational Finance* 3 (Winter): 1–32.

Andersen, T. G. and T. Bollerslev (1997) 'Intraday periodicity and volatility persistence in financial markets.' *Journal of Empirical Finance* 4: 115–158.

Andersen, T. G. and T. Bollerslev (1998a) 'Deutsche Mark–Dollar volatility: intraday activity patterns, macroeconomic announcements, and longer run dependencies.' *Journal of Finance* 53: 219–265.

Andersen, T. G. and T. Bollerslev (1998b) 'Answering the sceptics: yes, standard volatility models do provide accurate forecasts.' *International Economic Review* 39: 885–905.

Andersen, T. G., T. Bollerslev, F. Diebold and P. Labys (2001) 'The distribution of realized exchange rate volatility.' *Journal of the American Statistical Association* 96: 42–55.

Andrews, D. K. and M. Buchinsky (1997) 'On the number of bootstrap repetitions for bootstrap standard errors, confidence intervals, and tests.' Cowles Foundation Paper 1141R, July 1997.

Aragonés, J. R., C. Blanco and J. Mascarenas (2001) 'Active management of equity investment portfolios.' *Journal of Portfolio Management* 27 (Spring): 39–46.

Artzner, P., F. Delbaen, J.-M. Eber and D. Heath (1997) 'Thinking coherently.' *Risk* 10 (November): 68–71.

Artzner, P., F. Delbaen, J.-M. Eber and D. Heath (1999) 'Coherent measures of risk.' *Mathematical Finance* 9 (November): 203–228.

Ashton, D. and M. Tippett (2004) 'The distribution of "short period" equity returns.' Mimeo. University of Bristol and Loughborough University.

Bahar, R., M. Gold, T. Kitto and C. Polizu (1997) 'Making the best of the worst.' *Risk* 10 (August): 100–103.

Bangia, A., F. Diebold, T. Schuermann and J. Stroughair (1999) 'Liquidity on the outside.' *Risk* 12 (June): 68–73.

Bank for International Settlements (2000) *Stress Testing by Large Financial Institutions: Current Practice and Aggregation Issues*. BIS Committee on the Global Financial System. Basel: Bank for International Settlements, April 2000.

Bank for International Settlements (2004a) .*Triennial Central Bank Survey of Foreign Exchange and Derivatives Market Activity in April 2004: Preliminary Global Results*. Basel: Bank for International Settlements. September.

Bank for International Settlements (2004b) *Triennial and Semiannual Surveys on Positions in Global Over-the-Counter (OTC) Derivatives Markets at End-June 2004. Concentration Measures for OTC Derivatives Markets from December 1998 to June 2004*. Basel: Bank for International Settlements.

Barone-Adesi, G., F. Bourgoin and K. Giannopoulos (1998) 'Don't look back.' *Risk* 11 (August) 1998: 100–103.

Barone-Adesi, G., and K. Giannopoulos (2000) 'Non-parametric VaR techniques. Myths and realities.' Mimeo. Universita della Svizzera Italiana and City University Business School; and Westminster Business School. November 2000.

Barone-Adesi, G., K. Giannopoulos and L. Vosper (1999) 'VaR without correlations for portfolios of derivatives securities.' *Journal of Futures Markets* 19: 583–602.

Barraquand, J. (1995) 'Numerical valuation of high dimensional multivariate European securities.' *Management Science* 41: 1882–1891.

Bartlmae, K. and F. A. Rauscher (2000) 'Measuring DAX market risk: a neural network volatility mixture approach.' Mimeo. DaimlerChrysler AG, Research and Technology, Ulm.

Basak, S. and A. Shapiro (2001) 'Value-at-risk-based risk management: optimal policies and asset prices.' *Review of Financial Studies* 14: 371–405.

Basel Committee on Banking Supervision (1996) *Amendment to the Capital Accord to Incorporate Market Risks*. Basel: Bank for International Settlements.

Basel Committee on Banking Supervision (2004) *International Convergence of Capital Measurement and Capital Standards: A Revised Framework*. Basel: Bank for International Settlements.

Bassi, F., P. Embrechts and M. Kafetzaki (1998) 'Risk management and quantile estimation.' Pp. 111–130 in R. J. Adler, R. E. Feldman and M. S. Taqqu (eds) *A Practical Guide to Heavy Tails: Statistical Techniques and Applications*. Boston: Birkhaüser.

Bauer, C. (2000) 'Value at risk using hyperbolic distributions.' *Journal of Economics and Business* 52: 455–467.

Baumol, W. J. (1963) 'An expected gain confidence limit criterion for portfolio selection.' *Management Science* 10: 174–182.

Bauwens, L., S. Laurent and J. Rombouts (2004) 'Multivariate GARCH models: a survey.' *Journal of Applied Econometrics*. Forthcoming.

Beder, T. (1995) 'VaR: seductive but dangerous.' *Financial Analysts Journal* 51 (September/October): 12–24.

Beirlant, J., Y. Goegebeur, J. Teugels, J. Seger, D. De Waal and C. Ferro (2004) *Statistics of Extremes: Theory and Applications*. Chichester: John Wiley and Sons, Ltd.

Berkowitz, J. (2000a) 'A coherent framework for stress-testing.' *Journal of Risk* 2: 1–11.

Berkowitz, J. (2000b) 'Breaking the silence.' *Risk* 13 (October): 105–108.

Berkowitz, J. (2001) 'Testing density forecasts, with applications to risk management.' *Journal of Business and Economic Statistics* 19: 465–474.

Berkowitz, J. and J. O'Brien (2002) 'How accurate are value-at-risk models at commercial banks?' *Journal of Finance* 57: 1093–1112.

Bertsimas, D. and A. Lo (1998) 'Optimal control of execution costs.' *Journal of Financial Markets* 1: 1–50.

Bickel, P. J. and K. A. Docksum (1981) 'An analysis of transformations revisited.' *Journal of the American Statistical Association* 76: 296–311.

Billio, M. and L. Pelizzon (1997) 'A switching volatility approach to improve the estimation of value-at-risk.' Mimeo. University of Venice and London Business School.

Black, F. (1976) 'The pricing of commodity contracts.' *Journal of Financial Economics* 2: 167–179.
Black, F. and M. Scholes (1973) 'The pricing of options and corporate liabilities'. *Journal of Political Economy* 81: 637–654.
Blake, D., A. J. G. Cairns and K. Dowd (2001) 'PensionMetrics: stochastic pension plan design and value-at-risk during the accumulation phase.' *Insurance: Mathematics and Economics* 29 (October): 187–215.
Blake, D., A. J. G. Cairns and K. Dowd (2003) 'PensionMetrics 2: stochastic pension plan design during the distribution phase.' *Insurance: Mathematics and Economics*, 33: 29–47.
Blanco, C. and G. Ihle (1998) 'How good is your VaR? Using backtesting to assess system performance.' *Financial Engineering News* (August): 1–2.
Blanco, C. and D. Soronow (2001) 'Jump diffusion processes – energy price processes used for derivatives pricing and risk management.' *Commodities Now* (June): 83–87.
Bolancé, C., M. Guillen and J. P. Nielsen (2003) 'Kernel density estimation of actuarial loss functions.' *Insurance: Mathematics and Economics* 32: 19–36.
Bollerslev, T. (1986) 'Generalized autoregressive conditional heteroskedasticity.' *Journal of Econometrics* 31: 307–327.
Borse, G. J. (1997) *Numerical Methods with MATLAB: A Resource for Scientists and Engineers*. Boston: PWS Publishing Company.
Bouchaud, J.P. and M. Potters (2000a) *Theory of Financial Risks: From Statistical Physics to Risk Management*. Cambridge: Cambridge University Press.
Bouchaud, J. P. and M. Potters (2000b) 'Worse fluctuation method for fast value-at-risk estimates.' Mimeo. Science and Finance, 109–111 rue Victor Hugo, 92532 Levallois CEDEX, France.
Boudoukh, J., M. Richardson and R. Whitelaw (1995) 'Expect the worst.' *Risk* 8 (September): 100–101.
Boudoukh, J., M. Richardson and R. Whitelaw (1998) 'The best of both worlds: a hybrid approach to calculating value at risk.' *Risk* 11 (May): 64–67.
Bouyé, E., A. Nikeghbali, G. Riboulet and T. Roncalli (2000) 'Copulas for finance: a reading guide and some applications.' Mimeo. Financial Econometric Research Centre, City University Business School, London; and Groupe de Recherche Opérationnelle, Crédit Lyonnais, Paris.
Box, G. E. P. and D. R. Cox (1964) 'An analysis of transformations.' *Journal of the Royal Statistical Society, Series B*, 26: 211–252.
Boyle, P., M. Broadie and P. Glasserman (1997) 'Monte Carlo methods for security pricing.' *Journal of Economic Dynamics and Control* 21: 1267–1321.
Brace, A., D. Gatarek and M. Musiela (1997) 'The market model of interest rate dynamics.' *Mathematical Finance* 7: 127–155.
Breckling, J., E. Eberlein and P. Kovic (2000) 'A tailored suit for risk management: hyperbolic model.' Pp. 189–202 in J. Franke, W. Härdle and G. Stahl (eds) *Measuring Risk in Complex Stochastic Systems*. New York: Springer Verlag. Lecture Notes in Statistics Series No. 147.
Breuer, T. and G. Krenn (1999) *Guidelines on Market Risk. Volume 5. Stress Testing*. Vienna: Oesterreichische Nationalbank.
Breuer, T. and G. Krenn (2000) 'Identifying stress test scenarios.' Mimeo. Fachhochschule Voralberg, Dornbirn, Austria, and Oesterreichische Nationalbank, Vienna.
Britten-Jones, M. and S. M. Schaefer (1999) 'Non-linear value-at-risk.' *European Finance Review* 2: 161–187.
Broadie, M. and P. Glasserman (1998) 'Simulation for option pricing and risk management.' Pp. 173–207 in C. Alexander (ed.) *Risk Management and Analysis. Vol. 1: Measuring and Modelling Financial Risk*. Chichester: John Wiley and Sons, Ltd.
Brock, W. A., W. D. Dechert and J. Scheinkman (1987) 'A test for independence based on the correlation dimension.' University of Wisconsin-Madison *SSRI Workshop Paper 8702*.
Butler, J. S. and B. Schachter (1998) 'Improving value at risk with a precision measure by combining kernel estimation with historical simulation.' *Review of Derivatives Research* 1: 371–390.
Byström, H. N. E. (2000) 'Orthogonal GARCH and covariance matrix forecasting in a stress scenario: the Nordic stock markets during the Asian financial crisis 1997–1998.' Mimeo. Lund University.
Cairns, A. J. G. (2000) 'A discussion of parameter and model uncertainty in insurance.' *Insurance: Mathematics and Economics* 27: 313–330.
Cárdenas, J., E. Fruchard, E. Koehler, C. Michel and I. Thomazeau (1997) 'VaR: one step beyond.' *Risk* 10 (October): 72–75.

Cárdenas, J., E. Fruchard, J.-F. Picron, C. Reyes, K. Walters and W. Yang (1999) 'Monte Carlo within a day.' *Risk* 12 (February): 55–59.

Cerny, A. and S. Hodges (1999) 'The theory of no-good-deal pricing in financial markets.' Working paper, Imperial College.

Chappell, D. and K. Dowd (1999) 'Confidence intervals for VaR.' *Financial Engineering News*, March: 1–2.

Chernozhukov, V. and L. Umantsev (2001) 'Conditional value-at-risk: aspects of modelling and estimation.' *Empirical Economics* 26: 271–292.

Cherubini, U. and G. Della Lunga (2001) 'Fuzzy value-at-risk: accounting for market liquidity.' *Economic Notes by Banca Monte dei Paschi di Siena* 30: 293–312.

Cherubini, U. and E. Luciano (2000) 'Value at risk trade-off and capital allocation with copulas.' Mimeo. Universities of Bologna and Turin.

Cherubini, U., E. Luciano and W. Vecchiato (2004) *Copula Methods in Finance*. Chichester: John Wiley and Sons, Ltd.

Christoffersen, P. F. (1998) 'Evaluating interval forecasts.' *International Economic Review* 39: 841–862.

Christoffersen, P. F. and F. X. Diebold (2000) 'How relevant is volatility forecasting for financial risk management?' *Review of Economics and Statistics* 82: 12–22.

Christoffersen, P. F., J. Hahn and A. Inoue (2001) 'Testing and comparing value at risk measures.' *Journal of Empirical Finance* 8: 325–342.

Clewlow, L. and C. Strickland (1998) *Implementing Derivatives Models*. Chichester: John Wiley and Sons, Ltd.

Clewlow, L. and C. Strickland (2000) *Energy Derivatives: Pricing and Risk Management*. London: Lacima Publications.

Conover, W. J. (1980) *Practical Nonparametric Statistics*. 2nd edition. New York: John Wiley and Sons, Ltd.

Cont, R., M. Potters and J.-P. Bouchaud (1997) 'Scaling in stock market data: stable laws and beyond.' Mimeo. Centre d'Etudes de Saclay, and Université de Nice.

Corsi, F., G. Zumbach, U. A. Müller and M. M. Dacorogna (2001) 'Consistent high-precision volatility from high-frequency data.' *Economic Notes by Banca Monte dei Paschi di Siena*, 30: 183–204.

Cosandey, D. (2001) 'Adjusting value-at-risk for market liquidity.' *Risk* 14 (October): 115–118.

Cotter, J. (2001) 'Margin exceedances for European stock index futures using extreme value theory.' *Journal of Banking and Finance* 25: 1475–1502.

Cotter, J. (2004) 'Tail behaviour of the Euro.' *Applied Economics*. Forthcoming.

Crnkovic, C. and J. Drachman (1995) 'A universal tool to discriminate among risk measurement techniques.' Mimeo. Corporate Risk Management Group, JP Morgan.

Crnkovic, C. and J. Drachman (1996) 'Quality control.' *Risk* 9 (September): 139–143.

Crouhy, M., D. Galai and R. Mark (1998) 'The new 1998 regulatory framework for capital adequacy: 'standardized approach' versus 'internal models'.' Pp. 1–37 in C. Alexander (ed.) *Risk Management and Analysis. Vol. 1: Measuring and Modelling Financial Risk*. Chichester: John Wiley and Sons, Ltd.

Crouhy, M., D. Galai and R. Mark (2001) *Risk Management*. New York: McGraw Hill.

Cvitanic, J. and I. Karatzas (1999) 'On dynamic measures of risk.' *Finance and Stochastics* 3: 451–482.

Daniel, W. W. (1978) *Applied Nonparametric Statistics*. Boston: Houghton Mifflin Company.

Danielsson, J. (2002) 'The emperor has no clothes: limits to risk modelling.' *Journal of Banking and Finance* 26: 1273–1296.

Danielsson, J. and C. G. de Vries (1997a) 'Beyond the sample: extreme quantile and probability estimation.' Mimeo. Tinbergen Institute, Rotterdam.

Danielsson, J. and C. G. de Vries (1997b) 'Tail index estimation with very high frequency data.' *Journal of Empirical Finance* 4: 241–257.

Danielsson, J., P. Embrechts, C. Goodhart, C. Keating, F. Muennich, O. Renault and H. S. Shin (2001) 'An academic response to Basel II.' *Special Paper No. 130*, LSE Financial Markets Group.

Danielsson, J. and J.-P. Zigrand (2001) 'What happens when you regulate risk? Evidence from a simple general equilibrium model.' Mimeo. London School of Economics Financial Markets Group.

Danneberg, D. (1990) 'Distorted probabilities and insurance premiums.' *Methods of Operations Research* 63: 3–5.

Davé, R. D. and G. Stahl (1997) 'On the accuracy of VaR estimates based on the variance–covariance approach.' Mimeo. Olsen and Associates, Zürich; and Federal Banking Supervision Office, Berlin.

Davison, A. C. and D. V. Hinkley (1997) *Bootstrap Methods and their Applications*. Cambridge: Cambridge University Press.

Deans, J. (2000) 'Backtesting.' Pp. 261–289 in M. Lore and L. Borodovsky (eds) *The Professional's Handbook of Financial Risk Management*. Oxford: Butterworth-Heinemann.

Dembo, R. (1997) 'Value-at-risk and return,' *NetExposure* No. 1 (October).

Denecker, K., S. Van Assche, J. Cromberz, R. Vander Vennet and I. Lemahieu (2001) 'Value-at-risk prediction using context modelling.' *European Physical Journal B* 20: 481–492.

Derivatives Policy Group (1995) *A Framework for Voluntary Oversight*. New York: Derivatives Policy Group.

Derman, E. (1997) 'Model risk.' Pp. 83–88 in S. Grayling (ed.) *VaR – Understanding and Applying Value-at-Risk*. London: Risk Publications.

Dias, M. A. G. (2001) 'Monte Carlo simulation of stochastic processes.' Mimeo. PUC-Rio, Rio de Janeiro.

Diebold, F. X., T. A. Gunther and A. S. Tay (1998a) 'Evaluating density forecasts with applications to financial risk management.' *International Economic Review* 39: 863–883.

Diebold, F. X., A. Hickman, A. Inoue and T. Schuermann (1998b) 'Scale models.' *Risk* 11 (January): 104–107.

Diebold, F. X., T. Schuermann and J. D. Stroughair (2000) 'Pitfalls and opportunities in the use of extreme value theory in risk management.' *Journal of Risk Finance* 1: 30–35.

Dowd, K. (1999a) 'A VaR approach to risk-return analysis.' *Journal of Portfolio Management* 25 (Summer): 60–67.

Dowd, K. (1999b) 'VaR by increments.' *Risk* (*Enterprise-Wide Risk Management Special Report*) 11 (November): 31–33.

Dowd, K. (1999c) 'Financial risk management.' *Financial Analysts Journal* 55, No. 4: 65–71.

Dowd, K. (2000a) 'Estimating value-at-risk: a subjective approach.' *Journal of Risk Finance* 1 (Summer): 43–46.

Dowd, K. (2000b) 'Accounting for value at risk.' *Journal of Risk Finance* 2 (Fall): 51–58.

Dowd, K. (2002) 'A bootstrap backtest.' *Risk* 15 (October): 93–94.

Dowd, K. (2003) 'Temporal aggregation of volatility processes: a simulation study.' Mimeo. Nottingham University Business School.

Dowd, K. (2004a) 'A modified Berkowitz back-test.' *Risk* 17 (April): 86.

Dowd, K. (2004b) 'The inflation "fan charts": an evaluation.' *Greek Economic Review*, 23 (Spring): 99–111.

Dowd, K., D. Blake and A. J. G. Cairns (2004) 'Long-term value at risk.' *Journal of Risk Finance*, 5, No. 2 (Winter/Spring 2004): 52–57.

Dowd, K. and P. Fackler (2004) 'Estimating VaR with copulas.' *Financial Engineering News* No. 39, September–October 2004: 9, 21.

Dowd, K. and D. Rowe (2004) 'Introduction to VaR Models.' Chapter A2 in C. O. Alexander and E. Sheedy (eds) *The Professional Risk Managers' Handbook: A Comprehensive Guide to Current Theory and Best Practices*. PRMIA Professional Risk Manager.

Drost, F. and T. Nijman (1993) 'Temporal aggregation of Garch processes.' *Econometrica* 61: 909–927.

Drzik, J. (1996) 'Putting risk in its place.' *Firmwide Risk Management: A Risk Special Supplement* July: 14–16.

Duffie, D. and J. Pan (1997) 'An overview of value at risk.' *Journal of Derivatives* 4 (Spring): 7–49.

Duffie, D. and J. Pan (1999) 'Analytical value-at-risk with jumps and credit risk.' Mimeo. Graduate School of Business, Stanford University.

Duffie, D. and A. Ziegler (2001) 'Liquidation risk.' Mimeo, Graduate School of Business, Stanford University.

D'Vari, R. and J. C. Sosa (2000) 'Value at risk estimates for Brady bond portfolios.' *Journal of Fixed Income* 10 (December): 7–23.

Eberlein, E. (1999) 'Recent advances in more realistic risk management: the hyperbolic model.' Mimeo. University of Freiburg.

Eberlein, E., J. Kallsen and J. Kristen (2001) 'Risk management based on stochastic volatility.' Mimeo. University of Freiburg.

Eberlein, E., Keller, U. and K. Prause (1998) 'New insights into smile, mispricing and value at risk: the hyperbolic model.' *Journal of Business* 71: 371–406.

Eberlein, E. and K. Prause (2000) 'The generalized hyperbolic model: financial derivatives and risk measures.' *FDM Preprint 56*, University of Freiburg.
Efron, B. (1979) 'Bootstrap methods: another look at the jackknife.' *Annals of Statistics* 7: 1–26.
Efron, B. and R. J. Tibshirani (1993) *An Introduction to the Bootstrap*. New York and London: Chapman and Hall.
Elton, E. J. and M. J. Gruber (1995) *Modern Portfolio Theory and Investment Analysis*. 5th edition. New York: John Wiley and Sons, Ltd.
Embrechts, P., C. Klüppelberg and T. Mikosch (1997) *Modelling Extreme Events for Insurance and Finance*. Berlin: Springer Verlag.
Embrechts, P., A. McNeil and D. Straumann (1999a) 'Correlation pitfalls and alternatives.' *Risk* 12, No. 5, May: 69–71.
Embrechts, P., A. McNeil and D. Straumann (1999b) 'Correlation and dependence in risk management: properties and pitfalls.' Mimeo. ETHZ Zentrum, Zürich.
Engle, R. F. (1982) 'Autoregressive conditional heteroscedasticity with estimates of the variance of United Kingdom inflation.' *Econometrica* 50: 987–1007.
Engle, R. F. and S. Manganelli (1999) 'CAViaR: conditional autoregressive value at risk by regression quantiles.' Mimeo. University of California, San Diego.
Engle, R. F. and J. Mezrich (1996) 'GARCH for groups.' *Risk* 9 (June): 36–40.
Engle, R. F. and V. Ng (1993) 'Measuring the impact of news on volatility.' *Journal of Finance* 48: 1749–1778.
Estrella, A. (1996) 'Taylor, Black and Scholes: series approximations and risk management pitfalls.' Pp. 359–379 in *Risk Measurement and Systemic Risk. Proceedings of a Joint Central Bank Research Conference*. Washington, DC: Board of Governors of the Federal Reserve System.
Estrella, A., D. Hendricks, J. Kambhu, S. Shin and S. Walter (1994) 'The price risk of options positions: measurement and capital requirements.' Federal Reserve Bank of New York *Economic Policy Review* (Fall): 27–43.
Evans, M., N. Hastings and B. Peacock (2000) *Statistical Distributions*. 3rd edition. New York: John Wiley and Sons, Ltd.
Fallon, W. (1996) 'Calculating value-at-risk.' Wharton School Financial Institutions Center *Working Paper 96–49*.
Feuerverger, A. and A. C. M. Wong (2000) 'Computation of value-at-risk for nonlinear portfolios.' *Journal of Risk* 3 (Fall): 37–55.
Figlewski, S. (1994) 'Forecasting volatility using historical data.' New York University *Working Paper S-94-13*.
Figlewski, S. and B. Gao (1999) 'The adaptive mesh model: a new approach to efficient option pricing.' *Journal of Financial Economics* 53: 313–351.
Finger, C. C. (1996) 'Accounting for "pull to par" and "roll down" for RiskMetrics^{TM} cashflows.' *RiskMetrics^{TM} Monitor*, Third Quarter: 4–11.
Fischer, T. (2003) 'Risk capital allocation by coherent risk measures based on one-sided moments.' *Insurance: Mathematics and Economics* 32: 135–146.
Fishburn, P. C. (1977) 'Mean-risk analysis with risk associated with below-target returns.' *American Economic Review* 67: 116–126.
Focardi, S. M. and F. J. Fabozzi (2003) 'Fat tails, scaling, and stable laws: a critical look at modeling extremal events in financial phenomena.' *Journal of Risk Finance* (Fall): 5–26.
Fong, H. G. and K.-C. Lin (1999) 'A new analytical approach to value at risk.' *Journal of Portfolio Management* 25 (May): 88–98.
Frey, R. (2000) 'Market illiquidity as a source of model risk in dynamic hedging.' Mimeo. Swiss Banking Institute, University of Zürich.
Froot, K., P. O'Connell and M. Seasholes (2001) 'The portfolio flows of international investors.' *Journal of Financial Economics* 59: 151–193.
Frye, J. (1996) 'Principals of risk: finding value-at-risk through factor-based interest rate scenarios.' Mimeo. NationsBank-CRT, Chicago.
Fusai, G. and E. Luciano (1998) 'Measuring VaR under optimal and suboptimal portfolio polifices.' Mimeo. Universities of Florence and Turin.
Garman, M. B. (1996a) 'Making VaR more flexible.' *Derivatives Strategy* (April): 52–53.
Garman, M. B. (1996b) 'Improving on VaR.' *Risk* 9 (May): 61–63.

Garman, M. B. (1996c) 'Making VaR proactive.' Berkeley, CA: Financial Engineering Associates. FEA.
General Accounting Office (1994) *Financial Derivatives: Actions Needed to Protect the Financial System*. GAO, Washington, DC.
General Accounting Office (1996) *Financial Derivatives: Actions Taken or Proposed Since May 1994*. GAO, Washington, DC.
Giacomini, E. and I. Komunjer (2002) 'Evaluation and combination of conditional quantile forecasts.' Mimeo. Department of Economics, UCSD.
Giannopoloulos, K. (2000) 'Measuring volatility.' Pp. 42–74 in M. Lore and L. Borodovsky (eds) *The Professional's Handbook of Financial Risk Management*. Oxford: Butterworth-Heinemann.
Giannopoloulos, K. and R. Tunaru (2004) 'Coherent risk measures under the FHS.' *Journal of Banking and Finance*. Forthcoming.
Gibson, M. S. (2001) 'Incorporating event risk into value-at-risk.' Mimeo. Federal Reserve Board.
Giot, P. and J. Grammig (2003) 'How large is liquidity risk in an automated auction market?' Mimeo. University of Namur and University of Tübingen.
Giot, P. and S. Laurent (2003) 'Value-at-risk for long and short trading positions.' *Journal of Applied Econometrics* 18: 641–664.
Glasserman, P., P. Heidelberger and P. Shahabuddin (1999a) 'Importance sampling and stratification for value-at-risk.' Pp. 7–24 in Y. S. Abu-Mostafa, B. LeBaron, A. W. Lo and A. S. Weigend (eds) *Computational Finance 1999 (Proceedings of the Sixth International Conference on Computational Finance)*. Cambridge, MA: MIT Press.
Glasserman, P., P. Heidelberger and P. Shahabuddin (1999b) 'Stratification issues in estimating value-at-risk.' Pp. 351–358 in P. A. Farrington, H. B. Nembhard, D. T. Sturrock and G. W. Evans (eds) *Proceedings of the 1999 Winter Simulation Conference*. Piscataway, NJ: IEEE Computer Society Press.
Glasserman, P., P. Heidelberger and P. Shahabuddin (2000a) 'Portfolio value-at-risk with heavy-tailed risk factors.' Columbia Business School *Paine Webber Working Papers in Money, Economics and Finance PW-00-06*.
Glasserman, P., P. Heidelberger and P. Shahabuddin (2000b) 'Variance reduction techniques for estimating value-at-risk.' *Management Science* 46: 1349–1364.
Glosten, L., R. Jagannathan and D. Runkle (1993) 'On the relationship between the expected value and the volatility of the nominal excess return on stocks.' *Journal of Finance* 48: 1779–1801.
Golub, B. W. and L. M. Tilman (1997) 'Measuring yield curve risk using principal components analysis, value at risk, and key rate durations.' *Journal of Portfolio Management* 23 (Summer): 72–84.
Gottschling, A., C. Haefke and H. White (1999) 'Closed form integration of artificial neural networks with some applications to finance.' Mimeo. Deutsche Bank, Frankfurt, and UC-San Diego.
Granger, C. W. J. and C.-Y. Sin (2002) 'Modelling the absolute returns of different stock indices: exploring the forecastability of an alternative measure of risk.' *Journal of Forecasting* 19: 277–298.
Greenspan, A. (2000) 'Banking evolution.' Remarks to the 36th annual conference on bank structure and competition of the Federal Reserve Bank of Chicago, May 4, 2000.
Grootveld, H. and W. G. Hallerbach (2004) 'Upgrading value-at-risk from diagnostic metric to decision variable: a wise thing to do?' Pp. 33–50 in G. Szegö (ed.) *Risk Measures for the 21st Century*. Chichester: John Wiley and Sons, Ltd.
Group of Thirty (1993) *Derivatives: Practices and Principles*. New York: Group of Thirty.
Guldimann, T. (2000) 'The story of RiskMetrics.' *Risk* 13 (January): 56–58.
Gumbel, E. J. (1958) *Statistics of Extremes*. New York: Columbia University Press.
Hallerbach, W. G. (1999) 'Decomposing portfolio value-at-risk: a general analysis.' Mimeo. Erasmus University.
Hauksson, H. A., M. Dacorogna, T. Domenig, U. Müller and G. Samorodnitsky (2001) 'Multivariate extremes, aggregation and risk estimation.' *Quantitative Finance* 1: 79–95.
Heath, D., R. A. Jarrow and A. Morton (1990a) 'Bond pricing and the term structure of interest rates: a discrete time approximation.' *Journal of Financial and Quantitative Analysis* 25: 419–440.
Heath, D., R. A. Jarrow and A. Morton (1990b) 'Contingent claim valuation with a random evolution of interest rates.' *Review of Futures Markets* 9: 54–76.
Heath, D., R. A. Jarrow and A. Morton (1992) 'Bond pricing and the term structure of interest rates: a new methodology for contingent claims valuation.' *Econometrica* 60: 77–105.
Hendricks, D. (1996) 'Evaluation of value-at-risk models using historical data.' Federal Reserve Bank of New York *Economic Policy Review* 2 (April): 39–70.

Henrard, M. (2000) 'Comparison of cashflow maps for value-at-risk.' *Journal of Risk* 3 (Fall): 57–71.
Hereford, N. and G. Shuetrim (2000) 'Using stratified sampling methods to improve percentile estimates in the context of risk measurement.' Australian Prudential Regulation Authority *Working Paper 5*, June.
Hill, B. M. (1975) 'A simple general approach to inference about the tail of a distribution.' *Annals of Statistics* 35: 1163–1173.
Hisata, Y. and Y. Yamai (2000) 'Research toward the practical application of liquidity risk evaluation models.' Bank of Japan *Monetary and Economic Studies* (December): 83–127.
Ho, L.-C., P. Burridge, J. Cadle and M. Theobald (2000) 'Value-at-risk: applying the extreme value approach to Asian markets in the recent financial turmoil.' *Pacific-Basin Finance Journal* 8: 249–275.
Ho, T. (1992) 'Key rate durations: measures of interest rate risks.' *Journal of Fixed Income* 2: 29–44.
Ho, T., M. Chen and F. Eng (1996) 'VaR analytics: portfolio structure, key rate convexities and VaR betas.' *Journal of Portfolio Management* 23 (Fall): 89–98.
Holton, G. A. (2003) *Value-at-Risk: Theory and Practice*. San Diego: Academic Press.
Hoppe, R. (1998) 'VaR and the unreal world.' *Risk* 11 (July): 45–50.
Hosking, J. R. M., J. R. Wallis and E. F. Wood (1985) 'Estimation of the generalized extreme-value distribution by the method of probability-weighted moments.' *Technometrics* 27: 251–261.
Hua, P. and P. Wilmott (1997) 'Crash courses.' *Risk* 10 (June): 64–67.
Hull, J. (2003) *Options, Futures and Other Derivatives*. 5th edition. Upper Saddle River, NJ: Prentice Hall. Chapter 18.
Hull, J. and A. White (1987) 'The pricing of options on assets with stochastic volatilities.' *Journal of Finance* 42: 281–300.
Hull, J. and A. White (1998a) 'Value at risk when daily changes in market variables are not normally distributed.' *Journal of Derivatives* 5 (Spring): 9–19.
Hull, J. and A. White (1998b) 'Incorporating volatility updating into the historical simulation method for value-at-risk.' *Journal of Risk* 1 (Fall): 5–19.
Huschens, S. (1997) 'Confidence intervals for the value-at-risk.' Technische Universität Dresden Fakultät für Wirtschaftswissenschaften Dresdner Beiträge zu Quantitativen Verfahren Nr. 9/97.
Illinski, K. (2001) *The Physics of Finance: Gauge Modeling in Non-equilibrium Pricing*. Chichester: John Wiley and Sons, Ltd.
Ingersoll, J. E., Jr (1987) *Theory of Financial Decision Making*. Totowa, NJ: Rowman and Littlefield.
Inui, K. and M. Kijima (2003) 'On the significance of expected shortfall as a coherent risk measure.' Mimeo. Graduate School of Economics, Kyoto University.
Jäckel, P. (2002) *Monte Carlo Methods in Finance*. Chichester: John Wiley and Sons, Ltd.
Jahel, L. El, W. Perraudin and P. Sellin (1999) 'Value at risk for derivatives.' *Journal of Derivatives* 6: 7–26.
Jakobsen, S. (1996) 'Measuring value-at-risk for mortgage-backed securities.' Pp. 185–208 in F. Bruni, D. E. Fair and R. O'Brien (eds) *Risk Management in Volatile Financial Markets*. Dordrecht: Kluwer Academic Publishers.
James, J. and N. Webber (2000) *Interest Rate Modelling*. Chichester: John Wiley and Sons, Ltd.
Jamshidian, F. and Y. Zhu (1996) 'Scenario simulation model for risk management.' *Capital Market Strategies* 12 (December): 26–30.
Jamshidian, F. and Y. Zhu (1997) 'Scenario simulation: theory and methodology.' *Finance and Stochastics* 1: 43–67.
Jarque, C. M. and A. K. Bera (1987) 'A test for normality of observations and regression residuals.' *International Statistical Review* 55: 163–172.
Jarrow, R. A. and A. Subramanian (1997) 'Mopping up liquidity.' *Risk* 10 (December): 170–173.
Jarrow, R. A. and S. M. Turnbull (1995) 'Pricing options on derivative securities subject to credit risk.' *Journal of Finance* 50: 53–85.
Jarrow, R. A. and S. M. Turnbull (1998) 'The intersection of market and credit risks.' Working paper. Toronto: CIBC.
Jaschke, S. and U. Küchler (2000) 'Coherent risk measures, valuation bounds, and (μ, ρ)-portfolio optimization.' Mimeo. Weierstrass-Institut für Angewandte Analysis und Stochastik, Berlin and Humboldt University of Berlin.
Johnson, N.L. (1949) 'Systems of frequency curves generated by methods of translation.' *Biometrika* 36: 149–176.
Jones, B. L. and R. Zitikis (2003) 'Empirical estimation of risk measures and related quantities.' *North American Actuarial Journal* 7 (October): 44–54.

Jones, M. C. and M. J. Faddy (2003) 'A skew extension of the t-distribution, with applications.' *Journal of the Royal Statistical Society* B 65, Part 1: 159–174.
Jorion, P. (1997) 'In defense of VaR.' *Derivatives Strategy* 2 (April): 20–23.
Jorion, P. (2002) 'How informative are value-at-risk disclosures?' *Accounting Review* 77: 911–931.
Ju, X. and N. D. Pearson (1999) 'Using value-at-risk to control risk taking: how wrong can you be?' *Journal of Risk* 1 (2): 5–36.
Kato, T. and T. Yoshiba (2000) 'Model risk and its control.' Bank of Japan Institute for Monetary and Economic Studies *Discussion Paper No. 2000-E-15*.
Kearns, P. and A. R. Pagan (1997) 'Estimating the density tail index for financial time series.' *Review of Economics and Statistics* 79: 171–175.
Kendall, M. and A. Stuart (1972) *The Advanced Theory of Statistics, Vol. 1: Distribution Theory*. 4th edition. London: Charles Griffin and Co. Ltd.
Kendall, M. G. and A. Stuart (1973) *The Advanced Theory of Statistics. Volume 2: Inference and Relationship*. 3th edition. Griffin: London.
Kennedy, W. J., Jr. and J. E. Gentle (1980) *Statistical Computing*. New York and Basel: Marcel Dekker, Inc.
Kloek, T. (1990) 'Principal components.' Pp. 204–207 in J. Eatwell, M. Milgate and P. Newman (eds) *The New Palgrave Time Series and Statistics*. London and Basingstoke: Macmillan.
Koenker, R. and G. Bassett (1978) 'Quantile regression.' *Econometrica* 46: 33–50.
Kolmogorov, A. N. (1933) 'Sulla determinazione empirica di una legge di distribuzione.' *Giornale dell' Istituto Italiano degli Attuari* 4: 83–91; N. V. Smirnov (1939) 'Estimate of deviation between empirical distribution functions in two independent samples.' (in Russian) *Moscow University Bulletin* 2(2): 3–16.
Krakovsky, A. (1999) 'Pricing liquidity into derivatives.' *Risk* 12 (No. 12): 65–67.
Kreinin, A. and A. Levin (2000) 'Robust Monte Carlo simulation for approximate covariance matrices and VaR analyses.' Pp. 160–172 in S. Uryasev (ed.) *Probabilistic Constrained Optimization: Methodology and Applications*. Dordrecht: Kluwer Academic Publishers.
Kreyszig, E. (1999) *Advanced Engineering Mathematics*. 8th edition. New York: John Wiley and Sons, Ltd.
Kuiper, N. H. (1960) 'Tests concerning random points on a circle.' *Proc. Koninkl. Neder. Akad. Van Wetenschappen A* 63: 38–47.
Kupiec, P. (1995) 'Techniques for verifying the accuracy of risk management models.' *Journal of Derivatives* 3: 73–84.
Kupiec, P. H. (1999) 'Stress testing in a value at risk framework.' *Journal of Derivatives* 6: 7–24.
Kuruc, A. and B. Lee (1998) 'How to trim your hedge.' *Risk* 11 (December): 46–49.
Lagnado, R., G. Delianedis and S. Tikhonov (2000) 'Monte Carlo simulation of non-normal processes.' MKIRisk Discussion paper. MKIRisk, London.
Lakhany, A. and H. Mausser (2000) 'Estimating the parameters of the generalized lambda distribution.' *Algo Research Quarterly* 3 (December): 47–58.
Landsman, Z. and E. A. Valdez (2003) 'Tail conditional expectations for elliptical distributions.' *North American Actuarial Journal*, 7: 55–71.
Laubsch, A. (1996) 'Estimating index tracking error for equity portfolios.' *RiskMetrics™ Monitor*, Second Quarter 1996: 34–41.
Lawrence, C. and G. Robinson (1995a) 'How safe is RiskMetrics?' *Risk* 8 (January): 26–29.
Lawrence, C. and G. Robinson (1995b) 'Liquid measures.' *Risk* 8 (July): 52–55.
Lawrence, C. and G. Robinson (1995c) 'Value at risk: addressing liquidity and volatility issues.' *Capital Market Strategies* 9 (November): 24–28.
Le Saout, E. (2002) 'Incorporating liquidity risk in VaR models.' Mimeo. Paris I University – CREFIB & CREREG.
Lee, Y.-S. and T.-K. Lin (1992) 'Higher order Cornish–Fisher expansion.' *Applied Statistics* 41: 233–240.
Lhabitant, F.-S. (2000) 'Coping with model risk.' Pp. 415–440 in M. Lore and L. Borodovsky (eds) *The Professional's Handbook of Financial Risk Management*. Oxford: Butterworth-Heinemann.
Lilliefors, H. W. (1967) 'On the Kolmogorov–Smirnov test for normality with mean and variance unknown.' *Journal of the American Statistical Association* 66: 534–544.
Lin, C. H. and C.-C. C. Chien (2002) 'Incorporating a GED model into the historical simulation method for value-at-risk.' National Kaohsiung First University of Science and Technology.

Linsmeier, T. J. and N. D. Pearson (1996) 'Risk measurement: an introduction to value at risk.' Mimeo. University of Illinois at Urbana-Champaign.

Litterman, R. (1996) 'Hot spots™ and hedges.' *Journal of Portfolio Management Special Issue*: 52–75.

Longerstaey, J. and P. Zangari (1995) 'A transparent tool.' *Risk* 8 (January): 30–32.

Longin, F. (1996) 'The asymptotic distribution of extreme stock market returns.' *Journal of Business* 63: 383–408.

Longin, F. (1999) 'From value at risk to stress testing: the extreme value approach.' *Journal of Banking and Finance* 24: 1097–1130.

Longstaff, F. A. and E. S. Schwartz (2001) 'Valuing American options by simulation: a simple least-squares approach.' *Review of Financial Studies* 14: 113–147.

Lopez, J. A. (1998) 'Regulatory evaluation of value-at-risk models.' Federal Reserve Bank of New York *Economic Policy Review* (October): 119–124.

Lopez, J. A. (1999) 'Regulatory evaluation of value-at-risk models.' *Journal of Risk* 1: 37–64.

Lopez, J. A. and C. A. Walter (2001) 'Evaluating covariance matrix forecasts in a value-at-risk framework.' Mimeo. Federal Reserve Bank of San Franscisco and Credit Suisse Group, Zürich.

Lucas, A. (2000) 'A note on optimal estimation from a risk management perspective under possibly mis-specified tail behavior.' *Journal of Business and Economic Statistics* 18: 31–39.

Lucas, A. and P. Klaassen (1998) 'Extreme returns, downside risk, and optimal asset allocation.' *Journal of Portfolio Management* 24 (Fall): 71–79.

Malevergne, Y. and D. Sornette (2001) 'General framework for a portfolio theory with non-Gaussian risks and non-linear correlations.' Mimeo. Laboratoire de Physique de la Matière Condensée, Université de Nice-Sophia Antipolis; and Institute of Geophysics and Planetary Physics and Department of Earth and Space Science, UCLA. March.

Mandelbrot, B. (1963) 'The variation of certain speculative prices.' *Journal of Business* 36: 394–419.

Mantegna, R. N. and H. E. Stanley (2000) *An Introduction to Econophysics: Correlations and Complexity in Finance*. Cambridge: Cambridge University Press.

Markowitz, H. M. (1952) 'Portfolio selection.' *Journal of Finance* 7: 77–91.

Markowitz, H. M. (1959) *Portfolio Selection: Efficient Diversification of Investments*. New York: John Wiley and Sons, Ltd.

Markowitz, H. M. (1992) 'Mean-variance analysis.' Pp. 683–685 in P. Newman, M. Milgate and J. Eatwell (eds) *The New Palgrave Dictionary of Money and Finance. Volume 2*. New York: Stockton Press.

Marshall, C. and M. Siegel (1997) 'Value at risk: implementing a risk measurement standard.' *Journal of Derivatives* 4: 91–110.

Mausser, H. (2001) 'Calculating quantile-based risk analytics with L-estimators.' *Algo Research Quarterly* 4 (December): 33–47.

McNeil, A. J. (1998) 'Calculating quantile risk measures for financial return series using extreme value theory.' Mimeo. ETHZ Zentrum, Zürich.

McNeil, A. J. and R. Frey (2000) 'Estimation of tail-related risk for heteroscedastic financial time series: an extreme value approach.' *Journal of Empirical Finance* 7: 271–300.

McNeil, A. J. and T. Saladin (1997) 'The peaks over thresholds model for estimating high quantiles of loss data.' Mimeo. ETHZ Zentrum, Zürich. April.

Milevsky, M. (1998) 'Optimal asset allocation towards the end of the life cycle: to annuitize or not to annuitize?' *Journal of Risk and Insurance* 65: 401–426.

Mina, J. (2001) 'Calculating VaR through quadratic approximations.' *Journal of Risk Finance* 2 (Winter): 49–55.

Miranda, M. S. and P. L. Fackler (2002) *Applied Computational Economics and Finance*. Cambridge, MA: MIT Press.

Mittnik, S., M. S. Paolella and S. T. Rachev (2000) 'Diagnosing and treating the fat tails in financial returns data.' *Journal of Empirical Finance* 7: 389–416.

Mittnik, S., S. T. Rachev and M. S. Paolella (1998) 'Stable Paretian modelling in finance: some empirical and theoretical aspects.' Pp. 79–110 in R. J. Adler, R. E. Feldman and M. S. Taqqu (eds) *A Practical Guide to Heavy Tails: Statistical Techniques and Applications*. Boston: Birkhaüser.

Modigliani, F. and M. H. Miller (1958) 'The cost of capital, corporation finance, and the theory of investment.' *American Economic Review 48*, June: 261–297.

Moosa, I. A. and B. Bollen (2001) 'A benchmark for measuring bias in estimated daily value at risk.' Forthcoming, *International Review of Financial Analysis*.

Moosa, I. A. and J. J. Knight (2001) 'Firm characteristics and value at risk analysis: a survey of Australia's public shareholding companies.' Mimeo. La Trobe University.

Morgan Guaranty Trust Company (1996) *RiskMetrics*™– *Technical Document*. 4th edition. New York: Morgan Guaranty Trust Company.

Mori, A., M. Ohsawa and T. Shimizu (1996) 'A framework for more effective stress testing.' Bank of Japan Institute for Monetary and Economic Studies *Discussion Paper 96-E-2*.

Müller, U. A., M. M. Dacorogna and O. V. Pictet (1998) 'Heavy tails in high-frequency financial data.' Pp. 55–77 in R. J. Adler, R. E. Feldman and M. S. Taqqu (eds) *A Practical Guide to Heavy Tails: Statistical Techniques and Applications*. Boston: Birkhaüser.

Muranaga, J. and M. Ohsawa (1996) 'Measurement of liquidity risk in the context of market risk calculation.' Research paper, Bank of Japan: Institute for Monetary and Economic Studies.

Nelson, D. B. (1990) 'Conditional heteroscedasticity in asset returns: a new approach.' *Econometrica* 59: 347–370.

Nelson, R. B. (1999) *An Introduction to Copulas*. Berlin: Springer Verlag.

Niederreiter, H. (1992) *Random Number Generation and Quasi-Monte Carlo Methods*. Philadelphia: SIAM.

Niffikeer, C. I., R. D. Hewins and R. B. Flavell (2000) 'A synthetic factor approach to the estimation of value-at-risk of a portfolio of interest rate swaps.' *Journal of Banking and Finance* 24: 1903–1932.

Panning, W. H. (1999) 'The strategic uses of value at risk: long-term capital management for property/casualty insurers.' *North American Actuarial Journal* 3(2): 84–105.

Pant, V. and W. Chang (2001) 'An empirical comparison of methods for incorporating fat tails into value-at-risk models.' *Journal of Risk* 3: 99–119.

Paul-Choudhury, S. (1997) 'This year's model.' *Risk* 10 (May): 18–23.

Persaud, A. (2000) 'The liquidity puzzle.' *Risk* 13 (June): 64–66.

Phelan, M. J. (1997) 'Probability and statistics applied to the practice of financial risk management: the case of J.P. Morgan's RiskMetrics™.' *Journal of Financial Services Research* 12(2–3): 175–200.

Phoa, W. (2000) 'Yield curve risk factors: domestic and global contexts.' Pp. 155–184 in M. Lore and L. Borodovsky (eds) *The Professional's Handbook of Financial Risk Management*. Oxford: Butterworth-Heinemann.

Press, W. H., S. A. Teukolsky, W. T. Vetterling and B. P. Flannery (1992) *Numerical Recipes in C: The Art of Scientific Computing*. 2nd edition. Cambridge: Cambridge University Press.

Prinzler, R. (1999) 'Reliability of neural network based value-at-risk estimates.' Mimeo. Technical University of Dresden.

Pritsker, M. (1997) 'Evaluating value at risk methodologies: accuracy versus computational time.' *Journal of Financial Services Research* 12: 201–242.

Pritsker, M. (2001) 'The hidden dangers of historical simulation.' Mimeo. Board of Governors of the Federal Reserve System. April.

Ratchev, S. and S. Mittnik (2000) *Stable Paretian Models in Finance*. New York: John Wiley and Sons, Ltd.

Rebonato, R. (1998) *Interest-Rate Option Models*. 2nd edition. Chichester: John Wiley and Sons, Ltd.

Reiss, R.-D. (1989) *Approximate Distributions of Order Statistics with Applications to Nonparametric Statistics*. Berlin: Springer Verlag.

Reiss, R.-D. and M. Thomas (1997) *Statistical Analysis of Extreme Values from Insurance, Finance, Hydrology and Other Fields*. Basel: Birkhäuser Verlag.

Rockafellar, R. T. and S. Uryasev (2002) 'Conditional value-at-risk for general loss distributions.' *Journal of Banking and Finance* 26: 1443–1471.

Ross, S. A. (1976) 'The arbitrage theory of asset pricing.' *Journal of Economic Theory* 13: 341–360.

Rouvinez, C. (1997) 'Going Greek with VaR.' *Risk* 10 (February): 57–65.

Roy, A. D. (1952) 'Safety first and the holding of assets.' *Econometrica* 20: 431–449.

Scaillet, O. (2000a) 'Nonparametric estimation of copulas for time series.' Mimeo. IRES, Catholic University of Louvain.

Scaillet, O. (2000b) 'Nonparametric estimation and sensitivity analysis of expected shortfall.' Mimeo. IRES, Catholic University of Louvain.

Scaillet, O. (2000c) 'Nonparametric estimation of conditional expected shortfall.' Mimeo. IRES, Catholic University of Louvain.

Schachter, B. (1995) 'Comments on "Taylor, Black and Scholes: Series approximations and risk management pitfalls" by Arturo Estrella.' Mimeo. Office of the Comptroller of the Currency.

Schachter, B. (1998) 'The value of stress testing in market risk management.' Pp. 5F-0–5F-11 in T. Haight (ed.) *Derivatives Risk Management Service*. Arlington, VA: A. S. Pratt & Sons.

Schachter, B. (2000) 'Stringent stress tests.' *Risk* 13 (No. 12, *Special Report on Enterprise-Wide Risk Management*): S22–S24.

Sentana, E. (2001) 'Mean-variance allocation with a value at risk constraint.' Mimeo. CEMFI.

Shapiro, S. S. and M. B. Wilk (1965) 'An analysis of variance test for normality (complete samples).' *Biometrika*, 52 (3 and 4): 591–611.

Shaw, J. (1997) 'Beyond VaR and stress testing.' Pp. 221–224 in *VAR – Understanding and Applying Value at Risk*. London: KPMG/Risk Publications.

Shimko, D. (1996) 'VaR for corporates.' *Risk* 9 (June): 28–29.

Shimko, D., B. Humpheys and V. Pant (1998) 'Hysterical simulation.' *Risk* 11 (June): 47.

Silverman, B. W. (1986) *Density Estimation for Statistics and Data Analysis*. London and New York: Chapman and Hall.

Singer, R. (1997) 'To VaR, a sister.' *Risk* 10 (August): 86–87.

Singh, M. K. (1997) 'Value at risk using principal components analysis.' *Journal of Portfolio Analysis*, Fall: 101–112.

Siu, T. K., H. Tong and H. Yang (2001) 'On Bayesian value at risk: from linear to non-linear portfolios.' Mimeo. National University of Singapore, University of Hong Kong, and London School of Economics.

Sklar, A. (1959) 'Fonctions de repartition à n dimensions et leur merges.' *Publ. Inst. Stat. Univ. Paris* 8: 229–231.

Smirnov, N. V. (1948) 'Table for estimating goodness of fit of empirical distributions.' *The Annals of Mathematical Statistics* 19: 279–281.

Stevens, M. A. (1974) 'EDF statistics for goodness of fit and some comparisons.' *Journal of the American Statistical Association* 69: 730–737.

Studer, G. (1999) 'Market risk computation for nonlinear portfolios.' *Journal of Risk* 1 (4): 33–53.

Studer, G. and H.-J. Lüthi (1997) 'Analyzing nonlinear portfolios with quadratic maximum loss.' *Net Exposure* 1 (October). Available at http://www.netexposure.co.uk/regd/issues/1/studer/index.html.

Taleb, N. (1997a) 'The world according to Nassim Taleb.' *Derivatives Strategy* 2 (December/January): 37–40.

Taleb, N. (1997b) 'Against VaR.' *Derivatives Strategy* 2 (April): 21–26.

Tasche, D. (2000) 'Risk contributions and performance measurement.' Working paper. Munich University of Technology.

Tasche, T. and L. Tibiletti (2003) 'A shortcut to sign incremental value-at-risk for risk allocation.' *Journal of Risk Finance* 4 (Winter): 43–46.

Tay, A. S. and K. F. Wallis (2000) 'Density forecasting: a survey.' *Journal of Forecasting* 19: 275–254.

Taylor, J. W. (2000) 'A quantile regression neural network approach to estimating the conditional density of multiperiod returns.' *Journal of Forecasting* 19: 299–311.

Thisted, R. A. (1988) *Elements of Statistical Computing: Numerical Computations*. New York and London: Chapman and Hall.

Tilley, J. A. (1993) 'Valuing American options in a path simulation model.' *Transactions of the Society of Actuaries* 45: 83–104.

Tilman, L. M. and P. Brusilovskiy (2001) 'Measuring predictive accuracy of value-at-risk models: issues, paradigms, and directions.' *Journal of Risk Finance* 2, No. 3 (Spring 2001): 83–91.

Tsay, R. S. (2002) *Analysis of Financial Time Series*. (New York: John Wiley and Sons, Ltd, Chapter 8.7).

Uryasev, S. (2000) 'Conditional value-at-risk: optimization algorithms and applications.' *Financial Engineering News* 14 (February): 1–5.

Venkataraman, S. (1997) 'Value at risk for a mixture of normal distributions: the use of quasi-Bayesian estimation techniques.' Federal Reserve Bank of Chicago *Economic Perspectives* (March/April): 3–13.

Vlaar, P. J. G. (2000) 'Value at risk models for Dutch bond portfolios.' *Journal of Banking and Finance* 24: 1131–1154.

Wakeman, L. (1998) 'Credit enhancement.' Pp. 255–275 in C. Alexander (ed.) *Risk Analysis and Management. Volume 1: Measuring and Modelling Financial Risk*. Chichester: John Wiley and Sons, Ltd.

Wang, C., G. Li and H. Wan (2001) 'Improving the estimation of value at risk using Markov chain Monte Carlo simulation.' Mimeo. Management School, Tianjin University.

Wang, S. S. (1996) 'Premium calculation by transforming the layer premium density.' *ASTIN Bulletin* 26: 71–92.

Wang, S. S. (2000) 'A class of distortion operators for pricing financial and insurance risks.' *Journal of Risk and Insurance* 67: 15–36.

Wang, S. S. (2002) 'A risk measure that goes beyond coherence.' Mimeo. SCOR Reinsurance Co., Itasca IL.

Wang, S. S., V. R. Young and H. H. Panjer (1997) 'Axiomatic characterization of insurance prices.' *Insurance: Mathematics and Economics* 21: 173–183.

Wang, T. (1999) 'A class of dynamic risk measures.' Faculty of Commerce and Business Administration, University of British Columbia.

Wee, L.-S. and J. Lee (1999) 'Integrating stress testing with risk management.' *Bank Accounting and Finance* (Spring): 7–19.

Wiener, Z. (1999) 'Comment on "Non-linear value at risk".' *European Finance Review* 2: 189–193.

Wilmott, P. (2000) *Paul Wilmott on Quantitative Finance. Volumes 1 and 2*. Chichester: John Wiley and Sons, Ltd.

Wilson, T. C. (1994a) 'Debunking the myths.' *Risk* 7 (April): 67–72.

Wilson, T. C. (1994b) 'Plugging the gap.' *Risk* 7 (October): 74–80.

Wilson, T. C. (1996) 'Calculating risk capital.' Pp. 193–232 in C. Alexander (ed.) *The Handbook of Risk Analysis and Management*. Chichester: John Wiley and Sons, Ltd.

Woods, M., K. Dowd and C. Humphrey (2004) 'The value of value-at-risk reporting: a critical evaluation of value-at-risk disclosures in the banking sector.' Mimeo. Nottingham University Business School and University of Manchester.

Yamai, Y. and T. Yoshiba (2001a) 'On the validity of value-at-risk: comparative analyses with expected shortfall.' Bank of Japan Institute of Monetary and Economic Studies *Discussion Paper No. 2001-E-4*.

Yamai, Y. and T. Yoshiba (2001b) 'Comparative analyses of expected shortfall and VaR: their estimation error, decomposition, and optimisation.' Bank of Japan Institute of Monetary and Economic Studies *Discussion Paper No. 2001-E-12*.

Yoshiba, T. and Y. Yamai (2001) 'Comparative analyses of expected shortfall and VaR (2): expected utility maximisation and tail risk.' Bank of Japan Institute of Monetary and Economic Studies *Discussion Paper No. 2001-E-14*.

Zangari, P. (1996a) 'A VaR methodology for portfolios that include options.' *RiskMetrics*™ *Monitor*, First Quarter: 4–12.

Zangari, P. (1996b) 'An improved methodology for measuring VaR.' *RiskMetrics*™ *Monitor*, Second Quarter: 7–25.

Zangari, P. (1996c) 'How accurate is the delta-gamma methodology?' *RiskMetrics*™ *Monitor*, Third Quarter: 12–29.

Zangari, P. (1996d) 'When is non-normality a problem? The case of 15 time series from emerging markets.' *RiskMetrics*™ *Monitor*, Fourth Quarter: 20–32.

Zangari, P. (1997) 'What risk managers should know about mean reversion and jumps in prices.' *RiskMetrics*™ *Monitor*, Fourth Quarter: 12–41.

Zangari, P. (1998) 'Exploratory stress-scenario analysis with applications to EMU.' *RiskMetrics*™ *Monitor Special Edition*: 30–53.